不在中國的中國人

中國對華僑歷史的思考

譚天星 著

他們身在他方，卻有著中國人的面孔，
他們是不在中國的中國人嗎？
他們也不禁心生疑問：自己究竟是誰？

崧燁文化

目錄

序

為學長寫序，誠惶誠恐。

初識天星，他是一位而立之年的博士，嶄露頭角的青年學者領軍人物，才華橫溢，風華正茂。如今，已是知天命之年，兩鬢霜華，雍容大度，儼然大將之風。雖然其崗位已不在學界，但本色不改，因此仍被學者視為同仁，引為知己。

本書所收錄的，就是天星治學從政近三十年來的部分學術成果，以論文為主。最早發表的論文是一九八六年《中國農史》刊發的〈乾隆時期湖南關於推廣雙季稻的一場大論戰〉，那是他在碩士研究生時期鑽研經濟史的成果；博士生時期，師從北大許大齡教授專攻政治史，其學位論文〈明代內閣政治〉由中國社會科學出版社付梓面世，一九九〇年代初期出書是極不容易的，畢業後轉向華僑史，由此一發不可收拾。這一學術路徑，施堅雅、王賡武等前輩曾篳路藍縷，獲得了傑出成就。王賡武教授治唐史起家，曾與費正清等合作中國歷史研究，後來主要在華僑華人研究領域耕耘，曾任香港大學校長，被視為泰斗；施堅雅曾在四川從事農村市場的人類學考察，隨後轉到泰國作華人社會的田野調查，其成果分別形成傳世之作。

中國傳統經濟社會以其自身的模式延綿數千年，在世界歷史上幾乎絕無僅有。然而，二十世紀接連不斷的革命打碎了傳統經濟與文化，既有的運行軌道在近代斷裂了；所幸，在唐人街與海外華人社會，能夠發現中華傳統的連綿賡續，找到活生生的歷史，或者說海外版的中華文化。古今相通，中外相融，學術激情油然而生，引發不一樣視角的思考，這應該是他們成果豐碩的動因之一吧。我的研究領域與思路也和他們頗為類似，因此深有同感。而天星是少年大學生，在學界出道也早，我們以他為學長。

天星頗低調，對過去的論文進行整理出版有些顧慮，但學界與僑界的朋友認為，將他近三十年的論文彙編成冊，仍獨具價值。首先，不少論文雖然發表已有年頭，但因為相當部分是史學類或理論性論文，考證嚴密，論述精當，其學術價值不減，甚至歷久彌珍。實際上，不少論文至今仍被引用和參考，譬如其專著《崇禎皇帝大傳》由遼寧教育出版社一九九三年十二月出版之後，二〇〇八年改編為《孤獨的崇禎》，收入「中國歷史知識小叢書」，由中國社會科學出版社出版；繼而，中國廣播電視大學二〇一〇年以《帝國中興的悲歌：崇禎皇帝七講》出版，再饗讀者；其次，最近的論文現實感很強，而且具有原創性，給文集帶來鮮活的氣息。最後，細心的讀者，還可從文集中去感受一個學人成長的心路歷程。

「學而優則仕」，天星也走上了這一條傳統文人的成功之路。當然這讓學界頗覺遺憾。僑史界前輩肖崗先生，不止一次地為天星離開中國華僑歷史研究所而扼腕痛惜。北京大學資深教授周南京先生，多次當面「痛批」天星離開學術界，認為這是僑學界的一大損失。愛之深，責之切，此之謂也。事實上，天星雖然轉入政界，但並沒有放棄學術研究。雖然寫的論文不像其高峰期那樣多，可能「文膽」也小了些，批判精神收斂了些，但在使領館和僑界的領導工作，使之將另一種視野和高度融入其思考之中，形之於筆端。

尤為可貴的是，身居廟堂之高，仍關注學術之野，並試圖將學術力量引入政府思維，將政府視角導入學術探索之中。整合學界與政界力量，恰合一種新的發展趨勢。事實上，在歐美，出將入相，在學界與政界之間游弋，司空見慣。天星仍然與僑界和學界有所交往，並以其思考繼續發揮影響和引領作用。清華大學華商研究中心，就是其倡導和推動下的產物。我個人也從中受益良多，本書又給我帶來教益，略舉二三如下：

其一，言由心生，文如其人。天星的研究工作開始於家鄉歷史上經濟現象的追根溯源，此乃發乎內心的興趣與愛好。由本土而海外，天星從中國人移民海外的歷史出發，貫通古今，考察從華僑文化到華人文化的變異與繼承，到當今華人社會的形態與特徵，形成一系列的論文，如本書第一部分所示。在駐美使館期間，及後來的出國考察與國內接待海外僑胞的工作中，天星以誠相待，以心交往，傾注其愛心。不少僑領事隔十餘年後，仍對那次交談記憶猶新，津津樂道。對研究對象的情感，對研究領域的志趣，既是其成果豐碩的原動力，也是其成果高水準的源泉，情感流於筆端。學術研究需要坐冷板凳，沒有強烈的興趣推動，沒有學術激情與衝動，很難想像能獲得高水準的成果。

其二，歷史脈絡的梳理，古今貫通。譬如近代國家僑務政策，一支筆前後二十年論述，可能再也找不到第二人。不是應景之作，而是脈絡梳理之下水到渠成的認識與成果，這幾篇論文彙集於本書第二部分。又如，關於中國移民的歷史，從古代移民的考證，到近現代移民的闡發，再到當代移民的考察，包括少數民族的境外遷移，每一項研究都需要付出艱辛的努力，而作者鍥而不捨，孜孜以求，形成了難能可貴的系列成果，呈現出清晰的脈絡。同時，這種歷史感又融入其相關研究與工作中，從而具有歷史的深邃與高度。

其三，理論與實踐的結合，相得益彰。論從史出，貫通古今的僑史研究，形成系統性與理論思維。與此類似，來自實踐的認識也經提煉和整理昇華為理論，或為理論提供基礎。僑務理論與戰略在本書占有相當份量，集中於第三部分，顯示了本書的高度。而理論運用於具體的僑務工作，以其系統思維跳出就事論事的藩籬，不被具體瑣事迷亂了方向，遇到問題不至於頭痛醫頭、腳痛醫腳。在本書中的僑商工作、地域僑務工作、民族問題等具體事務上，都體現出理論思維所帶來的前瞻性與大局觀。

其四，「學術評論及其他」體現了作者的學術情趣。對研究動態的把握，需要閱讀大量的論著，沒有興趣驅動是做不好的。對學界前輩的訪談，則體現了學術傳承的擔當與使命。在本書中讀者還可以發現，一次旅行、一場會議，引發作者的感想與思考，繼而形成反思性或啟發性的文字。這種有心人不多見，而研究能力與認知水準，就是在這種日積月累中不斷提高的，正如本書中的一個標題——不積跬步，無以至千里。

理論來自實踐，特別重視調查研究，對此我作為國僑辦的專家諮詢委員感受至深。天星與國僑辦的同仁，幾乎隨時都與僑界同胞在進行訪談，廣泛徵求意見，鼓勵海外華僑華人建言獻策，這些都變成了日常工作，如同家常便飯。而中國僑資企業的普查，海外僑情的全球性調查，這些高門檻的艱巨工程最終都得以完成，非得有堅定的信念來支撐。在調查研究基礎上進行資料甄別與整理，並力求數據化、定量分析、科學論證。凡此大量的工作當然都在本書之外，但為本書的相關成果奠定了堅實的基礎。

龍登高

歷史的意義（自序）

歷史是什麼？歷史的意義何在？沉靜得閒時常思考這個問題。

很簡單，歷史是過去，逝去的、經歷的，就是歷史。自己經歷的，記憶深刻，酸甜苦辣，是背負更是財富。人類、社會、國家、民族等都有其昨天，漫長的發展歷程，多少風雨剝蝕、風雷激盪，個體是渺小的。

我和歷史有著不解之緣。十年歷史研究的修煉不謂不長，好奇、迷茫、寂寞、思索，雖然有幾本書、一些文章，但準確點說，未得正果。從明朝馬政、清代兩湖地區農業經濟，到明代內閣政治，試圖透過專題研究對中國政治、經濟、軍事和社會史有所心得。收穫是有的，因為從中得到了知識、經驗、智慧和力量，還有教訓。只是以往中國歷史教科書講述階級鬥爭較多，農民起義和王朝興替，則被歷史簡單化，但還是看到了歷史發展的週期規律，統治者和人民的較量與妥協，以及得民心者得天下，水能載舟也能覆舟，民為重、社稷次之、君為輕。工作後，遇事都喜歡從歷史的角度看待。歷史的、發展的、完整的觀點，有助於我們了解事物的本質和真相，萬物內在的規律，進而堅定對未來的信心。

歷史的最大意義在於它是連接今天、啟迪明天的過去。

中國人都為中國悠久絢麗的歷史文化驕傲，五千年文明存續並走向新的輝煌，的確是這個地球上少有的：

春秋戰國，諸子百家，思想激揚，奠定了中華文明的基本淵源。《論語》、《孫子兵法》、《道德經》是中國人對人類智慧的極大貢獻。儒家先師孔子提倡為政以德，內聖外王，仁、義、禮、智，見利思義，有教無類，追求中庸、大同、和諧；道家老子是位哲學家，無為而治，「道可道，非常道；

名可名，非常名」，揭示萬物道在恆定，物極必反；墨家「兼相愛，交相利」；法家強調富國強兵、以法治國；漢武帝獨尊儒術，儒學漸成為歷代主流意識，並遠播域外，形成儒家文化圈。中華文化核心價值觀，所謂德治與法治，仁政和禮樂，莫不始於此，得諸家要義而貫通之，則天下莫不治。

漢唐盛世，國家統一，文化繁榮，國威遠颺。漢代從分封諸侯到中央集權，唐代從中央集權到地方分權、藩鎮割據，反映出帝國治理體系的利弊相生相剋。唐長安盛時人口近五十萬，是當時世界上最大的城市，也是世界的文化中心、國際化都市。本土道教外，佛教、祆教、景教、摩尼教等競相鬥奇，許多國家派出遣唐使和留學生來唐學習，大唐文化影響了日本等國的革新發展。絲綢之路的暢通，中西文化的交流，各民族的融合，展現了唐朝開放、包容、自信、文明的大國風範。《唐六典》中十樂就有康國樂、安國樂、龜茲樂、疏勒樂、高昌樂、天竺樂、高麗樂，此也即今之所謂軟實力。

鄭和七下西洋，兩百多艘船、兩萬七千人的船隊，遍訪今東南亞、東非、麥加等地三十多個國家，是古代中國規模最大、時間最長的遠洋航行，這較之麥哲倫的環球一周早一個多世紀，比哥倫布發現新大陸早八十七年。許多史學家、海洋學家稱之為中國發現世界。以往關於鄭和，多為對其下西洋動因的迷惑，如尋找建文帝，不過從全程看遠非如此。永樂皇帝自有政治、軍事、經濟、外交等方面的考慮，主要的還是宣揚國威，促進對外交往和萬邦來貢。鄭和沒有占他國一城一池，每到一地只是宣告明朝皇帝的威德和贈送禮物，《鄭和家譜》的記載即是明證：「皇帝敕諭四方海外諸番王及頭目人等：朕奉天命君主天下，一體上帝之心，施恩布德，凡覆載之內，日月所照，霜露所濡之處，其人民老少，皆欲使之遂其生業，不致失所。今遣鄭和齎敕，普諭朕德，爾等祗順天道，恪守朕言，循理安分，勿得違越，不可欺寡，不可凌弱，庶幾共享太平之福。」鄭和下西洋花費了明朝大量資財，沒有發展經濟，壯大國力，但留給後人最大的遺產，即是和平外交、仁義之師文化精神在所歷各國的傳頌。

康雍乾盛世是少數民族入主中原後創造的一個神話，西方史學家稱為「Hing Qing」，即大清盛世。除經濟發展、社會穩定外，還有一個重要的標誌是疆土遼闊、多民族共處。一七九〇年，中國人口超過三億人。據研究，清朝生產總值占世界的三分之一。極盛時國土面積一千三百一十萬平方公里，「大一統」的多民族國家真正形成，這是前所未有的。清奉行滿洲優先，與蒙古各部聯姻，推行盟旗制，以冊封達賴喇嘛和班禪額爾德尼、設立駐藏大臣和金瓶掣簽來管理西藏，西南改土歸流，編撰《四庫全書》對漢族知識分子進行拉攏。承德外八廟、布達拉行宮，以及乾隆帝將雍和宮改為藏傳佛教寺院，足見當局對滿漢蒙藏民族治理的心機之深。

鴉片戰爭是西方列強留給中國的一個恥辱。西方以船堅炮利打開清朝鎖國之門，以鴉片毒害中國人攫取巨額利潤，近代中國淪入百年半殖民地、半封建社會的痛苦歷程。甲午海戰一敗，貽患無窮。英、法、德、美、日、俄、義、奧八國聯軍，五萬餘人， 五十餘艘軍艦，如入無人之境。《南京條約》、《馬關條約》、《辛丑條約》等掀起一波波瓜分中國惡潮。帝國威嚴顏面掃地。其實打敗大清帝國的是它自己，封閉自大、貪腐盛行、民不聊生、思想僵化是其根本原因。近代洋務運動、戊戌變法，試圖學習西方，變革圖強，無奈體制積弊太深，無力回天。落後就要挨打，內鬥必敗無疑，這是鐵律。

近代中國也是中華民族抗爭圖存的百年。辛亥革命推翻了帝制，孫中山的「三民主義」和聯俄、聯共、扶助農工，激發了中國人民族振興、國家統一的極大熱情；「五四」新文化運動高舉民主、科學旗幟，也是知識分子探索民族前途的歷史使命感的體現；八年抗戰，把日本侵略者釘在了歷史恥辱柱上。

中國曾經是世界的中心。中國是中國的，也是世界的。天朝帝國心態是有害的，與世界平等相待、交流借鑑，聯合世界平等待我之民族是必然要求。中國人走向世界、探索世界古已有之。中國人移居海外在明清時增多，但被國人瞧不起。很長一段時間，中國人出國並沒有得到政府的保護，更沒有砲艦保護海外移民。但是，他們在海外生存發展成功了，而且融入當地、貢獻當地，更重要的是不忘中國家鄉，甘心回饋故里。華僑，是一個令人尊敬的大寫的名字，西方的月亮不比中國圓，中國人要看得起中國人。

《歷史的思考》主要收錄了筆者多年來關於歷史以及僑務諸多方面的文章，也有自己的經歷，有點雜，一些文字現在看來顯得稚嫩或有不當之處，為保持原貌，未做多少改動，但願對過去有所總結。歡迎諸君批評指正。在清華大學龍登高教授和清華大學出版社的鼓勵下結集面世，畢竟是件難得的事。

一個人可以忘記很多事，但祖宗不能忘，本不能忘，歷史不能忘，尤其是國家的、民族的歷史。

譚天星

第一篇
移民與華僑史

華僑歷史的意義

中國人移居海外有著悠久的歷史。散居世界各地的華僑華人，構成了近現代人類歷史上的一種特殊而意義深遠的現象。現代意義上的華僑，是指在海外定居並保持中國國籍的中國僑民；華人則是指已取得外國國籍的原華僑及其後裔。這些來自中國的移民及其後裔在異域謀求生存和發展的同時，向世界傳播了中華文明，並和當地人民友好相處，為居住國的建設和發展作出了重要而獨特的貢獻。一部華僑史是中國史的一部分，也是世界史的一部分。

一、苦難、奮鬥的歷史

中國海外移民歷史上稱為「唐人」、「華人」、「中華人」、「閩粵人」、「中國賈人」、「華民」、「華工」等。「唐」與「華」即中國，應該說是他們的鮮明特徵和印記。移民海外絕對是一個艱苦的選擇，有時乃至是屈辱的歷史。

（一）古代中國移民經歷了三個階段

第一個階段，是九世紀以前的生成階段。相傳西元前二一九年，徐福徵發童男童女三千人出海求仙，「得平原廣澤，止王不來」，在日本終其一生，成為中國人出海的鼻祖。以今天中國版圖而言，由於政治、軍事原因遷居於外者如朝鮮、越南等眾多；兩晉、南朝時移居日本者達一萬八千人；唐朝僧人東渡日本傳授佛教經義，有名者如鑑真。

第二個階段，是十世紀至十六世紀初的發展階段。中外海上交通的發達為中國人出海創造了條件，羅盤運用於航海，大批商人出洋經商。十世紀，阿拉伯人馬蘇第在《黃金草原》一書中記載：蘇門答臘有「多數中國人耕植於此島，而尤以巴鄰旁（今巨港）區域為多，蓋避國中黃巢之亂而至者」。南宋周去非的《嶺外代答》、趙汝適的《諸蕃志》、元朝汪大淵的《島夷志略》、周達觀的《真臘風土記》，明朝張爕的《東西洋考》、馬歡的《瀛涯勝覽》等文獻，留下了許多關於南洋華僑的記載。鄭思肖的《心史》稱，宋亡後，「諸文武臣流離海外，或仕占城，或婿交趾，或別流遠國」；明代，廣東梁道明雄踞三佛齊，「閩粵軍民泛海從之者數千家」。爪哇的杜板有閩粵流聚居者約數千家。在菲律賓，閩人「商販至者數萬人，往往久居不返，至長子孫」；明中期，在爪哇、婆羅洲、菲律賓、泰國、馬來半島以及越南、柬埔寨、朝鮮、日本等地莫不有中國人定居，約有十五萬到二十萬人，這時的華僑在當地具有較高的社會地位。

第三個階段，是十六世紀中葉至十九世紀中葉的高潮階段。鴉片戰爭前，東南亞、東亞等地的華僑人數約有一百萬以上。一八二〇年，泰國曼谷的華僑即有四十四萬人，其遷徙海外有明末清初王朝更迭、戰亂難民的原因，也因十六世紀後期倭患平息後，海禁開放，私人貿易活躍，出洋儼然成為一種時尚。諺云：「若要富，須往貓里霧（今屬菲律賓）。」西方殖民勢力逐漸控制東南亞後，依靠與中國人貿易和勞力支撐，破產農民、手工業者成為出國的主力。在東南亞、東亞幾乎遍布華僑足跡，如印度尼西亞的巴達維亞、萬丹、泗水，馬來半島的檳榔嶼、馬六甲、新加坡，泰國的北大年、曼谷、宋卡，越南的堤岸、河仙，緬甸的仰光，菲律賓的馬尼拉和日本的長崎等，有特定的華僑居住區，最初的華僑社會開始形成。一七四〇年，印度尼西亞爪哇華僑的紅河起義，菲律賓華僑反抗西方殖民者的鬥爭，在當地民族鬥爭的歷史上也銘刻了重重的一筆。這時的皇朝統治者採取「棄僑」政策，在他們眼裡華僑是「一群背棄祖廬、一心逐利的逃民」，是「嘯聚海道、劫掠商船的罪民」。一六〇三年，西班牙屠殺菲律賓兩萬五千名華僑時，明朝統治者認為這是咎由自取，「中國四民，商賈最賤。又商賈中棄家游海，壓冬不回，父兄親戚，共所不齒，棄之無所可惜」。清朝實行禁海令，雍正帝說：「朕思此等貿易外洋者，多係不安本分之人，若聽其去來任意，不論年代久遠，伊等益無顧忌，輕去其鄉，而漂流外國者愈眾矣。嗣後應定年限，若逾期不還，是其人甘心流移外方，無可憐惜。朕意不許令其復回原地。」華僑在外不僅得不到國家的庇護，反而視為化外之民、亂民，其境遇可想而知。

（二）近現代中國移民是中國歷史上規模最大、散布範圍最廣、產生影響最深的海外移民時期

一般估計至一九四九年，移居海外的中國人約有一千萬人。移民的主體是勞工，商業、政治性移民次之，文化、親屬團聚等又次之。這些移民百分之九十在東南亞，此外美洲、大洋洲、歐洲、非洲等地也有大批中國移民。當代世界華僑華人分布格局，基本上是隨著這一時期中國海外移民而奠定的。

近代大規模移民現象，主要是由於中國社會半殖民地、半封建化過程的加深，農村自然經濟日漸解體，下層民眾日益貧困，以及西方殖民者開發東南亞、美洲、大洋洲、非洲的大量勞工需求等劇烈作用的結果。清政府屈於外國列強壓力，被迫同意中國人赴英、法殖民地或外洋做工，或願常住入籍，或隨時往來，一律聽其自便，不得禁阻，華工出國如浪洶湧。

以契約移民方式為主的勞動力輸出，實際上是資本主義廉價勞動力在國際市場上的流動，屬於經濟性質的和平移民。契約工人也稱苦力，俗稱「豬仔」,「豬仔貿易」也稱「苦力貿易」,「豬仔」成了近代契約華工悲慘命運的形象寫照。一八四〇年代至一八七〇年代,「豬仔貿易」最為盛行，澳門、香港和通商口岸（如廣州、廈門、上海等）是國內販運華工的中心，新加坡和檳榔嶼是轉販世界各地的中心。「豬仔」們被擄掠、誆騙而入「豬仔館」，被強制按上「自願出洋」的手印，以一紙契約而被裝上船隻，開始了暗無天日的「海上浮動地獄」之旅，且到目的地前，有半數以上的「豬仔」成為海底冤魂。在古巴種植園，華工在契約期間的死亡率竟有百分之七十五。

晚清政府對於拐販人口進行了打擊。一八六六年，清政府與英法簽訂的移民公約中規定：凡用暴力或欺騙手段將中國人販運出洋者，一經查出，即行正法。一八七〇年代起，美國、加拿大、澳大利亞和紐西蘭等國對華工進行了限制和排斥,「豬仔」貿易趨冷。晚清政府也採取了「護僑」政策，在美洲、東南亞等地設立領事館，還派遣艦隊巡視華埠，幫助設立中華商會，創辦學校等。

另外還有兩個移民小高潮，一是一戰期間，英、法、俄在中國北方招募赴歐參戰華工二十三萬人；二是一九三〇、一九四〇年代，中國戰亂導致大量外移的難民，當然也發生過福州籍移民開發詩巫（今屬馬來西亞）之舉，達兩萬人。

近現代移民對海外華僑社會的影響是深刻的，是出洋方式中最黑暗的一頁。從海外華僑的生態來看，隨之也發生了較大的變化，這主要表現在，一是華僑社區或聚居區在世界五大洲散布。以勞工為主體的特質決定了華僑的艱辛命運，一八八二年，美國國會通過了排華法，唐人街成了在美華僑的避難所；二是華僑社團組織的活躍。為了相互扶持，對付來自當地社會的壓力，華僑紛紛組織以血緣和地緣為基礎的團體來保護自己，各類宗族、幫派組織興起；三是華僑經濟興起。華僑從事礦工、種植、商販，經營商行、批發、中介，成為廠主、店主、種植園主等，經過打拚積累了一定的資本；四是華僑社會與中國社會聯繫密切。

（三）當代中國移民呈現多元和多樣化發展

第二次世界大戰結束和中華人民共和國的成立，是影響海外華僑社會發展的兩個極為重要事件。一九六〇年代以前，獨立後的東南亞民族國家不再歡迎中國移民，甚至是禁止，在這段時間內，中國大陸很少有海外移民。中國改革開放是影響中國海外移民的一個劃時代的歷史性事件，一九八〇年代以來，中國人透過探親、留學、勞務、婚姻乃至投資等多種方式出國，形成新的移民潮，開啟了新華僑的歷史，東南沿海地區一時為出國移民而不惜鋌而走險，出現了相當程度的「偷渡」等非法移民現象，僅一九七九到一九九〇年間，中國大陸海外移民有八十多萬人。較之近代移民，這一時期的新移民多是自發、和平的，具有中等以上文化水準，是知識性或技術性移民，西方已開發國家是主要目的地。移民群體的結構性變化使海外華僑社會呈現出新的發展趨向。

當代中國海外移民，為海外華僑社會輸送了新鮮血液，對傳統僑社也形成了一定的衝擊。一九五〇年代以來，對海外僑社影響最大的事件，當推東南亞民族國家的興起，和中國單一國籍政策的實施。拒絕雙重國籍，主張華僑根據自願原則選擇國籍，這是新的重大決策。一九五五年，中國和印度尼西亞簽訂關於解決華僑雙重國籍條約，之後與馬來西亞、菲律賓、泰國等建交時都宣布：凡加入居住國國籍的中國血統人，不再具有中國國籍。中國政府保護華僑的正當合法權益，對於加入當地國籍的華人，則不再要求他們政治上效忠中國。華僑從「葉落歸根」到「落地生根」，從華僑到華人，加速了融入當地的進程，逐漸完成了從華僑社會到華僑華人社會的歷史性轉變。華僑華人以居住國作為生存和發展的平台，從政治、經濟、文化和心態等方面轉向以當地為主的價值取向，而且這一趨勢不可避免，勢不可當，這也是我們今天認識海外華僑華人的基本面。在東南亞已看不見華僑社會，華人、華族的發展取而代之，華人是當地多元民族的一個組成部分，華人經濟也從屬於當地經濟整體。

新移民的湧入、中華民族的文化和民族本性傳承、中國的發展強大、世界經濟一體化進程的加快、各國民權運動的開展等，使華僑華人趨於保持自我特性且積極融入當地發展。華僑華人並沒有被徹底同化，同化摒棄了強迫的形式，自然融合獲得更多的贊同。人們可以欣喜地看到，華僑一旦選擇融入，華僑華人社會逐漸形成，其形象也有了全新的改變。二十世紀後半葉，華僑華人經濟實力大為增強，科技人才不斷湧現，社團組織更加活躍，對當地生活積極參與，族群國際化聯誼日漸加強，一些國家華人政治明星嶄露頭角。華僑華人是國際上不可忽視的一股積極促進溝通和發展的力量。當然，華僑華人地位的真正改善還是一個漸進的過程，需要自身繼續不懈努力。

二、愛國愛鄉的歷史

華僑與中國血脈相連、同根同脈，對中國的感情融入身體和靈魂深處。不管在外經歷了多少艱難險阻，受盡了多少苦痛折磨，漂泊了多長時間和離鄉多遠，華僑對中國、對故鄉的思念始終不能隔斷，只會歷久彌堅，是華僑的主要精神支柱和特徵。

從歷史上看，華僑有過被當政者忽視，甚至排斥的時期，但華僑縱使有種種不滿和心結，也沒有忘記家鄉和國家，特別是近現代中國，華僑出現了三次愛國高潮。

第一次，是二十世紀初對推翻帝制、創立民國的貢獻。在武昌首義之前，十次武裝起義中，華僑是骨幹：黃花崗起義七十二烈士中，三分之二為華僑。興中會三百多名會員中兩百多位為華僑，同盟會也成立於日本。華僑在組織發動、輿論宣傳、人力財力上的支持，是辛亥革命的重要保證，孫中山先生稱「華僑乃革命之母」。

孫中山與華僑有不解之緣，其長兄孫眉為檀香山「茂宜島王」。孫中山領導的革命組織均在海外發端，他的足跡遍及世界各地。孫中山的革命理念啟發、鼓舞了華僑，華僑的慷慨捐助、熱血參與和追隨，在關鍵時刻支持了孫中山的革命事業。華僑鄧蔭南變賣全部家產支持孫中山領導的惠州起義，追隨孫中山近三十年。去世後，孫中山讚其「愛國以命，愛黨以誠，家不遑顧，老而彌貞」。

華僑捐款支持革命，在經濟上起了決定性作用。一八九五到一九一二年，華僑捐款約八百萬港幣，其意義更在於義捐的廣泛性，不僅是華僑資本家捐出巨款，而且許許多多的工人、商販也參與其中。越南黃景南以賣豆芽為生，將一生積蓄幾千元全部捐出；挑水工人關唐，每擔水一文，捐出半生血汗三千元；新加坡林受之原開設幾十家橡膠廠，為革命用盡全部家產，以致子女不得不當雇工，正如孫中山所言「慷慨助餉，多為華僑」。

華僑參加革命更是可歌可泣，感天動地。新加坡華僑李文楷參加廣州起義前，說「吾致志中國之時至矣」；越南華僑羅聯起義被捕，說「吾必捨生取義」、「中國非革命無以救亡，望後繼者努力前進」。「捨生取義」也是一代華僑革命烈士的真實精神寫照。

第二次，是在抗日戰爭的危難關頭，華僑回國參戰、捐錢捐物，前赴後繼。華僑抗日救亡運動，是中國乃至東南亞抗戰的不可分割的一部分。各地華僑紛紛組織起來，聚集力量，支持抗日。如有全歐華僑抗日救國聯合會、南僑總會、旅美華僑統一義捐救國總會等。華僑在海外爭取國際援華、抵制日貨、舉行請願等，聲勢浩大。突出的貢獻是經濟援助，據計：各類捐款、公債、僑匯等支持達七十億元。華僑捐獻各種藥品、車輛、服裝、飛機等。華僑捐款遍及全世界，有華僑的地方就有僑捐，不論貧富老幼，以抗日報國為榮。許多熱血華僑回國參戰，組織各種團體回國服務，如東江、瓊崖華僑回鄉服務團，南洋華僑機工，華僑飛行員，奔赴抗日根據地等，許多人獻出了寶貴的生命，譜寫了一曲曲動人篇章。陳嘉庚率五十二位南洋各國僑領組成的「南洋華僑回國慰勞視察團」，走遍了全國十九個省區抗敵的前線和後方。陳嘉庚被譽為「華僑旗幟，民族光輝」，華僑為抗戰動員之廣、規模之大、貢獻之巨，在中國抗戰史上占有重要位置，是華僑史上最為光彩的一頁。

第三次，是一九七〇年代末以來，投資、興學、興辦公益事業等，形成一次新的愛國高潮，一批批海外赤子回國學習深造，參加國家建設，如錢學森等知名科學家回國貢獻才智。「文革」時期，海外關係被曲解，華僑被打入另冊，後來才落實僑務政策，解決歷史遺留問題，積極扶持華僑在海外生存發展，海外華僑的愛國熱情又一次被極大地激發起來。華僑回國投資，捐助公益事業，成為中國發展的參與者、見證者和貢獻者，特別是在國家困難時刻慷慨解囊，體現了血濃於水的民族情懷。許多地方第一家外商投資企業是僑資，一些省分華僑投資，占利用外資的百分之六十以上，最初中國引進國外智力的主體也是華僑華人人才。回國服務、為國服務成為華僑愛國的新標誌。

三、貢獻世界和人類的歷史

與對中國的貢獻相比，華僑對居住國的貢獻雖然不夠轟轟烈烈，卻也實實在在、潛移默化、無比巨大。華僑是中華文化的積極傳播者，是溝通中外的重要橋梁，更是居住國的積極建設者、貢獻者。

華僑對當地的貢獻以往言之過少，部分原因在於當局刻意淡化華僑的建設性作用，即使在東南亞華僑生活了幾百年，也被認為是外來民族。其實，華僑在海外生產生活、繁衍生息，對當地的貢獻最多。華僑促進了當地經濟發展，豐富了當地多元民族文化，推動了當地社會進步。

從歷史上看，在東南亞民族獨立解放運動中，華僑發揮了不可磨滅的作用。在抗戰時期，華僑是當地重要抵抗力量，如菲律賓華僑抗日紀念館，記錄了菲律賓華僑抗日游擊支隊等英雄事跡，他們的英魂長眠在這片土地。華僑在事業發展的同時，始終不忘回饋當地。如菲律賓華僑消防隊、華校、義診隊被譽為「菲華三寶」。

美國華僑華人史是一部血淚史、奮鬥史、愛國史，也是一部友好史、貢獻史，是美國歷史的一部分。

十九世紀中葉，中國人以「豬仔貿易」形式來美，金山淘金潮中華工並沒有發財。相反，在貫通美國中西部的太平洋鐵路建設中，華工成了修築主力，「每根枕木下都有一具華工屍骨」；一八六八年，約有千名華工死於內華達山段鐵路建設；一八八二年，美國國會通過了臭名昭著的《排華法案》，針對中國人來美進行限制，禁止被僱傭的華工來美，任何華人離美後回美必須獲得許可，剝奪了華人移民的美國公民權。這是美國第一部針對特定人群的歧視性法案，明顯違背美國憲法精神。排華論者的主要依據是，華人不可同化，華人搶了美國白人的飯碗。一八八年的《斯科特法案》（Scott Act）擴展了排華法案，禁止華人離美後再次來美；一九〇四年美國通過法案，無限期將所有排華法案延長。直至一九四三年通過《麥諾森法案》，廢除所有排華法案，允許在美居住的華人歸化為美國公民。換言之，華僑華人在美國具有人格尊嚴的發展，在二戰之後才逐步改進。

付出和回報難以一致，持續努力則總有光明。美國社會也在不斷地進步與發展，華僑的勤勞、智慧和重教傳統終於結出果實，闖出一片天地。當今，美國華僑華人事業有成，不再是固守唐人街的一群，在科技、教育、文化及經濟等諸多領域展現了非凡的才智，楊振寧等科學家還摘下了諾貝爾桂冠，取得了巨大成就，贏得了社會的尊重。華人被譽為「模範少數」，在美國民族大熔爐中既積極融入，又以中華文化背景為榮。

總之，華僑史是中國人移居海外、走向世界的歷史，是不斷適應、抗爭的奮鬥史，是以國為榮、以鄉為傲、無私奉獻的愛國史，是四海為家、落地生根、合群和平的友好史。華僑史是一部厚厚的史書，是中國人及其後裔文明精神凝聚的值得自豪的永續發展史。牢記歷史，開創明天。

（此為二〇〇一年在美國華盛頓「陶陶時事」上的演講摘要）

華僑對辛亥革命貢獻的再認識

一、華僑對辛亥革命的貢獻是十分突出的

這主要表現在：

第一，支持孫中山在海外創立民主革命組織。一八九四年十一月，孫中山在檀香山創立了中國第一個資產階級民主革命的團體——興中會；次年二月，在香港成立了興中會總部。興中會在成立之初，不僅喊出了「振興中華」的響亮口號，而且宣誓「驅除韃虜，恢復中華，創立合眾政府」，從而揭開了資產階級革命的序幕，其意義顯而易見。《興中會章程》云：為了「振興中華，維持國體」，「茲特聯絡中外華人，創興是會，以申民志，而扶國宗」。[1]

興中會最初入會的二十餘人均為華僑，其中有工人宋居仁、李祀、侯艾泉，資本家孫眉、鄧蔭南，銀行經理何寬等。至一八九四年年底，檀香山興中會人數有一百二十六人，其中商人、畜牧家、農業家、銀行家等華僑中小資產階級計七十九人，工人三十六人。一八九五年，在來歷清楚的兩百七十九名興中會會員中，有華僑兩百一十九人，占總數的百分之七十八，其中華僑資產階級占百分之四十八。顯然，在最初的革命組織中，華僑是中堅力量。

另外，還有兩個方面足以反映華僑在組織上對辛亥革命的支持。一是孫中山幫助改組美洲洪門致公堂，使原本具有濃厚封建會黨色彩的組織，成了支持孫中山進行革命的重要外圍力量。一九〇四年，孫中山在檀香山加入了致公堂，受封為「洪棍」（元帥）；在舊金山與致公堂大佬黃三德攜手，進行全美會員總注冊，重訂致公堂新章程，並以「驅逐韃虜，恢復中華，創立民國，平均地權」為宗旨，以協力助成中國同志為推翻帝制而鬥爭；二是

一九〇五年，在日本東京成立中國第一個資產階級革命政黨——中國同盟會，正式提出了「民族」、「民權」、「民生」三民主義的綱領。正如孫中山所說，同盟會成立後，「予之希望則為之開一新紀元，吾始信革命大業可及身而成矣」。從此，革命風潮迅猛發展，「其進步之速，有出人意表者」[2]。在這樣一個重大的歷史事件中，華僑再一次發揮了巨大作用。起初，同盟會決定在新加坡、布魯塞爾、舊金山、檀香山等地分別設立南洋、歐洲、美洲、檀島四個支部。到一九〇八年，南洋英荷的殖民地有同盟會的分會和通訊處一百餘個。一九一〇年，美洲支部成立後不久，美洲西部就有十五個分會。「凡有華僑所到之地，幾莫不有同盟會會員之足跡。」

第二，華僑親身參加反清的武裝鬥爭。武昌首義之前，孫中山直接指揮發動了十次武裝起義。從具體組織、發動和參加戰鬥的人員來看，每次起義幾乎都離不開華僑的參與。為了籌劃一八九五年的起義，鄧蔭南、宋居仁等變賣產業，執意追隨孫中山，如一九〇七年，潮州黃岡起義和惠州七女湖起義，分別是由新加坡華僑許雪秋和鄧子瑜領導，以華僑為骨幹的武裝鬥爭；又如欽廉上思起義、河口起義，緬甸、越南等地華僑也起了中堅作用；而在被孫中山稱為「碧血橫飛，浩氣四塞，草木為之含悲，風雲因而變色」、「斯役之價值，直可驚天地、泣鬼神，與武昌革命之役並壽」的黃花崗起義中，八十六名烈士英勇獻身，其中華僑就占三分之一。這些犧牲的華僑都表現出了為革命事業頭可斷、血可流的英雄氣概和崇高理想。實際上，在孫中山策動和領導的起義中，他不僅著眼於華僑的物力資助，而且也寄希望於華僑的直接參與。

第三，華僑在輿論上對革命的支持。這主要包括三方面：

①創辦進步報刊，與保守派進行論戰，揭露保皇派的反動實質，鼓動革命。孫中山曾指出:「欲喚起國民及不為康、梁所惑，首須創立宣傳機關。」[3]興中會會員、馬來西亞華僑陳楚楠、張永福也認為，要「提倡革命，非借報館為喉舌不可」[4]。在革命過程中，海外宣傳革命的報刊有《民報》(東京)、《民生日報》(檀香山)、《少年中國晨報》(舊金山)、《大漢日報》(溫哥華)、《覺民日報》《光華報》(仰光)、《華暹日報》《覺民報》(曼谷)、《光華日報》

（檳榔嶼）、《圖南日報》、《中興日報》（新加坡）、《瀝濱日報》、《前鋒報》（爪哇）等。

②成立各種「閱書報社」，尤以南洋的新加坡、吉隆坡、檳州等地為多，藉以散播革命思想，爭取社會中下層階級的支持。據統計，一九〇八到一九一一年，星馬地區的書報社有五十餘家，加之荷屬東印度地區的，共有一百餘家。

③向國內進行宣傳。如陳楚楠等將鄒容的《革命軍》改名為《圖存篇》，印了兩萬餘冊，寄往國內各省士紳和北京的翰林院及總理衙門；馮自由在日本印《革命軍》與章太炎的《駁康有為政見書》共計十萬冊，向國內外寄發，等等。

第四，華僑在經濟上對革命的支持。「慷慨助餉，多為華僑。」華僑在這方面的貢獻是其他諸階層無可比擬的。據統計，在孫中山直接發動、領導的十次武裝起義所花的六十萬元經費中，百分之九十為華僑募捐。一九一一年十月至次年二月間，華僑捐款兩百三十八萬港幣。有人認為，華僑的這種經濟上的貢獻具有五方面的特點：①所納款項絕大部分是義捐。②許多華僑不惜傾家蕩產以革命救國。③勞動者階層也慷慨解囊。④有些大資本家，如張榕軒、張耀軒也捐款支持革命。⑤捐款的華僑遍布於東南亞、南北美洲、澳洲、非洲和歐洲等地，十分難能可貴。

二、華僑對辛亥革命的貢獻究竟應如何評價呢？

「華僑是革命之母。」有人以為，「此蓋仁人肺腑之言，不忘根本之語，並非過譽也」、「蓋大人者，不失其赤子之心」。[5] 我們認為，如果字面上理解孫中山此言，則失之偏頗。孫中山將華僑比作「革命之母」，並不是說沒有華僑就沒有辛亥革命，也並非指中國革命是華僑社會所孕育的。洪絲絲曾認為，這一形象化的語言是用來「表達他（指孫中山）的革命活動是從華僑裡面開始，革命團體的第一批成員和最早的贊助人就是華僑，華僑在革命活動中建立了輝煌的功績，對於促成辛亥革命起了很大的作用」[6]。

首先，辛亥革命並不是簡單的一日起義，而是革命黨人領導的以推翻帝制、創立民國為目標的奮鬥過程。辛亥革命的爆發，是近代中國社會矛盾發展的必然結果，而不是華僑社會孕育的產物。鴉片戰爭以來，隨著帝國主義勢力的步步侵入，清王朝也日趨腐朽，它已無法解決尖銳的社會矛盾，為歷史所拋棄是必然的事；但是，與太平天國力圖推翻清王朝的鬥爭不同的是，以孫中山為首的革命黨人認為，只有把廢除帝制與創立資產階級民主共和國兩者結合起來，中國才會獲得真正的獨立、富強和民主。「驅除韃虜，恢復中華，創立民國，平均地權」，這種具有劃時代意義的綱領的提出，是以孫中山為首的革命派對中華民族命運思考的結果，反映了時代的要求，而這與華僑沒有必然的聯繫。事實上，在許多華僑對革命充滿熱情之時，也有一些華僑採取觀望、徬徨和冷漠的態度，華僑中改良（先是保皇）派的力量仍然相當大。

其次，在孫中山的革命活動中，華僑始終是他依靠的重要力量。從革命的發動與組織，以及孫中山在粵、桂、滇發動領導的起義來看，都與孫中山對華僑的認識分不開。他親身感受到了華僑熱切希望早日結束帝制，建立獨立、富強的民主共和國，徹底改變華僑「海外孤兒」境遇的願望，以及這種願望所蘊藏的巨大力量。而這種力量又主要表現在對革命的人力、物力和輿論的支持之上。在發動武裝起義時，他多次強調經費關係到「事之成敗，功之遲速」。後來，孫中山談道：「此次推翻帝制，各埠華僑，既捐巨資以為軍餉，而回國效命決死，以為黨軍模範者，復經相接，其堅忍勇往之忱，誠不可得者也。」[7] 一方面，華僑確實為辛亥革命建立了不朽的功績；另一方面，孫中山的革命經歷也始終與華僑緊緊聯繫在一起，他對華僑的深厚感情更加深了這種認識。同時，孫中山曾指出：「慷慨助餉，多為華僑，熱心宣傳，多為學界，衝鋒破敵，則在新軍與會黨。」[8] 換言之，僅有「慷慨助餉」的華僑難以取得革命成功；再則，在整個辛亥革命過程中，華僑作為一個整體畢竟是革命的一種外在力量，而外力只有與內力相結合才會發揮出其應有的作用。

最後，還要看到革命力量對華僑的影響。華僑之所以對革命會有如此巨大的貢獻，並不是自然興起，而是經過了革命力量不懈地鼓動、宣傳和組織才催發。一九〇四年，興中會在檀香山成立，最初入會的二十餘人均為華僑，但當一九〇九年孫中山再次入境時，華僑幾乎都站到了康梁保皇派的旗幟下，只是在孫中山發表了〈敬告同鄉書〉、〈駁保皇報〉等，揭露保皇黨的欺騙之後，才使革命派的勢力壓倒了保皇派，使華僑明辨是非；而在一九〇四年孫中山在美洲幫助改組致公堂，並以「十六字」為該黨宗旨之後，才有爾後美洲華僑「今欲排滿革命，捨我其誰」的豪邁氣概。南洋地區華僑踴躍支持革命，也是與其覺醒分不開。華僑的革命意識與覺悟的提高，還得力於以孫中山為首的革命派的宣傳，得力於同盟會綱領的影響，得力於整個革命形勢不斷發展的鼓舞，但這一點往往為一些人所忽視。

可以這樣認為：辛亥革命離不開華僑的支持；而華僑的支持又與革命浪潮不斷高漲的鼓舞相聯繫。華僑有功於革命，但並不等於華僑孕育了辛亥革命。

三、辛亥革命時華僑「愛國高潮」的形成是有其多方面原因

從客觀方面來說，包括革命派的宣傳、鼓動；革命前景所給予華僑的鼓舞；清王朝的腐敗；當地政府的政策等都有一定的影響。從主觀方面來說，華僑本身的遭遇是最重要的一點，換言之，華僑之所以對辛亥革命（以及後來的抗日戰爭等）表現出如此高漲的熱情，是與華僑的特殊處境以及由此而形成的心理狀況緊密相連。

從整體來看，華僑，尤其是近代華僑的形成及其散居世界，無疑是一曲悲歌、一部血淚史。他們懷著挖「金山」的夢想，被作為廉價勞力帶上了「浮動地獄」。他們希望遠離中國封建統治的苦海，擺脫貧困與壓迫；但在異國他鄉，等待他們的並不是田園詩、黃金夢，而仍然是喝不完、吐不盡的苦水。尤其令華僑心酸的是，他們的樸實誠懇以及對當地經濟發展的貢獻，換來的卻是越來越嚴厲的排斥。一八八二年，美國國會通過了第一個全國性的《排華法案》，使種族排斥與歧視合法化，有如火上澆油；一八八八年的《斯科特法案》（Scott Act）、一八九二年的《吉里法案》（Geary Act）等使華僑的處境更加艱難。一八九八年，美國宣布把排華法擴大到夏威夷；一九〇二

年又擴大到菲律賓。加拿大對華僑的「重稅」政策也使華僑飽嘗隔離之苦。華僑在經濟上、政治上均處於無地位狀態，人身、財產得不到法律的保護。在美洲，唐人街成了華僑的避難所。

華僑出國前後的這種經歷，給他們造成怎樣的一種心理呢？我認為，首先是一種挫折感。他們的苦有多深，就說明他們所遭受的挫折有多大。「金山」夢的幻滅、種族排斥的壓力，不僅使他們的發展無望，而且使他們的生存也成了問題。挫折往往會導致兩種截然不同的人生取向，一是苟且偷生乃至沉淪、自暴自棄，唐人街裡的賭、嫖即是一例；二是堅忍的求生慾望使他們學會了忍受、適應，默默地積累，以求得最終的一點慰藉。

其次是一種自卑感。華僑的來歷、身份以及所在國社會強加給他們的種種不公正待遇，使他們深感低人一等。應當注意的是，這種自卑情緒（inferiority complex）並非是個體的，也並非是來自實際的生理缺陷，而是絕大多數華僑所共有的，是一種社會地位的自卑感。有人認為，「一個人有了自卑，他就想做成某些事來克服它。成功之後，有一個短時間的滿足，但是，當看到別人的成就時，又感到自卑，又驅使自己爭取更大的成就。由此不斷往返，永無終結」[9]，這是有道理的。而華僑作為一個種族集團所共有的這種自卑情緒，當他們謀求超越時，會成為一種強大的社會驅動力。

可以這樣認為：華僑這種不同於西方殖民主義砲艦保護下移民的獨特經歷，以及由此形成的趨於共有的挫折感與自卑感，是他們能夠支持革命的重要前提。

深深的挫折感和強烈的自卑感，使華僑必然會謀求一種賴以解脫或超越的方式。有人認為，當時的華僑實際上處於「文化邊際人」的狀態，他們既得不到中國強有力的保護，又難以獲得所在國家的平等待遇，而處於一種孤立的漂浮不定的狀態之中，「身份認同」的困擾，特別是遭到僑居地「差別待遇」的挫折感，以及力圖改變其身份地位過程中的心態，產生了創造「角色」價值的因素，刺激了民族主義的興起。[10] 這種解釋有一定的道理，但它未能說明華僑謀求自我超越和社會角色地位超越的取向問題。從十九世紀末二十世紀初華僑歷史的實際可以看到，華僑超越自卑的取向主要有二：一是力求經濟上的出人頭地；二是對中國的關心。在此，我們不同意把這個時期的華僑作為單純的「經濟人」來看待，因為他們還有強烈的關注和參與政治的願望，只不過這種「關注和參與」主要與中國有關。

華僑在當地得不到應有的政治社會地位，於是，他們把謀求地位的改善與中國的強大聯繫在一起。一方面，他們希望中國強大，能夠保護他們；另一方面，強大的中國如果也得力於華僑的貢獻，那無疑也有助於華僑他日「落葉歸根」及其在國內的親屬地位的提高。而華僑的中國人意識也是重要的一點。廣大華僑在僑居地仍是懷著「過客」的心理，華僑與中國在血緣和文化上的聯繫，使他們在政治上認同於中國，這種中國歸屬感又由於在海外的挫折而加強。

華僑的中國歸屬感及其為實現這種歸屬理想的追求，決定了他們對中國政治的關注。正因為如此，華僑民族意識的覺醒經歷了三個階段：①以捐官為榮；②以加入保皇黨為榮；③真正認識到中國革命意義，進而支持革命。華僑之所以熱情支持辛亥革命，不僅是因為他們有著強烈的中國歸屬感，而且還由於華僑的民族意識實現了從第二階段到第三階段的轉變，沒有這樣一個轉變，也就不會有華僑的「第一次愛國高潮」；而要實現這樣一個轉變又是與革命派的宣傳、鼓動分不開的。華僑支持或參加革命，有自發的因素，更有受教育後自為的努力。這樣，也就不難理解，同盟會的成立成為華僑民族主義成長的關鍵性事件了。

當然，華僑並非是一個不變的整體。雖然華僑常面臨著共同的課題，但由於他們在內部所處的地位不一，使得他們對待辛亥革命的態度也不盡一致；另外，出國的早晚、距離中國的遠近、華僑組織的政治氛圍等同樣影響到這種態度。華僑工農處境最苦，他們有著強烈的民族意識和革命要求。華僑中小資產階級希望中國能保護他們在海外的正當權益，並為他們在中國投資創造一個良好的環境，他們與中國的封建勢力聯繫較少，因而也要求革命。華僑大資產階級則不僅與僑居地殖民政府勾結較深，而且與中國封建政府聯繫較緊，因而他們多反對革命。我們看到，南洋地區的會黨（如義興會）首領多仰承殖民政府之息，使洪門組織對革命未有多大貢獻；而美洲洪門組織的上層，多為從事服務行業和小種植園的中小資本家，他們的封建性與買辦性較弱，經過改組後，能積極地參與革命。華僑不同階層對待辛亥革命態度的這種特殊性是我們尤其應當注意的。

四、那麼，華僑對辛亥革命貢獻的實質是什麼？

一般認為，這是華僑愛國主義的反映。有人還把這種愛國主義稱為「一個以民族覺醒為實質內容的革命愛國主義」[11]。確實，華僑如此熱烈地支持革命，是其樸素的愛國主義的表現；問題是，愛國主義能否涵蓋華僑對辛亥革命貢獻的一切方面？這種愛國主義的實質又是什麼？

列寧說過:「愛國主義就是千百年鞏固起來，對中國一種最深厚的感情。」在此，這種「最深厚的感情」的對像是中國。但中國更多的是一種國家概念，國家不僅包含著地域、人口、自然，還有國家組織。從經典作家有關國家的論述也可以看到，國家是一個暴力機關，具有鮮明的階級性。換言之，愛國主義不可能是單純的抽象的泛愛中國，而是有著一定的階級色彩。但事實上，愛國主義卻排斥對當時國家組織的愛，他們對當時國家政權只有恨。基於這種理解，可以這樣認為：華僑參加保皇（或維新）組織，支持變法改良，與參加革命組織，支持推翻清政府，都是愛國主義的行為。顯然這是兩種極為不同的愛國主義。這兩種愛國主義所起的作用也極不一樣。如果我們認為愛國主義都值得讚頌，那也就是無視了它所具有的階級性，這種階級性是華僑愛國主義確實存在的。

是否在這兩種愛國主義之外，華僑還有一種超然的（即超越國家與階級意義的）愛國主義呢？回答是肯定的。華僑愛國，並不完全等於愛國家政權，它還具有愛它所屬於（或源於）的那個民族，以及這個民族所擁有的山河文化。也就是說，華僑愛國主義具有濃厚的華僑民族主義色彩。在此，愛國主義與民族主義既有聯繫，也有區別。其聯繫在於，民族主義有時就是一種愛國主義，即把國家看成為一個民族國家；其區別在於，民族主義更多的時候，是超越了愛國主義所具有的國家權力意義與階級意義。十九世紀末二十世紀初，是華僑民族主義思潮喚醒的重要階段。華僑希望中國強大，其中無疑包含了對中華民族強盛所寄予的無限期望。因此，我們在評價華僑對辛亥革命的貢獻時，既要看到它所體現的愛國主義精神，也要肯定這種更廣邃意義上的民族主義精神。以後的歷史也證明：當華僑轉變為華人，其國家認同轉向當地之後，華人所擁有的中華族源與中華文化的感情，仍是他們對中國表現出熱情的重要動力。

（原載《中南民族學院學報》）

變異與繼承：談從華僑文化到華人文化的發展

一、

第二次世界大戰後，海外華人社會發生了深刻的變化，最突出的莫過於百分之九十以上的華僑，加入當地國籍及其在政治上、經濟上和文化上的在地化。一九五五年的萬隆會議上，中國正式宣布不承認「雙重國籍」，並鼓勵華僑自願加入當地國籍，為當地社會經濟建設做貢獻。[12] 這對從華僑到華人的政治認同的轉向起了很大的推動作用。華人政治身份的改變無疑加速了華人的在地化，融入當地社會已成為現代海外華人發展的主流。東南亞華人在經濟上取得了令人矚目的成就，湧現了一大批的企業集團，但這種經濟已不屬於僑民經濟的範疇，而是當地經濟不可分割的一部分。華人在心態上也已基本上完成了從「落葉歸根」到「落地生根」的轉變。

溯古追今，千餘年間的中國海外移民究竟說明了什麼問題呢？中國海外移民對華僑華人文化的發展，究竟有著什麼樣的影響呢？

站在世界的角度，我們會發現：華僑出國不同於西方國家以強權相保護的殖民，而是一種以勞動人民為主體，和平的移民。近代中國一些學者曾誤把華僑出國當成殖民，如梁啟超的《中國殖民八大偉人傳》、胡紹民的《中國殖民十六偉人傳》、李長傅的《中國殖民史》和劉繼宣等的《中華民族拓殖南洋史》等；有的外國學者也別有用心地製造所謂華僑殖民論，從移民的起因、過程和後果將移民劃分為不同的類型，如和平的與戰爭的移民，政治的、商業的和文化的移民，集團的與分散的移民，殖民的與非殖民的移民，主動的與被迫的移民。

然而，中國移民通常是和平務實的。漢唐盛世、鄭和七下西洋的壯舉，都沒有導致大量的海外移民現象，而只有在政治混亂、社會動盪或是在西方文明的衝擊下，才出現大規模的海外移民，這正是中國人安土重遷、平實穩和思想的表現。這種移民的方式也就決定了他們所擁有的、所傳播的文化不是什麼殖民的或侵略性的文化，而是一種友好兼容、平和溫厚的仁愛的文化。華僑出國不能簡單地等同於中華民族的海外移植，但他們從邁出國門的第一步起，即帶去了種族上的、文化上的中華民族之根，構成了華僑社會最堅強的韌帶，使華僑趨於聚集，形成社區。在十六世紀中葉的南洋華僑當中，我們看到了華僑文化的雛形。從整體上來說，所謂華僑文化，實質上是移植於海外、保存於華僑中間的中華文化，屬於「僑民文化」；到了十九世紀，由於華僑數量猛然增多，特別是晚清時期，華僑社會的中華學校、華文報刊、華僑社團，使華僑的文化特色更加鮮明；二十世紀以來，華僑文化由於中國政治的影響和大量中國人的南移，極快的發展。華文教育、華文報刊、華僑組織、華文文學等成為華僑社會的普遍風尚；二十世紀中葉以來，華僑文化逐漸向華人文化過渡，新形成的華人文化，漸漸擺脫以中國為中心，成為一種當地的少數民族文化，一種以中華傳統文化為主體，並融合西方文化和當地文化形成的文化。不過直至一九八〇、一九九〇年代，這種文化仍不斷融合變化。

毫無疑問，第二次世界大戰以來，既然華僑社會已過渡到華人社會，那麼，原先的華僑文化也必然為新型的華人文化取代，然而這種取代是一種漸進的過程。人們看到，儘管華人已經宣誓加入了當地國籍，但是他們的行為準則和價值觀念並不是一夜之間能改變的。在此，實際上需要客觀地承認這樣兩種趨勢，即華僑華人傳統文化變化的趨勢，和華僑華人傳統文化繼承的趨勢，二者同時存在，交錯發展。

二、

首先，我們要看到的是華僑華人傳統文化變化的趨勢。這種趨勢日益強烈，並將在華僑華人社會中占據主導地位。

從華僑到華人的政治歸屬的轉變，對他們的文化形態之影響在一定時期具有決定性的意義。這是因為：①從效忠中國到效忠居住國的改變，使得傳統的僑民文化失去了存在的肥沃土壤。②當地政府不允許以效忠中國為宗旨的文化的移植和傳播。如在東南亞的印度尼西亞，政府採取了強迫同化的政策，試圖透過取締華文報刊、華文學校以及華人社團來消滅華人文化，使華人在文化上完全在地化。在菲律賓和馬來西亞等國，雖然政府允許華人保存自己的文化，但要求這種文化只能是當地文化的一種，以服務於當地為目標。③已歸化於當地的華僑及其後裔在事實面前認識到，只有在文化上在地化才能獲得更全面的發展。雖然因不同的年齡層以及教育背景的差異，華人的在地化程度並不一樣，但傳統的以中國為中心的文化觀顯然不再為中青年一代所堅持，而代之以在地化或西方化的文化觀，或是吸收當地文化的精華、以在地化價值為取向的文化。

各國華人文化認同的在地化，是華人文化的融合與適應的最主要特點。由於各地文化發展的差異，華人文化的在地化也呈現出地域的特點。在北美、歐洲、澳洲的那些已開發國家，華人文化的在地化主要是指適應、學習並吸收西方的價值觀念；在東南亞、拉丁美洲、南部非洲的那些開發中國家，華人文化的在地化則包含了他們適應，並部分地吸收當地原居民文化，以及已深深影響到當地的西方文化兩方面的內容。

在東南亞，華人文化的在地化除了指它的政治歸屬和文化服務的終極目標之外，還在於越來越多的華人認同於當地的文化。例如：在教育上，華人子女上當地學校，學習當地的語言與文化，接受當地的價值觀念，在思維方式與行為習慣上與當地同伴並無二致。絕大多數的華人都會說當地的語言，如菲律賓華人說他加祿語，印尼華人說印尼語，馬來西亞華人說馬來語，泰國華人說泰語，等等；在宗教信仰、風俗習慣上，許多華人主動地與當地社會匯流，如印尼華人的伊斯蘭化；各國華人在衣著、飲食、待人接物等方面的在地化；在文學藝術上，用當地文字和習慣表達的方式反映。

這實際上是華人的同化過程，它在華人作為當地的一個少數民族的發展過程中，具有十分重要的意義。即它不只是完整地或較多地保持自己的文化傳統，也不只是作為當地的一個民族而去尋求發展，還致力於與當地社會的完整結合。華人文化在地化具有幾個明顯的方向：被同化，即失去自我，融入另一民族的共同體之中；成為新型華人文化的主要特色；成為華人文化的一個次要內容。應當說，這幾種趨向同時存在，其發展主流依然不太明朗，有待於時間的檢驗。

華人文化在地化並沒有一個統一的模式，它主要受到所在國家的政治社會文化環境以及華人自身狀況兩方面的影響。從國別華人來看，實行不同華人政策的國家，華人文化的在地化進程是不一樣的，如印度尼西亞、泰國等國，華人的融合程度深；而馬來西亞、新加坡和菲律賓等國的華人則相對較淺。從華人的年齡層來看，三十歲以下的華人（裔）、三十到五十歲的華人和五十歲以上的華人，他們的在地化程度則很不一樣，前者最深，中者處於過渡狀態，後者則具有較強的華人文化意識；而年齡層的不同，反映在他們的教育背景、與中國和當地的關係上也不一樣。受華文教育者和受當地教育者之間，土生華人與新客華人之間，第一代移民與移民的第二、第三代之間，文化價值觀差很大。

由於東南亞國家都曾長期地淪為西方資本主義國家如英、西、荷、法、美等國的殖民地，西方文化對這些國家影響甚深，而華人作為一個商業群體，往往介於西方殖民者和本土民族之間的地位，西方文化對他們也有較大的影響。這裡可舉兩個突出的例子。

一是華人皈依天主教的現象。天主教是世界三大宗教之一，是西方精神文化的重要內容。如在菲律賓，許多華人信奉上帝，還有華人天主教組織。一九六九年，傑拉德‧麥克比思（Gerald Mcbeath）的一項調查顯示，有百分之八十六的菲華青年學生信仰基督教，其中百分之七十一為天主教徒，百分之十五為新教徒。一九八九年，洪玉華、吳文煥做的一項調查表明，有百分之七十八的菲華人信仰基督教，包括百分之六十六點六的天主教徒、百分之十一點五的新教徒，還有百分之九的華人既信基督教，也信華人宗教（如佛教和其他民間宗教等）。[13]

二是新加坡華人的西化。新加坡作為一個移民的城市國家，地處東西方交通要道，為了更快的發展，執政黨推行西化政策，包括國家社會管理與建設的西方化，以英語為第一官方語言，加之英式教育的推行，使華人，尤其是年輕一代華人日益西化。西方價值觀念的時髦成為現代新加坡人的一大特點。

有人對近二十年來，印度尼西亞土生華人社會在教育、語言、文學、社會關係、婚姻、宗教和生活方式等方面所發生的種種變化進行考察，認為總體而言，華人已越來越同化於當地，但在宗教和生活方式上，仍不願認同於原居民，相反，他們更願意接受西方生活方式。「大多數華人並不准備融入本土印尼人社會，而是尋求融入更大範圍的全球文化之中。」[14] 這是一種頗具代表性的動向。北美、澳洲、歐洲等已開發國家的華人則努力實現在地化。這些國家實行多元文化政策，但是華人為了尋求更好的社會地位就必須接受當地的文化，接受當地的教育體制。這種主動的文化適應使華人少數民族的文化漸漸地為主體社會的「大熔爐」所吸納，乃至消失。

三、

在變異的同時，華人文化還存在一種強烈的繼承趨勢，即一種對傳統文化揚棄之後的新發展。隨著現代各國華族的形成，傳統文化仍將在一定程度上保持下去。

首先，中華民族傳統文化作為一種歷史悠久、博大精深的文化，不可能隨著緣於這一種族群體的異域發展甚至歸化而很快消失；其次，華人之所以還被視為華人，就在於他們具有文化上與種族上的華人特性。只有保持這種特性，華人才能結成具有較多聯繫、相對穩定的共同體，否則華人便不可能實際存在。第二次世界大戰之後，海外華人作為中華民族的一個分支，已成為各所在國的一個少數民族（新加坡除外）。許多國家的華人已形成一個新的民族，即華族。華族是海外源於中華民族、分屬於不同的國家、基於共同的文化與種族認同的共同體。如馬來西亞華人（族）、新加坡華人（族）、菲律賓華人（族）、美國華人（族）、加拿大華人（族）等。即使是在一些實行同化政策的國家，華人無論在文化上還是在種族上都難以消亡。例如：在印度尼西亞，政府的同化政策雖然在客觀上使華人與主體社會的結合更趨密切，但是，華人仍然特色鮮明；又如，泰國華人同化程度高，然而，即使是有些否認泰國華人實際存在的學者，也在另一種場合認為，「華人是泰國最大的少數民族」。[15] 中南半島國家的排華同樣沒有滅絕華族，一九八〇年代以來，越南政府公開稱:「華人是越南民族共同體的成員之一，是越南公民。」特別是隨著越南經濟改革的推行，華人經濟影響的增大，華人的族群性會不斷加強。[16]

我們知道，華族的存在是以種族與文化二者為前提的。而且可以肯定的是，華族發展得越好，就越能加強自己的文化特性。各國華人在積極融入當地主流社會這一點上是共同的，但在發展的道路上不一樣。影響各國華族發展的主要因素有：在客觀上，如所在國家對華族的政策；當地諸民族與華族的關係；地區或國際政治、經濟形勢的作用；所在國與中國的關係；中國的僑務政策；新移民現象；等等。在主觀上，如華族政治認同轉向的必然；華族的經濟實力;華族「落地生根」、全面在地化的發展需要;華族的人口素養，華族與「母族」(中華民族)的關係、與中國的關係；華族之間的聯繫；等等。

這樣，華族的發展必然表現出一種強烈的族群意識的發展。所謂族群意識，是指作為一個民族所共同擁有的種族與文化意識；所謂種族意識，即一種源於中華民族的意識；所謂文化意識，即一種以中華傳統文化為基礎的價值觀念。這兩者構成了華族作為一個民族賴以存在的共同文化心理基礎。眾所周知，東南亞許多國家的華人爭取少數民族地位的鬥爭，實質上就是一個要求保留自己民族文化傳統的問題。很顯然，當一個人的華人文化意識淡薄或消失之時，也就無所謂華人文化的存在。許多華族的有識之士竭力倡導中華傳統文化，正是有鑑於華人固有文化的喪失對華族發展所隱藏的危機。一九七〇年代末以來，新加坡特別強調華族文化的弘揚與保持，雖然政府努力推動大家樹立一個具有「共同價值觀」的「新加坡人」形象，但這一場運動並不是以否認華族價值觀為前提，恰恰相反，它是以儒家文化為基礎的價值觀，從而有利於華族發揚自己的文化。[17]

然而，如同各國華族有別於中華民族一樣，海外華人所擁有的中華文化也與中華民族傳統文化不盡一致。之所以如此，關鍵在於各國華人所面臨的不同於中國的政治、社會與文化環境。華人傳統文化在異域經歷了一個被「揚棄」的過程，這種文化賴以表現的各種形式都在發生變化。例如，在華文教育方面，華文學校銳減、華語作為第二語言教育的趨勢，以及在教材、教法及教育方針等方面的在地化；在華文報刊方面，數量減少，讀者群縮小，內容從「中國化」轉變為「中立化」進而為「在地化」；在社團方面，華人傳統的以地緣、血緣和業緣為基礎的社團處於向現代轉型之中，以學術、科技、文體、宗教、聯誼、政治等為紐帶的社團不斷出現；在宗教信仰方面，一部分華人在皈依伊斯蘭教、天主教、佛教，一部分華人在信仰各種傳統民間宗教，如鬼神祖宗諸神祇的崇拜，一部分華人則在製造新的信仰，如將儒家思想宗教化，即儒教，或以儒教、佛教、道教為基礎糅合而成三教；在風俗習慣方面，作為華人的文化，如節日、習俗、禮儀等依然得到保留，但對年輕一代的吸引力在減弱。此外，華文文學及華人的繪畫、建築、飲食、科技等都不是純中國式，而是融匯了其他民族相應文化形態之長。華文文學已不能簡單地等同於華人移民文學，而是作為當地文學的一部分而得到發展的；同時，華人還用非華文創作了許多反映自己傳統文化的作品。從國別上看，各國華人文化的發展道路、華人傳統文化保持的程度、華人對自己文化建設的觀點等也不一樣。以東南亞為例，一般來說，當地政府實行多元文化政策，華人人口多的地方，華人的文化則較好，如馬來西亞、新加坡和菲律賓等；相反，在政府實行限制或禁止華人文化特徵的國家，華人文化則迅速衰落，如中南半島國家、印度尼西亞等。

從變化過程及其程度來看，戰後初期（約一九四五到一九五五），華人文化處於空前的興盛期。華文報刊、華文學校、華人社團等尤為活躍。一九六〇到一九八〇年代，華人文化才遭到了嚴重的打擊，特別是那些排華的國家，華人文化的損失尤為慘重，有的甚至強迫消滅一切足以保持華人文化傳統的標誌。即使是新加坡這樣華人占主導地位的國家，也由於西化運動而將華人文化視為包袱，致使華人文化江河日下。一九八〇年代以來，華人的傳統文化又有「復興」之勢，在多數國家，華人文化被作為當地文化的一個組成部分，華人對堅持自己的文化傳統有了更深的認識，甚至把它作為自己的一項基本權利來堅持。

各國華人文化的變遷有其相似之處，如中國傳統文化觀的變化，華人文化已作為所在國文化的一種；少數民族文化對主體民族社會文化的適應；中華傳統文化的危機及華人挽救的努力；年輕一代華人的傳統文化觀念的淡化等。而這主要是因為各國華人文化都是一種移民類型文化的發展，經歷了移民從出國到僑居，從適應到發展，從歸化到更大發展這一過程所應遇到的文化衝擊—調適、矛盾—適應的共同問題。華人有共同的文化和種族的根。華人傳統文化的繼承與變化，不同國家和地區華人文化的多姿多彩的發展，使得我們難以用一個模式來籠而統之。然而，儘管華人文化變化的趨勢是多向的，但其基本的內核並未改變。儘管華人文化在其發展中與其他文化形態有碰撞、交融，吸收了它們的一些精華，同時自己的傳統文化也有遺落，但我們所說的華人文化仍然是指建立在華人傳統價值觀念基礎之上的文化形態。作為一種少數民族文化的發展，作為融合了華人文化的發展，是華人文化發展的兩個主要方向。

四、

從「華僑文化」到「華人文化」的演變及其發展歷程可以看到，它始終遇到了這樣幾種關係的制約與影響。

第一，華人（族）文化與中華民族傳統文化的關係。兩者之間既有聯繫也有區別。其聯繫在於，華人（族）文化源於中華民族傳統文化，後者予前者以豐富的營養，在一定程度上前者是後者在海外的一種發揚，海外華僑華人文化與中華民族傳統文化之間有著一種親近感。其區別在於，現代海外華人文化已是各所在國多元文化的一個組成部分，它融合了其他多種文化。一九八〇年代以來，海外華人掀起了到中國的「尋根熱」，或多或少地是對自己祖先文化認同的一種反映。然而總體而言，華人文化與中華民族傳統文化的關係正趨於疏淡。許多新生代華人對於祖籍國的傳統文化只是一種傳統的理想，他們的「尋根」在緬懷家史的同時，更多的還是一種興奮與好奇。在保留傳統與「西化」上，他們或許更願意選擇後者。

第二，華人（族）文化與當地主體文化之間的關係。華人文化是一種內聚性很強的文化。在不同的文化環境中（如開發中國家的文化與已開發國家的文化），華人由於其自尊、自傲或自卑的心理從而與主體文化之間形成不同的關係，並易於走向極端。

對於鄰族而言，華人由於其文化的內聚性，從而易於造成一種「不可同化」與「國中之國」的感覺。這樣，華人文化與當地主體文化之間的矛盾是不可避免的，有時甚至很尖銳。現代各國華人也在華人文化是融入當地原居民文化之中還是作為一種民族文化而保持或發展之間徬徨、求索。消滅華人文化、強迫華人同化於當地文化之中，這種做法雖然照顧了主體民族或統治集團的利益，但它顯然有悖於人權法則，亦不符合國際公理。儘管在歷史的進程當中存在著部分華人文化融合到當地主體文化或原居民文化之中的事例，但是，至少從理論上來說，華人文化與當地主體文化之間是一種平等的關係，華人有權作出文化上的選擇。由於文化並不只是一種理念，作為一種價值觀念的體現，它必然反映出人們的政治傾向。東南亞的華文教育、報刊、文學及華人信仰等方面的變化，首先是由於華人身份的變化。華人（族）文化與當地主體文化的關係狀態也反映出華人（族）與當地多數民族和國家政治之間關係的情勢。正因如此，兩者之間並沒有一條平坦的路可走，它需要相互的寬容和主動的奉獻。

第三，各國華人文化的相互影響及國際化趨向。由於散居於不同國家的華人具有共同的文化源，以及華人之間國際性文化活動的日趨頻繁，華人文化具有國際化的傾向。這種文化的國際化打破了疆界的藩籬，具有把不同國度裡的華人在某種程度上聯結在一起的意義。這種同源文化的相互聲援和交匯無疑有益於各自的發展。不過，這種文化認同的喜悅，遠遠沒有樂觀到讓人感到會形成一個「東南亞華人共同體」或「世界華人共同體」的程度。跨越國界的文化交流仍然會受到來自「國界」的強大制約。

總之，華僑華人文化的形成與發展的歷史，是一部中華民族傳統文化的海外傳播和移植的歷史，是適應當地文化並與之交流的歷史，是為華人所在國文化增添色彩和促進當地社會進步與繁榮的歷史。

（原載《華僑華人歷史研究》；另參見與沈立新合著《海外華僑華人文化志・導言》）

東南亞華人文化發展大趨勢及其思考

海外華人文化是一個大的課題，且各國的華人文化又各具特色。在海外三千萬華僑華人中有百分之九十是在東南亞，東南亞華人與北美華人形成了特色鮮明的兩大群體，東南亞華人文化也有其特色。一般認為，第二次世界大戰是從華僑到華人變化的一個分水嶺，華僑國籍身份（政治認同）的轉變引發了一系列全面深刻的變化，其變化的核心是向在地化價值體系的認同。儘管在東南亞諸國，華僑、華人認同轉變的進程不盡一致，但是到了一九八〇年代後，他們的政治認同轉向已基本完成，諸如經濟上與主體社會的密不可分，文化上的從傳統中國型到現實在地化，心態上的從「落葉歸根」到「落地生根」，種族上與其他民族的日益接近與和諧，等等。

什麼是「華人文化」呢？從主體上看，「華人文化」就是華人所具有的文化形態。眾所周知，「文化」的定義有廣義與狹義之分。廣義的文化涵蓋著人類文明的各個方面，而狹義的文化主要是指人類精神文明與物質文明及其表現形式，包括哲學、宗教、文學、藝術和民俗等許多方面，我們所指的華人文化就是指這種狹義上的文化。從歷史來看，華人文化是從華僑文化演變而來的，華僑文化作為一種僑民文化，基本上屬於中華傳統文化在海外的一個移植或延伸；而華人文化則是變化的中華文化。隨著二戰後東南亞華人政治認同加深，華僑文化也過渡到華人文化。政治歸屬的改變，即從效忠中國到效忠居住國的改變，使得傳統的僑民文化失去了存在的肥沃土壤。更重要的是，當地政府不允許以效忠中國為宗旨的文化的移植與傳播，如在印度尼西亞採取了強迫同化的政策，試圖透過取締華人報刊、華文學校和華人社團來消滅華人文化，讓華人在文化上完全在地化；在菲律賓、馬來西亞等國，雖然允許華人保護自己的文化，但要求這種文化只能是當地多元文化的一種，以服務於當地為目標，否則即加以限制與禁止，馬來西亞華校的國民學校化、菲律賓華校的菲化等都說明了這一點。此外，已歸化於當地的華僑及其後裔在事實面前認識到，只有在文化上在地化才能獲得更全面的發展。雖然因不同的年齡層以及教育背景的差異，華人的在地化程度不一樣，但傳統的以中國為中心的文化觀顯然不再為中青年一代所堅持，而代之以在地化或西化的文化觀，或是吸收當地文化精華、以在地化價值為取向的文化。

對於華人文化的形成與發展，我們不應當忽視一個來自華人自身的關鍵性因素，即現代意義的華族的形成與發展。華族是海外源於中華民族、分屬於不同的國家、基於共同的文化與種族認同的共同體。近一二十年來，新加坡特別強調華族文化的保持與弘揚，這對華族文化的發展有利。可以設想，諸如印度尼西亞、泰國、越南等國的華族進一步壯大、發展，華人文化也將有重現生機之時。二戰後，東南亞華人文化的變化主要包括兩方面的內容：①華僑所移植的中華固有文化的變化；②與異域文化（原居民文化和西方文化）的交融及其適應。從反映中華文化的華文教育、華文報刊、華人社團、宗教信仰、風俗習慣以及文學藝術等方面的變化來看，傳統文化總體上趨於衰落。從國別來看，一般在當地政府實行多元文化政策、華人人口多的國家，華人傳統文化則保持較好；反之，在政府實行限制或禁止華人文化特徵的國家，華人傳統文化則危機四伏。

華人文化的在地化與華人文化的西化，是華人文化走向適應與融合的兩個主要方面。

在地化是現代華人發展的基本趨勢，文化的當地取向是華人在地化的主要內容之一。許多人認為，華人文化有優越感，很難為當地文化所同化；然而，實際情形並非完全如此。如在教育上，華人子女上當地學校，學習當地語言與文化，接受當地價值觀念，在思維方式與行為習慣上與當地同伴並無二樣。絕大多數華人都會說當地語言，如菲華人的他加祿語、印度尼西亞華人的印尼語、馬來西亞華人的馬來語、泰華人的泰語等；在宗教信仰、風俗習慣上，許多華人主動與當地社會匯流，如印度尼西亞華人的伊斯蘭化；各國華人衣著、飲食、待人接物等的在地化。在文學藝術上，用當地文字與習慣方式來表達。這一過程實際上是華人的同化過程，它在華人作為當地的一個少數民族發展的過程中具有十分重要的意義。即它不只是完整地或較多地保持自己的文化傳統，也不只是作為當地的一個民族而去尋求發展，它還致力於與當地社會的完整結合。華人文化的在地化有幾個明顯的方向，被同化，即失去自我，融入另一種族的共同體之中；成為新型華人文化的主要特色；成為華人文化的一個次要內容。應當說，這幾種趨向同時存在，其發展主流目前還不明確，有待於時間的檢驗。華人文化的在地化並沒有統一的模式，它主要受到所在國家的政治社會文化環境以及華人自身狀況兩方面的影響。其自身狀況包括年齡、教育、移民歷史背景等。

由於東南亞大多數國家都曾長期淪為西方資本主義國家如英、西、荷、法、美等國的殖民地，西方文化對這些國家影響甚深。華人作為一個商業群體在東南亞社會往往處在介於西方殖民者與本土民族之間的地位，西方文化對他們影響較大。例如，新加坡華人的西化，菲律賓華人信仰天主教的現象等。

華人文化的變化趨勢是多向的。今天，東南亞華人文化仍然是指以華人傳統文化為基礎的文化形態，儘管在它的發展變化中與其他文化形態有碰撞、交融，吸收了其他文化的一些精華，同時自己的傳統文化也有遺落，但華人的傳統文化特色仍然是主流。作為一種少數民族文化的發展、作為融合了的華人文化的發展，是華人文化發展的兩個主要方向。而華人所在國對華人政策與華人的自覺程度，是制約華人文化發展方向的兩大因素。可以預見，如果第二代、第三代華人在華人社會占據主導地位，那麼，華人社會的文化特色將會發生根本的變化。

二戰後，東南亞華人文化的變化已經引起了人們的普遍重視，也提出了一些值得思考的問題。

一、如何看待華人（族）文化與中華民族傳統文化的關係？

在此，我們應當明白華人（族）文化與中華民族傳統文化的聯繫與區別。其聯繫在於，華人（族）文化源於中華民族傳統文化，後者予以前者豐富的營養，在一定程度上前者是後者在海外的一種發揚；今天的海外華人文化與中華民族傳統文化有著一種天然的親近感。其區別在於現代海外華人文化已是各所在國多元文化的一個組成部分，它融合了其他多種文化。

這樣，人們完全可以加強華族文化與中華民族傳統文化兩者之間的關係，並使之對雙方有益。近年來，海外華人掀起了「尋根熱」，這是對自己祖先文化認同的一種反映。正是由於這種「根」的認同和文化的親近維繫著華人與祖籍國的一種富有生命力的關係，從海外華人對中國大陸的投資熱也可從中找到一點解釋。

然而，總體來說，華人文化與中華民族傳統文化的關係正趨於疏淡。許多新生代華人對於祖籍國的傳統文化只是一種遙遠的理想，他們的「尋根」在緬懷家史的同時，更多的還是一種興奮與好奇，在保留傳統和「西化」上，他們或許更願意選擇後者。對此，我們沒有必要懊惱。一方面，應當堅持一個民族要獲得更大的發展必然是有「根」的，是「根」的一種延續與弘揚；另一方面，如果一個民族認為祖先的東西對他們只有束縛，那又有什麼必要告誡他們去死守呢？

二、如何看待華人文化的國際化？

華人文化的國際化無疑具有積極的意義。文化的活躍有利於華人的發展，華人力量的壯大又可帶動華人在地化的進程；然而，由於東南亞華人特殊的地緣與經濟因素，使得這種原本平淡無奇的文化國際化現象，被賦予了十分敏感的氣氛。鄰族或當地統治集團的極端分子會由此而懷疑華人的政治效忠，甚至採取某些偏執的報復性或懲罰性措施。這也提醒華人，在追求華人之間文化上的親近與溫馨之時，不要忘了顧及鄰族的感受。在加強華人之間文化上的團結的同時，還應注意與鄰族之間的溝通與和諧。

華人文化國際化的現象雖然給族人帶來了文化認同的喜悅，但是它遠遠沒有樂觀到讓人感到會形成一個「東南亞華人共同體」或「世界華人共同體」的程度。跨越國界的文化交流仍然會受到來自「國界」的強大制約。

三、如何看待華人文化與華族發展的關係？

現代華族的發展是否可以為非華人傳統文化的發展？一種意見認為，新型的華族可以在接受主體民族文化的情況下仍然獲得發展。或者說，華族傳統文化形態已不是華人傳統文化；另一種意見認為，華人文化是華族發展的基礎，一個失去自己文化養分的民族是不會有前途的。筆者認為，後者更有道理。

從理論上來說，沒有自己文化的民族是沒有生命力的，純人種意義上的民族最終會被淘汰，如果華人沒有自己的文化，也就不成其為華人。從實際來看，東南亞華人的每一步發展都是與自己文化的發展相聯繫。華人文化被排斥或毀滅，華族則陷入低落。一些華裔不承認自己為華人，原因即在於他們身上除了有華人的血脈之外，並無任何其他華人群體的歸屬感。

可以相信，一旦華族普遍認識到應當作為一個族群而存在與發展，或作為一個族群而有利於自己的發展，那麼，華人文化必有自己的復興、發展之日。

二戰後，東南亞華人文化經歷了不平靜的發展路程，而且這一變化十分深刻。變化的實質是從僑民文化到當地文化之一的轉變，這是一種傳統文化的成分在不斷地削弱，代之以以在地化價值取向為核心的文化形態。嚴格地說，作為現代華族的傳統文化，正處於一個轉型的過程之中，其將繼續變化。

東南亞華人文化的發展，主要依各國的政治社會環境而發展，並不存在統一的形式。雖然這裡的華人似乎與北美的華人形成了兩大特色鮮明的群體，人們呼籲對兩者進行比較研究，但是現在更重要的，還在於對各國華人變化狀況（包括文化方面的）進行切實的調查分析。文化的徬徨使華人處於一個選擇的十字路口，年輕一代華人文化觀念的淡薄是喜是憂，既是學者研究的重要課題，也是華人社會面臨的一個挑戰性的課題。

（原載《中國文化研究・春之卷》）

戰後東南亞華人文化的保持與族群關係的演進

第二次世界大戰以來，東南亞華人所處的情勢發生了很大的變化，尤為明顯的是，華人加入當地國籍，政治認同轉向當地，有的乃至在文化上也完全在地化。然而，幾乎在東南亞各國，華人仍是一個在自己種族與文化上具有鮮明特色的社會群體。一九九〇年代，東南亞華人雖然已解決了政治認同問題，但在文化認同上卻仍然處於「十字路口」。[18] 華人究竟選擇怎樣的文化價值體系，才有利於自己在當地的生存與發展？客觀環境對於這種選擇施與怎樣的影響？這是華人所面臨的一個十分重大、而亟待解決的課題。而如何對待中華傳統文化，以及這種文化的保持對於族群關係演進的影響如何，這又是華人文化選擇過程中的關鍵所在。本文擬對此略加探討，以期拋磚引玉。

一、中華文化之於華人社會的形成與發展

「華人文化」這個概念已為人們廣泛使用，一般都將它視為「中華傳統文化」的同義語，其理由在於：①海外華人除了秉承中華傳統文化源之外，不可能另創一種新文化。②華人文化是由華僑文化轉變而來的，而華僑文化又是道地的中國文化。③中華傳統文化確實是構築華人民族（或種族）特性的重要因素。從這些意義上來講，將華人文化等同於「中華傳統文化」不無道理；然而，華人文化是一個較之「中華傳統文化」內涵更廣的概念，因為前者可以包容後者，而後者不能涵蓋前者。不過，要理解華人文化還得從它的基本內核之一，即中華傳統文化說起。

一般來說，華人社會是以中華傳統文化為基礎的華人文化與種族群體。一九五〇年代以來，隨著華僑向華人的轉變，政治認同的在地化，華人社會

逐漸形成，而原有的華僑文化也為華人社會所繼承，成為華人文化的核心內容。這種前後的承繼對於一個尤為強調傳統的華人而言是自然而然的事。在華人社會的發展過程中，中華傳統文化是華人之間具有較多經濟、文化、政治等聯繫的不可或缺的黏合劑。在華人經濟、社團的國際化趨勢，以及華人謀求在當地全面發展的過程中起著不可忽視的作用。華人傳統文化在華人經濟的國際化與在地化中，有著舉足輕重的意義，具體來說有以下幾點：

（一）華人傳統文化對華人在地化的影響

在華人切斷了自己在政治上的中國歸屬感之後，特別是隨著一九五〇、一九六〇年代以來，日益緊促的全面在地化的進程，華人傳統文化也面臨著挑戰。這裡，我們先不論華人之於傳統文化的態度，而是來看看華人傳統文化對華人社會發展的作用。

東南亞各國是否存在著一個華人社會，人們看法不一。普賽爾（V.W.Purcell）所著的《東南亞的華僑》（*The Chinese Southeast Asia*）、施堅雅（G.W.Skinner）的《泰國華僑社會》（*Chinese Society in Thailand*：*An Analytical History*）和《泰國華人社會之領袖及權力》（*Leadship and Power in the Chinese Community of Thailand*）等，都持「華僑社會」或「華人社會」之說，影響至今。已故菲律賓學者施振民在研究了菲律賓華人文化的持續問題之後，認為菲華人社會「不僅是以馬尼拉華人為活動中心的社區，而且是靠華人文化體系整合的全菲華人族群」。[19] 但也有人對「華人社會」說提出疑義。[20] 這種不同的認識，與他們各自的理論分析和實際判斷的角度有關。然而，只要我們冷靜、客觀地進行考察就會發現，在東南亞許多國家，的確存在著一個以中華傳統文化為基礎的華人社會文化群體，或者說「華人社會」。從文化意義和種族意義上看，華人的存在是華人社會存在與發展的重要標誌。[21] 基於這種理解，可以認為，華人文化是華人社會存續的關鍵因素之一。

一種觀點認為，華人要實現自身與當地社會的全面整合，必須在一定程度上放棄自己的文化。中華文化要在當地生根發展，「就必須能切合本地華人的實際需要，並充分顯示出其令人信服的優秀之處及其有利於華人的生存和發展之處」[22]。對中華文化的優秀之處表示懷疑，這種觀點的偏頗之處顯而易見。因為一方面華人作為一個少數民族（新加坡除外）應當保有自己的文化；另一方面要看到在過去華人文化是華人立足於當地的一個基礎，在今天華人文化會在華人在地化的過程中更加豐富多彩。或許，華人會因為有其自己的傳統文化而對這種文化之源有一種自豪感，乃至較多的趨同，但這並不意味著其政治認同的搖擺不定。菲律賓中正學院院長邵建寅先生認為：「華文教育的目的，應是在栽培具有華人氣質的菲律賓公民」、「政治上認同所居國家與文化上認同中國並無衝突」。[23]這是頗具見地的。華人傳統文化與華人在地化之間並不存在二者必定擇一的問題；相反，二者應是相輔相成。

（二）華人傳統文化對華人經濟與文化活動國際化的影響

雖然不同國家的華人所處的環境及其自身的特點有較大差異，但華人在謀求其經濟活動與文化活動的國際化時，往往較之與其他種族之間有更多吸引力。這種吸引力就在於歷史所形成的血緣上與文化上的某種聯繫。這是誰都難以改變的，即使是對華人採取一種孤立環境中的同化政策，也是難以在短期內改變。

中國人移居海外如果從唐宋時算起，迄今也有近千年的歷史。近代華工出國後，東南亞華僑數量大增。這些華僑先民最初從南部中國南下時，就帶有兩種耐力持久的遺傳因子，即種族特徵與文化特徵。而從十九世紀末到二十世紀中葉，隨著華僑民族主義意識的喚醒與高漲，華僑還強烈地感染著中國政治的脈搏，積極參與其中。儘管如此，華僑由於其主要生存環境是在海外，因此又不得不利用其種族與文化上的特徵來形成某種組織，如血緣與地緣團體或私會黨組織，來加強同文同種之間的團結、互助與凝聚力。有些人將這種海外華僑華人社會視為「中國文化的一個實驗室」[24]。這裡，我們先不論這種觀點的正確與否，僅就它所強調的中華文化對華僑、華人的巨大影響而言有一定道理的。早期華僑的這種建立在血緣與地緣基礎之上的組織，為後來的華人社會沿襲。而這正是華人的經濟、文化活動具有國際化傾向的支柱之一。祖籍福建、廣東、廣西、海南等地的華僑、華人常召開一些跨國性的聯誼會，共同的鄉誼成為聯結他們的紐帶。在此，有兩點需要加以說明。

其一，華人傳統文化是華人之間具有較多（也比較容易有）經濟和文化聯繫的促成因素，但它並不必然導致東南亞不同國家和地區華人之間的聯合。如果說現代東南亞華族已經形成，那所謂「東南亞華族」並不是一個而是多個，在馬來西亞、新加坡、印度尼西亞、泰國、菲律賓等國都有一個華族（或稱種族）。有人提出，要從民族學研究世界最大的跨境民族——華人。[25] 這種把華人看成是一個整體民族的觀點顯然是錯誤的。這是因為，一方面，華人的發展更多的是受所在國政治、社會環境的制約，而不是華人之間所具有的文化與種族源流上的共性制約；另一方面，事實上，東南亞各國的華人是各成一體的，而非結成跨國界的共同體。無疑，如果我們將新加坡的華人與印度尼西亞的華人看成是同屬一個整體則是不恰當的。正因為如此，那種把東南亞華人視為一個整體，乃至把東南亞華人社會作為「第三中國」的做法也是錯誤的。[26] 華人與中國的分離及其全面在地化的趨勢，使華人在所在國家加速演化，並成為一個頗具自身特徵的整體，原本具有的文化與種族特徵也在經歷著轉化。今天，面對東南亞許多國家的華人文化，我們很難說它是純中國式的，因為它們都經歷了變異、改造與轉換。其實，有許多人已經看到了這點，並在努力進行個案的探討。[27]

其二，華人經濟、文化活動的國際化趨向，是一件對當地發展有益的事情。僅從一九八八年以來，在東南亞召開的國際性宗鄉大會就有世界廣西同鄉聯誼會（一九八八 ・ 五月 ・ 泰國曼谷）、世界賴羅傅宗親聯誼會（一九八八 ・ 六月 ・ 新加坡）、世界林氏懇親大會（一九八八 ・ 二月 ・ 馬來西亞砂拉越）、世界潘氏總會（一九八九 ・ 十月 ・ 新加坡）、世界福清同鄉聯誼會（一九八九 ・ 十一月 ・ 新加坡），等等。而東南亞華人召開的以宗鄉為紐帶的會議更多。一九九一年八月，在新加坡召集的世界華商大會，盛況空前。這些華人區域性與國際性的活動都有濃厚的經濟意義。如成立於一九八〇年的國際潮團聯誼年會，目前已舉行了五屆，其宗旨除聯絡鄉誼外，還在於「溝通貿易，促進文化，繁榮經濟，互相交流」。與會期間既舉行鄉誼研討會，也有商品展覽會。顯然，華人之間的這種經濟溝通與聯合是以其傳統文化為媒介。在共同的文化價值觀的支配下，在同一種源遠流長的文化氛圍中，人們會體感到心靈的親切，縮短國界的距離，在經濟活動中互相信任。然而，東南亞華人在這種傳統文化聯絡中的經濟活動，並非出自種族排斥的需要，而是因為它確實是一種有效的發展經濟的手段。華人自己也頗有同感：「物以類聚，人類的天性也是這樣。對於那些和自己相似，和自己具有相同語言、文化和歷史背景的人，往往會感興趣，喜歡和他們認同。」、「民族、文化的親切感能促進聯繫和信任。」[28] 華人的這種「類聚」感、文化認同意識及其在此基礎上的經濟合作趨勢，與一九五〇、一九六〇以前的華僑民族主義思潮根本不同。這是因為，首先，華僑民族主義具有強烈的中國歸屬取向，政治意味濃厚；而華人之間的文化認同與親近已失去了曾一直與之相連的政治聯絡的意義，對於當地其他民族並不存在什麼危害。其次，東南亞華人之間文化認同的重要意義，還在於它的經濟方面。由於華人已解決了政治認同問題，因此這種文化認同的經濟意義對於華人所在國的經濟發展，具有越來越深遠的積極影響，而不是相反。事實上，華人之間文化、經濟的區域化與國際化趨向，其根本出發點還在於華人文化、經濟的在地化。這種區域化與國際化是來自不同國家華人之間的合作，它所帶來的經濟利益更多的受惠者是華人所在國家。正因為如此，東南亞一些國家政府越來越重視華人之間的合作，並積極創造條件以利於這種合作，其中包括對華人保持自己傳統文化的讓步。

目前，在亞太地區，有關「華人經濟圈」的爭論甚是熱烈。也有人稱之為「華人經濟共同體」、「大中華經濟圈」[29]，等等，其核心內容就是華人之間經濟合作的國際化趨向；然而事實上，華人資本之間不可能超越各自國家利益，進行單獨的國際間合作，故單純的「華人經濟圈」也不可能實現。如印度尼西亞的林紹良財團、馬來西亞的郭鶴年財團與李萊生財團、新加坡的黃祖耀財團、泰國的陳弼臣財團等，都有著比較廣泛的華人之間的國際商業聯繫，但它們都是所在國資本，同時華人資本也與其他國家資本合作。有人認為，東盟各國華人資本的成長是與所在國國民經濟成長相一致的，而且它對所在國國民經濟的迅速成長作出了很大的貢獻。[30] 可以肯定，中華傳統文化對於華人資本的國際化發展是有其可觀作用。換言之，華人經濟的國際化既然是以其在地化為基礎，因而，其國際化程度越高，對當地經濟發展的促進作用也就越大。

應當正視的是，二戰後東南亞華人文化走的卻是一條坎坷不平、荊棘叢生的道路。隨著二戰後東南亞民族獨立國家的形成，種族排斥的情緒與日俱增，諸如印度尼西亞、馬來西亞、緬甸和越南等國，都曾或多或少地推行過排華政策，在驅趕華人的同時，對於居住在當地的華人採取全面同化的政策。雖然各國在同化的類型和程度上存在著差異，但其實質都是使華人全面在地化，有的甚至要消滅華人社會，將他們完全同化於本土社會中。這種同化政策的主旨並不在於華人與當地社會的融合，更多是為了培植和增強本土民族的力量，用種種優先的政策來提高本土民族的地位，特別是他們的經濟力量，同時，壓制華人在政治和經濟上的發展。在有的國家，當華人的政治認同轉向於在地化以後，華人仍未能與當地本土民族享有事實上同等的地位。

我們看到，東南亞許多國家的同化政策，並不只是迫使華人政治認同於當地，而且還在於限制或禁止華人文化的發展。文化同化是同化政策的重要組成部分，而華人傳統文化又是同化的焦點之一。其主要措施有二：①隔斷華人與其文化源的聯繫，不再接納來自中國的移民。②嚴禁中華文化的傳播，包括對華報、華校、華團的限制或禁止。這樣，力圖使華人逐漸將中華文化淡化，而接受當地文化，進而徹底在地化。如果這種文化同化政策成功，並且透過種族通婚等手段使華人的種族特性退化，其結果必然是華人社會的消亡。當然，從事實來看，東南亞國家的華人同化是多類型的，如泰國屬於自然同化型，政府雖然限制華文、華校的發展，但對華人能平等看待，給予公平參與的機會，並鼓勵華人與原居民和睦交融；印度尼西亞屬於強迫同化型，從一九六〇年代中期起，陸續下令關閉華文學校、僑團、華文報刊，一切與中華文化有關的載體或傳播方式都受到禁止。雖然後來有所謂的特種民族學校，允許少數慈善、宗教和宗親社團的存在，但中華文化隨之迅速折損下去；新加坡屬於多元文化型，政府允許並鼓勵華人保留自己的文化。

凡此種種的文化同化政策，直接導致了中華文化的衰微。對於這種文化政策，人們評價不一。特別是由於所處立場的不同，所論往往大相逕庭。施堅雅在考察了泰國的華人社會之後認為，同化是解決華僑問題最理想的辦法，也是華人的唯一出路。事實上，東南亞各國的同化政策也在一定程度上達到了預期的效果，如華人子女多接受當地教育；土生華人比例日漸增多；華人效忠當地政府；「落地生根」觀念普遍化等等。既然如此，東南亞各國的華人同化政策是否會繼續執行下去呢？一般來說，這應當是毫無疑問的，至少在一段時間內不會有實質性的轉變。其主要原因在於，當地政府對中華文化的影響存在著某種程度的恐懼（新加坡除外）。在他們看來，中華文化會加強華人與中國的感情，會使華人社會和主流社會格格不入，會增加社會的不安定因素，這也意味著要維持華人傳統文化仍面臨著嚴峻的挑戰。[31]

與此同時，華人自然同化的趨勢，也助長了華人傳統文化的衰落之勢。所謂自然同化，實際上就是民族融合的過程，即民族相互交往中的彼此吸收對方優良特性，一個「你中有我，我中有你」的過程，每一個理性的民族都願意這樣做。歷史上形成的所謂「明鄉」(越南)、「土生華人」(印度尼西亞)、「峇峇」(馬來南亞)、「華菲混血兒」(Mestizo，菲律賓）等莫不為民族融合的產物，他們身上中華文化的因子越來越少，如果沒有「再華化」的過程，他們最終將為當地文化所包容與融化。即使是新加坡這樣一個華人占百分之七十六點九[32]的國家，中華文化也是危機四伏，很不景氣，其最主要的表現在於，華文教育的式微和年輕一代中華文化觀念的淡薄。在新加坡，以英語為第一官方語言，母語（華語）為第二語言，這在客觀上大大降低了華語的實用價值。同時，英校能供給較好的就業機會和高等教育升學機會，使得華校生源銳減，據統計，一九五四年，是英校與華校學生人數的一個分水嶺，此後華校生年年減少。一九六八年，華校生只有英校生的一半，一九七四年僅百分之十三的小一學童入華校。一九八〇年代初降至百分之六。[33]眾所周知，語言並不只是一種簡單的交往手段，而且還是文化傳遞的重要媒介。學習華語的人數銳減，意味著華人越來越失去其對中華傳統文化的執著。新加坡尚且如此，遑論其他。總之，一九六〇年代以來，東南亞各國華人傳統文化的日趨衰落已成為一個鐵的事實。這種衰落有政府政策、華人社會地位、華人價值取向的轉變等主客觀諸種原因。

華人傳統文化是否會從此一蹶不振呢？

目前來看，似乎未必。我們看到，儘管華人傳統文化有日趨衰微之勢，但在華人同化或認同於當地的過程中，保持華人傳統文化的動力並沒有衰竭，華人有著多種多樣保持其傳統文化的方式。例如，在新加坡，多元文化政策，政府對華人傳統文化的重視，以及多數華人對傳統價值體系的認同，使這裡的傳統文化保持得較好。政府所倡導的國家核心價值文化，實質上就是中華文化的核心價值觀，它包括中華民族所具有的節儉、吃苦耐勞、重視教育、社群的信任和相互扶持等優秀特質。為此，舉國上下從一九八〇年代以來，漸漸興起了一場聲勢浩大的保「根」運動。如推廣華語，舉辦華族文化節；制定儒家教育課程，多方位、多層面地研究華族文化，使之實現新形勢下的轉化，華人社團也將工作重心轉移到了「協助保存適合現代新加坡的華族文化價值觀和傳統」[34]上來。新加坡宗鄉聯合總會成立的宗旨之一即是保持與發揚華人傳統文化。在總會的領導下，各會館已開展了多種形式的保持華族傳統文化活動。可以這樣認為，新加坡的華人文化將會有一個新的復興。

在馬來西亞，馬來人優先的政策使華人文化受到了嚴重的限制。《一九六一年教育法令》的頒布使華文學校受到了國民學校的限制；但是，華人為了維護華文教育的權利始終進行著不懈的鬥爭。從《董總三十年》和《教總三十年》所記載的「董總」與「教總」兩大組織的歷史來看，馬來西亞華族將華文教育視為「整個華族文化興衰的命脈」，[35]力圖使華族文化成為國家文化的一部分。由於馬來西亞華人的族群意識較濃，且華人人口占全國總人數的百分之三十三點一，以及政府和原著民對華族的日益容納，華人傳統文化將繼續發展下去。

在印度尼西亞，近二十餘年來，雖然華人越來越在地化，但華人文化並沒有銷聲匿跡。中華文化除了透過家庭代代地潛移默化外，宗教是中華文化得以承傳的重要方式。在東南亞華人中，印尼華人可以說是信教最積極的族群。孔教在印尼近八十年的發展表明，它是華人信奉的重要宗教，據稱，一九八七年該教擁有三百萬名教友，制度化的孔教向華人傳遞著中華文化的訊息。[36] 還有不少華人為佛教徒。在宗教的聖光下尋覓著靈魂的慰藉和文化的溫馨。

泰國是公認的華人同化程度最高的國家，但高度「泰化」的華人也並沒有全然褪去華人的文化秉性。華人多信奉佛教，也有不少信「孔教」，華族在泰國是最大的少數民族，其傳統文化仍在一定程度內得以保持。

引人注目的是，一九八〇年代以來，東南亞華人更加重視「根」的追尋，不斷掀起的「華文熱」即是一例，這裡的「根」不僅是血緣上的，而且還是文化上的。隨著華文國際地位的提高，諸如泰國、馬來西亞、印度尼西亞和菲律賓等國政府顯現出有條件地弛禁華文之勢，有人甚至認為華文教育已「重現生機」。[37] 不管怎樣，這意味著用同化的方式使華人傳統文化消亡並不是一件容易的事，一種文化的存在、發展或消亡是有它自己的運行軌跡。

可見，華人文化之於華人社會是不可或缺的，華人保持自己的傳統文化有利於華人群體的健康發展；而尊重、理解這種文化又是華人融入主體社會的重要動力。華人文化的保持與發展對於主體社會的進步與繁榮是有益的，而不是有害的。

二、中華文化的保持之於族群關係的發展

華人能否順利地保存自己的文化的一個重要因素，是這種保存對於族群關係的發展起一種怎樣的作用。政府制定對華人的政策、主體社會對華人的態度，都在一定程度上取決於他們對華人文化的認識。與此同時，華人保存自己的文化也只有遵循一定的法則才會收到較好的效果。

（一）平等應是處理族群關係的一個原則

一方面，華族與當地其他民族之間應當遵循其自然、和諧發展的規律。歷史上的「峇峇」、「土生華人」、「明香」和「華菲混血兒」等的形成即是族群之間自然融合的表徵，說明了這種和諧發展的可行性及其深遠意義。華

族，要正確地看待自己，既不要自卑自賤，也不要自高自大，任何「文化沙文主義」的做法都是不可取的。本土民族也要摒棄偏見，客觀、公允地評價華族對當地社會發展的貢獻，不要由於文化的或經濟的自卑而轉為對華族的歧視。在印度尼西亞，有一種觀點認為：「印尼民族現在在經濟發展中，必須解決的最大問題，就是如何把『原住民』支那化，即教育他們改變他們的文化態度（農業、文化）……」[38] 這裡，不乏對華人的偏見，如稱華人為支那人，但它也說明民族之間更多的是需要彼此的切近了解和吸取對方的長處，而不是盲目的排斥。

另一方面，或許更重要的是，政府應當在當地積極地創造一個有利於各民族共同繁榮與發展的環境，平等地對待境內的所有民族，無論其大小。在此，我們不贊同同化是解決華人問題唯一的也是最理想的途徑之說，因為從理論上來說，每個民族都有保存自己文化的權利；從實際來看，同化作為一種政策都帶有強迫的性質，而一旦這種同化的出發點是建立在對華人的錯誤認識之上，則同化必然具有歧視的色彩。

平等的民族政策，實際上就是一個多元文化政策的問題。文化的多元有兩種情形，一是多元文化並存，誰也不統屬誰，文化也無高低之分；二是國家文化下的多元文化，即有限的多元。目前，在東南亞，不管是事實上的多元文化還是口頭標榜的多元文化，基本上都屬於後者的範圍。新加坡的國家文化就是要塑造具有共同理想的新加坡人的形象，這種國家文化包容了華族文化、馬來族文化和印度族文化。馬來西亞的國家文化則與新加坡的國家文化不太一樣，這主要表現在，前者排斥華人文化的，它是以馬來文化為國家主體文化的，即所謂「必須以本地原有人民的文化為基礎」，並要求其他文化的服從，盡力縮小其他文化對各自族群的影響力。

一九八二年五月六日，馬來西亞霹靂中華大會堂向國家文化、青年及體育部提交的塑造「國家文化」的《意見書》，是關於「國家文化」的一份頗具典型意義的文件。該《意見書》指出：「中國是一個多元民族、多元文化及多元宗教的國家，在塑造國家文化方面，應以瑞士為例，堅持多元化原則，貫徹各民族同等對待的精神，將現階段各族文化互相糅合，互相融化，形成一種融匯各民族文化優點，別具風格的國家文化。」

換言之，「現有的各族文化都是『國家文化』的組成部分」[39]，即國家文化應包容華人文化的精華。馬來西亞華人這份聲明也可以說是東南亞華人（具有種族與文化上華人意識的華人）對於「國家文化」的基本態度，它反映了華人對自己文化越來越理性的認識。可以想像，如果華人文化成為「國家文化」的一部分，保持這種文化的道路也就要相對平坦多了。應當承認，華人文化的保存具有豐富當地民族或國家文化，促進民族平等與理性的發展等作用。

（二）華人傳統文化是華人社會的基本特色之一，這種文化並不必然導致華人的孤立性

在當地政府和原住民眼裡，華人社會有如「國中之國」。中華文化及其載體構築成的無形壁壘阻隔了華人與當地社會的融入，使華人難以同化。有人認為，人們習慣於把華人社區或華人群體稱為「華人社會」，「在某種程度上可以說就是華人和居住國長期隔閡的一種反映」[40]。在此，準確地判斷華人文化與華人的「孤立性」問題有無聯繫無疑十分重要的。筆者認為：

（1）早期華人社會是一個移民社會，為了在新環境中的存續，來自同一文化源和血親的人們往往結成具有較多聯繫的共同體，從而使得華僑社會成為當地社會中特色鮮明的一群。作為從華僑社會演變而來的華人社會，一定程度上繼承了這種特色，這是自然而然的事。毋庸置疑，這一群體有許多需要改進之處。然而，一種人的存在，並賦有其文化的特色，這並不是一件壞事情，同時也沒有必要要求他們磨滅自己的文化鋒芒。

華人不願割捨自己與傳統文化的聯繫，這一行為應該得到理解與尊重。事實上，華人在政治認同於當地之後，並且新的一代日益在地化，他們希望能夠全面地參與到所在國的政治、經濟和文化生活中去，但往往主體社會的一些障礙，使得這種參與或融入十分艱難。

（2）歷史上華人與其他族群之間的矛盾與衝突，並不能簡單地歸結為華人傳統文化的作用。早在二戰前，長達幾個世紀的西方殖民統治時期，華僑

遭到了多次慘痛的屠殺，殖民者有意挑撥華人與本地人的關係，製造民族緊張氣氛；二戰後，許多國家實行過驅逐華僑的政策，更加深了本地人對華人的偏見與嫉恨。在這中間，華人傳統文化成了受打擊的對象，這是因為政府整合（有的試圖消滅）華人社會於主體社會之中，以及適應緩和某種社會矛盾的需要，而不是因為華人文化而導致華僑、華人社會的孤立，才招來政府的限制或打擊。

在一定程度上，東南亞華人較強的經濟地位也是種族矛盾的潛因之一。王賡武教授認為：「沒有什麼文化上或種族上的重大差異，能阻礙華人和本地人廣泛的相互影響。」恰恰是由於華人在經濟領域中的優越地位「是把他們和當地人分隔開來的主要因素」[41]。這一論斷是有道理的。民族之間的文化矛盾通常是經濟矛盾的曲折反映，但這種矛盾的緩解並不是以剝削華人的經濟力量為前提，如馬來西亞的「新經濟政策」下的馬來人優先的政策，印度尼西亞的原住民與非原住民、「經濟強大集團」與「經濟薄弱集團」的劃分，均非解決民族矛盾的良策。相反，應當扶持已成為當地經濟一部分的華人經濟的更快發展，才真正具有遠見。

（3）二戰後，尤其是一九八〇年代以來，華人融入主體社會的熱情日趨高漲，趨勢不可阻擋。突出的表現之一是，原維繫華僑與華人之間、華僑與中國之間密切聯繫的社團，變為全力促進華人融入主體社會的組織。這種趨勢及其所反映的，是華人與當地其他民族之間加深相互了解與信任的主動精神，更表明了華人文化並不是一個封閉的體系，如果說華人群體有所謂的「孤立性」，也會因此大為緩解。

（三）正確地保持華人傳統文化有利於族群之間關係的發展

在華人群體中，雖然不同的年齡層，具有不同政治、經濟地位和不同教育背景者，對於華人文化有著不同的要求，但建立一種新型的華人文化已成為時代賦予華人的使命。

當代東南亞的華人正處於劇烈的變動之中，一方面，許多華人越來越理智地看待自己的文化，並要求保持和振興自己的文化；另一方面，華人文化正處於一種由傳統型向現代型的轉變之中，有人稱為「混合型文化」。[42] 對於這種華人新型文化的構成要素，一般認為中華文化仍是其主體，此外還包容了西方文化和當地文化等。不管怎樣，有一點應是肯定的，即中華文化在這種新的華人文化態系中仍是一種合理的、有生命力的成分，應當繼承而不是拋棄。

華人保存其文化不僅是因為中華文化有著悠久的歷史與博大的胸懷，而且還在於中華文化的精髓有助於鑄造完美的人格，也有益於當地文化的豐富。新加坡前總理李光耀說：「我們的歷史不是在祖先初到新加坡時才開始，它早在五千年前中國文明創始時就開始。這種歷史是我們的一部分，因為我們繼承了這個傳統和文化。」[43] 近來已有不少學者認為，儒家傳統文化對「工業東亞」的興起作用甚大。[44] 既然保持華人傳統文化是華人的普遍心聲，積極意義如此之多，並且華人已採取了種種「保持」行動，那麼，現在的急務應是如何正確地維持。然而，迄今為止仍沒有哪一個華人群體提供出理想的維持華人文化的模範，即便是新加坡也是如此。所謂「正確地維持」並不是絕對的，而是處於一個不斷探索和修正的過程之中。筆者認為，要維持華人文化，應當注意如下幾點：

（1）明確「華人文化」的內涵，並找到影響文化特質的關鍵性因素，綱舉才能目張；同時使人們積極地參與到文化建設之中去，並且清楚自己的奮鬥方向。中華文化不是華人文化的全部，但華人文化又必然包含著中華文化。在此，一方面，文化不僅僅表現為文學、藝術、民俗風情、飲食、武術和中醫等，而且更重要的還在於它所反映的一種價值體系。華人之外的其他族裔，如白人、黑人，他們也學習中華文化，有的甚至還可以講一口流利的華語，但能說他們是華人嗎？不能，因為他們與華人既有種族上的區別，更有文化上的差異，他（她）們有自己的行為準則和生活方式。反之，如果一個華人在文化上本土化，他（她）就不是一個嚴格意義上的華人了。因此，致力於文化保持的華人必須認識到，他們需要保持的不僅僅是文化的載體，而且還有文化的哲學精神，即中華民族的傳統美德和儒家思想核心價值觀。

另一方面，文化的保存既需要有力的組織，也需要華族的共同參與。只有讓廣大華人都認識到它的重要性才會形成一股力量。講華語也好，辦華文教育也罷，莫不如此。如果華族普遍認為應該保存自己的文化，並將它視為自己的一項基本權利，則他們的呼聲必將受到政府的重視，華人文化也會子孫相沿，代有發展。

（2）作為具有幾千年歷史的中華文化有其精華，也有其糟粕，而去粗取精應是華人對待傳統文化的正確態度。關於這點，中國自「五四」運動以來對儒家傳統的反思仍具有借鑑意義。那種認為只要是中華文化就盲目地繼承的做法是錯誤的。華人社會的賭博、幫派乃至黑社會組織，不能不說是中華文化中消極一面的產物。如果讓糟粕代替精華，那這種文化的保存將是民族的不幸。

（3）中華文化必須經過創造性轉化，才能在新環境中長久地發揚下去。華人文化的保持不可能是一種靜止不變的保持，而應當是文化變異中的保持，是處於現代化進程中的保持。在這種變異中，華人能否形成一種新型的文化，其中的一個重要因素是中華文化能否實現其創造性的轉化。[45] 這點在新加坡做得相對比較好。

新加坡的儒家教育課程，各種類型的儒家研討會，政府積極提倡中華民族優秀特質，等等，都表明政府在有意識地實行華人文化的正確保存和自我更新，使中華文化在地化。美國哈佛大學杜維明教授在談及新加坡的儒學課程時說：「儒家思想如果要想作為一門學校課程在新加坡有成功的機會的話，它就必須有一個轉變的過程，以適應新的社會和政治現實，以及新加坡的文化傳統。」[46] 這十分中肯的。「新儒學」已越來越引起東南亞華人社會的重視，這是華人文化轉型中一件可喜的事情。在華文教育上，以華語為第二語言教學，將成為東南亞華人保存自己文化過程中的一條路。[47]

可以設想，如果華人能透過文化的保存，並在這一過程中融合其他文化的優秀成分，實現傳統文化的創造性轉化，再形成一種適應新環境、新形勢的華人新型文化，這對華族與當地其他民族相處、交融，民族關係健康、理性的發展是十分有益。因此，雖然海外華人文化從來就不等於中華文化的翻版，而是有它自己的創造與內涵，但新型的華人文化遠沒有形成。目前，它正處於分化、組合、剝落、承繼的變革之中。這種變革是華人文化認同的再定型過程。在華人文化的轉型過程中還會有種族關係的緊張，乃至衝突，但是這並不可怕，因為華人與當地其他民族之間關係的緩和與融合、彼此吸收對方長處、使「你中有我，我中有你」的過程是一個不可阻擋的趨勢。

總而言之，華人文化是華人社會的重要基石，華人傳統文化應是新型華人文化態系中的重要成分，正確地保持華人文化是有利於族群關係發展的。

（原載《世界歷史》，並收入《中國華僑歷史學會成立十週年紀念論文集》）

關於華人社會是否實際存在之我見

一、

海外華人社會是否實際存在，這是近幾年來日漸引人注目的一個問題。由於這一問題不僅關係到人們對海外華人實際處境的一種客觀的觀察和準確的把握，而且關係到華人生存與發展前景，同時也影響到華人祖籍國一系列政策的制定與實施，因此，研究它並給世人提供一個清晰而實際的認識，無疑是有意義的。

這一問題，最先是由東南亞華人自身提出來。一些華人看到華人群體正一步步融合於主體社會以及華人傳統文化的式微，從而對「華人社會仍然存在」的說法提出懷疑；有的人則乾脆認為歷史上根本沒存在過華人社會，其中具有代表性的，是泰國盤谷銀行高級顧問江白潮的觀點。一九八八年十二月，江在曼谷華文報上發表了〈泰國華僑華人現狀的探討〉[48]一文，提出了「所謂『華僑社會』只是一種『假象』，並沒有實質存在」的看法，後來又有〈論泰國華僑社會非實際存在〉[49]一文，系統地闡述了這一觀點，認為：「泰國華僑社會或華人社會，在理論上是立不住足的，實際上並不存在」、「在泰國社會中根本沒有任何華僑社會存在」。

針對這種觀點，青年學者王偉民在〈論泰國華人社會實質性存在〉[50]一文中提出了完全不同的看法。他認為，所謂「華人社會」，應當是指「在海外某一地區形成的、具有中華民族傳統文化特徵的、以外籍華人為主體的文化群體」。這是一個社會學上的概念，而不屬於政治學上的範疇。中華民族傳統文化是華人社會的基本特點，泰國華僑華人的社團、華文報刊、華文學校，以及他們所保留的中華民族的風俗習慣、宗教信仰等構成了華人作為一個社會文化群體的主要表現形式。華人社會是附屬於泰國社會結構中的一個群體，它的存在是有利於泰國的經濟發展與繁榮的，和鞏固泰國社會的安定、團結並無矛盾。

目前，對於泰國華僑社會或華人社會是否實際存在問題的探討，已突破了國界，人們在對泰國華人進行更細緻的、多方位的、實事求是考察的同時，由此延伸出了一個新的更大的問題，即如果說泰國華人社會是子虛烏有的，那麼其他國家或地區的華人是否也存在著同樣的問題呢？盧海斌在〈華僑華人社會是否存在〉[51]一文中就認為，由於華人受到所在國的政治制度、經濟制度和法律制度等方面的限制，缺乏作為一個社會必備的法律、政治的上層建築樹立其上，並有一定社會意識形態與之相適應的現實基礎，因而「世界上任何一個有華僑、華人存在的國家都不可能形成一個華人社會」。「華人社會」之說勢必引起種族糾紛，阻礙華人融入當地社會，不利於居住國的穩定和建設。他認為，將華僑、華人群體特定的生活形式當作一個社區來看待更合適。

從上面這幾種觀點不難看出，判斷無論是泰國「華人社會」，還是整個海外「華人社會」的真實存在與否的問題，已不僅僅是一個切實觀察的問題，而且是一個理論的問題。目前爭論的焦點在於如何看待華僑、華人保留中華民族文化傳統這一問題。實際上，它還包括其他一系列問題。

筆者認為，要回答「華人社會」是否實際存在這一問題的關鍵在於，求得一種科學的社會或華人社會概念，弄清楚華人或華族存在的實質。在概念上求得一種共識，才能進行更深一層的爭鳴，了解華人或華族存在的實質，才能知道這種存在是否為一種華人社會的存在。

二、

（一）關於社會或華人社會的概念

什麼是「社會」？不同時代、不同階級的學者往往有不同的解釋。中國古代典籍中有「社，土地之主也。土地闊不可盡敬，故封土為社，以報功也」[52]的說法，把「社」看成是祭神的場所。會即為集會，「社會」即延伸為人們為了某個共同目的，而聚在一起所進行的某種活動。一些資產階級學者也提出了種種有關「社會」的概念，有的把社會說成是一種集合意識，有的則認為社會是人群和人的集合；然而，這些說法都未能揭示出社會的本質。

馬克思在《僱傭勞動和資本》中精闢地指出：「生產關係總合起來，就構成所謂社會關係、構成所謂社會，並且構成一個處於一定歷史發展階段上的社會，具有獨特的特徵的社會。」[53] 換言之，社會的本質就在於它是由生產關係的總和而構成的。馬克思還說：「人們在自己的生活的社會生產中發生一定的必然的、不以他們的意志為轉移的關係，即同他們的物質生產力的一定發展階段相適應的生產關係。這些生產關係的總和構成的經濟基礎，即有法律、政治的上層建築樹立其上，並有一定社會意識形態與之相適應的現實基礎。」[54] 有人將馬克思的這段話理解為：「人們在生產、分配和交換過程中發生經濟交往，在經濟交往基礎之上，發生政治溝通和思想溝通，從而建立與生產相適應的政治關係和意識形態。」[55]

筆者認為，馬克思所闡述的「社會」，確實是一個經濟基礎與上層建築相結合的統一體，然而我們不能對此（尤其是對上層建築）進行片面的理解，即把社會的上層建築成分擺在一個過重的位置上，進而在具體考察社會時忽略了一再強調的社會生產關係總和的本質。實際上，馬克思所闡述的「社會」概念的本質，在於人們在生產過程中所形成的經濟關係。當然，無可否認，一個完整的社會必須有與經濟基礎相適應的上層建築，可以這樣認為：經典作家的「社會」概念，是一種分析人類一般社會的理論，是一種廣義上的社會概念。很顯然，如果用這種概念去看待海外華人或華族，那麼不僅在當今華人社會不可能存在，而且歷史上也不會有什麼華僑社會或華人社會，因為華僑或華人即使有共同的文化傳統或更多的經濟聯繫，那也不會有一個樹立於這種經濟基礎之上的政治權力機構，華僑或華僑從來就沒有過國家政治權力意義上的「國中之國」的社會存在。

社會的概念有廣義、狹義之分。廣義的「社會」可以指人類社會或國家範圍內的社會，狹義的「社會」可以理解為社會生活或社會文化群體。在「社會」概念的運用中，常有大社會、小社會；有政治社會、經濟社會、文化社會；有國家社會、種族社會（或民族社會）等等不同的區分。我們通常所談的社會，更多的應該是一種社會學意義上的社會，而不是政治學意義上的社會。從一般社會學的「社會」概念來看，社會是由自然環境、居民、勞動、溝通方式和組織等要素構成。這些要素的結合即可表述為，社會是由這樣一群人組成，即他們之間有著種種社會規定的關係，依據社會的規範發生交互行為，進行生產及其他社會活動，以滿足社會成員的物質與精神的需要。社會的主體是人，圍繞它而形成的種種關係，即構成社會。在此，將國家與社會等同，是一種錯誤的認識。社會與組織並不是同一件事，「實踐常常表明，以各種組織和國家為一方，以各組織的成員和社會為另一方，這兩個方面的利益是不一致的」[56]。至少，有時是這樣的。具體到「華人社會是否存在」這個問題，我們認為，應該更多地從社會學意義去觀察，既要看到組織之於社會的重要，但又不要把華人組織等同於華人社會；「華人社會」不是一個國家權力結構方面的概念。也就是說，華人有無自己的國家政治權力意義上的結構不是判斷華人社會是否存在的依據。既然我們不認為華人有一個政治權力意義上的社會存在，那麼，華人是否存在一個社會學意義上的社會呢？對此，筆者認為是肯定的。

先讓我們來看看華人自己是怎樣看待「華人社會」的吧。

海外華人對於「華人社會」的內涵有著不同的理解。歸納起來看，有如下幾種說法：①華人社會通稱「僑社」，實際上等同於「社團」。華人通常所說的「參加社會」或「管社會」中的「社會」即指此。②華人社會即指「華人區」，把華人社會視為一個地理概念。③華人社會泛指所有的華人或華人群體這麼一個整體。④華人社會是以中華文化為基礎的華人群體。菲律賓學者施振民在分析菲律賓華人社會時指出：「菲律賓華人社會的形成由華人民族意識的興起開始，而在華人文化鼎盛時期完成，華人社會不僅是以馬尼拉華人街為活動中心的社區，而是靠華人文化體系整合的全菲華人族群。」[57]即強調華人社會所包括的華人社區和中華文化的重要性。總之，在這四種看法中，前三種觀點都有其片面之處，將僑團或華埠（或社區）或華人等同於華人社會都未能揭示出華人社會的本質。它反映的是一般的華人社會觀，只有第四種觀點才是比較全面的、具有一定理論性的概括。

有一種觀點認為：「華僑社會」或「華人社會」之說始於西方學者別有用心的編造，旨在誹謗華人，挑起種族衝突。英國劍橋大學教授、前英國亞洲殖民地官員普賽爾（Victor Purcell ）所著的《東南亞之華僑》，美國人類學家、歷史學家施堅雅（G.W.Skinner）所著的《泰國華人社會之領袖及權力》、《泰國華僑社會》，比較集中地提出了東南亞「華僑社會」（Chinese society）或泰國「華僑社會」這樣一種說法。無可否認，他們所提出的「華僑社會」或「華人社會」的說法反映了其所處國家、政府的立場，有一定的階級和時代的局限。在此，我們認為更重要的是有必要明確三點：①東南亞是否有一個「華僑社會」？②普賽爾、施堅雅等人所說的「華僑社會（或華人社會）」的實質內容是什麼？③東南亞華人所持的「華人社會觀」是怎樣產生的？

普賽爾、施堅雅等人認為，華人是一個相對獨立的群體，華人社會具有不同於其他少數民族或當地主體民族的特殊的社會結構形態，無異於「國中之國」。這種理論確曾發生過很大的影響。然而，它與華人所持的「華人社會」觀並沒有必然的聯繫。華人通常所說的「華人社會」的概念，更多的是他們自己觀察的結果。華人切身體驗到華人社會的存在以及這種社會所發生的變化。如有的華人認為，菲律賓華人社會有兩大特點，第一，是從外地移植進來的；第二，只構成菲律賓大社會的一小部分，是大社會中的一個小社會，是社會外有社會。[58] 大概我們不能說這種觀點是西方資產階級學者觀點影響的產物吧！相反，它恰恰反映了華人自己，對於作為一種特殊的文化群體存在的實際判斷。

那麼，何為「華人社會」呢？其實我們所理解的「華人社會」應當是在海外某一地區形成的，以中華文化為基礎的華人社會文化群體。在此，華人社會有兩個關鍵性的要素，一是中華文化；二是華人本身。華人由於共同的文化傳統（即中華民族傳統文化）的影響，而結成具有較多經濟、文化聯繫的群體。這個群體在有些國家已形成為華族，從而使得華人社會實際上成了一個華族社會。

（二）華人社會的實際存在

1. 中華文化是華人社會的基礎，是華人社會的主要特色

只要海外華人還保存著這種文化基礎，並由此而在華人之間形成一種不同於與其他民族之間的關係，華人社會就存在。

海外，華人社會是由華僑社會演變而來的。華僑社會最早出現於十七世紀東南亞某些華僑聚居的地區。近代由於中國大量的勞工移民，特別是十九世紀末二十世紀初華僑民族主義思想的高漲，華僑社會迅速發展。第二次世界大戰以後，特別是一九五五年萬隆會議以來，由於華僑紛紛加入了所在國的國籍，認同於當地政治，原先的華僑社會即漸漸轉變為華僑、華人社會和華人社會。

華僑社會與華人社會有著許多相同的和不同的地方。其相同之處主要在於：①兩種社會的主體都是中國裔。②具有中華民族文化傳統特色的社團、華文報刊、華文教育構成了作為華僑社會或華人社會的主要表現形式。③它們是主體社會不可分割的一部分。雖然華僑或華人作為一個文化群體在與其他族群的交互中有一定的障礙，華僑或華人更趨向於內部循環，保持相對的文化獨立性，他們有自己的一套社會組織制度，如血緣、地緣和業緣組織，但是，華僑社會尤其是華人社會不是孤立於當地主體社會之外的，它對當地社會的經濟、文化發展作出了巨大的貢獻，而作為和平移民（無論是古代以商人為主體的侈民，還是近代以勞工為主體的移民）的華僑及其後裔都不可能建立一個具有政治權力意義的「國中之國」。因此，華僑社會或華人社會在政治上、經濟上都是依存於當地主體社會的。正因如此，那種試圖借「華僑或華人社會」名義來挑撥華人與當地民族之間關係的做法，是不攻自破的。

華僑社會與華人社會的不同之處主要在於，①華僑、華人具有不同的國籍身份。華僑在法律上是中國的公民，而華人則是外國公民。②華人社會的社團、文教在結構及其功能上較之華僑社會有了很大的變化。社團的活動、華人的經濟活動已突破了華人社會內部界限，具有走向大聯合和國際化的趨

勢。③華人社會較之華僑社會更深地融入了主體社會。華人社會不是一個孤立的社會文化群體，華人在與其他族群，尤其是在與主體民族的關係中具有幾種趨向，其一是同化。由於華人的少數地位，特別是當地政府所採取的同化政策，加之族群之間的通婚或其他社會文化交流，使許多華人已同化於當地主體民族。如越南的「明香人」、馬來西亞的「峇峇」、印度尼西亞的「土生華人」（Paranakan ），菲律賓的「華菲混血兒」（Mestizo）等。隨著土生華人的增多，新移民的斷絕或減少，社會總體文化水準的提高，華人同化的趨勢在加速。其二是多重認同。在多元文化政策下，華人在政治上認同於當地，但在文化上認同於中華文化，即華人並不把自己融合於主體民族，或透過融合而形成一個新的民族，而是既保持自我，又是當地社會的公民，以主人翁的姿態參與當地社會政治、經濟、文化等事務。其三是融入。這種形式與認同有相同之處，但它強調的是華人作為一個文化群體的整體參與（或加入）主流社會。

這裡，要判斷目前海外華人社會的實際存在及其程度，有兩個問題需要解決。

（1）關於當前華人保持中華文化的程度問題

從一般的邏輯推論，中華文化既為華人社會的支柱之一，那麼，失去了這個支柱，華人社會的存在就成問題了。作為中華文化的主要體現，華人社團、華文教育、華文報刊的情形究竟怎樣呢？

華人社團並沒有走到歷史舞台的盡頭，這是多數人都同意的一種觀點。有人將目前華人社團分為十大類型，即宗親性、地緣性、經濟性、業緣性、學術性、文體性、宗教性、福利性、聯誼性和政治性社團。換言之，華人社團已突破了那種傳統的地域、宗親的藩籬，類型日趨多樣，一方面，社團組織國際化，致力於提高華人的經濟地位，發揚傳統文化；另一方面，社團已本地化，幫助華人在堅持民族利益、加強民族團結的同時，與其他民族友好相處，共同創立一個多元文化的繁榮國家，並努力使華人躋身於主流社會，爭取政治平等權利；社團活動也日趨經濟化。[59] 正是由於這種功能使得華人社團還將繼續得到新的發展。當然，無可否認，華人社團在從舊型向新型的完全轉變過程中，必然要經歷著陣痛，諸如團結、「代溝」、凝聚力等問題需要得到調適或解決。美洲、澳洲的華人社團與東南亞的是不一樣的，而東南亞各國的情形又各有其特點。

華文教育、華文報刊的現狀也是如此。二戰後，東南亞的印度尼西亞、菲律賓、馬來西亞、越南等國都曾發生過排華事件，強迫同化政策使華文教育遭到了空前的限制和削弱。以印度尼西亞為例，從一九六六年起，政府陸續下令關閉所有華文學校、僑團、報刊，禁止進口和發行中文錄音（像）帶、影片和報刊書籍，禁止講華文，禁止以任何形式教授中文，提倡改印尼姓名和信奉伊斯蘭教，鼓勵兩族通婚，總之，旨在消滅華人的所有中華民族文化特性，並希望透過通婚來進行種族同化。那麼，這些措施是否達到了預期目的呢？回答是否定的。雖然華文教育、報刊、社團組織遭到嚴重甚至在個別地區是毀滅性的打擊，但是我們看到，近年來，在東南亞的許多國家華文教育重現生機，即使是印尼也在有條件地弛禁中文。隨著多元文化環境的形成，華文教育已經或將成為當地國家文化教育的系統組成部分，對於促進東南亞華族的發展、各國文化教育的發展以及東南亞各國與中國友好關係的發展都具有積極作用。因此，儘管華文教育、華文報刊總體上難以恢復到一九五〇、一九六〇以前的水準，但隨著其價值的充分發揮以及不斷的調整、改革，華教、華報、華團仍會有一定的發展。

（2）關於華人同化或融合的程度問題

如果華人已被完全同化於當地主體民族之中（指消失自我，融合為一個新民族或融合於主體民族），華人社會則是不存在的，但是，目前華人的同化或融合並未達到這個水準。泰國是公認的東南亞地區華人同化程度最高的國家。據江白潮先生講，一九八〇年代，泰國華族出現了四個顯著特徵，即華僑人口迅速老化（五十歲以上的華籍人口約占百分之八十六）、後代子孫迅速泰化、華族語言危機嚴重化和「落地生根」觀念的普遍化。「華人族群現在顯得比祖先們在泰國僑居的任何年代更具文化、更理智、更成熟和更容易接受世界新思潮和接受泰國社會的『同化』。」然而，他所講的恰恰說明了泰國華人社會的實際狀況，因為華人仍然保留著華人社會賴以存在的中華民族傳統文化特色。

在印度尼西亞，近二十年來，絕大多數華僑已加入印尼籍，華人經濟已成為當地民族經濟的一部分。有人認為，「以中華文化為主體的華僑文化已逐步轉變為混合型文化，也就是走上了以當地文化為主體、中華文化逐步衰落的階段」[60]。這可以說是對印度尼西亞華人同化程度的最高估計了。但是，即使如此，印度尼西亞華人社會原有的中華文化傳統及其影響還會長期保存下去。

在華人同化或融合這個問題上，一方面，我們反對那種中華文化不變的觀點，要看到華人融入主流社會是一個不可避免的趨勢；另一方面，我們也不贊成對華人同化作過高的估價。在多元文化成為一種世界性潮流之時，華人更趨向於「認同」(identity) 或「整合」(integration)，而不一定是徹底的同化。這種環境是有利於保持華族特性的。華人社會既然沒被徹底同化，那麼，就說明它還將繼續存在下去。

2. 華族的形成是華人社會存在的重要標誌

現代東南亞華族是否形成，對此有肯定的和否定的兩種不同的看法。許多人認為，第二次世界大戰之後，緣於中華民族的海外華人群體取得所在國國籍，在新環境和新生活條件下，逐漸形成了新的相對穩定的人們共同體，即華族。[61] 有的學者認為，華僑問題的實質就是民族問題。[62] 東南亞的華人也常把自己視為一個民族。在新加坡，華人為多數民族；在其他國家則為少數民族。江白潮先生也認為，「華族在泰國是最大的少數民族」。

我們說東南亞華族實際存在，並且已向「現代民族」轉化，是因為它具備了構成一個民族的基本條件：①華僑、華人在東南亞長期的生產活動中形成了堅實的基礎，並且在中華文化的基礎上吸收其他民族的文化，形成了具有所在國色彩的華族文化。②有一定的華人數量。③加入了當地國籍。華族屬於當地社會的一個民族，又具有中華民族的民族屬性。既然華族是一種實際存在，那麼，必然有華族賴以存在的文化的、經濟的和種族的因素。這種因素的集合就構成了一個有別於其他民族的具有一定特殊性的社會。

當然，我們應當看到，隨著土生華人的增多，它們作為華族的主體，其發展動向勢必影響到華族的發展。可以設想，如果華人並沒有意識到自己是作為華族的一員，而僅僅是所在國公民，或者由於通婚等而使華人融合為新的種族，那華族也很難說能存在下去。因此，作為文化意義上的華人與種族意義上的華人的存在，是華人社會存在與發展的一個基本前提。

三、

華人社會既然是一種實際存在，那麼，現在的問題一是要正確地對待，二是要對這一社會的種種新特點作出充分的估計。

有人認為，「華人社會說」具有很大危害性，不利於華人與當地人民的友好相處。這種憂慮其實是多餘的。這是因為：①「華人社會」不是一個政治概念，而是一個社會學意義上的概念，敏感是沒有必要的。②文化上的華人與種族上的華人的存在，有利於豐富所在國的文化，促進所在國政治、經濟的發展，而不是相反。華人已加入所在國國籍，政治上認同於當地，其根本利益與所在國是一致的，尤其是華人經濟已成為所在國社會經濟不可分割的一部分；華人社會的發展有賴於所在國整個社會的進步與發展。③隨著民族之間了解的日益加深，種族矛盾的緩和，各國政府對華人的政策也會相應地進行調整，總的趨向於容忍、平緩，進而鼓勵多元文化的發揚。因此，只要我們面對華人社會的現實，並對華人社會從理論到實際有一個相對正確的認識，華人社會是有利於所在國社會發展的，而不是相反。

與此同時，對於華人社會的新特點應當有充分的估計。二戰後，華人社會有了不同於華僑社會的深刻變化，這種變化主要表現在：

（1）華人社會已不再是外僑的群體，而是主體社會的一部分。

（2）目前維繫華人社會的文化因子，仍然是以中華民族傳統文化為基礎的文化體系，但這種文化同樣在經歷著變革；華人社會的文化基礎逐漸在由以中華文化為中心走向以中華民族傳統文化、當地文化和西方文化相結合而形成一種新型的混合型文化的過渡。

（3）由於華人同化的多途徑，華人社會的前景也將是多樣的。

（4）今天的華人文化不應該僅指中華文化，而是還包容了華人所接受的其他文化。同時，中華傳統文化是一個博大精深的體系，華校、華團、華報只是中華文化存在的主要形式，當這些形式由於種種原因而消失或減少之時，這並不等於宣告了華人社會中華文化的死刑，作為一種文化觀念，往往仍然頑固地支配著許多華人的心態。這是不可忽視的一點，而這也是實現轉型的重要依託。強調中華文化是海外華人社會的基石，將華人社會完全等同於中華文化的保存，甚至是等同於華人社團，這種觀點在判斷今天的華人社會時則顯出其不足，因為，當代華人社會已有了新的發展。

（原載《八桂僑史》）

論現代海外華族與華人社區

近三四十年來，散居世界的華人迅速成長，引人注目。政治認同的轉變、經濟勢力的崛起、社會地位的提高，賦予了海外華人以全新的形象。本文將主要考察現代海外華族的形象、發展及其與都市華人社區變遷的關係。

一、移民與華僑華人社會

許多人認為，一部海外華人發展的歷史既是中國史的一部分，也是當地歷史的一部分，還是世界歷史的一部分。這種觀點是有道理的。在不同的歷史時期，由於政治因素的影響，觀察角度的不一，我們所強調的層面是不一樣的。在過去，強調華僑史是中國史的一種延伸；今天更多強調的是華僑華人的在地化，及其在世界政治經濟舞台上的地位與作用。近些年來，由於華人社會已取代了華僑社會，華人的歸屬已發生了根本性的變化，以中國為中心的華僑華人史觀顯然已經落伍。

在考察海外華族的發展史時，首先我們得弄清楚它的來源，即中國人的海外移民，然後是從華僑到華人的發展。以中國社會發展為依據，中國海外移民大體可以分為如下三個時期：

1. 古代移民時期（一八四〇年以前）。唐朝以前，嚴格意義上的中國海外移民處於萌芽階段。箕子義不臣周（朝），舉其封國民人遷居朝鮮；秦朝徐福東渡日本，成為人們津津樂道的中國海外移民的最早史實；漢唐之世，由於戰爭、文化、宗教、政治等方面的原因，中國人遷移鄰國的現象源源不斷；宋至明中葉（約十世紀至十六世紀中葉），海外移民漸廣。南宋中國經濟重心的南移、航海技術的提高，使得南部中國人的出海貿易或移民成為一種時尚。明初鄭和下西洋時（一四〇五——一四三三），爪哇（今屬印度尼西亞）、真臘（今柬埔寨）等地有一定規模的華僑聚居點。十六世紀中葉，明政府弛禁海域，私人海外貿易蓬勃發展，成為明人移居海外的強大動力；而西方殖民者的勢力也在此時擴展到南洋地區，中國人作為中介商和開發當地的勞動力受到歡迎，促使中國人移民海外的外力，由於資本主義殖民掠奪式的原始積累而有了新的意義。鴉片戰爭前，海外華僑約在一百萬人以上。[63]

2. 近代移民時期（一八四〇——一九四九）。這是中國歷史上出國規模最大、散布範圍最廣、產生影響最深的海外移民時期。勞工成為移民的主體，商業移民和政治性移民次之。總計近代華工約在六百萬人以上。到一九三〇、一九四〇年代，海外華僑約在一千萬人左右。依照推拉理論的解釋，這種規模空前的海外移民的形成，主要是由於近代中國社會半殖民地半封建化過程的加深，農村自然經濟的日漸解體，下層民眾的日益貧困化，以及西方殖民者開發東南亞、美洲、非洲和澳洲的大量勞工需求等內外因素劇烈作用的結果。

根據華工出國的歷史，近代中國海外移民可以分為如下幾個階段：即一八四〇到一八七〇年代為移民高漲階段，這時華工出國合法化，「豬仔」貿易盛行。;一八七〇年代至一九二〇年代為移民發展階段。美國、加拿大、澳大利亞和紐西蘭等國的限制、排斥華工政策，使中國勞工移民更集中於東南亞；第一次世界大戰期間，二十三萬名華工赴歐，又掀起了一個出國高潮。一九三〇、一九四〇年代，為移民的低落階段，動亂的中國社會也曾促成一定數量的海外移民。

3. 現代移民時期（一九四九年以來）。其中，一九四九到一九六六年間有零星的移民；一九六六到一九七八年間基本上處於禁止移民階段；而一九七九年以後，許多人透過探親、留學、勞務、聯姻乃至非法移民的方式移民。據計，一九七九到一九九二年，中國大陸合法移居他國者有八十萬人。這種熱潮在中國經濟迅速發展、民眾生活水準大幅度提高的形勢下會有所降溫，但仍會持續一段時間。

從古至今，千餘年間中國海外移民史究竟說明了什麼呢？這種移民具有什麼性質呢？

關於華僑問題的實質，歷來爭論不一，主要有五種說法，即「殖民說」、「移民說」、「國籍問題說」、「親戚關係說」、「民族說」。然而，實際上是「移民說」與「殖民說」之間的爭論。

無論是古代以商人為主體的移民，還是近代以勞工為主體的移民，以及現代知識分子參與下的移民，無論這種移民是主動的還是被動的，是集團的還是分散的，都是一種和平的移民。漢唐盛世、鄭和七下西洋的壯舉都沒有導致中國大規模的海外殖民現象，而只是在政治混亂或是西方文明的衝擊下才有大規模的海外移民，這正反映了中國儒家文化保守務實的特點。因此，儘管不同的歷史時期中國海外移民各具不同的特點，但它又有貫穿這種移民的主旋律，形成了在世界史上獨特的中國式的海外移民，完全不同於西方砲艦政策保護下的殖民（或移民），與西方殖民主義在海外的擴張根本不能相提並論。

與此同時，這種移民也不能簡單地等同於中華民族的海外遷移。首先，固然華僑出國之始即帶有種族上的和文化上的中華民族之「根」，但作為一種民族遷移，它應當具有一定規模的集團性移民，華僑出國則顯然帶有散居的特點；其次，中華民族本身就是一個歷史的產物，是中國幾十個民族長期融合而成。最後，如果稱「華僑是移居海外的中華民族」，那就意味著有華僑之處就有中華民族，這是說不通的。今天的海外華人是否就是海外的中華民族，仍是一個疑問。

中國海外移民的特殊性，使得早期的華僑社會給人一種神祕感。由於移民的文化上的和種族上的淵源，以及商業或勞工移民的方式，中國人在海外易於形成種族聚居區，即唐人街。而在種族排斥嚴重的國家，唐人街的封閉性更強，它成了中國海外移民的一個保護區，血緣、地緣是早期唐人街凝聚的基本內因。華僑的集聚與貿易成為中世紀或近代東南亞一些城鎮興起和發展的重要力量。在鄉村甚至還形成了華僑村落。

所謂華僑社會或華人社會，是指海外華僑華人由於種族或文化的因素而結成的一個社會文化群體。作為一個群體（group），它既不同於社會（society），也不同於社區（community）。不同時期的中國海外移民深深地影響到華僑華人社會的發展。古代移民下的初期華僑社會與中國本土社會相脫節，被排斥，甚至視為反動。近代移民則使華僑社會與中國社會的聯繫空前加強，這從近代以來華僑積極參加中國各大社會運動（如辛亥革命、抗日戰爭）、回國興辦各種實業和公益事業等清楚反映。華僑社會的組織、華文報刊與學校直接受到中國社會大氣候的影響，近代華僑民族主義的高漲是中國民族危機的催發及中國各種政治力量運動的產物。近代華僑出國是華僑民族意識增強，華僑社會作為一種僑民社會充分發展的重要因素，近代中國海外移民還直接導致了華僑分布世界的格局。

二戰以後，華僑社會逐漸為華人社會所取代，影響這種轉變的重要因素是中國及華僑居住國有關華僑出入國政策的變化。東南亞國家不再接受來自中國的移民，推行同化政策，華僑紛紛入籍當地。但美國、加拿大、澳洲等允許中國移民歸化。一九五〇年代，中華人民共和國發表聲明，不承認雙重國籍，贊成並鼓勵華僑以自願原則選擇居住國國籍，這有力地促進了華僑向當地社會的認同。近一二十年來出現的華人新移民或再移民，雖然阻斷不了華人融入主流社會的潮流，卻對華人社會的繼續穩定發展起了推動作用。

華人社會的發展是一種擺脫以中國為中心、實現全面在地化的過程。移民因素（尤其是中國與當地政府有關移民的政策）影響至大，隨著新生代華人、華裔的壯大，華人社會已完全不同於先前的那種華僑社會。在許多國家，華人已日漸發展成為當地的一個少數民族（新加坡除外），即華族。

二、關於現代華族形成的幾種觀點

（一）世界華族說

這種觀點認為：「炎黃子孫星星點點，布滿五大洲，連點成線，連線成片，形成一個沒有封口的世界華族文化圈和既流動而又有中心的世界上人最多、最為龐大的中華民族共同體。」、「全世界華人不論生活在哪個區域，哪個國度，也不論其國籍認同和政治信仰，都是炎黃子孫，都是中華民族的一個部分。同祖同根，共同的文化認同和『五緣』網路是根深蒂固的。」[64] 或認為海外華人已成為世界上最大的跨境民族。[65]

這種說法固然看到了海外華人的某些共同之處，如所謂的「五緣」（地緣、親緣、業緣、神緣、物緣），但是它忽略了作為一個民族一些更重要的特點。①「民族」不只是一個種族上的概念，它還必須具有將它們聯繫在一起的文化、語言的因素。華人在種族上淵源於中華民族，文化上也有其共同之處，但是，二者尤其是後者已發生了很大的變化。現代華族的文化已不再是中華文化的翻版。當代華人文化的發展方向將是融中華文化、當地文化，東南亞還有西方文化於一身的新發展。華人固然會努力保存自己的傳統文化，但他們實際選擇的將是最有利於自己在當地生存和發展的文化。這樣，不同國家的華人在文化價值體系上也必然不一樣，而在此基礎之上的各國華人怎麼可能結成一個世界性的「中華民族共同體」呢？這是令人懷疑的。②海外華人淵源於中華民族，但影響華人作為一個民族發展更重要的因素，還在於各所在國政治、經濟和文化環境。③民族問題是不能脫離其所處的具體社會環境而抽象存在的，華族是具有一定的國籍意義的。「世界華族說」恰恰否定了這一點，是一種典型的華族不變論，這種觀點早已受到人們的批評。

目前，由於華人經濟發展令人矚目，有人稱二十一世紀是華人的世紀，或「中國人的世紀」，各種華人經濟圈的說法甚為熱鬧。凡此種種華人經濟網路的觀點，容易成為「世界華族說」的重要背景。實際上，任何誇大華人經濟文化的國際化，而忽略其在地化的所謂「圈」或「共同體」的觀點，都是一廂情願的主觀臆想。

（二）華人少數民族說

將華族看成各所在國的少數民族（新加坡例外）的觀點，已為越來越多的人所接受。中國學者阮西湖教授認為，現代海外華人由於具有共同的民族意識、共同的語言、共同的文化和共同的歷史淵源，因此在不同的國家結成了獨特的華族。他強調，海外華族不是一個整體，而是以國別為單位的民族集團。「從民族學來講，海外華族不能說是中華民族的一部分，而只能說是中華民族的分支。」[66] 這種判斷是有道理的。

「華人少數民族說」與「世界華族說」顯然不同。我們看到，雖然二者都認為華人已形成（或本來就是）一個民族，但是前者無疑已避免了後者的種種不足。首先，前者強調不同國家的社會政治文化環境對華人的巨大影響，正是由於這種影響使華人不可能結成一個「世界華人共同體」；其次，前者強調海外華人的文化變異。如作為華族的共同語言——華語（包括中國方言）來講，在中國是官方語言，而在海外（除了新加坡）則為家庭用語或族內社交用語。在有的國家甚至禁止華人講華語，辦華文報紙與學校；在有的國家，華人則更喜歡用當地語言進行交流。在風俗習慣、宗教意識、價值取向等方面也與祖籍國存在著明顯的差異。最後，前者強調海外華人是中華民族的分支，而不是一個系統的組成部分。這點不僅糾正了海外華族認識中的一些偏差，而且對於正確處理中華民族和海外華族的相互關係具有理論指導意義。作為一個分支，海外華族已具有自己的認同方向，而不必成為中華民族在海外的翻版，它具有新的演化、新的內容。

華人少數民族既是一個實際存在的問題，還有一個政府確認的問題。在多元民族國家（如美國、加拿大、澳大利亞、紐西蘭等），華人作為一個少數民族而存在受到鼓勵；在有的國家，華人人數眾多（如東盟國家），正在為爭取少數民族地位而努力；在有的國家（如中南半島國家），華人作為少數民族而受到否定；在有的國家，華人則不願作為一個少數民族而存在。[67]

（三）現代華族形成論

現代華族是作為海外少數民族所形成。既然它不是中華民族在海外的一個翻版，而是經歷了長時間的繼承、融匯、錘鍊、凝結之後的產物，那麼，它至少不是伴隨著華僑出國就有的一個概念，而是在第二次世界大戰之後才逐漸形成的。

一般認為，民族是指具有共同語言、共同地域、共同經濟生活以及表現於共同文化上，共同心態的人的共同體。然而，以此來解釋海外華族的現象顯然說不通。於是，一種意見認為，來自於共同血統、共同的歷史、共同的崇拜的「共同的心理狀態」才是一個民族最主要的特徵，相應地，華僑華人是否具有共同的心理狀態就看他是否自認為中華民族。因此，華族「就是移居海外並自認為中華民族的人，而不問其有無中國國籍」[68]。另一種意見認為，華人所具有的華族意識、華語、中華民族文化和共同的歷史淵源是華族的主要標誌。

這兩種意見都沒有把「共同地域」、「共同經濟生活」作為民族形成的基本條件。事實上，我們在判斷海外華族是否形成之時，不能忽略這兩點。華人聚居較多的鄉村或者都市的華人社區，往往是華僑華人經濟、文化聯繫的中心，而這種聯繫又大大有助於海外華人的凝聚，並形成族群意識。另外，華人的經濟活動雖然不能脫離主體社會，但華人之間具有較多的經濟聯繫卻是一種事實，這不僅表現在華人社區的經濟聯繫之上，而且社區之外的華人之間也樂於建立較多的經濟聯繫，華人之間經濟事業的互相支持、互相信任是華人經濟得以較快發展的重要基礎。可以想像，如果缺乏這二者，現代華族能否形成仍是一個問題。

或許有人會問，作為社區內的華人具有較明顯的民族特徵，而作為此外的華人（也稱「邊際華人」）則不一定。確實，要觀察一個國家的華族是否形成，必須要分析「邊際華人」的價值態度。也就是說，「邊際華人」是否也有華族的意識呢？對此需要作具體的分析，如「邊際華人」較之「社區華人」的同化或融入主體社會的程度。但是，大量的事實表明，「邊際華人」仍有強烈的華人認同感。美國學者 Cindy H.Wong 曾對佛羅里達的薩拉索塔（Sarasota）、布雷登頓（Bradenton）的華人進行實地調查並發現：這裡的華人享有一個共同的歷史遺產，擁有一個與其家鄉文化相同的價值觀，他們有主體社會之外完整的訊息網路，且與較大範圍內的華人保持密切的聯繫，因而，華人社會的存在肯定無疑。[69] 這是對華人族群性的生動描述。

可見，華族是海外源於中華民族、分屬於不同國家、基於共同的種族與文化認同的共同體。

為什麼現代華族的形成是二戰之後的事呢？這主要在於，戰前的華族屬於一個僑居的群體，「葉落歸根」的思想強烈，未能實現政治認同的轉化；同時，二戰前華僑的文化素養較低，如果說他們有一種族群意識，那主要是一種移植的中華民族之感。二戰後，海外華人發生了根本性的變化。首先，華僑大多入籍當地，實現了政治認同的轉變，華人謀求在當地的全面發展，努力實現與主體社會的和諧凝聚（cohesion）。這種生根的過程，要麼是被同化的過程，要麼是作為一個少數民族而生存與發展的過程；其次，華人經濟實力的增強，在科技文化事業上貢獻突出，並開始在當地政壇尋求自己的位置。一種有利於華人自身發展的族群內經濟、政治與文化環境正在形成。

在這種背景下，加之大社會的矛盾力量的作用，華人的族群意識有了一個不同於以往的作為中華民族一分子的本質的劇變。華人不僅有共同的文化上與種族上的認同意識，而且認為作為一個華族存在有利於自己發展。於是，華族的形成便是自然而然的事了。

三、華族與都市華人社區的變遷

從歷史來看，華族的形成離不開華人社區，而華人社區的變遷又是與華族的發展緊密相連的。現代海外華族形成後，對於都市華人社區的發展產生了很大的影響。

關於華族的發展方向，「同化論」與「認同論」有著不同的看法。

華人同化論是一九五〇、一九六〇年代，以美國人類學家史金納（G.W.Skinner）教授為代表的西方學者所提出的一種試圖用以解決華人問題的理論。他認為，東南亞華人同化於當地社會與民族，是解決華人問題的理想辦法，也是華人的唯一出路。所謂同化，在民族學領域是指民族同化，「一個民族或文化群（或某一部分）因受另一民族或文化群的影響，失去原有的民族或社會文化特徵（風俗習慣、生活方式、態度、價值觀等）變成另一民族或文化群的一部分」。從歷史與現實來看，華人同化的現象始終存在。在東南亞，泰國的華人同化程度最高，菲律賓的華菲混血兒（Chinese Mestizo）、馬來西亞的峇峇社會，即是華人與當地民族通婚、自然融合的表徵。菲律賓學者陳守國博士的一項研究表明，一九五〇年代以後在菲律賓出生的第三代華人，則在其外表、態度、生活方式和價值觀上較之第二代華人（一九二〇、一九三〇年代土生華人）更加菲律賓化，他們同中國、中華文化和第一代華人的關係更加疏遠，他們傾向於完全同化於菲律賓社會。[70] 印度尼西亞政府採取強迫同化的政策雖不可取，但也收到了某些華人同化的效果。

然而，海外華人形成的歷史表明，華人的發展並沒有以同化為唯一模式求得。華人認同的理論對此作了解釋。王賡武教授提出了多重認同的理論（Theory of Multiple-Identities），認為華人認同有所謂歷史認同、中國民族主義認同、社區認同、國家（或地區）認同、文化認同、種族認同和階級認同等。他還分三大集團考察了東南亞華人的認同特點。[71]

「認同論」與「同化論」對於華人的發展前景顯然有著不同的解釋。「認同論」否認了同化是華人唯一出路的說法。它強調華人在政治認同轉向當地之後，可以保持自己的種族與文化認同。換言之，華人可以作為各所在國的一個少數民族而發展下去。至少在華人數量較多的國家、較集中的地區、在實現多元文化的國家是如此。其實，認同論和同化論之間並非存在不可踰越的鴻溝，兩者之間仍然存有某些聯繫。現代華族的形成，其中雖有融入當地的內容，但它表明，作為一個共同體，華族是不會輕易消亡的，而將長期存在下去。至於各個國家華族發展的具體情形則將取決於所在大社會環境（包括政治、經濟、文化、種族、宗教等）的影響。

眾所周知，都市的華人社區是華族發展的重要環節。華人區俗稱唐人街（Chinatown）或中華街、中國街、華埠，是海外華人最集中的居住區。從形成至今，我們可以以第二次世界大戰為界，分為前、後兩個時期。前期為唐人街的形成與初步發展時期。明代，在東南亞、日本等華商來往頻繁的地區，出現了早期的唐人街；在西方殖民統治下的東南亞，唐人街在一定程度上是為了滿足殖民者的經濟需要，如菲律賓馬尼拉唐人街（Parian）最為典型。唐人街幾乎是中國南方城鎮的翻版。近代隨著華工的出國，唐人街變成了一個遍布全球的現象，在美洲、澳洲、歐洲等地也出現了唐人街。這種唐人街不僅是華僑經濟活動的要地，而且是華僑的一個保護區，它為華僑提供了一個安全地帶，保存自己文化和種族特色的中心。儘管它也在靜靜地適應主體社會，但總體來說，由於它所具有的強烈中國化特色，唐人街是一個封閉的、排他的、孤立的社會，以至有人認為它是「種族隔離聚居區」。[72]

後期為唐人街的變化與發展時期，這種變化是二戰後海外華人變化的一個縮影。諸如：①社區人口的身分驗證（或入籍），在美洲和澳洲還有大量的新移民，致使唐人街人口激增。一九四〇年，美國華人人口數為七萬七千五百零四人；一九八〇年即有八萬零六千零二十七人；一九七〇年代以後，加拿大平均每年有近一萬華人新移民。②與中國政治、文化的日漸疏遠，他們更關心自己如何在當地的生存與發展。③華人知識層的出現，一方面，新移民中有不少知識科技人才；另一方面，華人社會對教育的重視，子女受教育率大幅度提高。一九五〇年，美國華人男性受高等教育者占華人總數的百分之七，一九七〇年即達到百分之二十四。④在職業選擇上，已突破了傳統的「三把刀」行業，而開始轉向商業金融、文化教育、科技工程以及公共關係等部門。⑤華人經濟地位的提高，基本上處於中等生活水準，在東南亞還出現了許多華人企業集團。⑥思想觀念上的變化，「落地生根」觀念十分普遍，與異族通婚率迅速提高。一九七九年，美國華人男性異族通婚率為百分之四十四，女性為百分之五十六。

這些變化必然反映到華人社區中。唐人街在努力脫離傳統模式，由封閉走向開放，由排他走向合群，由孤立走向適應，以至真正成為都市的一個系統組成部分。但是要徹底地實現由傳統的唐人街向現代的唐人街的轉化，並不是一件容易的事。我們看到，在這一轉型的過程中，有的唐人街缺乏足夠的適應能力，已經或正在消亡。早期的唐人街畢竟存在著許多局限，特別是隨著城市建設的發展，唐人街的建築和規劃被視為落後的東西，唐人街的調整不可避免。傳統社會的某些落後的、消極的因素（如宗教偏見、黑社會）為政府制定不利於華人的政策提供了藉口。許多二戰後演進而來的唐人街，成了都市改造中的一大難題。如一九四〇年，美國二十八個城市有類似唐人街的區域存在；一九五五年只有十六個；一九八〇年不到十個。[73] 作為華僑華人來說，他們已不滿足於一輩子在唐人街度過，許多中產階級化的華人紛紛遷出華埠，居於較豪華、僻靜的地帶。有人把美國都市的華人分為「住宅區的華人」和「商業區的華人」（即唐人街華人）兩種 [74] 或稱為「社區華人」

和「邊際華人」。確實，唐人街的發展不僅需要華人（族）的共同努力，而且需要華人所在國主體社會的寬容與支持。

從地區來看，凡是有華人的地方幾乎都有華人的聚居區，歐、美、澳、亞、非等洲莫不如此。都市的華人社區並沒有消亡，而是仍然在發展。一方面，新移民的大量湧入，一些唐人街的規模在擴大，甚至這些新移民形成了新的唐人街；另一方面，經過改造的唐人街具有新的生命力，有些唐人街正在朝著「旅遊化」方向發展。諸如巴黎、倫敦、雪梨、墨爾本、馬尼拉、舊金山、紐約、華盛頓、溫哥華、哈瓦那等城市，政府正在制定和實施改造或建立新唐人街的計劃，唐人街的發展無疑有較大的潛力。

華人社區之所以會獲得發展主要來自兩種力量，一是華人文化的力量；二是華族的力量。華族與華人社區發展的關係問題已成為擺在學者面前的一個很有意義的課題。

從華族之於華人社區的發展來看，作為社區的主體，華人的實力、處境、素養等因素直接影響到社區的發展。華人的組織（各類社團）、文化建設、風情習俗、精神面貌等所反映的綜合形象，往往較之社區區劃、建築更為有影響的華人表徵。一般來說，華族的發展會有利於華人社區的發展，在歷史上的排華時期，華僑華人遭到種種不公正的待遇，華人社區很難有所作為，如一九五八年印度尼西亞強迫華僑撤離至縣以下鄉區；一九七八年越南的大規模排華，都市的華人社區首當其衝。可以設想，如果華族的政治、經濟地位較高，那麼，華人的境遇也會相應改善。[75]而華族的發展問題又是華族主動適應當地社會，不斷調協華族與其他民族之間關係的問題。種族矛盾深深地影響到華族與華人社區的發展。在東南亞，這種矛盾的主要根源在於經濟；在西方國家，這種矛盾的根源又在於文化。可以斷言，只要華族和華人文化在當地還能得到發展，還有其價值，華人社區就將存在下去。

從華人社區之於華族的發展來看，社區的存在對華族是有利的。一種觀點認為，華人社區不利於華族的發展，由於目前華人所面臨的主要問題是如何適應主體社會的問題，而華人社區又是傳統力量的堡壘，因此華人要謀得全面、更高層次的發展，就應當走出傳統社區的圈子，融入更大的社會中。

但是，我們應當看到的是，華人社區正在發生著變化。從歷史來看，華人社區是華人族群認同的重要支撐點。同時，華人社區發生的種種積極變化是有利於華族健康發展的。「社區」不只是一個區劃（地理）的概念，更重要的它還是種族文化的中心，對於族群具有內聚作用。作為散居的「邊際華人」雖然相互之間存在著文化的、種族的聯繫，但較之社區的華人則易於為主體社會所同化。

總之，現代海外華族的形成已經成為一個事實。都市華人社區的發展是為了華族的發展，而華族的進步與發展又必將促進社區的良性循環。不過，二者的真正相互為益，華族與主體社會更緊密地融合，仍有相當長的路要走。華族作為中華民族的海外分支，也應當為中國的學者所重視。

（原載《世界歷史》）

近些年來中國公民移居海外情況之管見

一九七〇年代末以來，中國公民移居海外人數之多影響之大，已成為一種引人注目的現象。據統計，一九七八到一九九五年間，中國公民因私出國人數達四百萬，其中移居海外的約有八十萬人。加之其他途徑遷移海外者，中國大陸海外新移民（以下簡稱大陸新移民）有一百一十萬人左右，約占二戰後世界移民總數（三千五百萬）的百分之三。他們分布在世界五大洲、一百多個國家和地區，但主要是在北美、西北歐、澳大利亞、日本、東南亞、拉丁美洲等地，大陸新移民無疑是二戰後華人移民中的一支重要力量。

一、中國大陸新移民的背景及動機

一九七〇年代末以來，中國人口的境外遷移不是一種簡單的社會現象。一九四九到一九七八年間，中國批准因私出國者僅二十一萬人。顯然，前後政治、社會、經濟形勢的發展變化，是導致這種現象的最重要背景。

為什麼要移民海外？每個人的動機也許各不相同，但作為一種有一定規模的移民現象，則與他們的共同社會大背景分不開。

眾所周知，文革結束後，中國在政治、經濟、社會、文化等方面的一系列深刻的變化，特別是新形勢下的政策法規建設的不斷完善，以及人們思想上的變化更是明顯。首先，人們逐漸認識到中國需要走向世界，自我封閉不可能真正發展；中國必須借鑑人類文明的一切先進的東西，才能走向繁榮與富強。近十餘年來，中國已累計派遣各類留學學生二十五萬人，就是這種國策變化的產物。同時，相關部門制定出入境管理規定，維護公民正當出國的權利，方便國民與世界的匯流；其次，人們看到「海外關係是個好東西」，糾正了文革期間對華僑及「海外關係」的許多錯誤看法。廣大歸僑僑眷，成為與海外聯繫最積極、最活躍的一部分。華僑華人所蘊藏的智慧潛能、網路優勢和經濟實力，是中國現代化建設可以借助的一種重要力量。只有在這種開放、寬鬆的政策下，人們才有走向世界的可能和驅力。留學也好，親屬團聚也罷，莫不如此。因此，大陸新移民的形成，某種意義上是中國改革開放的產物，是中國走向開放、走向世界、走向進步的一種標誌。

此外，下列幾種因素也起著較大的作用：一是相對寬鬆的國際環境。當今世界，和平與發展是主流，特別是「冷戰」以後，國際關係趨於緩和。越來越多的國家認識到：世界的發展離不開中國的參與和貢獻。許多國家廢除了對華人的歧視性法令，放寬了中國公民的入境限制，歡迎來自中國的留學生。即使是絕大多數的東南亞國家，也相繼放寬了華僑華人與中國交往的限制。世界上一些接納移民的國家出於多種原因也接納中國的移民。如美國，一九八〇年，華人人口為八十餘萬[76]，一九九五年已增至兩百四十六萬人[77]，其中有近三分之二為一九八〇年代以來的新移民。據統計，一九八一到一九九五年間移居已開發國家的華人新移民在兩百萬人以上。

二是世界經濟發展的不平衡性。中國與西方已開發國家相比，人們的生活水準、事業的發展條件仍然差距較大；綜合國力明顯不如。從開發中國家移民到已開發國家，這是一種基本的定律。謀求經濟地位的改善與提升，是移民的最主要原因。

三是地區相沿已久的移民風氣。中國人移居海外具有悠久歷史。近代中國人遷移海外主要集中在沿海地區，當代移民則呈更大的範圍擴展，但就規模移民而言，依然多在具有移民傳統的沿海省分，如廣東、福建、浙江、上海、山東等。而且其移往國家和地區也與該省分歷史上的移民相銜接。如浙江移民多往歐洲（幾乎占總數的百分之八十以上）；上海、福建移民多往美國、日本和澳大利亞；廣東移民多往北美或東南亞等；山東、吉林移民多往日本、韓國。其聚居特點與近代這些省分海外移民相似。地緣、親緣的牽引仍然是當代大陸新移民的重要拉力。

四是人們追求自我全面、更高發展的需要。大陸新移民從移居方式來看主要有這樣幾種類型，一是直接移民。這包括以下三種，即親屬團聚——透過親屬關係移居海外者，如廣東江門市在十餘年間有十三萬人合法出國定居[78]，多屬此類；技術移民——憑專業技術、學歷或一技之長，為一些國家所吸納取得永久居留權者；投資移民——透過向國外投資的方式取得外國的永久居留權。這種移民有的並不是為了真正的移民，而是為了取得一種他國的身份，以便更靈活地在中國做生意；二是間接移民。透過留學等間接途徑學成後留居當地[79]。而他們之所以留居當地，也是認為在那裡能得到更好的發展。[80]中國政府則實行「支持留學，鼓勵回國，來去自由」的政策。

此外，也有一些係非法移民取得合法身份。

可見，中國的開放國策必然影響和導致一些中國人遷移海外；而當今中國海外移民的目的地和數量則主要取決於移居國的種種政策。

二、大陸新移民的歷史軌跡

一九七〇年代末以來，中國人的海外遷移活動相對於此前二三十年，呈現出明顯的高潮特點，然而，它並不是直線上升的，而是波浪式發展。

（一）一九七九—一九八五年是海外移民的逐步發展階段

中國重新打開國門，人們紛紛尋找各種機會出國。據計，此間因私出國者約有三十五萬人。如上海市因私出國的有兩萬六千人，其中，探親、留學與定居分別占總數的百分之五十二、百分之十九點八和百分之二十二點八（六千一百四十五人），主要流向北美，移居者多有中等文化程度。但由於體制方面的局限，舊的觀念依然有影響，出國困難的問題並沒有得到根本上的解決。

（二）一九八六到一九九一年是海外移民的活躍發展階段

中國經濟快速發展，社會思潮活躍，人們迫切希望了解外國，希望能走向世界；而開放之初海外移民個人事業的某種成功，也給了後繼者以很大的鼓舞。特別是一九八五年後，以法律形式確定了申請出國活動是公民的一項基本權利，簡化了出國手續，極大地方便了中國公民的境外遷移活動。僅一九八六年批准出國的人即有十萬人。六年間，上海因私出國者有二十一萬六千人，其中出國定居者有一萬零九百八十四人，占總數的百分之三十六點三；廣東有十八萬九千人（其中含一九九〇年、一九九一年出境定居者三萬零一十五人）。一九八九年出國達到高峰，如廣東即有六萬四千五百四十九人，主要流向北美、澳大利亞、日本和西北歐等地。

（三）一九九二年至今是海外移民的穩步發展階段

經歷了浮躁，出國少了些盲目而多了些理智。一九九四年批准因私出國者達到七十萬人次。如一九九二到一九九五年間，上海因私出國者有十四萬六千人，平均每年為三萬六千人，出國事由為探親、就業、就讀語言、定居（十三萬一百六十二人，約占總數的百分之九點二）、留學等，主要流向美國、日本、澳大利亞、新加坡和加拿大等地，具有高等文化程度者占總數的百分之五十七點七。一九九二到一九九四年間，廣東向海外移民三萬六千七百三十六人，主要移向美國和加拿大，此外還有澳大利亞、委內瑞拉、紐西蘭、多明尼加、祕魯和蘇利南等地。

從近十餘年來中國居民海外遷移的情形來看，有這樣一些值得注意的方面：

1. 出國人數較之此前三十年間有了成倍成長

粗略統計，一九七九到一九九五年間，中國海外移民有八十餘萬人，其中以申辦方式而言，直接移民（直接申辦出國定居）約占三分之二，餘為間接移民（申辦臨時出國後向國外移民局申請轉為永久性移民）。當然，在不同的省分情形有所不同。如期間上海的直接移民有三萬人，間接移民有七萬人。一九八六到一九九五年間，廣東合法移居海外者有十五萬七千九百五十三人，其中，直接定居者有六萬一千七百一十八人，以探親、留學方式移民者分別為七萬一千一百三十一人，兩萬五千一百四十四人。一九七九到一九九五年間，浙江因私出國有二十一萬九千零九十三人。

2. 城市移民具有較高的文化層次，農村移民文化程度則不高

上海、北京等地移民大多具有較高的文化層次。浙江、廣東、福建等省移民大部分是農民、工人。廣東有相當大的數量是舉家遷移，多為青少年。

親屬移民多為婦女兒童、青少年；投資移民多為獨資企業；技術移民多為一般技術人員。新移民的年齡多在十八到三十五歲之間。

3. 主要流向

移民主要流向美國（四十萬～五十萬人）、加拿大（七萬～十萬人）、澳大利亞（約五萬人）、日本（約五萬人）、西歐等一些已開發國家（十萬～十五萬人），其他國家和地區（四十萬人）。

三、非法移民趨勢基本得到遏制

從法律角度來看，移民有非法與合法之分。非法移民有廣義、狹義之分。廣義上的非法移民是指透過非法手段達到移民目的，包括非法出入境（俗稱偷渡）非法居留、合法入境非法居留，以及非法入境後因大赦等原因轉為合法移居。狹義上的非法移民是指非法出入境非法居留者。

在當代中國大陸海外新移民中，有一些是非法移民，人數在十五萬～二十萬之間。這是一個客觀存在的事實。中國非法移民人數雖少，但在國際上已造成了一些不好的影響，有些不良分子甚至參加黑社會，嚴重危害海外華僑華人社會的安定，損害了海外僑胞的聲譽；同時對僑鄉社會也產生了不利的影響。對此，中國政府已引起了高度重視，並採取了有力措施予以制止。

中國的非法移民主要集中在東南沿海的少數地區。一九八九到一九九〇年間，福建連江、福清、長樂等地居民偷渡到日本、韓國、美國及拉丁美洲等地；浙江青田、溫州（屬下的永嘉、文成、瑞安、甌海、鹿城）居民偷渡到義、法、荷、西等國；吉林延邊地區居民偷渡到韓國、日本等地。其非法出境的手法主要有持用假護照與簽證；偷越邊境；假勞務、假旅遊；冒名頂替等。

為制止非法移民，一九九二年中國進一步防範和制止中國公民非法移居國外；同年簡化了公民再出境手續。一九九四年，作出了關於嚴懲組織、運送他人偷越國（邊）境犯罪的規定。許多地方政府採取了嚴厲而周密的措施。如加強宣傳，提高認識，讓群眾了解非法出境、滯留國外的危害性；在非法出境較嚴重的縣市開展綜合治理；加大辦案力度；嚴格出境審批制度等。浙江省有關方面本著「打防並舉，管教並重，堵疏並施，內外並進」的思想嚴加治理。福建還開展了「閩海行動」計劃，打擊犯罪分子，實行層層簽訂責任制，把治理偷私渡作為考核市縣領導團隊政績的內容之一。福州屬下有的鄉村還實行居民「聯保」等措施。

反偷渡的成果顯著。一九九〇年至一九九三年五月，福州市共查獲或接受遣返的偷私渡案件三百四十三起，一萬兩千八百七十一人次；一九九〇到一九九五年間，浙江查獲各類非法出境案件有八百七十五件、九千人。至一九九五年偷渡之風基本得到遏制。

非法移民的形成是有其特殊原因的。①合法出國管道不夠暢通，致使人們鋌而走險；勞務輸出的組織存在缺陷。②國際偷渡集團活動的猖獗，境內外相勾結，甚至實行「三包」（包運出境、包送到目的地、包找工作）或「五包」（另包交被查獲的罰款、包付被抓後的家庭生活補助費）等為引誘。③對偷私渡者尤其是組織者量刑過輕，不足以威懾；且多數蛇頭在國外，司法手段難以奏效。④異地辦證出境，令人防不勝防。⑤移入國法律上的某些漏洞，以及對中國合法移民的嚴格控制等。從深層原因來看，非法移民與合法移民一樣，其目的大多是為了謀求一個更好的生存與發展空間，多賺一些錢。許多人都是抱著盲目崇洋的「發財夢」而踏上非法出境之路，經濟方面的考慮是最主要的因素。

因此，要消除非法移民現象，首先，要努力發展社會經濟，縮小與先進國家的貧富差距，使百姓安居樂業；其次，要疏通合法出國的管道，使人們有更多的走向世界的機會與條件。最後，中外政府的密切合作，聯手打擊非法移民活動。只有中外各方面共同努力，進行綜合治理，方能達到目的。

非法移民是一種國際性的現象，是人口國際流動的一種方式，要從根本上根除是有一定難度。一九九四年聯合國統計，全球跨國難民一千七百六十萬人，非法移民高達一億人。如美國有四百萬名非法移民，其中多為墨西哥、古巴等國移民，如墨西哥有一百萬名移民在美國，多為非法移民；西歐有數十萬名北非和阿拉伯國家的非法移民；日本有數萬名來自東南亞的非法移民；中國有來自越南等國的非法移民兩萬五千餘人（一九九四年）[81]。中國在境外的非法移民，無論是從總數還是從相對數來看，較之其他開發中國家都較低。西方一些國家對中國非法移民的現象別有用心地大肆渲染，以詆毀中國的人口政策和人權狀況，是違背事實的。有的國家一方面反對非法移民；另一方面又以「人權」、「政治」等理由，給予從中國非法出境者以合法居留權，這從某種程度上助長了非法移民的現象，這種雙重標準的做法十分有害。

四、大陸新移民的處境及其特點

（1）文化層次相對較高，但參差不齊。原留學後留居當地的，許多人取得了較高的學位，如碩士、博士，是新移民中的精英；而從中國農村依靠親屬牽引而移民的那一部分人，其文化水準則較低。

（2）新移民大多處於創業階段，經濟基礎較差。但也有一些人在科技、教育、商業、金融等方面嶄露頭角。一九九五年獲美國總統教育獎的五位華人，基本上是一九八〇年代以後從大陸移居於此。[82] 廣州新移民張海明設立AEM公司開發的陶瓷電子元件所需貴金屬漿料產品，已建立全球行銷網，名列全美成長最快企業第七十名，業務擴展到工程承攬、技術輸出、材料及設備的生產等，並在中國大陸投資建築材料製造和證券業，個人資產逾億美元。現年三十歲的陳躍方經營酒店，擁資兩億美元；年僅三十九歲的廣東移民趙廣華經營家電，擁資一億美元。來自中國農村的移民則多集中在唐人街，從事餐館、成衣、皮革、雜貨等業。

（3）積極融入主流社會，參與當地的政治、經濟和文化生活，並注意維護自身的合法權益。他們組織了各種類型的團體，如美國的「上海總商會」、「中國旅美科學家協會」、「大陸大專院校校友聯合會」，加拿大的「中國大陸專業人士聯合會」，澳大利亞的「中國公民公會」，匈牙利的「華聯會」等，已發展為頗具影響力的組織。來自農村的移民則受文化意識、個人素養和經濟實力等因素的制約，大多缺乏參加社區活動的熱情和能力。

（4）關心中國的前途與命運，與中國聯繫密切，希望在促進中外經濟、科技和文化的交流及合作中，同時發展自身。一些新移民成為國外跨國公司的駐華代表，有的還直接在中國進行投資、商務、學術、科技等方面的活動。

大陸新移民已在某些國家和地區成為一種新興的力量，且對傳統的華人社會產生了一定的影響，他們構成海外華人群體中最富有活力的部分，並促進海外華人種族與文化的更全面的發展。

五、小結

綜上所述，我們可以得出如下幾點認識：

（1）大陸新移民是近年來中國人口在國際上一種正常、有序、積極的流動，是中國社會走向開放、走向進步的一種標誌。

（2）大陸新移民的主流是合法、正當的移民，他們以自己的誠實、勤勞與智慧為移入國社會的進步、為中外友好關係的發展作出了貢獻。

（3）公民合法出國是自己的一項基本權利，已成為人們的一種基本認識。中國政府保護公民的合法出國的權利，打擊非法移民。

（4）隨著中國經濟的發展、政治社會的穩定、生存環境的不斷改善，中國居民人口的海外移居活動將是穩步的、在有效控制之內的流動，不會對他國帶來威脅。國際社會應公正地看待中國大陸新移民現象，促進種族平等與和諧，並為他們的生存與發展創造有利條件。

（原載《八桂僑史》）

現代中國少數民族人口境外遷移初探——以新疆、雲南為例

一、

中國海外移民史的研究，由於近現代史上華僑對中華民族的獨立、自主、富強所作出過的卓越貢獻而備受人們的重視。隨著二戰以後海外各國華人社會地位的提高，尤其是其經濟實力的膨脹和文化水準的提高，加之與海外各國華人聯繫的增多以及相互間影響增強，使中國海外移民史這一話題再次趨熱，引來各方力量（包括各國學者）的關注。然而，就該項研究的現有成果而言遠遠不能令人滿意，僅就移民境外的研究而論，就有這樣幾方面的不足：

1. 在時間上重近代輕現代。近代華工出國的資料整理和專題探討較多，而關於二十世紀前半期的大規模移民海外現象卻問津者少，系統研究者更少，恰恰是這個時期的出國者對於今天仍然續存的華僑華人社會影響至深。而關於新移民的研究文字更屬鳳毛麟角。

2. 在地域上重閩粵，輕內地與邊疆。廣東、福建號稱中國第一、第二大僑鄉，受到較多的關注並不奇怪，理屬自然，但忽略同樣擁有大量域外移民及其後裔的廣西、海南、浙江等省乃至沿邊諸省、自治區，如雲南、新疆、西藏等。

3. 在族源上重漢族，輕少數民族。以致今天人們一談及海外各國華僑華人時，幾乎都以為是源於中國的漢族移民及其後裔，對於源自中國少數民族的華僑華人則甚少關注。

4. 在研究方法上多泛泛概論，缺乏個案調查與比較研究。故對於幅員遼

闊的中國境外移民現象既難窺其全貌，又少見其特點與規律。

中國少數民族人口的境外遷移研究是一個十分重要的課題，既有學術探討的必要，又有現實社會影響的價值。目前，相關的研究可以分為兩部分：

一是作為中國跨境（界）民族的研究。跨境（界）民族，通常是指在國境線兩側相鄰而居的同一民族，它分屬於不同的國家。它的形成或是群體遷徙所致，或是政治因素的產物（如邊界的劃定）等。在這些跨境（界）民族人口中有相當一部分具備華僑或華人的特點。從近年中國學者發表的兩部跨境（界）民族的作品來看，即申旭、劉稚的《中國西南與東南亞的跨境民族》（雲南民族出版社，一九八八）和金春子、王建民的《中國跨界民族》（民族出版社，一九九四）。

跨境（界）民族與少數民族華僑華人，是兩個有聯繫、更有區別的複雜現象。其聯繫主要在於，跨境（界）民族形成之初可能具有的移民性；跨境（界）民族人口的一部分仍為華人；遷徙後少數民族華僑華人向跨境（界）民族的轉化；其區別主要在於，跨境（界）民族強調的是「跨界毗鄰而居的同一民族」；而少數民族華僑華人，主要指的是這部分華僑華人具有絕大多數漢族而言的少數民族性。前者是居住國的一個民族；而後者中的華僑是不屬於跨境（界）民族範疇之內的，如一九五〇後期遷到印度的中國部分藏胞，即為域外藏人，而不是跨境民族。在內涵上，後者是個更為廣泛、豐富的概念，它包括具有同一民族性而聚居或散居於不同國家的人，如居於越南、法國、澳大利亞、美國等地的「瑤人」。無疑，有關中國跨境（界）民族的研究，將有助於對少數民族華僑華人問題的了解。

二是作為少數民族華僑華人的研究。我們認為，居於今天中國領域之內，諸少數民族的先輩移居國外者，稱為少數民族華僑（仍保留中國國籍）華人（已加入所在國國籍）。中華民族的多元一體格局的形成是一個漫長的歷史過程。中國維吾爾族、回族等也是中華民族不可分割的一部分，有關於此的探討，已成為近十年來引人注意的一個領域。據計，目前三百一十餘萬人口的少數民族華僑華人，分布在近六十個國家和地區，而在中國周邊國家的就占百分之九十。中外學者都已對此產生興趣，其中文化人類學家屬於最積極的一群。隨著中國對外開放步伐的加快、中外經濟和文化交流的頻繁，特別是中國沿邊開發戰略部署的實施，有關這一問題的研究將大有發展、興盛之日。

無論是研究中國跨境（界）民族抑或是少數民族華僑華人，位於中國西北的新疆維吾爾自治區和位於中國西南的雲南省都是兩個重要的地區。透過對這兩個地區少數民族人口境外遷移的比較研究不僅可以弄清楚各自的一般情況，而且有助於透視中國少數民族人口外移的特點及其規律。需要指出的是，本文所指的境外遷移不同於一般人口的區位移動或臨時性、短暫的人口移動，而是具有人口遷徙或移民性質的移動。

二、

新疆是以維吾爾族為主的多民族聚居自治區，人口一千六百餘萬（一九九四），其中穆斯林八百多萬。與蒙古、俄羅斯、哈薩克、吉爾吉斯、阿富汗、巴基斯坦和印度等八國接壤。境外華僑華人約三十七萬人，其中以蘇聯國家居多，達三十萬人（一說六十八萬人），沙烏地阿拉伯有四萬人，土耳其有近兩萬人，巴基斯坦有一千餘人，還有一些分布在蒙古、澳大利亞、科威特、敘利亞、阿曼及西歐等四十八個國家和地區。在這些華僑華人中，少數民族占絕大多數，其中維吾爾族即有近二十八萬人，約占百分之七十七；其餘依次為回族（東干族）、哈薩克族、烏茲（孜）別克族、柯爾克孜族、塔吉克族等。這些少數民族同時也從屬於跨境（界）民族。如中國哈薩克族的一百一十一萬一千人（一九九〇年），哈薩克有六百六十萬人，另外在烏茲別克、土庫曼、吉爾吉斯、塔吉克、蒙古、俄羅斯等國均有。其他如柯爾克孜族、烏茲別克族、俄羅斯族、塔吉克族、塔塔爾族、維吾爾族和回（東干）族等的跨界情形大致類此。

雲南是中國少數民族最多的省分，跨境（界）而居的少數民族就有十四個，包括壯、傣、布依、苗、瑤、彝、哈尼、景頗、傈僳、拉祜、怒、阿昌、獨龍、佤、布朗、德昂等（詳見表 1），而少數民族華僑華人相應地多居於毗鄰的緬甸、寮國、泰國和越南。雲南省的國外華僑華人約有六十餘萬人，少數民族占有較大的比例，僅德宏州和臨滄專區就有十萬少數民族華僑華人分布在二十三個國家和地區。有的少數民族如回族華僑華人則不屬於跨境（界）民族，但同樣是不可忽視的一部分人。

表 1 一九八〇年代中國雲南部分跨境（界）民族情況表

跨境（界）民族	中國雲南人數 / 萬人	國別	人數 / 萬人	備註
壯族	95	越南	150	越南稱為岱族、儂族
傣族	90	越南 寮國 泰國	76 20 8	
布依族	2	越南	0.4	
彝族	348	越南 寮國	0.2 0.2	越南、寮國稱為倮倮族
哈尼族	112	越南 寮國 緬甸 泰國	1 1 6 0.4	泰國稱為卡果，緬甸稱為高族，泰國稱為阿卡
拉祜族	32	越南 寮國 緬甸 泰國	5 0.2 2 0.4	
傈僳族	51	緬甸 泰國	4 3	
景頗族	10	緬甸	56	緬甸稱為克欽族
苗族	75.2	越南 寮國 緬甸 泰國	41 20 5 1	
佤族	30	緬甸 泰國	8 2	
德昂族	1.3	緬甸	24	緬甸稱為崩龍族
克木族人	0.3	寮國 泰國 越南	30 6.5 3.2	

新疆、雲南在文化、地理、人口構成等方面的差異，影響到人口境外遷徙的方向、聚居的方式、活動的範圍、經濟形式及其與祖籍地的關係等。然

而，他們又都屬於中國的內陸邊緣地區，較多地受到伊斯蘭文化的影響，兩地民眾的外移又有某些共同之處。

新疆、雲南少數民族人口的境外遷移有著悠久的歷史。據考證，維吾爾族人在十五世紀即開始向外遷徙，蘇聯境內的維吾爾族是從中國新疆遷入的，一八七七年（清光緒三年）以白彥虎為首的五千餘回族人和數百名維吾爾族人分三批進入俄國。一八八二年《中俄伊犁條約》簽訂，沙俄脅迫伊犁居民遷徙俄國，兩年後即達十萬人。一八九六年，清新疆巡撫饒應祺派人調查新疆旅俄華僑有四萬餘人。雲南境內的少數民族在古代即有多次大規模的境外遷徙活動，以至今天中南半島上的許多民族都有著來自中國的程度不一的淵源。例如，有人認為，「南詔是泰族建立的國家」，元世祖忽必烈征大理國時泰族才遷往中南半島。兩漢、唐宋、明等朝因戰爭因素而引起過傣族大規模境外遷移。十九世紀末，英、法帝國主義窺伺中國西南版圖，迫使孱弱的清政府會勘並簽訂滇緬邊界界約，將原屬中國德宏、西雙版納的大片領土劃歸由其控制的緬甸、越南，使部分傣族人人為地跨境（界）而居。另外，越南、寮國的倮倮族，越南的哈尼族和拉祜族，緬甸的景頗族、克欽族，以及緬甸、寮國和泰國的佤族等都是從中國雲南等地遷入的。

歷史上的這些不斷南遷的民族已演化成跨境（界）民族，而不具有僑居或移民的意義。而較多保留中國族源意識或文化傳統的少數民族則是近現代遷移於此的。十九世紀後期是中國少數民族人口境外遷移的一個重要時期。動亂的中國社會、半殖民地半封建化過程的加深、農村自然經濟體系的日漸解體，特別是西方列強勢力的介入，使得少數民族人口的境外遷徙活動變得頻繁，而中外邊界的劃分導致了新的更多的跨境（界）民族。

中國少數民族人口境外遷移的這種趨勢，在二十世紀初仍然繼續著。從新疆、雲南的情形來看，二十世紀的少數民族人口境外遷移大致可分為這樣兩大時期：

（1）中華民國時期（一九一二到一九四九）。一九一八年，在新疆設僑工事務經理員，一九二二年改為新疆特派僑務委員，負責處理有關新疆華僑問題。這種機構的設立是新疆僑務問題漸趨重要的一個反映。據計，一八一七年，俄國有維吾爾族華人十萬人，其中由伊犁移居俄國的有六萬零九百八十八人，由南疆地區移居俄國的有三萬九千五百二十八人；一九二六年增至六萬六千零二十人 。諸如經商、朝覲、戰爭逃亡等因素促使他們外遷。

（2）一九四九年至今。這一時期新疆的少數民族較之雲南，其有外遷慾望的人與實際遷出人數都要多得多。至一九六二年，蘇聯在新疆境內不斷製造「僑民」，中國政府也應蘇方要求，允許「蘇僑」及其中國眷屬往蘇，約有二十萬人；一九二六年的「伊塔事件」中又有六萬人去蘇。哈薩克族華人自一九五三年始由印度、巴基斯坦移居土耳其。一九五〇初，新疆上層貴族煽動叛亂，失敗後率部眾亡命印巴交界處喀什米爾。自一九六〇年代起，許多哈薩克族華人透過土耳其簽訂勞務輸出合約前往（西）德國、法國、瑞士等國做工，約有千餘人，漸漸成為新的移民。政治、民族等方面原因往往是新疆少數民族人口遷移境外的重要催化劑。而這在雲南幾乎是不存在的。一九八〇年代，人們與外界聯繫的方式多樣化，以經商、留學、探親等方式遷居他國者不乏其人。

三、

從不同的角度，人們可以看到新疆、雲南少數民族人口遷移類型的異同。

（一）從遷移的因素來看

（1）經商。中外貿易的許可和發展是經商而致移居境外的重要前提。一九五〇年代以前，私有制下跨境（界）貿易的高額利潤驅動著人們的外向移動。在少數民族中，諸如回族、維吾爾族等都是以善於經商著稱。

從中國遷居境外的回族人主要有三支：一是十九世紀陝西、甘肅回民起義失敗後逃至中亞各國的東干人，約八萬餘眾；二是泉州丁、郭二姓國民移居海外；三是雲南的回族商人移居泰國和緬甸約兩萬多人。雲南的回族始於元代，明清時即組織大規模馬幫到緬、泰或經緬甸到沙烏地阿拉伯經商，以貨易貨，從事初級的對外貿易，此後從未間斷。根據《雲南回族社會歷史調查》一書提供的材料， 二十世紀前期，永平縣曲嗣回族鄉的回民中，有百分之六十以上從事馬幫運輸和對外貿易，如回民羅漢彩往來於緬甸、泰國、新加坡等地經商，聲望頗高；巍山縣回族馬幫一百多個，一九二〇到一九四五年間，回登村從事中緬貿易的馬幫有朱映堂、米文彩、忽都成、朱玉泰和馬明宗五個，每個馬幫擁有的騾馬在兩百五十匹以上。楚雄縣第三區的回族職業有三種，一是以經商為主；二是以種田為主；三是以幫工為主。善於經商的做黃金、大煙和布匹生意，次為趕馬販賣，出過像馬超群、錢萬一、馬鴻義、馬伯亮等在泰國經商擁有百萬元巨資、四五百畝土地的富豪。據一九五六年的統計，峨山縣大白邑、文明、杞鹿東渠、納古四個回族聚居鄉共有僑眷三百零一戶，除五戶漢族外，均係回族，其中大白邑鄉在外華僑一百二十二人，歸僑三十一人，僑眷八十八戶，占全鄉總戶數的百分之三十四；納古鄉在外華僑一百零七人，歸僑二十二人，僑眷七十八戶，占全鄉總戶數的百分之十點二。如此之高的涉僑率幾乎可與廣東、福建那樣的僑鄉相提並論。

維吾爾族的經商傳統悠久，商業文化十分發達，新疆在歷史上是「絲綢之路」的重要路段。據一九二八年的統計，在塔什干的華僑中，從事經商的約有百分之二十，從事手工業的約有百分之二十，其餘百分之六十為受僱於他人的做工者。一九〇九到一九一六年，經烏什縣依不拉引卡赴俄做工、經商者有兩萬兩千一百八十九人。一九四七年，和田行政長官郝登榜呈文稱：「據黑玉、洛甫等縣民尼牙孜阿吉等五十二名出國經商，內有三十餘名系正當商人，其餘均係該民等所用雇工及腳伕攜帶當地氈毯、生絲、綢子、土產等物前往列城、克什米、開（卡）拉其、班白等處經商。」

（2）宗教崇拜。新疆的維吾爾族和雲南的回族都信仰伊斯蘭教，前往麥加朝覲是他們人生中的最高理想，但信徒們往往因或無返回川資，或錯過朝覲日期，或因政局不穩，或因健康等原因而流落、定居他鄉。成批的維吾爾族穆斯林朝覲活動約始於十八世紀，至二十世紀初「每歲不下數萬人」赴麥加朝覲，如一九〇〇到一九四九年間，哈密地區維吾爾族阿訇、毛拉和教民約有一百二十人朝覲。新疆外交公署民國七年（一九一八）文稱，每年領照出國不下二三萬人，其中貿易、朝聖居十之五六。據新疆洛甫縣的牙森阿吉講，他一九四七年去麥加朝覲，同行的有七十餘人，除十五人返鄉外，其餘的都在沙烏地阿拉伯定居了。阿圖什市阿扎克、松達克兩鄉自一九二〇到一九八〇年因朝覲而定居國外的有五十六戶，其中夫妻同去的六起，母子同去的五起，父女或父子同去的各兩起，兄妹同去的一起，餘為同鄉鄰里搭夥結伴而去。沙烏地阿拉伯成為維吾爾族因朝覲而滯留定居者的主要國家，爾後再由此遷移到土耳其、巴基斯坦，乃至西歐等國的。有的朝覲者定居國外並有了一定經濟實力後，還招引其中國親屬前往，如霍拉木毛依丁阿吉一九四八年赴麥加，在其居後娶妻生子，一九八一年先後為中國五戶親屬共三十一人擔保定居國外。定居國外的朝覲者多為貧苦民眾，這也是維吾爾族華僑形成的一個特點。雲南的回族同樣有赴麥加朝覲者，但它之於雲南回族華僑的形成顯然不具有十分重要的意義。

（3）戰亂與政治因素。二十世紀上半葉，中國動亂頻仍，戰爭外移難民日增。新疆從楊增新執政，到金樹仁、盛世才的垮和新疆和平解放等一系列政治原因，使一些維吾爾族、哈薩克族的民眾及上層人士出走，並定居西亞諸國。如一九三二年在和田成立的「伊斯蘭教王國」，和一九三三年成立的「東突厥斯坦伊斯蘭共和國」瓦解後，部分民族分裂主義者逃到喀什米爾；一九三七年，新疆邊防軍第六師師長麻木提，舉兵反對盛世才失敗而逃至喀什米爾；一九四九年，新疆副主席穆罕默德‧伊敏等泛突厥主義分子近千人出逃，一些「巴依」、官員和商人隨潮逃往國外。據張大軍在《新疆風暴七十年》中反映，「流外新民，據外交部調查印度喀什米爾不下四五百人，擬返故里。留印難民七十餘人。更於民國三十二年調查：難民流留落喀喇量，孟買、新德里有數百人，不能返里」。

新疆的其他少數民族也有大致的情形。如一九三八年從新疆移牧於甘肅、青海交界的近萬名哈薩克族民因受到馬步青軍隊的騷擾、藏軍的圍堵而由藏逃至印度定居，一九四七年印度、巴基斯坦分治後，這些旅印哈薩克族華僑遷往巴基斯坦，一九五三到一九六〇年，又陸續遷徙到土耳其，約有三千人，並加入了土耳其國籍。一九九四年，新疆博州毛塔（蒙古族）在追述家史時說，他的奶奶輩在一九三〇年代攜帶三個小孩逃難外蒙，當時居於天山之北的蒙古族民苦於土匪横行，尤其是蘇聯來的哈薩克悍匪，迫使蒙古族牧民逃往蒙古。

（4）外國勢力的影響。現代中國沿海民眾的海外遷移也受到外部因素的影響，但是相形之下，中國邊疆地區如新疆、雲南等則更多地左右於外國勢力。在新疆，早在十九世紀末，沙俄曾在伊犁非法設立了脅迫居民遷移的機構——「移民委員會」，迫使四五萬名維吾爾族人入俄。二十世紀初至一九三〇年代，蘇聯為發展經濟、解決戰爭所帶來的勞動力之缺，有意招引新疆勞工，一九二四年以後每年赴蘇、中亞地區做工的維吾爾族人和柯爾克孜人即有二三萬，蘇聯還在撒馬爾罕設立「維吾爾社」。從一九四五到一九六二年間，蘇聯一直刻意從新疆發展所謂「僑民」，直至「伊塔事件」那種大規模的人口境外遷移，赴蘇的維吾爾等族民眾達二十餘萬人。在雲南，十九世紀末二十世紀初，英、法殖民主義勢力覬覦雲南，也引起了哈尼、景頗族人口的外移。

（二）從遷移的路線來看

首先，與沿海民眾的遷移相比，新疆、雲南的少數民族人口主要是遷向沿邊諸國，而江蘇、浙江、福建、廣東和海南等地民眾多遷向東南亞，前者幾乎是陸域上的遷移，後者還包括歷經海域的遷移，更有泛海移至日本、歐、美、澳等地者，蓋利舟楫之便。因此，閩粵等沿海遷徙者的路線範圍要比新疆、雲南遷徙者廣。

其次，以新疆、雲南而言，前者遷移的方向主要是中亞、西亞諸國，如哈薩克、吉爾吉斯、塔吉克、阿富汗、巴基斯坦、伊朗、土耳其、沙烏地阿拉伯及喀什米爾等國家和地區。後者的遷移方向主要是緬甸、寮國、泰國和越南等國。從遷移到定居有一個過程，有時是連續的、多次的。如新疆的哈薩克族人從新疆—甘肅、青海—西藏—印度—巴基斯坦—土耳其，時間從一九四〇到一九六〇年，前後約二十年。

移民現象同樣存在於少數民族華僑華人之中，如部分中國的俄羅斯族人於一九五〇、一九六〇年代返回俄羅斯，後又遷居澳大利亞和加拿大；從中國遷至中南半島國家的回、瑤、苗等族人又移至法國、澳大利亞和美國等地。如在美國的少數民族華僑華人約有十餘萬人，其中苗族約九萬人，瑤族約兩萬人，多為從越南、寮國和泰國去的「再移民」。

四、

少數民族人口境外遷移之後同樣具有聚居的傳統，在文化的不斷在地化的同時還保持有原祖居地或母族的文化積因。以維吾爾族、哈薩克族和白族華人為例：

（1）維吾爾族華人。一九七〇年，在烏茲別克、哈薩克和吉爾吉斯三國居於城鎮和鄉村的維吾爾族華人的比例分別為百分之三十九點一和百分之六十點九、百分之二十四點五和百分之七十五點五、百分之四十六點四和百分之五十三點六，即以居農村者為多，在城鎮者也多形成聚居中心。在哈薩克的十六萬維吾爾族華人主要居住於阿拉木圖的維吾爾區、奇列克區、思列克希哈薩區；在烏茲別克斯坦的維吾爾族華人主要居住於伏龍芝、奧什、托克馬克、普爾熱瓦爾斯克等城市。至一九七〇年代，他們已基本上融入當地社會之中，並享有各種社會福利。異族通婚呈上升趨勢，仍然信仰遜尼派伊斯蘭教。一九七九年，以維吾爾語為母語者占總人數的百分之八十六點一，受教育程度較高。一九八一到一九八九年間，蘇聯維吾爾族華僑華人來新疆探親者約兩萬人次。在沙烏地阿拉伯的維吾爾族華僑華人主要分布在塔伊夫（約兩萬九千人）、麥地那（六千～七千人）和吉達（兩千～三千人），生活較為富裕。在巴基斯坦主要居於拉瓦爾品第和吉爾古特，多為勞工，隨著一九八〇年代喀喇崑崙公路的通車，他們紛紛從事中巴邊境貿易。一九八〇到一九八七年間，來新疆探親者約一千四百七十人次。

（2）哈薩克族華人。在土耳其，一九五三到一九六〇年屬於定居初期，多居於安納托利亞高原的一些村鎮。一九七〇 年代以來，年輕一代陸續行至伊斯坦堡等大城市，該城郊建有一座哈薩克族村鎮，一些街道還以阿爾泰、巴里坤、沙灣等祖籍地命名，還有應募到西歐國家做工的。一九八〇年代，他們中約有百分之二十五的人從事農牧業，百分之七十五的人從事輕工業和商業。仍保持族內婚制。

（3）回族華人。東干人約有八萬人，主要生活在吉爾吉斯和哈薩克，各地都有回民村。在吉爾吉斯，多居於楚河河谷地帶、伏龍芝、普爾熱瓦爾斯克和奧什市；在哈薩克，主要居於阿拉木圖、江布爾市和加爾帕求別村、潘菲洛夫市及契里克村等，以從事農業為主。他們在家多講陝西、甘肅話，卻不識漢字，也保留有陝甘人的一些習慣，喜愛陝甘一帶流行的眉戶劇、秦腔、花兒等曲目，如《張良賣布》、《五更盤道》、《鍘美案》等。多取馬、王、蘭、丁為姓卻已完全在地化，還有自己的「東干人協會」和「東干研究所」。一九七八到一九八九年，到新疆探親的中亞回族華人有近千人次。十九世紀中葉，緬甸曼德勒源自雲南的回族華僑就有聚居區，一八七四年雲南回民起義失敗後，回民大量進入緬泰時期，初在中緬交界處建有「搬弄回族大寨」，泰北清邁等地也有回族華僑聚居區，一九五〇年代加入當地國籍，據計，一九八三年，清邁、清萊、南奔三省的滇籍穆斯林約有兩萬人。他們仍強烈地存續著中華文化和回族的伊斯蘭信仰、民族生活習俗，如與漢族華人過春節，貼對聯，過中秋，吃團圓餅，學中文，設立敬真阿文學校，優秀學生送到沙烏地阿拉伯大學深造；也關心祖籍地建設，有捐資興辦教育、興建清真寺和經堂教育者。

五、

中國少數民族人口境外遷移，是一個十分複雜而又具有歷史探討和現實研究價值的課題。人口遷移是一個歷史的過程，現代中國少數民族人口也曾有過多次大的遷移活動，這從新疆和雲南的例證可以看到。這種遷移較多地受到不同於漢族民眾外移的因素影響，如宗教、民族、外部勢力的引誘和脅迫、政治和軍事的衝突等，也有一些是共同的，如經商致富的慾望、勞工市場的需求，以及人往高處走定律等因素的作用。一九四九年以前，新疆、雲南的少數民族人口的境外遷移多以激進的方式進行，一九四九年以後由於中國不再鼓勵向外移民，大規模的移民（一九二六年新疆「伊塔事件」除外）基本停止。但是，個別的、偶發的移民時有發生，移民的因素仍然存在。特別要注意的是極端民族主義意識下人口境外遷移的潛在性，如哈薩克政府就鼓勵生活在俄羅斯、中亞、中國等地的哈薩克族人返回哈薩克，一九九二年的哈國公民法規定承認：散居其他國家哈薩克族人的雙重國籍，對回哈定居者給予照顧。泛伊斯蘭主義或泛突厥主義運動的興起，在哈薩克成立「維吾爾人國際聯盟」，並主張「東突厥斯坦問題國際化」等，刺激著偏執民族情緒的勃發。

作為一種民族遷移必然具有其民族性，漢族華僑散居世界所形成的「唐人街」和少數民族華僑華人境外形成的「民族村」是同一個道理。同種族與文化源的同一民族遷移到一個新的環境之中必然具有其內聚、協作和文化認同的特徵。中國少數民族人口境外遷移及其社會發展較之漢族華僑不同的是，他們常與跨境民族交織在一起，最後演化為一個跨境民族。民族遷移是一個過程，隨之而來的是定居、適應、矛盾衝突與控制、融入與文化保持等一系列的問題，這些文化人類學所感興趣的課題是無論漢族還是中國少數民族同樣遇到的一個必經的歷程。因而，細緻深入的比較研究顯得尤為必要。

還有一個應當作出解釋的問題是，海外少數民族華僑華人的中國觀念問題。總體來說，隨著他們的日益在地化，其中國觀逐漸趨於淡薄，但是有兩點是需要注意的：

（1）少數民族華僑的「回流」，即華僑的歸國現象。如新疆在一九一六年、一九三二年、一九三三年和一九三八年都曾有大批維吾爾族、哈薩克族、回族華僑返疆之舉，約有四萬人。一九五〇到一九八九年，由巴基斯坦、印度、蒙古、蘇聯等國返回新疆的華僑一千零七十二人，其中，一九八一到一九八九年，從蘇聯、蒙古、沙烏地阿拉伯、巴基斯坦、土耳其和澳大利亞等國回新疆定居的有三十七戶，一百零三人。從族別來看，維吾爾族五十二人，哈薩克族四十一人，漢族八人，俄羅斯族四人，柯爾克孜族一人。其回國原因是多方面的，有因孤立無依靠的等，而一九七六年以後出國定居的又有不適應他鄉生活，或是羨慕中國人民生活水準提高而返國的等。

（2）關注祖籍地的變化，願意加強同一民族之間的聯繫與交流。一九八〇年代以來，隨著邊疆地區的不斷開放，一些少數民族華僑華人積極拓展邊境貿易，或在祖籍地捐贈公益事業或嘗試從事實業。如一九八三年新疆的僑匯收入達九十五萬美元；一九九三年接受捐贈一千零二十四萬元，沙烏地阿拉伯、巴基斯坦等國華僑華人來疆簽訂投資合約的金額達六百八十二萬六千美元。每逢雲南少數民族的傳統節日，如彝族的「火把節」、白族的「三月街」、傣族的「潑水節」、景頗族的「目瑙縱歌」、瑤族的「盤王節」、苗族的「花山節」、傈僳族的「刀桿節」等，境外同族朋友常有遠道而來歡慶的，如一九九三年文山州曾邀請法國、泰國、越南和美國等地的苗族朋友四十餘人前來參加苗族節日。不過，這點較之漢族華僑華人似乎還有一定的距離。但是，顯然中國的發展變化同樣鼓舞著少數民族華僑華人。這也將對於發展中國與少數民族華僑華人居住國的經貿、文化交流產生積極影響。

（原載《華僑華人歷史研究》）

當代華商財富成長管窺

世界華商的經濟力量狀況越來越引起人們的興趣。一九九二年以來，香港《Forbes資本家》雜誌的年輕華人財富排名，更是媒體關心的焦點。無疑，華人財富及其成長特點是一個有意義的探討題目。世界華人富豪榜為我們提供了一些很好的例子。

一、財富積聚與快速成長

財富積聚是一個創業的話題。富豪榜上的人物有許多是創業的一代。機遇、才智與汗水，造就了他們輝煌的事業。一九九六年上榜的富豪有三百七十六名，比一九九五年多了八名，他們的綜合財富共四千零四十億美元，比上年增加了百分之十七，即多了五百七十七億美元。從財富成長的速度來看，成長率在百分之五十到百分之九十九的有李成偉家族、林天寶家族，以及猜育・干那戌、邱德拔、陳永栽和郭炳湘等；成長率在百分之百以上的有鄭周敏、蔡道行家族，以及張曉卿、吳天恩等。而其中鄭周敏的成長率為百分之一百八十八點八九，吳天恩為百分之一百五十，為富豪榜中最出類拔萃者。

據統計，一九九五年，華人富豪榜中前四十位的資產總值為一千六五十四億美元；一九九六年，華人富豪榜中前四十位的資產總值為兩千零五十一億美元，較之上年成長了百分之二十四，占今年上榜華人財富總額的一半。從地區來看，前四十位富豪中，香港的有八位，新加坡的有五位，泰國的有七位，馬來西亞的有四位，菲律賓的有五位，印度尼西亞的有六位，臺灣有五位，港臺及東南亞仍然是華人財富最為集中的地區。

在排名中，兩岸關係影響到臺灣的股市，臺灣的富豪名次有所下降，而菲律賓華人的財富猛漲則得益於馬尼拉地價升幅。較之一九九五年，今年鄭周敏、吳天恩、陳永栽、鄭少堅的財富分別成長了八十五億美元、十八億美元、三十億美元、十億美元，令人稱異。在香港富豪中，郭炳湘、李兆基、李嘉誠、鄭裕彤、霍英東、吳光正諸人的財富分別較上年成長了四十五億美元、二十億美元、十二億美元、十億美元、五億美元、十億美元。

何以其財富在年內居然成長了十億美元、幾十億美元呢？原因之一，地產生意好做，利潤驚人；錢生錢，錢源滾滾。在一九九六年三百七十六位華人富豪中，從事房地產的約有一百七十九人，世界十大華人富豪中有八位是做房地產生意。擁有土地量的多少直接影響到富豪的排名，如香港地少人多，地貴如金，造就了像李嘉誠、郭炳湘、李兆基這樣的超級富豪；臺灣的辜振甫、王永慶、蔡萬霖等也都是大地主。與此同時，從事金融業的華裔一百零四人，控制總財富的百分之四十以上。

在臺灣、菲律賓擁有大量地皮的鄭周敏，因近期菲國地價暴漲而升至華人首富，說明了土地之於華人富豪的重要性。在臺灣，他除了亞洲信託、環亞飯店、亞洲廣場、華僑銀行等，另有三十七塊土地，總面積約一百三十五萬五千平方公尺，不少位於黃金地帶，或已列為開發的重點；在菲律賓有兩萬公頃的土地；在北美購地超過一萬公頃；還有中國的廈門、石獅、鄭州等地的地產。他對土地的愛好到了狂熱的地步，他的土地投資格言是「等、等、等」，即使等上二三十年，也要等到土地升值的一天。如果沒有土地的法寶，他的十三億美元的資產難以想像。

在世界十大華人富豪中，香港有三人，即郭炳湘、李兆基、李嘉誠。他們均以房地產為主要聚財之道。郭炳湘家族擁有新鴻基地產百分之七十六四四的股權，且在中國大陸、美國有大量的投資，家庭資產超過八百八十億港幣；李兆基擁有恆基兆業的百分之六十一點七四的股權，現市值超過五百八十億美元。一九九五年，他淨收股息三十一億港幣，平均每天八百四十九萬港幣，加上美國的債券和物業收益，每日平均收益一千萬港幣以上。李嘉誠從一九六〇年代開始涉足地產，漸漸成為香港地產界的鉅子。

原因之二，多點支撐，分散投資，均衡發展。在前述四十位華人富豪中，百分之九十五以上是集團化多元發展。以前十大富豪而言，其主要經營範圍為：鄭周敏為房地產、金融；郭炳湘為房地產、酒店、公共運輸、電信、基本建設；李兆基為房地產、酒店、公共設施；謝國民為飼料、養殖、房地產、貿易；林紹良為金融、水泥、食品加工、房地產；李嘉誠為房地產、碼頭、電力；蔡萬霖為保險、金融、房地產；陳永栽為釀酒、煙草、酒店；郭鶴年為酒店、傳媒、種植；王永慶為石化、水泥、房地產。而以房地產、金融和酒店為最熱門的投資領域。

在投資區域上，不再局限於最初發跡所在地，而是尋求區域化，乃至國際化的業務發展。以香港、臺灣和東南亞華商而論，除了香港、臺灣、東南亞之外，中國大陸、北美也是他們投資的主要選擇。這些年來，香港商人已逐漸將投資熱點轉向中國大陸、美國和加拿大，使其成為他們財富驟升的新的重要成長點。這一點對於東南亞華商來說，也是適用的。目前，華商在中國大陸的投資已見成效，且其具有的潛力將逐漸顯現出來，為財富積聚著強大的後勁。

原因之三，形成特色經營，建立行業控制優勢。房地產、金融以及酒店投資固然是易於發財的行業，但這並不是千篇一律的模式。我們看到，大多數富豪都有自己的特色經營，並力爭在這一領域形成強有力的競爭優勢。如煙草業有印度尼西亞蔡道行家族，擁資六十億美元；黃惠祥兄弟，擁資四十億美元。建築業有泰國的猜育•干那戌，擁資四十億美元；臺灣林玉嘉，擁資五億一千萬美元。木材業有馬來西亞的邱德拔，擁資二十五億美元。電信業有泰國的讀信•秦那越，擁資二十二億美元。電腦業有美國的王磊廉兄弟，擁資九億美元；孫大衛擁資五億美元；杜紀川擁資五億美元。影視業有香港的邵逸夫，擁資十五億美元。紡織印染業有香港的曹光彪，擁資十億美元。這就是經常所說的行業「巨頭」、行業「大王」。

二、家族企業的「接力」與現代化轉型

華人企業有一個共同的特點是，它具有較強的家族企業的特色。所謂家族企業，其最主要的特徵是家族對企業的主要占有或控制。在一九九六年上榜的華人富豪中，許多家族企業擁有幾十年乃至上百年的歷史，代代

相承，不斷發展。有的雖然創業時間較短，但依靠家族內核心成員的支撐而得到迅速擴展。「96世界華人富豪榜」中有二十五個家族，其中泰國十二個、菲律賓六個、印度尼西亞三個、香港三個、新加坡一個，資產約四百七十六億五千萬美元。俗話說「富不過三代」，擁資億萬的富豪當然希望其艱難創下的家業能不斷興旺。在這二十五個家族企業中，都有幾十年乃至上百年的歷史，家族企業的第二代、第三代能否秉承上輩遺風，不斷創新，掌握機遇，光耀門楣，仍是一個為大家十分關注的問題，對於許許多多仍然健在的第一代創業者來說，他們也在為家業的承繼而焦心。目前，諸如李嘉誠、林紹良等一些香港和東南亞的華人超級富豪都在有意識地傳遞事業的「接力棒」與自己的家族嫡系。

家族企業有它的優勢，也有它的局限。作為家族企業大致都面臨著一個企業升級的問題，即企業的現代化，這是一個大的課題。世態萬千，行行都可以騰達、致富，似乎沒有必要只盯住一兩個行業。在一些華人過去較薄弱的領域也可以有一番作為，如「96世界華人富豪榜」中湧現了一批以高科技為主要致富手段的企業家，其中以高科技和資訊為核心業務的富豪有四十七名，占百分之十二點五。如美國華人杜紀川、孫大衛成立的Kingston Technology，曾是全美成長最快的私人企業，兩人資產有十億美元；年僅二十九歲的楊致遠，兩年前在史丹佛大學進修電子工程博士時，與同學合作發展全球資訊網，後創立國際網路軟體公司雅虎（Yahoo Inc.），現據稱有財產一億六千五百萬美元；而最有名的當推王磊廉兄弟，依靠電腦產品，其資產有九億美元；新加坡的沈望傅的創新科技是全球最大的音效卡製造商；嚴名熾的IPC是全球主機製造商之一。香港、東南亞等地的華人涉足高科技產業已不是什麼新聞了。

尤其是許多華人富豪的第二代、第三代，他們多在西方受過較高的教育，掌握著西方先進的管理經驗和經營理念。他們往往力圖站在現代化企業的視野來考慮家族企業的發展規劃。新加坡等地的華人企業，在高科技方面取得了較大的成就。電信業是當今黃金機會之所在。亞洲人口占全球的百分之六十，卻只占全球電話線的百分之十五，電話密度平均為百分之四，而歐美是百分之五十，其市場前景可想而見。華人企業家正是根據各地不同的電信政策而制訂相應的發展計劃。泰國的正大集團在通訊領域已擁有泰國的亞洲電信（Telecom Asia）、香港的東方電信。其中，亞洲電信主要經營曼谷市內的固定電話網路，並與美國的 Nynex 合作，取得了巨大的成功。該集團還與中國大陸的中國通訊廣播衛星公司等合作，設立亞太通訊衛星有限公司，為東亞地區提供衛星通訊服務。香港是電信市場開放較早的地區。目前，在香港除了香港電信之外，還有三個固定網路經營商，即李嘉誠和記黃埔集團屬下的和記電話、鄭裕彤新世界集團屬下的新世界電話以及吳光正九倉集團的新電信。這些集團都是以地產起家，之所以下大本錢投資電信，其志在一九九七年之後的中國大陸市場。據稱，新世界集團未來的業務比重將是電信百分之五十、地產百分之二十、酒店百分之二十，以改變現在的地產百分之七十五、酒店百分之二十一的結構。李嘉誠企業王國的接班人李澤鉅、李澤楷一方面經營傳統業務，另一方面注重開拓新興業務，如通訊市場，發射人造衛星，經營衛星電視台等，把電信作為公司的三大業務之一。在菲律賓，由許寰戈和楊應琳家族一直壟斷菲電信市場。近年由於電信市場開放，出現了不少華人大企業與菲國企業之間大聯盟，共同組建電信新網路。

凡此種種，說明世紀之初的華人企業正在穩紮穩打的經營思想支配下，順應形勢，努力創新，尋求新的發展機遇。可以相信，他們的財富必定會有更大的擴展。但華人企業如何力避家族企業的局限，不斷邁向現代化、國際化，仍需待以時日。在今天，華人財富的成長已不僅是一個經濟的現象，而且具有重要的社會綜合效果。華人社會地位的提高首先需要經濟地位提高，華人經濟力量的增加或許已或多或少地預示了這一點。

（原載《僑務工作研究》）

參考文獻

[1] 中國史學會 . 中國近代史資料叢刊：辛亥革命 (一)[M]. 上海：上海人民出版社，1981：85-86.

[2] 孫中山 . 孫中山選集 (上卷)[M]. 北京：人民出版社，1981：176.

[3] 胡去非 . 國父事略 [M]. 北京：商務印書館，1945：37.

[4] 馮自由 . 革命逸史 [M]. 北京：中華書局，1981：172.

[5] 陳宗山 . 南洋華僑於革命中之努力 // 包遵彭、吳相湘、李定一 . 中國近代史論叢·華僑 [M]. 臺北：正中書局，1957：131-135.

[6] 洪絲絲等 . 辛亥革命與華僑 [M]. 北京：人民出版社，1982：1.

[7] 鄧澤如 . 孫中山先生二十年來手札 (卷 3)[M]. 廣州：廣州述志公司，1927：15.

[8] 黃季陸編 . 總理全集下冊 [M]. 成都：成都聯友出版社，1944：40.

[9] [美]B.R. 赫根法 . 現代人格心理學歷史導引 [M]. 文一等編譯 . 石家莊：河北人民出版社，1988：51.

[10] 蔡石山 .1911 年革命與海外華人 // 辛亥革命與南洋華人研討會論文集 [C]. 臺北：國立政治大學國際關係研究中心，1986：410.

[11] 廖鉞 . 論華僑愛國主義 // 華僑論文集 [C]. 廣東華僑歷史學會，1986：15.

[12] 毛起雄，林曉東 . 中國僑務政策概述 [M]. 北京：中國華僑出版社，1993：265-351.

[13] Teresita Angsee.The Chinese in the Philippines, Problems and Perspectives[M].KAISA, 1990：55.

[14] Myra Sidharta.The Indonesian Chinese And Their Search of Identity[C]. 馬尼拉：「東南亞華人少數民族國際學術研討會」論文，1991 年 11 月。

[15] [泰] 江白潮 . 泰國華僑華人現狀的探討 [J]. 東南亞，1991(2)：28-34；[泰] 江白潮 . 二十世紀泰國華僑人口初探 [J]. 東南亞，1992(4)：47-53.

[16] Tran Khanh：The Ethnic Chinese and Economic Development in Vietnam [J].Institute of Southeast Asian Studies，1993.

[17] 新加坡宗鄉會館聯合總會 . 李光耀談新加坡華人社會 [M]. 新加坡中華總商會，1991. 一點說明：本文系作者與沈立新研究員合撰《華僑華人文化志·總論》(上海人民出版社即出) 之「第二節」，敘述了作者對華僑華人文化發展歷程的一些基本看法，希望能得到諸君的指正。

[18] 許多學者對戰後華人的文化變遷與文化選擇做過專門研究。如 [美] 施堅雅：《海外華人文化的變化與持續：爪哇與泰國的比較》(G.William Skinner. Change and Persistence in Chinese Culture Overseas：A Comparison of Thailand and Java[J].in Journal of the

South Seas Society，Singapore，1960：16)；王賡武和珍尼弗·庫什曼編：《二戰以來東南亞華人的認同變化》(Wang Gunwu and Jennifer Cushman edited.Changing Identities of the Southeast Asian Chinese Since World War II .Hong Kong：Hong Kong University Press, 1988)；施振民．菲律賓華人文化的持續 [C]// 李亦園，郭振羽主編．東南亞華人社會研究 (上). 臺北：正中書局，1985. 等等，即為其中上乘之作。有人用「十字街頭」(Crossroad) 來形容目前菲華社會的處境，見洪玉華編：《十字街頭：菲華社會文集》。但迄今仍無專論華人文化的著作。

[19] 施振民．菲律賓華人文化的持續 // 李亦園、郭振羽主編．東南亞華人社會研究 (上)[M]. 臺北：正中書局，1985：164.

[20] [泰] 江白潮．論泰國華僑社會非實際存在 [J]. 東南亞，1990(1)：25-29；[泰] 江白潮．對泰國華僑華人現狀的探討 [J]. 東南亞，1991(2)：32-34. 他認為泰國華人社會「在理論上是立不住足的，實際上並不存在」。

[21] 關於華人傳統文化對華人社會的形成問題可參見拙作：譚天星．關於華人社會是否實際存在之我見 [J]. 八桂僑史，1991(2)：14-17.

[22] 菲律賓華裔青年聯合會編．融合——菲律賓華人 [M]. 菲律賓華裔青年聯合會，1991.

[23] 邵建寅．菲律賓華文教育的過去、現在和將來 [J]// 菲律賓華文教育研究中心編，華文教育 (第 1 卷第 2 期).

[24] 李亦園．一個移植的市鎮——馬來亞華人市鎮生活的調查研究 [M]. 臺北：中央研究院民族學研究所 .1970 年 6 月；以及李亦園，郭振羽．海外華人社會研究叢書．總序 [M]. 臺北：正中書局，1985. 五六十年代有關華僑問題的研究都是從文化移植這個角度出發的，如陳達．閩粵社會與南洋華僑 [M]. 北京：商務印書館，1938. 普賽爾著，郭湘章譯．東南亞之華僑 [M]. 臺北：臺灣編譯館，1967(Victor Purcell.The Chinese in Southeast Asia.London，1951；2nd impression 1952；new edition 1964)；[美] 施堅雅．泰國華人社會：一個歷史的分析 (G.William Skinner.Chinese Society in Thailand：An Analytical History[M]. Ithaca, N.Y.：Cornell University Press, 1957)；莫里斯·弗雷德曼．中國東南地區的宗族組織 (Maurice Freedman. Lineage organization in Southeastern China[M].London：University of London, Athlone Press，1965) 以及他的論文集：華人社會研究 (The Study of Chinese Society：Essays[M]. Stanford University Press, 1979)。

[25] 姜永興．從民族學研究世界最大的跨境民族——華人 [J]. 東南亞研究，1990(4)：21-29.

[26] 如賈思·亞歷山大．看不見的中國：華僑與東南亞政治 (Garth Alexander.The Invisible China：the overseas Chinese and the Politics of Southeast Asia[M]. New York：Macmillan, 1974) 和弗茨

傑拉德 . 第三中國：東南亞華人社會 (C.P.Gerald.The Third China：The Chinese Communities in Southeast Asia[M].Melbourne ， 1965)。

[27] 如李·威廉 . 東南亞華僑之未來 (Lea E.William.The Future of the overseas Chinese in Southeast Asia[M].New York：McGraw-Hill，1966) 即已力圖分析東南亞華人的多樣性，並批評了那種把東南亞華人不加區別地作為一個整體的做法。

[28] 新加坡前總理李光耀在 1991 年 8 月召開的世界華商大會開幕式上的講話。

[29] 游仲勛 . 亞太時代華族的經濟發展 (Yu Chunghsun.Economic Development of The Overseas Ethnic Chinese in the age of Asia Pacific)[J]. 日本國際大學亞洲發展研究所社會學報，1991(3).

[30] 梁英明 . 從東盟看華人經濟圈問題 // 北京大學亞非所編 . 亞非研究 (第 1 輯)[M]. 北京：北京大學出版社，1985：124-136.

[31] 梁英明 . 從東盟看華人經濟圈問題 // 北京大學亞非所編 . 亞非研究 (第 1 輯)[M]. 北京：北京大學出版社，1985：124-136.

[32] 廖建裕 . 中國與東盟：華人關係 (Leo Suryadinata.China and the ASEAN States：The Ethnic Chinese Connections[M].Singapore ： Singapore University Press, National University of Singapore, 1985：6)。

[33] 劉蔵成 . 華校與英校的教學：過去與未來 [N]. 南洋商報，1981-09-16。

[34] 時任新加坡貿工部部長兼第二國防部部長李顯龍語，見 [新加坡]《聯合早報》，1989-08-24。

[35] 《董總三十年》(上)，18 頁。1977 年董總主席林晃升《關於董事會的備忘錄》中指出，「母語教育是基本的人權」;「是促進國家人民團結的要素」。此類呼聲，不絕於耳。

[36] 參閱廖建裕 . 孔教在印尼 [J]. 亞洲文化，1985(6)// 印度尼西亞華人近況 [J]. 亞洲文化，1986(8).

[37] 周聿峨 . 東南亞華文教育重現生機 [J]. 華僑華人歷史研究，1991(1)：1-6.

[38] [印度尼西亞] 社論 [N]. 希望之光報，1984-02-28.

[39] [馬來西亞]《光華日報》，1982-05-15。華族人士希望「國家文化將透過各族群文化自由及自發的涵化過程而逐漸發展起來」:「國家文化將以國內各族文化為組成部分，各族文化是平等的」(見陳祖排 . 國家文化的理念 [M]. 馬來西亞華社資料研究中心叢書 (二)，1987：71)。

[40] 吳文煥 . 經濟利益的日趨一致：從生產方式看戰後菲律賓華人經濟的變化 [J]. 華僑華人歷史研究，1989 (3)：8-13.

[41] 參閱王賡武 . 東南亞與華人 [M]. 北京：中國友誼出版公司，1987：193-210. 不過，那種認為華人控制當地經濟 (如印度尼西亞、泰國、菲律賓等國) 的 70%以上的觀點是難以成立的；同時，如前所述，即使是華人經濟獲得了較大的發展，也是一件對所在國國民經濟發展有利的事情。因此，在實

際生活中，只要當地政府和原住民認識到這點，由於華人在經濟上一定的優越地位而引發的種族矛盾也會有所緩解。

[42] 黃昆章．戰後印度尼西亞華人社會的演變 [J]. 華僑華人歷史研究，1989(1)：1-10. 余英時認為，「從事實上説，無論我們多麼想擺脱原有的文化影響，離開我們的根，都是很難成功」。同時，「要求保留純粹的中國文化是不實際的，應該只吸取中西文化的精華，從中再創造出自己的獨特文化來」。(余英時．誰都無法擺脱原有文化的影響 [J]. 亞洲文化，1985(6)).

[43] [新加坡]《聯合早報》，1991-02-18。

[44] 杜維明先生認為：「儒家傳統在工業東亞的五個地區日本、韓國、臺灣、香港和新加坡發揮了導引和調節的作用。儒家傳統所體現的勤勞、沉毅、堅忍及勇猛精進的優點更是不可或缺的精神資源。」杜維明．儒家第三期發展的前景問題 (上、中、下)[J]. 明報月刊，1986：(1-3). 同類論述還可參見黃光國．儒家思想與東亞現代化 [M]. 臺北：巨流圖書公司，1988.

[45] 近些年來有關中華傳統文化的現代化問題爭論較多，海外的「新儒學」思潮更引人注目。可參考：林毓生．中國傳統文化的創造性轉化 [M]. 北京：生活·讀書·新知三聯書店，1989.

[46] 杜維明著，高專城譯．新加坡的挑戰：新儒家倫理與企業精神 [M]. 北京：生活·讀書·新知三聯書店， 1989：28-29.

[47] 在新加坡之外，菲律賓華人提出了以作為第二語言的華校華語教學為「華語的教育革命」的大膽設想。參見 [菲]《華文教育》第 1 卷第 1 ～ 4 期。這種華校華語教育體制一旦形成，將會導致當地華人社會文化觀念的大變化。

[48] 此文在香港、大陸一些雜誌上轉載，如 [泰] 江白潮．泰國華僑華人現狀 [J]. 汕頭大學學報，1989 (1)：98-108.

[49] [泰] 江白潮．論泰國華僑社會非實際存在 [J]. 東南亞，1990(1)：25-29.

[50] 王偉民．論泰國華人社會實質性存在 [J]. 東南亞研究，1990(4)：45-51.

[51] 盧海斌．華僑華人社會是否存在 [J]. 僑務工作研究，1991(1)：31-33.

[52] 《孝經·緯》。

[53] ② 中共中央馬克思恩格斯列寧斯大林著作編譯局．馬克思恩格斯選集 (卷 2) [M]. 北京：人民出版社，1972：82.

[54] 中共中央馬克思恩格斯列寧斯大林著作編譯局．馬克思恩格斯選集 (卷 2) [M]. 北京：人民出版社，1972：82.

[55] 盧海斌．華僑華人社會是否存在 [J]. 僑務工作研究，1991(1)：31-33.

[56] [南斯拉夫] 斯·布里舍裡奇．社會學原理 [M]. 北京：東方出版社，1986：130.

[57] 施振民．菲律賓華人文化的持續 // 李亦園，郭振羽主編．東南亞華人社會研究 (上)[M]. 臺北：正中書局，1985：164.

[58] 自為．華人社會性質初探 //《世界日報》「華人天地」編輯部編．菲律賓華人問題文集 [C]，1985：32.

[59] 乘加．海外華人社團的新動向 [J]. 華人，1990(4).

[60] 黃昆章．戰後印度尼西亞華人社會的演變、戰後海外華人變化 [M]. 北京：中國華僑出版公司，1990：180.

[61] 參見黃煥宗、桂光華．淺談有關東南亞民族的形成和發展問題 [J]. 南洋問題，1986(4)：7-17// 試論東南亞各國「現代華族」的形成與發展 [J]. 華僑華人歷史研究，1989(3)：38-42.

[62] 陳碧笙．華僑問題的實質 [J]. 南洋問題，1986(4)：38-40.

[63] 陳碧笙．世界華僑華人簡史 [M]. 廈門：廈門大學出版社，1991：170；一說為 150 萬人。

[64] 林其錟．「五緣」文化與未來的挑戰 // 僑務工作研究論文集 (1)；論文化認同與華人社會 [J]. 華僑華人歷史研究，1992(2)：16.

[65] 姜永興．從民族學研究世界最大的跨境民族——華人 [J]. 東南亞研究，1990(4)：23-24.

[66] 陳碧笙．世界華僑華人簡史 [M]. 廈門：廈門大學出版社，1991：5.

[67] [泰] 江白潮．二十世紀泰國華僑人口初探 [J]. 東南亞，1992(4). 他認為，泰國華族雖然身上有 100％的華人傳統，但「已不再具有華族的名稱，而是泰族的一分子」。

[68] 周南京．世界華僑華人詞典 [M]. 北京：北京大學出版社，1992：253.

[69]《唐人街外的華人：南佛羅里達的一個華人社區》(Chinese Outside of Chinatown：A Chinese Community in Southeast Florida，Chinese America：History and Perspectives，1991)。

[70] 參見：華菲混血兒與菲律賓民族的形成．菲律賓華裔青年聯合會，1989.

[71] 王賡武．東南亞與華人 [M]. 北京：中國友誼出版公司，1992：193-225.

[72] 宋李瑞芳．美國華人的歷史與現狀 [M]. 北京：商務印書館，1984：109.

[73] 陳依範．美國華人 [M]. 北京：工人出版社，1984：311.

[74] 吳景超．唐人街：共生與同化 [M]. 天津：天津人民出版社，1991：第 8 章．

[75] 美國的唐人街被稱為一個「模範的少數民族社區」。不過，有的學者對此提出異議。參見鄺治中．新唐人街 [M]. 北京：中華書局，1989：54-81.

[76] 美國國情普查局 1980 年的統計，李春輝等編．美洲華僑華人史 [M]. 北京：東方出版社，1990：329.

[77] 中華經濟研究院．華僑經濟年鑑 (1996)[M]. 臺北：臺灣僑務委員會，1997.

[78] 一九九六年 2 月江門市僑辦提供。移民途徑為親屬團聚、勞動就業、港澳定居、旅遊探親或留學後轉定居；主要成分為農民、工人、幹部、個體戶、學生等；依據 103 個國家，其中美國 74,165 人，加拿大 31,320 人，澳大利亞 4,323 人，哥倫比亞 2,140 人，委內瑞拉 6,050 人，其他國家和地區 12,468 人。

[79] 1978——一九九五年間，中國出國留學學生有 25 萬人，分布在 103 個國家和地區。已學成回國的約 8 萬人，其餘留居當地。一九九五年，留學生、

語言生、學成未歸人員及其家屬，共約 40 萬人。

[80] 抽樣調查表明，留美部分學人滯留不歸的原因，從美國角度來看主要有：政治學術上的自由 (35.5 %)，較多的工作流動性、選擇性和機會 (20.5%)，較高的生活水準 (16%)，較好的工作環境 (13%)，知識更新和訊息社會的吸引 (11.5%)，簡單的人際關係 (3.5%)，其他 (1%)。參見《華聲月報》，一九九六年 9 月，71 頁。

[81] 《光明日報》，1995-07-28。

[82] 即史丹佛大學常瑞華教授，1978 年隨家人赴美，加州伯克利大學電機博士；密歇根大學倪軍副教授，上海交通大學畢業，1982 年赴美，威斯康星州製造工程博士；紐約大學張增輝，華東師大畢業，1982 年赴美，休士頓大學化學物理博士；德拉瓦大學嚴曉海，中科院上海技術物理研究所畢業，1985 年赴美，紐約州立大學博士。

[83] 如一九九五年長樂市僑匯有 3 億美元。

第二篇
僑務理論與外交

試論孫中山的華僑觀

一、問題的提出

在孫中山（一八六六到一九二五）領導的國民革命鬥爭中，華僑所起的重要作用已為眾人所認知。然而，在海內外有關孫中山或中國國民革命的研究中，對華僑的貢獻及其認識的問題仍有種種不足。近些年來，有關孫中山與華僑或華僑與中國國民革命的資料整理與研究取得了明顯的成績，但仍存在一個未形成系統認識的問題，即孫中山的華僑觀問題。

孫中山究竟是如何看待華僑的呢？他是如何評價華僑對中國革命的貢獻的呢？「華僑是革命之母」的內涵又是什麼？孫中山的華僑觀的形成與影響怎樣，等等，都是值得探討的向題。本文擬對此作一初步的分析，以求正於方家。

二、孫中山華僑觀的主要內涵

從孫中山一生的革命實踐來看，他始終沒有也沒能離開華僑。他對華僑的感情是至為深厚的。總體來看，孫中山的華僑觀包括這樣一些內容：

（一）華僑是中華民族不可分割的一部分

近代是海外華僑大量生成的時代。他們的歷史是一部苦難史，是一部艱苦創業史，是一部與中國休戚與共的歷史。孫中山所處的時代、所成長的家庭、所經歷的風雲，無疑會給他這些認識。

一八七八年，年僅十二歲的孫中山隨母親第一次離開家鄉，遠赴檀香山。他在大哥孫眉所開店中當過店員，後入意奧蘭尼書院、奧阿厚書院讀書。一八三三年回國，次年十一月再赴檀香山做事。可以這樣認為，孫眉及其周圍中國人的經歷已經給了孫中山什麼是華僑的印象。這些遠在異鄉謀生的華僑就是道道地地的中國人，是自己的同胞血肉，是與自己一樣關心著中國所發生的一切的人。

一八九四年，當他第三次來到檀香山時，華僑就成了他進行反清鬥爭的重要依靠力量。十一月，興中會宣告成立，喊出了「振興中華」的響亮口號，宣誓「驅除韃虜，恢復中華，創立合眾政府」。《興中會章程》云：「為了振興中華，維持國體」、「茲特聯絡中外華人，創興是會，以申民志，而扶國宗」。在此，「中外華人」實際上就是海內外中國人。他說，創立興中會也在於「欲糾合海外華僑以收臂助」[1]。在《倫敦蒙難記》（一八九七）中，孫中山說：「予生平每經一地，如日本，如檀香山，如美利堅，與華僑相晉接，覺其中之聰明而有識者，殆無一不抱有維新之志願，深望母國能革除專制，而創行代議政體也。」

正因如此，華僑就應當也有可能被動員加入到反清、創立民國的鬥爭洪流中去。而革命成功後，新的政權也應當保護華僑的正當合法權益，吸收華僑參與國家的建設和管理。

（二）華僑是取得革命成功的關鍵性力量之一

孫中山說過「華僑是革命之母」，對華僑之於辛亥革命的貢獻作了高度評價。有人認為，「此蓋仁人肺腑之言，不忘根本之語，並非過譽也」[2]。或認為，這一形象化的語言是用來表達「他（孫中山）的革命活動是從華僑裡面開始，革命團體的第一批成員和最早的贊助人就是華僑，華僑在革命活動中建立了輝煌的功績，對於促進辛亥革命起了很大的作用」[3]。從大量的歷史事實來看，說華僑是孫中山取得革命勝利的關鍵性力量之一，這一點也不過分。

一九二三年，孫中山談道：「華僑的思想開通較早，明白本黨（指中國國民黨）的主義在先，所以他們的革命也是在先，每次起革命都是得海外同志的力量。」[4] 孫中山革命的目標在國內，但他所依賴的力量很重要的一部分則來自海外，這包括革命力量的組織，海外華僑人力、物力和財力上的支持，以及革命輿論的影響。在發動武裝起義時，他多次強調經費問題關係到

「事之成敗，功之遲速」。後來，孫中山在對此次推翻帝制、建立民國進行總結時指出，「各埠華僑，既捐巨資以為軍餉，而回國效命決死，以為黨軍模範者，復經相接，其堅忍勇往之忱，誠不可得也」[5]。又云：「慷慨助餉，多為華僑；熱心宣傳，多為學界；衝鋒破敵，則在新軍與會黨。」[6]

（三）組織、宣傳、動員華僑力量，為革命事業服務

孫中山認為，華僑的力量是潛在的，必須用力進行組織和宣傳，才能把這種潛在的力量變成一種現實。為此，他十分重視這樣幾方面的工作：

1. 在華僑中建立革命組織

興中會最初實際上是一個以華僑為中堅力量的組織。最初入會的二十餘人均為華僑；一八九五年，在來歷清楚的兩百七十九名會員中，有華僑兩百一十九人，占總數的百分之七十八，其中華僑資產階級占百分之四十八。在香港成立興中會總會後，相繼在日本橫濱（一八九五年）、美國舊金山（一八九六年）、越南河內（一九〇二年）等地成立興中會。

一九〇五年，中國同盟會在日本東京成立，以「驅除韃虜，恢復中華，創立民國，平均地權」為宗旨，使革命進入一個新的階段。為了迅速迎來革命的高潮，孫中山首先做的一件事就是派同志或親自前往海外建立分會。初，同盟會決定在新加坡、布魯塞爾、檀香山、舊金山等地建立南洋、歐洲、美洲、檀島四個支部。至一九〇八年，南洋英屬殖民地有同盟會分會和通訊處一百餘個。一九一〇年，美洲支部成立後，僅美洲西部就有十五個分會。「凡有華僑所到之處，幾莫不有同盟會會員之足跡。」孫中山親自指導成立的同盟會分會就有越南西貢同盟會（一九〇五年）、新加坡同盟會（一九〇六年）、檳榔嶼同盟會（一九〇六年）、美洲三藩市中國同盟會總會（一九一〇年）等，一九〇八年，在新加坡設立的同盟會南洋支部以及美洲同盟會總會，對於統領南洋、美洲各地同盟會的力量有十分重要的作用。

一九一四年，孫中山在日本成立中華革命黨，旨在重新聚合革命力量，正本清源，實現真正的「三民主義」。是時，「一致擁護孫總理主張，貫徹孫總理意旨，而為中華革命黨後盾者，仍為海外華僑」[7]。

孫中山幫助改組美洲致公堂，使原本具有濃厚會黨色彩的組織成了支持革命的重要力量，更體現了他視組織為革命發動之由的戰略眼光。一九〇四年，孫中山在檀香山加入了致公堂，接受「洪棍」（元帥）之職；在舊金山與致公堂大佬黃三德對全美會員進行總注冊，重訂致公堂章程，以革命理想為該堂之奮鬥目標。孫中山此舉實為「聯絡同志、厚植勢力計」[8]，美洲華僑有十之七八入致公堂門下。一九一一年五月，孫中山更號召美洲同盟會會員一律加入致公堂，「以成大群，合大力，而共圖光復之大業」[9]。

2. 在華僑中進行革命宣傳

華僑居於海外，雖對清朝腐敗政治十分痛恨，但要起來革命造反則顧慮重重。早期接受革命思想的華僑仍屬少數，多數人仍持不問政治、專心謀生的觀念。因此，要讓華僑覺醒，支持革命，進而加入到鬥爭的行列中去，大力進行宣傳是最重要的事。在海外華僑中進行革命宣傳，提高華僑對革命的認識，是革命能否取得成功的關鍵性一環。

為此，孫中山一是推動建立宣傳陣地，包括創辦報刊、閱書報社。在孫中山進行的革命鬥爭中，面臨著一個頑固的敵人，那就是保皇黨勢力。到一九〇三年，保皇會在海外的勢力極為膨脹，僅在美洲就設立了十一個總部和八十六個支會。保皇黨「為虎作倀，其反對革命，反對共和，比之清廷為尤甚」[10]。為此，孫中山先後指派陳少白、秦力山、沈翔雲、陳天華、劉成禺等在新加坡、檀香山、舊金山、日本、緬甸、香港等地創辦、改組或支持《國民報》、《檀山新報》以及《民報》、《中興日報》、《光華日報》等開展革命宣傳，反擊保皇派的囂張氣焰。孫中山認為：「非將此毒剷除，斷不能做事。」[11] 一九〇三年，孫中山在檀香山發表了《敬告同鄉書》、《駁保皇報》等文，揭露了保皇黨的真面目，使革命派勢力壓到了保皇派，使華僑明辨了是非。

二是注意宣傳的藝術，以一種堅忍不拔的布道精神去啟迪華僑的民族感，喚醒華僑的革命熱情。孫中山是一個天才的宣傳家。哪兒有他的身影，哪兒就有他的聲音。他以其偉人的品格、事業的力量去感染周圍的每一個人。一八九六年，他初到美國舊金山、紐約等地，「沿途所過多處，或留數日，或十數日。所至皆說以中國危亡，清政腐敗，非從民族根本改革無以救亡，而改革之任人人有責。然而勸者諄諄，聽者終歸藐藐，其歡迎革命主義者，每埠不過數人或十餘人而已」[12]。次年他到日本時，這裡有華僑萬餘人，「然其風氣之錮塞、聞革命而生畏者，則與他處華僑無異」[13]。一九一〇年，孫中山來到美國芝加哥進行革命宣傳時，「不少商店僑胞，眼看孫中山行將走來，立即關起店門，給孫中山一個閉門羹」，但他並不以為怪。相反，針對有人看不起華僑中下層，他說，華僑下層的力量「是不可輕視的，泥土下面，我們往往可以找到寶貝啊」[14]。「總理抱著宗教家傳教的熱忱毅力，不斷宣傳，由說服一二人而至百數十人，積土為丘，一點一滴做起」，全在「愛同族之心深，所以冒萬險而絕無退志也」。[15]

3. 直接動員華僑捐資輸餉，支援革命

孫中山在華僑中進行組織和宣傳，其主要目的是為了使華僑在物力、財力和人力上支持他所領導的革命事業。海外革命組織的一個重要任務是籌備款項。孫中山常常親自前往華埠募款。他說，在同盟會成立之前，出資資助義軍的，主要是「親友中之少數人耳，此外無人敢助，也無人肯助也」。此後，革命之風日盛，華僑之思想已開，向外捐資響應者眾。華僑捐資革命成了最感人的一章。

一九〇九年，孫中山在給緬甸同盟會負責人莊銀安的信中說道：「吾人不能乘時而起者，只以財政難題，無從解決。故每每坐失良機，殊堪痛惜！」[16] 他甚至強調：「今日之急，以在外洋運動款項為第一要義。」[17] 面對華僑的無私捐助，孫中山激動地說，海外華僑「捐助軍餉者，絡繹不絕，共和前途，實嘉賴之」[18]。

據計，一九一一年前，十次武裝起義的經費主要是海外華僑的資助[19]。

（四）保護華僑的正當合法權益，鼓勵華僑為國家建設與發展作出貢獻

一九一一年革命取得成功，民國肇造，孫中山沒有忘記海外華僑所作出的無私奉獻、巨大犧牲。他講到，現在民國已經建立，中國各族人民宣告擺

脫了清朝專制的統治，然而，我僑民「散居各島」，仍屢被「外人淩辱」，「尤可痛者，失教同胞，艱於生計，乃有奸徒，誘以甘言，轉販外人，牛馬同視，終年勞動，不得一飽，毫無半點人權」，如此情形，我們「何忍僑民向隅，不為援手？」，「亟應拯救，以尊重人權，保全國體」[20]。在旋即頒布的一系列政策、法規中，對華僑的權益作了多方面的保護。如：

（1）嚴禁販賣「豬仔」，開闢正常的出國管道。諸如《令內務部禁止買賣人口文》、《令外交部妥籌禁絕販賣「豬仔」及保護華僑辦法文》、《令廣東都督嚴禁販賣「豬仔」文》等。

（2）保護華僑的政治、經濟等方面的權益。一九二三年，孫中山下令廣東革命政府組建僑務局。到一九二四年，他關心並簽署頒布了《僑務局章程》共十五條，《僑務局經理華僑注冊簡章》共五條，《內政部僑務局保護僑民專章》共二十條，對於如何保護「僑民」（當時指中國旅居外國者及回國者）權益作了具體的規定。一九二三年七月，南洋砂撈越煤油礦華工因爭議求警署主持公道，反遭槍殺，死十二人，重傷四十餘人。此案引起孫中山的高度重視。他令內政部僑務局和外交部向殖民當局政府提出強硬的抗議，要求立即「依法撫卹懲凶，以慰僑望而警凶橫」。結果，兇手受懲，平息了民憤。

（3）鼓勵華僑回國興辦實業和公益事業，相關部門予以「指導和扶助」。他曾下令要求實業部等制定條例，獎勵在興辦實業中有貢獻的華僑，保護華僑在投資中的各項權益。

（4）在政府機構中委任華僑官員，讓華僑參加國家事務的管理。如民國臨時政府參議院中有華僑參議員六名。在僑務局中聘請僑務參議人員，多為「回國及居留海外華僑熱心國事著有勞績者」[21]。

由此可見，孫中山的華僑觀具有十分豐富的內容，是一個比較完整的思想體系。但其中心內容在於，海外華僑是我同胞，要調動他們的力量為推翻專制政體，建立三民主義國家服務；民國為民眾之國家，為「五族（漢、滿、蒙古、回、藏）共和」之國家，理應保護華僑權益，扶持華僑事業的發展。

三、孫中山華僑觀的形成與發展

孫中山的華僑觀有一個發展過程，可以一九一一年為界分為前後兩個時期。

前期，孫中山的華僑觀逐漸形成，動員、聚合華僑力量為自己的革命事業服務是其主要內容。這種華僑觀在一定程度上具有功利主義的色彩。

孫中山的家鄉廣東香山是有名的僑鄉，許多人漂洋謀生。他的哥哥孫眉於一八七一年遠赴檀香山，從一個菜園工人到經營商店和牧場，發展為聞名遐邇的「茂宜王」，不出五六年時間。從哥哥的成功中他受到很大的啟發，因為不僅他家由此擺脫了貧窮，他自己的觀念及學習機遇也因之有了新的轉變。「初，孫公在鄉間，見鄉人由廣州、香港、澳門、金門、檀香山而回者，經濟豐裕，並談洋務，故有出洋之志。」[22]一八七八年，他初涉大洋，「始見輪舟之奇，滄海之闊，自是有慕西學之心，窮天地之想」[23]。少年孫中山親身感受到了華僑的喜怒哀樂和人生價值，看到了華僑社會的問題及潛力。檀香山華僑為孫中山認識海外華僑提供了一個模範。

一八九四年，孫中山再赴檀香山時，已不再是去求學，而是去聯絡華僑，在華僑中宣講革命思想。多數華僑對他並不理解，且視為「作亂謀反言論」，深恐「破家滅族」，即或親友故舊，也常「奔避不遑」，認為他的主張幾乎等同說夢。孫中山後來說這是「風氣未開，人心錮塞」。然而興中會的成立樹立了他的信心，它證明只要不懈地進行宣傳，華僑是會慢慢接受他的革命思想的。興中會的入會誓詞為：「聯盟人某省某縣人某某，驅除韃虜，恢復中國，創立合眾政府。」[24]華僑完全按照中國鄉籍劃分入會。同時，他還對曾長福等人說，「旅檀華僑子弟日眾，應設學堂以教育之」[25]。可見，孫中山已認識到華僑子弟的華文教育問題的重要性。

一八九五年廣州起義失敗，孫中山東渡日本，此後以至一九一一年辛亥革命勝利，他一直流亡在海外，生活在華僑之中。無疑，沒有華僑的支持，孫中山是不可能將革命步步引向勝利的。一八九六年，他到舊金山、芝加哥、紐約等地聯絡華僑，終因風氣未開，收效不大。於是，轉往歐洲。其間雖然在理論知識上收穫很大，但看到「歐洲尚無留學生，又鮮華僑，雖欲為革命之鼓吹，其道無由」[26]。即決定離英赴日。次年，他由倫敦啟程，經加拿大的滿地哥、溫哥華、南尼亞木、域多利等地到達日本。

一九〇〇年，孫中山策動惠州起義。雖然失敗，但廣大群眾包括海外華僑都十分關心，給予同情。孫中山說：「前後相較，差若天淵。吾人睹此情形，中心快慰，不可言狀。」[27] 一九〇〇到一九〇四年間，他歷盡艱辛，穿梭於亞、歐、美洲各地，宣傳非革命不能救亡的道理，聯合華僑各個方面力量，使革命的道理在海外獲得了許多華僑的認同。他說：「我們在海外的工作，主要是宣傳革命，籌備軍餉。」[28]

一九〇五年，中國同盟會在東京成立。後來，孫中山欣喜地談道，「自中國同盟會成立之後，予之希望則為之開一新紀元」，「吾始信革命大業可及身而成矣」[29]。據對一九〇五到一九〇七年間出身可考的三百七十九名同盟會成員統計，其中留學生、華僑等有三百五十餘人，占總數的百分之九十以上。廖仲愷按照孫中山的指示，與何香凝等在海外華僑中宣傳反清革命，與保皇派進行了堅決的鬥爭。孫中山則率胡漢民等赴南洋進行革命活動。

一九〇五到一九一〇年間，孫中山在海外的活動主要是宣傳與籌款。他把能否籌得款項視為起義成敗的關鍵。同盟會成立之後，「始有向外籌資之舉」[30]。一九一〇年新軍起義失敗，許多人情緒低落。孫中山在庇能（即馬來西亞檳榔嶼）召開同盟會骨幹會議，指出，「當前革命風潮已盛，華僑之思想已開」，只要做好充分準備，革命一定會勝利的。為此，會議決定在海外華僑中籌集巨款，集中全黨人力，破釜沉舟，在廣州發動一次更大的起義。這就是「驚天地、泣鬼神」的一九一一年廣州黃花崗起義。

黃花崗起義再次受挫，孫中山認為「革命尚可為也」，即向旅美革命黨人指示，要盡快行動，繼續起義。一九一一年六月，他到了舊金山，籌募資金。為了整合美國華僑力量，他號召美洲同盟會會員一律加入洪門，實行與致公堂的聯合，並在舊金山成立洪門籌餉局，籌資支持革命。十月，武昌起義成功。十二月，孫中山回到上海，出任中華民國臨時政府臨時大總統，從而揭開了他革命生涯的新的一章。一九一六年，孫中山在上海歡迎從軍華僑的大會上說：「前時帝制之破壞，華僑實為最大之力。」[31]

後期是孫中山華僑觀的實踐時期。他用自己的實際行動兌現了從前對華僑許下的諾言。在他任總統的短短三個月裡，就頒布了保護華僑、嚴禁販賣華工以及獎勵華僑在國內投資等規定。然而，辛亥革命的勝利果實為袁世凱所竊奪。

一九一三年反袁的「二次革命」失敗，一些亡命海外的革命黨人十分失落。孫中山在函告南洋革命黨人時說：「既不可以失敗而灰心，也不能以困難而縮步。精神貫注，猛力向前，應乎世界之潮流，合乎善惡消長之天理，則終有最後成功之一日。」[32] 一九一四年，孫中山再次在海外組織革命團體——中華革命黨，自任總理。革命黨直接參加了反對袁世凱復辟帝制的「護國運動」。「是時其猶能保持本黨（指國民黨）原有之革命精神者，厥為海外華僑黨員也。猶能始終一致擁護孫總理領導，貫徹孫總理革命方略主張者，也為吾海外華僑黨員也。」[33]「然其時之黨務，實以海外華僑為基礎。黨部向國內活動之經費來源，則又全賴華僑同志之不斷支持。」[34]

一九一六年，袁世凱帶著他的帝制美夢進了歷史的垃圾堆。

為了鞏固革命成果，完成中國統一大業，孫中山仍然殷切希望海外華僑一如既往予以支持。一九二一年，他在給海外同志的信中談道：「文終日焦慮，冀我海外同志，念前敵之艱苦，中國之阽危，勃然有作，踴躍輸將。」[35]「討逆之檄告朝傳，助義之餉糧夕集。」[36] 這是對孫中山最好的安慰！

北洋時期，軍閥混戰，國無寧日。孫中山感嘆道：「吾國之大患，莫大於武人之爭雄。南與北如一丘之貉。」[37] 他領導了一九一七到一九一八年的護法運動。他發現，至今仍是「革命主義未行，革命目的未達，僅有民國之名，而無民國之實」[38]。正如一九二五年孫中山在遺囑中所云：「余致力國民革命，凡四十年，其目的在求中國之自由平等。積四十年之經驗，深知欲達到此目的，必須喚醒民眾，及聯合世界上被壓迫之民族，共同奮鬥。」

據加拿大興中會會員、孫中山上校副官馬坤回憶：「中山先生是一個十分仁慈的人，他熱愛人民。我記得在廣州的時候，凡有華僑來看他，他總是抽暇同他們長談，問起他們家庭的情況，打聽其他同志的消息，使大家感到十分親切。」[39]

在他看來，只有建立一個獨立、強盛的新中國，才能讓海內外的中國人享有真正的自由、民主和平等。華僑的命運是與中國的命運、中華民族的命運聯繫在一起的。

四、孫中山華僑觀的作用和地位

孫中山的華僑觀對於他所領導的民主主義革命事業，產生了很大的影響。

首先，孫中山的華僑觀與它的革命事業緊密相連，具有超凡的感染力和鼓動性。

孫中山對華僑有著深切的了解，他目睹乃至體驗了華僑在海外的不平等待遇和苦難遭遇，對華僑寄予了深深的同情。他希望能改善華僑的政治地位，使華僑無論在哪裡都能堂堂正正、挺直脊梁做人，使他們擁有一個強大的靠山。他也看到了華僑所蘊藏的巨大力量，人力、物力和財力上的。把華僑的力量與推翻滿清王朝封建專制統治、建立資產階級民主共和國相聯繫，這樣才能使革命的團隊和物質力量得以充實和壯大，革命才有望取得成功；也只有這樣才能真正解決海外華僑的問題，給華僑創造一個光明的前景。

孫中山說：「吾黨人以華僑為多。試問何以有華僑？則因內地生活不足，乃謀生活於海外。就香港出口計之，前二十年每年往南洋者，多至四十五萬人，現在必有加而無減。此等出外謀生者，多由他人借給船費，就是賣身為『豬仔』。落船後已覺不快，登岸後更不快，至派往園口礦山做工後，更覺痛苦非常。詢其何以來此受苦，則言內地生路已絕。以每年四十萬出口計之，回國的不足四萬，是十人有九人死於海外，並骸骨也不能回國。此等人是最苦的。幸遇有親友，以資贖回，救出苦海；然贖不勝贖，且所救者只一二人。我革命黨人救人，則謀全數救之，不但華僑，且及全國。」[40]

為什麼海外華僑對孫中山所領導的革命事業給予了如此巨大的支持？原

因不在於別的，恰恰在於孫中山的事業是一個偉大的事業，在於這種事業力量和孫中山人格力量的鼓舞。康梁保皇派可以迷惑一部分人於一時，但最終是會被戳穿。一九〇九年，章炳麟和陶成章等人對孫中山進行謾咒與攻擊，誣指孫中山「吞蝕華僑巨款」、「謊騙營私」，在日本、南洋等地造成了很壞的影響。但當南洋的革命黨人調查了孫中山的經濟狀況後發現，孫中山在九龍的家，除幾間破舊的屋子外，別無所有，孫眉竟是自己蓋了草房在種地，謠言不攻自破。相反，孫中山更加得到華僑的信任。許多聽過孫中山演講的華僑都為他的魅力所折服，或認為「如聽如來說法」[41]。

當然要看到，海外華僑並不是鐵板一塊，對於革命的態度也不一樣。追隨孫中山在南洋從事多年革命活動的胡漢民曾經指出，南洋「華僑中最熱心革命的分子不是大資本家。中等階級的人總算能夠接受革命。小商人和一般工人都是熱心革命的分子」[42]。

其次，孫中山的華僑觀是他的革命思想和「三民主義」的重要體現。

一方面，孫中山把對華僑的認識納入了對中國革命的總體認識之中；另一方面，他把「三民主義」也作為華僑的理想。他認為，「三民主義係促進中國之國際地位平等、政治地位平等、經濟地位平等，使中國永久適存於世界」。[43]

「民族主義」是孫中山革命理論的核心。他認為，要海外華僑支持革命，先要喚醒華僑的民族主義意識。「所有反對革命很厲害的言論，都是反對民族主義的。」起初，「歡迎保皇黨的人，多是海外華僑。後遇革命思想盛行之時，那些華僑才漸漸變更宗旨，來贊成革命。華僑在海外的會黨極多，有洪門三合會，即致公堂。他們原來的宗旨，本是反清復明，抱有種族主義的；因為保皇主義流行到海外以後，他們就歸化了保皇黨，專想保護大清皇室的安全」[44]。因此，必須恢復民族主義。他說，辦法有兩種，一是要讓大家知道我們現在所處的地位；二是要善於運用固有的團體，連繫起來，結成一個大國族團體，共同去奮鬥。

不過，最初，他的民族主義具有濃厚的排滿色彩，如《敬告同鄉書》

（一九〇三）等文章，一再稱「革命者志在撲滿而興漢」，滿洲為「東北一遊牧之野番賤種」、「滿漢之不容」等，而這種排滿則帶有狹隘的大漢族主義色彩。溫雄飛在回憶孫中山對檀香山《自由新報》的辦報方針時說，「孫先生曾指示要專在漢滿對立上面立論」[45]。孫中山認為：「寫給華僑看的文章不必多談理論，要談滿清侵略我們、壓迫我們的事實就行了，華僑程度淺，多談理論是沒有用的。」、「只有多講民族問題，華僑才易接受。」[46]後來，他的民族主義思想修正了這種片面性，其中「國族」觀念的形成就說明了這一點。

「民權主義」與「民生主義」是革命的一種理想，是他的國家建設理論的基本出發點。他所追求的是一個「民有、民治、民享」的國家。毫無例外，華僑也享有公民的種種權利。

再次，孫中山的華僑觀推動海外華僑社會進入了一個新的發展階段。

孫中山的華僑觀不僅是他本人的思想，而且代表了革命黨的立場和觀點。因而它直接影響到華僑社會的發展。這表現在華僑民族主義的興起和高漲暫時取代了那種狹隘的宗鄉觀念，華僑關注國家和民族的命運使華僑的形象更加豐滿和可敬。華僑社會有了空前的團結，出現了跨行業、跨地域、跨血親的聯合組織和行動。由此產生的積極影響隨著時間的推移而愈益明晰。華僑愛國成了一種優秀的傳統。華僑之於辛亥革命的突出貢獻被稱為「第一次愛國高潮」。

最後，華僑的革命熱情與奉獻精神也給了孫中山以巨大的鼓舞。

一九一一年發動革命後，孫中山擬回國領導革命，苦於無資，無法就道。美洲洪門致公堂變售產業集十五萬美元以贈，始克成行。孫中山回到南京對他的同志講：「我這次帶回了華僑的巨額捐獻，對革命固有幫助，但最主要的東西還是我這次從華僑同胞方面帶回的革命精神。」[47]陳嘉庚在《追憶孫中山》一文中說：「當時海外華僑對於孫先生領導的革命賦予了極大的同情和期望。新加坡華僑中有小刀會等組織，都是反對清朝，擁護孫中山先生的。孫先生看到華僑對革命的支持後很感動，他說華僑是革命之母，而且不止說了一次。」[48]孫中山說，華僑「不圖絲粟之利，不慕尺寸之地」，

「一團熱誠，只為救國」。在黃花崗起義七十二烈士中，華僑占二十九人，每位華僑烈士都是一座不朽的豐碑。孫中山讚揚道：「是役也，碧血橫飛，浩氣四塞，草木為之含悲，風雲因而變色」、「斯役之價值，直可驚天地，泣鬼神，與武昌革命之役並壽」[49]。

眾所周知，晚清政府也曾有過「護僑」舉動，但華僑在清朝是沒有地位可言，華僑仍然游離於中國的命運之外。只有到了辛亥革命時期，華僑才感到了自己的真正價值，孫中山在革命過程中和建立民國之後的華僑觀實踐，使華僑與中國息息相關，華僑的權益與尊嚴得到了法的保護。

可見，孫中山的華僑觀不僅有力地促進了他所領導的革命事業，而且有力地推動了海外華僑的生存和發展。

五、幾點認識

透過對孫中山華僑觀的考察，我們可以得出如下幾點認識：

（1）孫中山的華僑觀基本上是進步、積極的。

（2）孫中山的華僑觀是他的革命思想的系統組成部分。

（3）孫中山的華僑觀無論對於他所領導的革命事業，還是對於華僑社會的覺醒都造成了積極作用。

（4）華僑的前途和命運是與中國的強盛連繫在一起。

當然，由於歷史的局限，孫中山的華僑觀也存在一些不足。實際上，由於國民革命的不徹底，內憂外患交織，孫中山的華僑觀並未得到充分的實踐，他的許多旨在改善華僑地位、保護華僑權益、促進華僑參與中國建設的構想未能付諸實施。

近現代華僑的歷史是一部在海外披荊斬棘、艱難奮鬥、創業發展的歷史，是一部與當地人民友好交往、為當地經濟發展和社會進步作出貢獻的歷史，是一部對中國革命和建設無私奉獻的愛國的歷史。歷史在發展，時代在進步，今天的海外華僑在異域謀求更好發展的同時，仍然關注著中國的命運，因為中國只有走向富強，才能立於世界民族不敗之林，才能給華僑帶來最大的利益。這是海外華僑的希望，也是對孫中山先生的最好紀念。

（原載《華僑華人歷史研究》）

毛澤東外交戰略思想的歷史意蘊與當代價值

《毛澤東外交文選》收錄了一九三七年七月至一九七四年五月，毛澤東關於外交的文章、講話、談話、批示等，集中反映了毛澤東豐富多彩的外交戰略思想及其主要特點。筆者以為，在當前複雜多變的國際新形勢下，毛澤東的外交戰略思想對如何處理好與其他國家的關係仍有一定的啟發和指導意義。

一、毛澤東外交戰略思想的歷史意蘊

（一）獨立自主：毛澤東外交戰略思想的靈魂

為實現民族獨立和國家富強，毛澤東強調，在任何時候都應堅持自力更生為主、爭取外援為輔的原則。

抗戰時期，毛澤東提出，要在徹底打敗日本侵略者、維護世界和平、互相尊重國家主權、互相增進國家和人民友誼的基礎上，同各國建立並鞏固邦交。要緊密聯合蘇聯以幫助中國抗日，爭取英、美、法等國同情我們抗日，「戰勝日寇主要依靠自己的力量；但外援是不可少的」[50]。

「中國必須獨立，中國必須解放，中國的事情必須由中國人民自己作主張，自己來處理，不容許任何帝國主義國家再有一絲一毫的干涉。」[52] 這三個「必須」表明了中國政府和人民堅決捍衛國家主權和民族獨立的基本立場。正如毛澤東在天安門城樓莊嚴地向全世界宣告的那樣：「中國人民從此站起來了！」一個「站」字正是毛澤東外交風骨的貼切寫照。只有在經歷了屢遭西方列強侵略的屈辱歷史，經歷了為民族獨立進行長期不懈的鬥爭後，我們才會真正理解「站起來了」所具有的劃時代意義。之所以採取了「一邊倒」的外交政策，是因為當時特定的歷史環境所決定的。毛澤東不同意走中間路線，在美蘇之間做橋梁得益，他認為中國長期受帝國主義壓迫，幻想美英會幫助我們，「這是不會的」[53]。當然，毛澤東也明確指出，蘇中不是老子和兒子的關係，「一邊倒是平等的」。如果蘇聯要想從中國得到特殊利益，「要講政治條件，連半個指頭都不行」[54][55][56]。

（二）和平共處：毛澤東外交戰略思想的基本方針

毛澤東認為：「不論大國小國，互相之間都應該是平等的、民主的、友好的和互助互利的關係，而不是不平等的和互相損害的關係。」[57] 對此，一九五四年，毛澤東在會見緬甸總理吳努時說得更為形象：「我們不是大哥哥同小弟弟的關係，我們是同年同月同日同時生的兄弟。」[58] 國家不論大小、貧富、強弱都要互相尊重，平等相待，友好相處，各國的事情由各國人民做主，任何外國無權干涉。新的人民政府與各國建立外交關係必須以平等互利、相互尊重主權為基礎和前提。以此為核心的和平共處「五項原則」不僅符合國際法則和中國的根本利益，體現了中華民族和平、平等、包容、仁愛精神。

爭取世界和平是中國外交的基本目標，中國不但要求一國之和平，而且要求世界之和平。毛澤東認為從此不應該再打大仗，應該長期和平。為此他多次耐心向周邊國家的領導人解釋，中國人民是要和平不要戰爭的，並希望世界愛好和平的人民團結起來，因為將來世界上的事情，和平友好是基本的，世界大戰這個東西意思不大。[59] 為了和平與安定，「我們願意和世界上一切國家包括美國在內，建立友好關係」[60]。當然如果帝國主義不要和平，悍然發動戰爭，那我們只有戰鬥。

毛澤東特別談到，中國發展需要一個和平的國際環境，各國制度即便不一樣也是可以共處的。他奉勸美國不要武裝日本，如果硬要這樣做就會搬起石頭砸自己的腳，同時他反覆申明「侵略就是犯罪，我們不侵犯別人一寸土一根草」[61]。

（三）建立國際和平戰線和劃分三個世界：毛澤東外交戰略思想的創

新之處

毛澤東強調，要團結一切可以團結的力量，聯合世界上平等待我的一切民族和各國人民，結成最廣泛的國際戰線，打擊主要敵人，奪取中華民族解放事業的勝利，推動世界和平與進步事業，這也是中國突破美國等西方國家封鎖，建設社會主義國家的重要法寶，聯合蘇聯、聯合各人民民主國家。

三個世界的劃分，是毛澤東國際戰略理論的重大創新和貢獻，毛澤東提出了三個世界劃分的理論，即美國、蘇聯是第一世界，日本、歐洲、澳大利亞、加拿大是第二世界，亞洲、非洲、拉丁美洲是第三世界。這是他在抗戰後即提出「中間地帶」理論的基礎上，對國際形勢發展趨勢的新判斷。一九六〇年代，毛澤東談到「中間地帶」是我們爭取的重點，因為亞洲、非洲、拉丁美洲和歐洲都反對美國的控制。

毛澤東強調，要區分帝國主義反動派和所在國的人民，即使帝國主義國家也不是鐵板一塊。毛澤東在對於誰是我們的敵人、誰是我們的朋友、誰是團結爭取的重點這些問題上絕不含糊。對於第三世界的獨立和建設事業，毛澤東慷慨而堅定地給予支持；對於美國的干涉政策和霸權主義則堅決予以反對。他呼籲社會主義陣營各國人民、中間地帶各國人民，全世界所有愛好和平的國家，所有受到美國侵略、控制、干涉和欺負的國家聯合起來，「結成最廣泛的戰線，反對美帝國主義的侵略政策和戰爭政策，保衛世界和平」[62]。

（四）帝國主義是紙老虎：毛澤東外交戰略思想的鬥爭氣魄

「帝國主義和一切反動派都是紙老虎。」毛澤東這句名言，已經成為激勵中華民族根本利益英勇抗爭、戰而勝之的重要精神力量。同時，他也指出帝國主義是真老虎，要重視它。毛澤東關於帝國主義是真老虎也是紙老虎的論斷符合對立統一法則，既辯證又科學。他堅信決定性因素是戰爭的正義性，是人心向背和人民的磅　力量，日本侵略者雖然曾經不可一世，但最終以戰敗投降而告終。

帝國主義並不可怕。「不相信帝國主義的『好話』和不害怕帝國主義的恐嚇。」[63] 一隻紙老虎，樣子看起來可怕，實際上並不可怕。原子彈是一種大規模殺傷武器，但是決定戰爭勝敗的是人民而不是一兩件新式武器。以美國為首的西方國家對中國進行百般封鎖、圍堵，試圖扼殺於搖籃之中。面對敵人的高壓和狂妄，毛澤東以「不怕鬼」的意志和堅定鬥爭的決心，取得了抗美援朝和抗美援越兩場戰爭的勝利，再次證明帝國主義是真老虎，更是紙老虎，鐵的事實粉碎了美帝國主義不可戰勝的「神話」。

（五）學習世界先進經驗：毛澤東外交戰略思想的博大胸懷

毛澤東始終堅信人民群眾的偉大創造力的同時，主張在相互平等和維護主權的條件下爭取外國的支持和援助，強調學習世界各國的先進經驗和優秀文化。

一九五五年，毛澤東在會見日本國會議員訪華團時就說過，日本「有很多東西是我們應該學習的」。一九五六年，毛澤東在會見丹麥駐華大使時更加明確表示：「我們願意向世界上所有國家學習」，因為「每個國家都有值得學習的長處」[64]。「一切民族、一切國家的長處都要學，政治、經濟、科學、技術、文學、藝術的一切真正好的東西都要學。但是，必須有分析有批判地學，不能盲目地學，不能一切照抄，機械搬運。」[65] 一方面，對西方資本主義國家的一切腐敗制度和思想作風要進行堅決抵制和批判；另一方面，對蘇聯的經驗也要「擇其善者而從之」。與此同時，毛澤東還告誡要學會「夾緊尾巴做人」，要警惕腐化、官僚主義、大國主義、驕傲自大，要有虛心的態度向外國學習，將來中國有本錢的時候也不能驕傲，要保持謙虛謹慎的態度。

毛澤東運用辯證唯物主義的觀點和方法，根據事物的兩面性和兩分法、兩點論，看到了世界各國的長處，看到了中國的不足，看到了向國外學習是社會主義建設事業的現實迫切需要。他還清醒地指出，不要迷信社會主義國家的一切都是好的。

（六）拒絕雙重國籍：毛澤東外交戰略思想的人文關懷

抗戰時期，毛澤東十分重視和關心僑務工作，他明確指出：「注意保護華僑利益，並經過華僑的努力推進各國反日援華運動。」[66] 毛澤東進一步強調要重視解決華僑問題，保護華僑權益，同時鼓勵華僑融入當地社會，遵守當地法令，為當地經濟社會發展做貢獻。

東南亞是近現代華僑最集中的地區，受當時中國國內政治的影響，他們的中國意識很濃，政治認同的中國化使之成為中國和相關國家關係中的一個重要問題。毛澤東對此提出，中國既不革命也拒絕雙重國籍。為此要教育華僑守法，鼓勵華僑搞好與當地政府和人民的關係，不參與當地政治活動。在這裡，毛澤東很鮮明地闡述了中國政府關於華僑問題的立場，消除了這些國家的誤會，為彼此之間的相互友好關係的發展奠定了基礎。

二、毛澤東外交戰略思想的當代價值

雖然中國與國際的形勢與毛澤東所處的時代已發生了深刻變化，但毛澤東獨特的外交戰略思想，對維護世界和平仍然有重要現實意義。

（一）指導當代外交工作的理論武器

繼承、發揚毛澤東外交戰略思想有助於推進中國外交事業的發展，從「一邊倒」方針，到一九六〇年代的「兩個中間地帶」（一個是亞、非、拉，一個是歐洲、加拿大、澳洲、紐西蘭和日本）理論，再到一九七〇年代「三個世界」的理論劃分。「毛澤東關於三個世界劃分的戰略思想，給我們開闢了道路。」[67] 當今世界正處於大變革、大調整、大變化時期，國際關係錯綜複雜，毛澤東的外交戰略思想不僅對維護國家安全有重要現實價值，而且對維護國際和平、構建和諧世界仍有現實指導意義。

（二）維護世界和平的強大正能量

聯合世界上一切力量共同反對各種霸權主義，是毛澤東外交戰略思想的重要特點。關於獨立自主的外交方針、和平共處五項基本原則、「三個世界」的理論劃分、建立國際戰線等，不僅是特定歷史條件下中國外交方針、政策的正確選擇，而且是今天處理國際關係過程中仍然需要繼續加以堅持和發展的重要指導思想。獨立自主是根本，和平發展是方向，廣泛團結是基礎，正義價值是力量。為此，不論是什麼時候我們都要堅持反對世界霸權主義的鮮明立場，主動與第三世界國家建立戰略合作夥伴關係，有理有節地團結和贏得第二世界國家的理解和廣泛支持，用自己的實際行動證明中國是維護世界和平與正義事業的重要的正能量。

（三）維護國家主權和領土完整的思想保障

毛澤東不僅善於抓住外交戰略的主要面，重視和蘇聯、美國的關係，而且特別強調所有國家平等互惠的立場和價值觀。從初期不亢不卑的「一邊倒」到中蘇關係破裂，從堅定地反對美國霸權及其干涉政策，到推動乒乓外交。同時，他還廣泛團結、無私支持第三世界國家發展和民族獨立的正義事業。始終堅持和平為上，平等互利，在外交工作中「應當把五項原則推廣到所有國家的關係中」[68]。作為當代國際關係的重要理論和法則，毛澤東外交戰略思想不僅對二戰後國際關係新格局的形成和發展產生了深刻的影響，而且對新時期處理各種複雜的國際關係仍有重要指導意義。

（四）增強民族自豪感和自信力的重要源泉

毛澤東對國際形勢的科學判斷和準確把握，對人民力量和正義事業的無比信心，對艱難險阻、萬般磨難的戰略藐視和戰術重視，以及虛心學習世界各國先進經驗，真心支持第三世界民族獨立事業，無不為中國人民樹立強烈的民族自豪感。毛澤東外交戰略思想是科學性、實踐性、預見性的高度統一，是辯證唯物主義和歷史唯物主義在外交戰略中的具體運用，體現了實事求是、群眾路線和獨立自主的活靈魂。雖然他在關於意識形態和國家利益、判斷戰爭危險等方面出現過某些失誤，但他在處理與大國關係、與周邊國家關係、與開發中國家關係時的基本原則，都是留給我們的最珍貴的遺產。

（原載《中州學刊》）

毛澤東的僑務思想 新形勢下僑務工作

毛澤東涉及華僑問題的重要談話，僅一九五四年、一九五五年就有十一次之多。毛澤東關於華僑問題的重要論斷，確立了新中國僑務工作的基本指導思想，特別是關於解決雙重國籍問題，保護華僑合法權益，鼓勵華僑和當地人民和睦相處等思想，今天依然是僑務工作所遵循的基本準則。

一、毛澤東關於華僑問題若干重要論斷

一九五四年、一九五五年，毛澤東會見印度尼西亞、印度、緬甸、柬埔寨、泰國等國領導人和友人時多次談到華僑問題。這些談話的主要內容有：

（一）華僑應遵守居住國法律，不參與當地政治活動

一九五四年十二月一日，毛澤東會見緬甸總理吳努時說：「我們經常囑咐華僑遵守居留國的法律。既然在居留國生活，就要守法，不應該參加居留國國內的非法活動。我們常常做這種教育，叫華僑守法，做好同居留國政府和人民的關係。在華僑多的國家，這一關係更要做好。」、「各國可能有非法政治活動或是革命，但那是他國自己的事，華僑不應該參加。」[69]毛澤東還說：「在緬甸華僑中也有激進分子，我們勸他們不要干涉緬甸的內政。我們教育他們服從僑居國的法律，不要跟以武裝反對緬甸政府的政黨取得聯繫。」、「我們囑咐緬甸的華僑不要參加國內的政治活動，只可以參加緬甸政府准許的一些活動，如慶祝活動等，別的就不要參加。否則會使我們很尷尬，不好辦事。」[70][71]

（二）拒絕雙重國籍，主張華僑根據自願原則選擇國籍

一九五四年十月二十六日，毛澤東會見印度總理尼赫魯時指出：「華僑

國籍問題也應該適當解決，免得有些國家說我們要利用華僑搗亂。如果華僑保持僑民身份，他們就不應該參加所在國的政治活動；如果取得了所在國的國籍，那麼就應該按該國的法律辦事。」[72] 一九五四年，毛澤東會見緬甸總理吳努時說：「國籍問題也要搞清楚，到底是中國籍還是外國籍，不應該有雙重國籍。」[73] 一九五五年，毛澤東在會見泰國客人時說：「泰國有華僑，加入你們國籍的，就算泰國人了，沒有加入泰國籍的才是中國人。」[74]

（三）鼓勵華僑積極融入當地，為當地社會做貢獻

一九五六年九月十八日，毛澤東在會見印尼駐華大使蘇卡佐·維約普拉諾托時談話指出：「中國政府一向鼓勵華僑要遵守所在國的法令。不要從事政治活動，並且鼓勵他們要把他們的人力和財力為所在國的利益服務。」毛澤東希望華僑在居住國安居樂業、長期生存，並勉勵華僑克服保守思想，要學當地語言，與當地人通婚，與當地人民融合在一起。

（四）保護華僑正當合法權益

毛澤東明文規定要保護華僑利益，扶助回國的華僑 。

（五）讚揚華僑貢獻，重視華僑作用

毛澤東指出要反對日本帝國主義，爭取抗戰勝利，當前所面臨的任務之一是「注意保護華僑利益，並經過華僑的努力推進各國反日援華運動」[75]。一九四五年十一月，毛澤東在延安接見了著名僑領陳嘉庚先生，並為之題詞「華僑旗幟，民族光輝」。

（六）做華僑工作重在爭取人心，要因地制宜

一九五二年，毛澤東和當年長沙第一師範同學、印尼歸僑張國基談話，問張在國外如何做華僑工作，張說「很簡單，我們掛國旗，不掛的就批評」。毛澤東認為這種做法不好。他說，國外各個國家的政治環境不一樣，有的國家對中國友好，有外交關係；有的不友好，沒有外交關係。華僑有三個辦法：一是心裡掛國旗，門口掛國旗；二是心裡掛國旗，門口不國旗；三是心裡掛國旗，門口掛白旗。

看得出，毛澤東強調的是華僑對國家的態度，形式是其次的；採取什麼樣的形式，要具體情況具體分析，不要千篇一律，不要強人所難，要有利於華僑在海外的生存和發展。

二、毛澤東僑務思想的形成及其重要意義

毛澤東關於華僑問題的論斷，奠定了新中國僑務理論的基本思想基礎，對於華僑相關問題的解決，僑務工作的基本定位，華僑作用的發揮，特別是華僑在海外的生存和發展，對外關係的發展等具有重要意義。

談到毛澤東的僑務思想不能離開特定的歷史環境。這些思想的形成不是憑空主觀臆想的，也不是偶發的，是客觀事實的一種反映，是客觀存在發展規律的一種認識。在此重要的有兩點：

一是毛澤東把華僑問題和發展中國家、華僑居住國，特別是東南亞國家雙邊友好關係的大局聯繫起來。毛澤東多次指出，「凡是足以引起懷疑、妨礙合作的問題，我們都要來解決，這就能達到五項原則中的平等互利」[76]。在東南亞一些國家華僑眾多，使有關國家心存疑慮，懷疑新中國要利用華僑做文章。毛澤東耐心向這些國家領導人解釋，中國無意於利用華僑在國外開展政治活動或干涉他國內政，相反，是教育華僑遵守當地法律，為當地作貢獻，停止海外的政治組織，並透過雙重國籍問題的解決，使華僑更好地融入當地，成為當地社會的一員，成為居住國的建設者和貢獻者。毛澤東視之為新中國對周邊國家的莊嚴承諾，有助於打開對外關係局面。

二是毛澤東十分關心華僑的長遠發展，把雙重國籍問題的解決作為有利於華僑在海外長期、更好地生存發展的根本性政策。一九五四年，中國首先和印尼談判解決華僑雙重國籍問題，周恩來和印度尼西亞外長蘇納約簽訂了中國—印度尼西亞《關於解決華僑雙重國籍條約》。之後，中國與馬來西亞、菲律賓、泰國等建交時都宣布，凡加入或取得居住國國籍的中國血統人不再具有中國國籍。當然，華僑選擇國籍是以自願為原則，中國政府保護華僑正當合法權益，對於華僑加入當地國籍的即不再要求他們政治上效忠中國。實際上，華僑雙重國籍問題的解決，為華僑華人群體的整體利益和長遠發展提

供了政治、法律保障。

毛澤東看待華僑問題時，立足於大局和長遠，放眼世界與未來，把國家利益和人民包括僑胞根本利益很好地結合起來，反對簡單的功利主義和實用主義。歷史證明，毛澤東關於華僑問題的重要論斷和指示，促進了中國和周邊國家友好關係的發展，有利於華僑的生存和發展。

毛澤東的僑務思想今天仍然要加以繼承和發揚。當今世界日益開放、多元和融合，地區依存和合作不斷加強，人權得到更為普遍尊重，華僑華人的生存環境有了很大改善，但是華僑華人的政治性、政策性、複雜性和敏感性依然存在，稍有不慎，就有可能於國於僑造成不必要的損害。隨著雙重國籍問題的解決，華僑華人「落地生根」的在地化趨勢加速發展，華人族群融入當地社會，成為居住國多元民族的一分子，華僑華人問題更多要從國際關係視野去觀察，泛政治化的做法、籠而統之的行為、對單一國籍原則的懷疑是有害的，也行不通。在國外開展僑務工作，更不可簡單地套用中國的工作模式，麻痺大意。其實，在今天中國國力強盛，「中國威脅論」仍有很大市場，僑務工作需要的是更加謹慎、科學，更加符合國際關係準則，更加實事求是，一切從維護好、發展好僑胞根本利益出發。

毛澤東希望華僑在海外安居樂業、和當地人民和睦相處，鼓勵華僑關心和參與新中國的建設和發展，並要求國家僑務部門和人民團體切實履責，為海外僑胞提供更好的服務。當然，毛澤東關於華僑問題的論斷站在國與國關係考慮較多，一些判斷與華僑實際情況有出入，如「華僑掌握當地經濟命脈」，華僑「人在國外，心在中國，這不利於反殖民主義」等。「文革」期間，受極「左」路線影響，毛澤東的僑務思想被曲解，海外關係被稱為「壞東西」，國家僑務工作受到嚴重破壞。今天，我們依然要清除這種極「左」思想殘餘，全面準確理解毛澤東的僑務思想，從有利於僑胞事業發展，有利於中外關係發展，有利於國家的統一和進步出發，愛僑、護僑，推動新時期中國僑務工作科學發展。

（原載《僑務工作研究》）

鄧小平僑務思想的精髓及其時代意義

鄧小平僑務思想是鄧小平理論的重要方面，具有十分豐富的內涵，對中國特色僑務工作的「撥亂反正」和創新發展具有根本的指導意義。為更快、更好地推動中國現代化建設事業向前發展，鄧小平對僑務工作給予了高度重視，寄予了深切的期望，發表了許多非常著名、十分重要的講話。進入二十一世紀後，中國與國外形勢發生了巨大而深刻的變化，深入理解鄧小平僑務思想具有極其重要的現實意義。

一、關於海外關係「是個好東西」的問題

「文化大革命」時期，在極「左」路線的影響下，「海外關係」是個極其敏感的問題。人們談「僑」色變，避之唯恐不及，誰有「僑」的身份和「僑」的關係，就會被列入不可信任之列，橫遭迫害。這種極端黑暗、反動的邏輯，幾乎使中國僑務工作遭受到了毀滅性的打擊。「文化大革命」結束，百廢待興，迫切需要正本清源，還歷史以真實面目。「海外關係」敏感論實質上是一種封閉的、極「左」的、反科學的論調。

一九七七年，鄧小平在一次講話中嚴肅地指出：「說什麼『海外關係』複雜不能信任，這種說法是反動的。我們現在不是關係（海外關係）太多，而是太少，這是個好東西，可以打開各方面的關係。『四人幫』胡說『地、富、反、壞、僑』，把華僑同地、富、反、壞並列起來。這種錯誤政策一定要糾正過來，要做大量工作，進行政策教育，全國執行。」[77] 這就是鄧小平有名的「海外關係論」。

「海外關係」固然有它的複雜性，但「海外關係」無疑是推動現代中國發展的關鍵性因素之一。這主要是因為：

（1）中國發展需要「海外關係」，而且越多越好。當代中國的發展不再是自給自足、小農經營、閉關自守式的發展，而是在經濟全球化、高科技日新月異、「地球村」愈益緊密大環境中的一種全新的發展。中國需要世界，世界也需要中國。中國的發展需要吸收和借鑑人類社會創造的一切文明成果豐富思想，活躍實踐，提高生產力，進而增強中國綜合國力和不斷提升人民的物質文化水準，中國完全有可能為世界的和平與發展作出更大的貢獻。

（2）「海外關係」是增進彼此間了解、友誼與合作的橋梁，是中國現代化建設的重要力量。「海外關係」的意義並不在於「關係」本身，而在於這種「關係」所發揮的巨大作用。實際上，華僑華人在中國政治、經濟、文化、科技以及外交等各個領域，都是一種難得的積極因素。其所發揮的作用有的來自於他們所具有的資金、技術和人才等資源方面的優勢，有的來自於在居住國較好的人脈關係，以及在當地、在區域間乃至世界範圍內的商業網路優勢。

（3）「海外關係」之所以蘊藏著如此巨大的能量，是由它所具有的文化、種族及經濟等多種特質所決定的。華僑華人由於血脈親情和中華傳統文化的影響，與中（籍）國具有較多的聯繫，不管環境如何變化，他們對「根」和「中國」的眷念乃至報答之情非常濃厚。如果中國政府相關政策得當，這種深切的、持久的情感所產生的作用將可以發揮到極致。而中國的發展機會又使這種與生俱來的情感更加實在、更具有生命力。

（4）從封閉走向開放，從落後走向進步，從對抗走向合作，「海外關係」不可或缺，沒有「海外關係」的幫助不可想像。其中最重要的是因為它可以打開中國對外的各方面關係。由此使中國與世界更便捷、有效地連接起來，彼此促進，中國之於世界的意義更加積極、豐滿和突出。今天，中國實施「走出去」戰略，構築「和平發展」藍圖，仍然需要這種「海外關係」的強力支撐，「海外關係」的作用不管怎樣評價也不過分。

二、關於「中國的華僑政策沒有變」的問題

中國的華僑政策，始終為海外僑胞及其居住國當局所關心。一九五〇年

代，中國先後與印尼等國簽訂了關於國籍問題的雙邊協議，鄭重承諾中國政府不承認雙重國籍，並鼓勵華僑根據自願原則加入居住國國籍。這一政策對於海外華僑加速融入當地社會，更好地在當地生存發展，以及促進中國與華僑居住國雙邊關係的發展造成了十分明顯的積極作用。

由於極「左」路線的影響，周邊一些國家對中國政府的僑務政策總是戒心重重。在相當長的時期內，有的國家如越南、印度尼西亞等並未真正善待那些已加入當地國籍的中國移民，甚至沒有給予他們正常的國民待遇，反而存有諸多歧視，限制他們的發展空間，使他們的基本人權都難以得到保障。一九七〇年代中後期，中國重新恢復僑務機構和相關政策，一些國家誤解泛起，越南等國開始有計劃地排華，無論華僑華人均加以迫害，造成了許多人間慘劇。中國的僑務政策如何，不僅關係到華僑在海外的生存和發展，關係到國內歸僑僑眷的權益保障，而且關係到中國對外關係的發展，是十分敏感而重要的問題。

在鄧小平的一系列重要講話中，多次重申中國的華僑政策，並要求僑務部門落實好華僑政策，各相關部門遵照華僑政策辦事。一九七八年，鄧小平訪問泰國、馬來西亞和新加坡，在與當地政府首腦會晤、接見華僑華人代表等許多重要場合都談到中國的華僑政策問題。鄧小平告訴大家：「中國的華僑政策沒有變。」[78] 讓周邊國家吃了一個定心丸。

鄧小平講的中國沒有變的華僑政策，指的是由毛澤東、周恩來等制定的、事實證明是正確的政策。關於華僑華人政策，鄧小平強調的有三條：第一條，中國政府贊成和鼓勵華僑加入居住國國籍。凡是加入居住國國籍的，「應該全部履行所在國公民的權利和義務」；第二條，根據自願的原則選擇國籍。對於入籍與否，不能勉強，更不能強迫。對於實在不願加入外籍仍保留中國國籍的，應鼓勵他們「遵守居住國法令，尊重居住國風俗習慣，同居住國人民友好相處，盡其力所能及的力量同居住國人民一起，幫助居住國發展。對於這一部分華僑，理所當然地按國際慣例，保護僑民的合法權利」；第三條，中國政府不承認雙重國籍，華僑入籍當地後，就自動喪失中國國籍。關於國內僑屬政策，鄧小平多次指示要盡快落實，凡是錯誤的東西要盡快糾正。

雖然鄧小平謙遜地講是重申以往的政策，但是仍然顯露其深邃的戰略眼光。第一，贊成和鼓勵華僑入籍當地，不承認雙重國籍，這是中國政府的一項基本政策，也是被實踐證明了的華僑、華僑居住國和中國多贏的政策；第二，在贊成和鼓勵華僑入籍當地的同時，同時強調華僑入籍當地後應全部、平等地享受作為當地公民的權利和應盡的義務，義務和權利是統一的。這也是對東南亞一些國家不信任、歧視乃至排斥華僑的有力回擊；第三，贊成和鼓勵華僑入籍當地，不是也不能是強迫行為，對於保留中國國籍的華僑要切實保護其合法權益。「中國政府有責任保護他們（指華僑）的合法權利。」[79] 第四，要充分注意到東南亞華僑華人問題的敏感性及其所具有的較強的政策性和原則性。正如鄧小平所說：「對外籍華人的政策和講話，要十分鄭重，這是一個非常敏感的問題，特別是東南亞。」[80]

我們注意到，一九七〇年代後期，針對越南當局的排華逆施，鄧小平說，「中國政府不講話是不可能的，不採取必要的措施也是不可能的。如果中國政府對此一言不發，我們的子孫後代就會罵我們」[81]。一九七九年，中國被迫進行對越自衛反擊戰，這也是對越南惡劣排華行徑的一種有力回擊。

鄧小平所重申的三條基本的華僑政策，至今仍是中國華僑政策的基本內核。

三、關於「華裔專家是活的寶貝」的問題

在中國現代化的建設中，科學技術的現代化是關鍵之所在。當代世界競爭的核心是科技和人才的競爭。鄧小平強調指出：「科學技術是第一生產力」[82]，「中國必須發展自己的高科技，在世界高科技領域占有一席之地」[83]。他從戰略的高度、國際化的視野來審視科技和人才在中國現代化建設中的地位和作用；更為難得的是，他把引進國外智力，特別是華僑華人智力，作為加速中國科技事業發展的重要環節。鄧小平的名言是：「華裔專家是活的寶貝。」他們是一支不可忽視的力量，是中國引進智力的重點。「華人中有很多人才，如李政道、楊振寧，多幾個這樣的人才就好了。」[84] 華裔專家可以使我

們「少走彎路」[85]。針對海外留學學生回國服務的問題，他語重心長地說：「要作出貢獻，還是回國好。」[86]

鄧小平不僅高度重視發揮華裔專家的作用，而且為吸引他們回國工作作了許多重要的指示。早在一九七七年他就指出：「有一批華裔學者要求回國。……我們要創造條件，蓋些房子，做好安置他們回國的準備工作。他們回國總要有個家，總要有必要的工作條件吧！接受華裔學者回國是我們發展科學技術的一項具體措施。」[87] 一九九二年，鄧小平在「南方談話」中講道：「希望所有出國學習的人回來。不管他們過去的政治態度怎麼樣，都可以回來，回來後要妥善安排，這個政策不能變。」[88] 鄧小平禮賢下士，多次接見海外著名華裔科學家，虛心聽取他們對國家經濟、科技發展的意見和建議。一九八四年，鄧小平會見美籍華人、諾貝爾獎獲得者李政道時，就採納了李關於在中國建立博士後制度、建設正負電子對撞機工程、加速基本粒子研究等建議。[89] 在鄧小平的親自關心下，中國建立並逐步完善了一套吸引海外人才回國工作、為國服務的政策和措施。

概括來說，鄧小平關於引進海外人才和智力的思想主要有這樣一些內容：①利用國外智力，引進華僑華人人才，鼓勵留學學生回國工作，這是一個戰略問題，要高度重視。②華僑華人人才是中國可以發揮的寶貴資源優勢，是「活的寶貝」，是中國引智的重點，要加以珍惜、加以尊重、加以重用。③引進海外人才要以愛國主義為旗幟，唯才是舉。④積極創造條件，吸引海外人才回國（來華）工作。既要提供好的生活條件，做好相關安置工作，又要提供好的工作條件，還要有制度創新。⑤引進海外人才和引進智力、引進先進管理經驗並舉。

人才資源是第一資源。實施科教興國、人才強國戰略，人才是最根本的保證。關於發揮華裔專家作用的重要論斷，是理解鄧小平僑務思想戰略意義的一把鑰匙。

四、關於華僑華人是中國發展「獨特機遇」的問題

鄧小平始終十分重視華僑華人在中國現代化建設的重要作用，並將它視

為中國發展的「獨特機遇」。

鄧小平指出應當充分發揮華僑華人的作用，以加速中國的經濟建設。一九七九年，在談到利用外資時，他說：「中國現在做建設，門路要多一點，可以利用外國的資金和技術，華僑、華裔也可以回來辦工廠。」[90] 他指出，華僑回國投資，絕大多數「都是帶著愛護和發展社會主義中國這個願望來的，與純粹的外國投資不同」[91]。深圳、珠海、汕頭、廈門等經濟特區的建立，主要是從地理條件考慮的，「深圳毗鄰香港，珠海靠近澳門，汕頭是因為東南亞國家潮州人多，廈門是因為閩南人在外國經商的很多」[92]。一九八四年，鄧小平視察廣東、福建的經濟特區時談道，要把整個廈門島做成特區，「這樣就能吸收大批華僑資金、港臺資金，許多外國人也會來投資，而且可以把周圍地區帶動，使整個福建省的經濟活躍起來」[93]。

一九八〇年代末、一九九〇年代初，面對西方國家對中國的封鎖和制裁，迫切需要繼續對外開放局面，做好經濟建設事業。鄧小平堅定地指引著中國發展的正確方向，再次高度肯定了華僑華人的巨大作用。一九九〇年，他在會見泰國正大集團董事長謝國民等人時指出：「中國人要振作起來。大陸已經有相當的基礎。我們還有幾千萬愛國同胞在海外，他們希望中國興旺發達，這在世界上是獨一無二的。我們要利用機遇，把中國發展起來，少管別人的事，也不怕制裁。」[94] 一九九三年，他指出：「對於中國來說，大發展的機遇並不多。中國與世界各國不同，有著自己獨特的機遇。比如，我們有幾千萬愛國同胞在海外，他們對中國作出了很多貢獻。」[95] 這就是鄧小平最著名的「獨特機遇論」。

鄧小平把華僑華人看成是中國發展的「獨特機遇」，這是對華僑華人在中國對外開放和現代化建設中的地位和作用的最為充分的肯定和讚揚。說它是「獨特機遇」，主要是因為：第一，華僑華人具有豐富的資金、技術和人才的資源優勢，可以為中國經濟發展和科技進步發揮重要作用；第二，作為中國海外移民及其後裔，華僑華人與中國在文化上和種族上保持著千絲萬縷的聯繫，具有深厚的熱愛家鄉、熱愛中（籍）國的情懷，願意為中國的發展貢獻力量；第三，中國近現代史，特別是改革開放以來中國的發展史，都證明了華僑華人的極端重要價值。據國家工商局的統計，一九八七年，華僑華人、港、澳在大陸的投資企業，占當時外商投資企業總數的百分之八十，投資額占外商投資總額的百分之七十；目前，這一比例仍分別維繫在百分之七十和百分之六十。華商投資企業成為了中國國民經濟的重要組成部分；第四，華僑華人是中國連接世界、走向世界的最重要、最便捷的橋梁，可以幫助中國打開在國際舞台各方面的關係。第五，一九九〇年代初，華僑華人的這些作用顯得尤為突出，與其他國家僑民比較，也很少見。

鄧小平的「獨特機遇論」及其關於「海外關係是個好東西」的思想是一脈相承的，既反映了他對海外僑胞的深切關懷，對僑務工作的高度重視，更與他關於中國對外開放總體戰略部署，和對世界發展大勢的深邃洞察分不開。

五、關於「廟」與「菩薩」的問題

「文化大革命」期間，受極「左」路線的影響，僑務機構被裁撤，許多僑務幹部遭到迫害，僑務工作受到極大衝擊。粉碎「四人幫」後，以鄧小平為核心，高瞻遠矚，力挽狂瀾，在鄧小平的親自關心之下，恢復設立僑務機構，實行正確的僑務政策，就是其中的重要措施之一。

一九七七年九月，鄧小平在接見參加中國國慶的海外僑胞訪問團時指出：「『四人幫』干擾破壞，損失比較大，有好多應該做的事都沒有人管。比如海外僑胞的事情，過去都有機構管，政策、方針都是毛主席、周恩來過問，因『四人幫』干擾通通沒有了。不僅國內遭災，你們也受難。現在粉碎了『四人幫』，這些問題就可以提出來了……該解決的解決，該恢復的恢復，該改善的改善。」、「比如僑務機構，要提到日程上來了，準備恢復過去的僑務機構。沒有機構，這個事情就管不了。」、「僑務方面，很多僑屬問題，都要解決。過去不可能，解決了要犯罪。現在先把廟立起來，老菩薩就是這個人（指廖承志同志）……菩薩靈不靈，就看菩薩的本事囉。」、「廟一立起來，是不是馬上見效，百分之百見效，也不一定。不過有了這個廟就有希望。」[96]

在鄧小平的親切關懷下，一九七八年年初，國務院僑務辦公室正式（恢復）成立，各地也相應有了僑務機構。一九七八年四月、十一月，鄧小平在分別會見海外僑胞、接見泰國華僑華人時又說到「廟」與「菩薩」的問題，「現在這個廟有了，國務院成立了一個僑務辦公室，這個廟裡也有了菩薩，主要的菩薩是廖承志。你們有什麼事情向這個機構反映，他們會幫助你們，他們會過問這樣的事情。如果一次沒有過問，你們可再次提出，有些辦不到的事情，他們應該向你們解釋……如果他們做得不好，你們可以批評」[97]。

鄧小平把國務院僑辦比作「廟」，僑辦主要領導比作「菩薩」，這是最通俗易懂也是最善意的比喻，讓海外僑胞感到十分親切；同時也抓住了當時恢復和發展僑務工作的關鍵點——僑務機構的建設問題。從鄧小平關於恢復僑辦這個「廟」和請回「菩薩」的系列講話中可以看出：

（1）恢復僑務機構是優良傳統、實事求是的重要體現，是各項「撥亂反正」措施的重要方面。它糾正了「文化大革命」時期的錯誤做法，把毛澤東等親自過問的正確的僑務方針、政策和原則重新樹立，產生了極大的積極影響。

（2）僑胞的事沒機構沒人管不行，立起僑辦這個「廟」就是要讓僑胞求助有門。換言之，僑辦就是為僑辦事的部門。這是對僑辦職能的最重要規定。從「華僑事務委員會」到國務院僑辦，雖然名稱有了變化，但性質都是一樣的。

（3）「菩薩靈不靈，就看菩薩的本事」，僑務部門要為僑胞「唸好經」、辦好事。恢復僑務機構不是做樣子，而是要為僑胞實實在在辦事。

（4）僑辦是為僑辦事的重要機構。有了這個「廟」，僑胞求助就有了希望，就能更深切地感受到中國的關切和「娘家」的溫暖。

無疑，國家設立這樣一個高級的部門專責華僑事務，充分體現出政府對海外僑胞的關心和愛護，為後來僑務工作不斷取得好成績、開創新局面奠定了重要的基礎。實際上，恢復僑務機構，充分發揮僑務資源的作用，也是中國實施對外開放戰略的重要環節。[98][99][100]。

六、幾點認識

鄧小平關於僑務工作的豐富論述，是他指導開創新世紀僑務工作新局面的重要思想遺產。鄧小平僑務思想完整科學，具有嚴密的內在邏輯和強烈的實踐意義，具有鮮明的時代性和極大的開創性[101]。

（1）鄧小平關於華僑華人在中國對外開放和現代化建設中重要作用的講話，是與他關於當代中國發展的一系列基本問題的思考，如發展道路、發展階段、根本任務、發展動力、外部條件、依靠力量以及中國統一等緊密聯繫在一起的。

（2）實事求是是鄧小平僑務思想的靈魂。其突出之處是敢於修正錯誤、堅持真理，始終堅持實踐的第一性。鄧小平關於堅持華僑政策、落實歸僑僑眷政策、正確看待「海外關係」等的論述，無不體現了這一點。

（3）為對外開放和經濟建設服務是鄧小平僑務思想的核心。以經濟建設為中心，發展生產力，增強中國綜合國力，不斷提高人民生活水準是國家的大局，也是僑務工作服務的中心任務。鄧小平的「獨特機遇論」以及關於引進華僑華人資金、技術、人才等的論述是其集中的反映。

（4）鄧小平僑務思想站在世紀發展和中國對外開放的戰略高度，抓住了僑務工作的關鍵，指明了僑務工作的基本方向。改革開放以來，在鄧小平僑務思想的指引下，中國僑務工作取得了顯著成績。

在新的歷史時期，我們要繼續堅持鄧小平僑務思想的指導意義，堅持以人為本和科學發展觀，更加重視發揮華僑華人的獨特優勢，求真務實，開拓創新，為華僑華人事業的更大發展、全面建設小康社會而不懈努力。

（原載《華僑華人歷史研究》）

重溫鄧小平對海外關係的論述 推動僑商事業發展

一九七七年，鄧小平復出後在一次講話中指出：「說什麼『海外關係』複雜不能信任，這種說法是反動的。我們現在不是關係（指海外關係）太多，而是太少，這是個好東西，可以打開各方面的關係。『四人幫』胡說『地、富、反、壞、僑』，把華僑和地、富、反、壞並列起來。這種錯誤政策一定要糾正過來，要做大量工作，進行政策教育，全國執行。」

這就是鄧小平關於「海外關係」的著名論述。後來，鄧小平又將之發展成為實現中國發展的「獨特機遇論」。今天，對於推動對外開放事業新的更大發展，特別是對於進一步做好僑務工作、推動僑商事業新發展，依然具有重要的理論和實踐意義。

一、鄧小平對海外關係的論述是實事求是精神的集中體現，是中國實施對外開放戰略的重要思想基礎，開啟了僑商國內投資事業春天之門

「文革」時期，在極「左」路線的影響下，「海外關係」是個極其敏感的問題。人們談「僑」色變，避之唯恐不及。這種極端反動的邏輯，使一大批有「海外關係」人士蒙受了不白之冤，使中國對外友好交往事業受到了嚴重的破壞，僑務工作更是遭到了毀滅性的衝擊。

「文革」結束不久，國家百廢待興。當務之急就是恢復發展生產，挽救近於崩潰的國民經濟；同時，更重要的是在思想理論上正本清源。撥亂反正和經濟發展成為時代主題。

一九七七年五月，鄧小平特別強調「毛澤東同志倡導的作風，群眾路線

和實事求是這兩條是最根本的東西」，在中國開展「實踐是檢驗真理的唯一標準」，鄧小平接連發表三個重要談話，對於否定「兩個凡是」起了決定性的作用。他的這些講話精髓就是解放思想、實事求是，目標就是國家發展、人民富裕。

鄧小平對海外關係的論述，順應了中國開放發展的歷史趨勢。中國發展需要「海外關係」，而且越多越好。閉關自守是沒有出路的，落後是要挨打的，發展才是真理。中國的發展將不再是小農經濟、夜郎自大式的發展，而是在經濟全球化、高科技日新月異、「地球村」愈益緊密大環境中的一種全新的發展，需要吸收和借鑑人類社會創造的一切文明成果。

這一論述科學地闡述了「海外關係」的豐富內涵及其意義。「海外關係」可以幫助我們打開各方面的局面。它是增進中外彼此了解、友誼與合作的橋梁，是中國現代化建設的重要力量。「海外關係」的意義並不在於「關係」本身，而在於這種「關係」所蘊藏的、足以發揮的巨大作用和影響力。華僑華人的優勢既來自於他們所具有的資金、技術和人才資源，也來自於在居住國較好的人脈關係，以及在當地、區域間乃至世界範圍內的關係優勢。

這一論述激發了「海外關係」的能量，推動了僑務工作的恢復和發展，掀起了僑商國內投資熱潮。在鄧小平「海外關係」論述的指導下，僑務戰線撥亂反正，「海外關係」得到正名，一批冤假錯案得到平反，僑務政策得到落實，各級僑務機構恢復建立，這極大地凝聚了廣大海外僑胞和歸僑僑眷愛國之心，激發了僑胞國內投資、貢獻公益事業熱情。

二、「海外關係」最重要的優勢在於它擁有豐富的資金、人才、技術資源，僑商是中國改革開放的「開拓者、參與者、貢獻者」和受益者，為國家的經濟建設作出了獨特貢獻

一九七八年，鄧小平出訪泰國、馬來西亞和新加坡。他在與當地政府首腦會晤、接見華僑華人代表等許多重要場合都談到「中國的華僑政策沒有變」。他指出，中國政府贊成和鼓勵華僑根據自願的原則加入居住國國籍；對於仍保留中國國籍的，鼓勵他們「遵守居住國法令，尊重居住國風俗習

慣，同居住國人民友好相處，盡其力同居住國人民一起，幫助居住國發展。對於這一部分華僑，理所當然地按國際慣例，保護僑民的合法權利」。在這些國家，鄧小平看到了華僑事業的成功，尤其是新加坡作為一個華人為主要人口的國度，其在建設和管理上的成功經驗，可以為中國開放發展所借鑑。

可以肯定的是，鄧小平在關於對外開放的戰略部署中，一個重要的論述是中國擁有眾多的「海外關係」。

例如一九七九年，他在談到利用外資時說：「中國現在建設，門路要多一點，可以利用外國的資金和技術，華僑、華裔也可以回來辦工廠。」

在決定設立深圳、珠海、汕頭、廈門等經濟特區時，鄧小平指出：「深圳毗鄰香港，珠海靠近澳門，汕頭是因為東南亞國家潮州人多，廈門是因為閩南人在外國經商的很多。」他在一九八四年視察廣東、福建的經濟特區時談道，要把整個廈門島搞成特區，「這樣就能吸收大批華僑資金、港臺資金，許多外國人也會來投資，而且可以把周圍地區帶動起來，使整個福建省的經濟活躍起來」。

鄧小平對「海外關係」的論述在一九九〇年代初發展到了一個新的階段。面對西方國家對中國的封鎖和制裁，為繼續推動對外開放，做好經濟建設事業，他再次高度評價了「海外關係」的重要意義，提出了「獨特機遇」的科學論斷。

一九九〇年，鄧小平在會見泰國正大集團董事長謝國民（現為中國僑商投資企業協會會長）時指出：「中國人要振作起來。大陸已經有相當的基礎。我們還有幾千萬愛國同胞在海外，他們希望中國興旺發達，這在世界上是獨一無二的。我們要利用機遇，把中國發展起來，少管別人的事，也不怕制裁。」

一九九二年，鄧小平在「南方談話」中強調指出：「對於中國來說，大發展的機遇並不多。中國與世界各國不同，有著自己獨特的機遇。比如，我們有幾千萬愛國同胞在海外，他們對中國作出了很多貢獻。」鄧小平為「海外關係」注入了新的、具有震撼力的內容，即「獨特機遇論」。

在鄧小平對「海外關係」的論述中，支持留學、吸引海外華裔人才回國工作也是其系統組成部分。他的名言是：「華裔專家是活的寶貝。」他「希望所有出國學習的人回來」。

正是在鄧小平對「海外關係」的論述的感召下，一批批海外僑商回國投資發展，成為「吃螃蟹」的第一批人，在中國現代化建設中成績卓著、功不可沒；一批批海外優秀人才回國（為國）服務，創業發展，成為中國高科技產業發展中的「領頭羊」。「海外關係」真正成為了「好東西」和「獨特機遇」。

三十年來，華僑華人始終是中國吸引外資、推動外貿出口、推動國際經濟合作中最積極、最活躍的因素。據估計，目前中國利用外資總額中近百分之六十來自海外華僑華人以及港澳；在外商投資企業總數中，僑資企業約占百分之七十。

三十年來，中國經濟社會各項事業得到了快速發展。在文化、教育、醫療、衛生、扶貧、救災以及社會各項公益事業中，廣大僑胞熱心捐助、貢獻巨大。據估計，截至二〇〇七年年底，海外僑胞捐贈國內公益事業共約七百億元人民幣。今年，在抗雪救災、抗震救災中，僑胞捐贈款物逾十五億元人民幣，僅中國僑商投資企業協會會員兩次捐贈款物即近六億餘元人民幣。在北京奧運會場館「水立方」建設中，全球一百零二個國家捐款，折合人民幣達九億三千萬元。

三十年來，海外華僑華人人才和留學人才紛紛回國（來華）進行各類專業交流與合作，創辦高科技企業，成為活躍的新一代科技型企業家，為國內高科技的發展和創新型國家的建設提供了有力的人才和技術支撐。

三十年來，廣大僑商積極促進中國與世界各國的經貿科技文化交流與合作，促進中外各種友好往來，支持中華文化在海外的傳播，增進世界對中國的了解，為中國的發展創造了更加良好的國際輿論環境。

三、堅持科學發展，提高利用外資水準，「海外關係」潛力巨大，

廣大僑商大有可為

當前，中國政府正全面貫徹落實科學發展觀，不斷提高對外開放水準，努力推動經濟社會又好又快發展。在此，「海外關係」依然十分重要、作用獨特，僑商事業面臨著新的機遇和挑戰。我們應當從戰略高度更加重視「海外關係」的作用和價值，更加努力地做好各項為僑商事業發展的服務工作。

（1）進一步深化對「海外關係」在中國對外開放和現代化建設中戰略意義的認識。

（2）重點發揮「海外關係」所具有的技術、人才、資金和國際化網路的優勢作用。在中國建設創新型國家、實施「科教興國」、「人才強國」、「走出去」以及推動區域協調發展等一系列戰略中，在推動構建和諧世界中，運用好「海外關係」資源，實現互利共贏。

（3）堅持以人為本，積極培育、拓展「海外關係」新資源，保護「海外關係」，特別是華僑的正當合法權益。要建立和完善相關法律法規，建立健全為僑服務體制、機制，幫助華僑華人發展事業，尤其是要把維護僑商投資合法權益、為僑資企業發展排憂解難工作放在更加突出的位置上。

（4）堅持中國僑務工作基本政策，注意「海外關係」的敏感性和政策性。發展「海外關係」，應有利於國家發展大局和根本利益，有利於中外友好關係，有利於華僑華人在國外的長期生存和發展。

（5）僑商在中國的投資機遇與挑戰並存，前景無限。在中國新一輪產業結構調整、轉變經濟發展方式的過程中，許多加工型、出口型僑資企業面臨轉型難題，特別是在全球金融危機中，僑資企業在資金和市場上受到強力制約。但是，中國政府積極、有效地利用外資政策不會變，對廣大僑資在中國經濟建設中的獨特作用依然寄予厚望，僑辦及相關部門也將在法制、體制和機制上積極維護僑商投資合法權益，支持僑商發展事業。

（原載《僑務工作研究》）

凝聚海內外華人的智慧和力量

一、凝聚海內外華人

習近平總書記十分重視和關心僑務工作，高度讚揚海外華僑華人為中國現代化建設、為促進中外友好關係所作出的重要貢獻。總書記希望廣大華商把握機遇，發揮優勢，繼續積極參與中國現代化建設，在互惠合作中實現自身事業更大發展，推動中國人民同世界各國人民的交流合作，作出新的更大貢獻。

二〇一三年十月，總書記在馬來西亞各界華僑華人代表歡迎午宴上講話指出，華僑華人是中馬友誼和合作的親歷者、見證者、推動者，沒有華僑華人的努力，也就沒有中馬關係今天的大好局面。二〇一二年，他在洛杉磯盛讚旅美僑胞為美國的發展進步、為推動中美關係發展作出寶貴貢獻，並希望旅美僑胞繼續發揮中華民族「以和為貴，協和萬邦」的優良傳統，努力成為與居住國人民和睦相處的典範；發揮熟悉居住國、了解中（籍）國優勢，努力成為促進中國現代化建設與世界人民友好相處的典範；發揮了解中華文化的優勢，努力成為弘揚中華優秀文化和促進中外人文交流的典範。

習近平總書記強調，將進一步深化改革、完善政策、強化服務，依法保護華商投資興業權益，鼓勵和支持廣大華商為中國發展出力。二〇一三年十月，總書記指出，周邊國家華僑華人聚集，這是其他大國無法相比的優勢，一定要運用得當。他曾指出，僑務工作的出發點和落腳點必然是為僑服務，這也是落實科學發展觀和堅持以人為本在僑務工作中的體現。要得到歸僑僑眷和海外僑胞對我們的擁護，首要的就是維護他們的合法權益。把海內外華人力量凝聚起來，對於推進各項事業至關重要，這是今後必須堅持的一項重要方針。[103]

二、華僑華人具有極其重要的獨特作用

廣大海外僑胞是中國的重要資源，是綜合國力的重要組成部分，是維護國家利益的重要力量。截至二〇一二年，全球華僑華人約六千餘萬，分布在一百九十八個國家和地區。筆者理解，總書記所指出的華僑華人是其他大國不可比的優勢，主要體現在以下四個方面：

一是促進中外友好的獨特人脈。和平發展是我們的方針，是中國對世界的莊嚴承諾，是近代以來中國人民苦難遭遇、頑強抗爭的必然結論，也是中華優秀文化的價值所在。中國將打破「國強必霸」的定律，開創人類文明古國復興的新紀元，不是威脅，而是互利共贏的新機遇。

然而，在西方國家壟斷國際話語權的今天，我們常有理說不出，或者說了傳不開，而有效發揮華僑華人作用是破解這一難題的鑰匙。

華僑華人長期生活在海外，熟悉中外文化，和當地人民和睦相處，積極融入當地主流社會，在當地具有廣泛而深厚的人脈。他們是民間大使，是一張張撒向世界各地的中國名片，是最好的國際人脈，是中國故事、中國聲音的優秀傳播者。

二是推動中華文化走出，增強國家軟實力的獨特橋梁。中華文化包含著中華民族最根本的精神基因，代表著中華民族獨特的精神標識，是我們民族的「根」和「魂」，是我們最深厚的文化軟實力。中華文化是溝通中國和世界的重要載體。海外近兩萬所各類華文學校，幾十萬華文教師，數百萬華文學生，近千家華文媒體，兩萬多個華僑華人社團，以及無數中餐、中醫和武術會所，包括近年興辦的各類孔子學院（或課堂），是在世界傳承和弘揚中華語言文化的中堅。世界各地舉行的形式多樣、內容豐富的「中華文化節」以及華僑華人參與當地文化活動，有力地促進了中外文化的交融，增加了外部世界對中華文化的喜愛、好感。華僑華人弘揚中華文化，增強中華文化國際影響力，克服了所謂「文化輸出」的誤解和弊端，自然而必然。

三是推動中國科學發展、創新發展的獨特力量。中國利用外資的半數以上是僑港資，「千人計劃」引進的海外高層次人才百分之九十四是海外僑胞

人才。僅歐美國家就有華僑華人科學家、專業人士近百萬，活躍在當今世界所有前沿科技領域；華商被譽為世界三大經商民族之一，總資產近四萬億美元，東南亞華商在當地經濟生活中占有相當大份額。人才資源是第一資源。如此豐富的華僑華人經濟、科技資源，是中國發展所急需的最重要的海外戰略資源。

應當看到的是，華僑華人資源力量日益成為國際爭奪的對象。這個優勢我們用，別人也在用；中國沒用好，別人會用得更多。西方國家某些勢力對中國「分化」、「西化」或以華制華的野心圖謀並未消失，相反更加用力，更加具有隱蔽和欺騙性，而中國必須把華僑華人這個獨特優勢好好保護、涵養與發揮。

三、善用僑務優勢，推動科學發展

要善用華僑華人這一「獨特優勢」，當前尤其應當做好如下幾點：

（1）加強僑情工作研究，深入了解僑情新變化、新趨勢，進一步制定和完善國家僑務發展戰略。僑務工作是一項長期的戰略性工作，對中國內外大局都有重要影響，涉及範圍廣、領域多，地區或國別差異大，必須頂層設計，戰略謀劃，科學布局，有著清晰的工作目標和重點。不在一時之功，在於一張藍圖繪到底，越繪越美麗。

（2）加強涉僑工作的統籌協調，建立大僑務工作機制，形成工作合力。當前僑務工作面臨的挑戰之一，是僑務優勢發揮不夠的問題。從表面看，與僑聯繫的部門多，僑與國內聯繫的管道廣，實際上由於僑務體制和機制的某些缺陷，錦上添花的事情熙來攘往，長期的、棘手的事卻一味躲避，甚或多頭對外，僑累不堪言。必須深化改革，樹立好僑務觀念，建立和完善僑務工作機制，聚合優勢，實現僑務資源的最佳分配，僑辦要履行、管理僑務工作的職能定位。

（3）圍繞大局，不斷提高「用僑」的水準。發揮僑務優勢，服務國家大局，這是僑務工作的一項基本任務。從「用僑」來看，應在挖掘好僑務資源優勢的基礎上不斷增創新優勢，並更加重視將優勢用在支持國家建設「五位一體」發展總格局上，用在推動創新驅動、區域協調發展和提升人民幸福指數上，用在推動中國走向世界、世界歡迎中國的和平發展道路上。

（4）更加注重「養僑」，深化各項為僑服務工作。切實保護海外僑胞正當合法權益，包括在中國的政治經濟權益，構建為僑服務體系和有效平台，努力深入僑胞、深入實際、深入基層，努力為了僑胞、依靠僑胞，讓海外僑胞分享改革開放的「紅利」。

當然，做好僑務工作還得有一支敢於擔當、一心為僑、務實創新的幹部團隊，這是關鍵所在。

（原載《僑務工作研究》）

參考文獻

[1] 孫中山．建國方略 // 孫中山選集 [M]. 北京：人民出版社，1981：193.

[2] 陳宗山．南洋華僑於革命中之努力 [G]// 包遵彭、吳相湘、李定一．中國近代史論叢‧華僑．臺北：正中書局，1957：134-135.

[3] 洪絲絲等．辛亥革命與華僑 [M]. 北京：人民出版社，1982：1.

[4] 孫中山．孫中山選集 [M]. 北京：人民出版社，1981：523.

[5] 鄧澤如．孫中山先生二十年來手札 (卷 3)[M]. 廣州：廣州述志公司，1927.

[6] 黃季陸．總理全集 (下冊)[M]. 成都：成都聯友出版社，1944：40.

[7] 黃珍吾．華僑與中國革命 (下)[M]. 臺北市國防研究院，1963：227.

[8] 馮自由．華僑開國革命史 [M]. 北京：商務印書館，1947：25.

[9] 馮自由．華僑開國革命史 [M]. 北京：商務印書館，1947：25.

[10] 蔣永敬．華僑開國革命史料 [M]. 臺北：正中書局，1977：8.

[11] 黃季陸編．總理全集 (下冊)[M]. 成都：成都聯友出版社，1944：22.

[12] 蔣永敬．華僑開國革命史料 [M]. 臺北：正中書局，1977：5.

[13] 同上書，7.

[14] 尚明軒等．孫中山生平事業追憶錄 [M]. 北京：人民出版社，1986：209.

[15] 同上書，829.

[16] 徐市隱．緬甸中國同盟會開國革命史 [M]. 上海：鼎新書局，1932.

[17] 鄧澤如．孫中山先生二十年來手札 (卷 2)[M]. 廣州：廣州述志公司，1927.

[18] 許師慎編．國父當選臨時大總統實錄 (上冊)[M]. 臺北國史叢編社，1967：370.

[19] 蔣永敬．辛亥革命前十次起義經費之研究 [G]// 華僑開國革命史料．臺北：正中書局，1977：42-44.

[20] 臨時政府公報 (第 42 號)[G]// 辛亥革命資料．北京：中華書局，1961：311.

[21] 中國社科院近代史資料編輯組．陸海軍大元帥大本營公報選編 (1923.2—1024.4)[M]. 北京：中國社會科學出版社，1978：452-453.

[22] 鄭東夢，李明獻編．檀山華僑 [M]. 檀香山：檀山華僑編印社，1936：11.

[23] 佚名編．總理遺墨 [M].1934：3.

[24] 馮自由．華僑革命開國史 [M]. 上海：商務印書館，1947：26.

[25] 馮自由．華僑革命開國史 [M]. 上海：商務印書館，1947：26.

[26] 孫中山．孫中山選集 (上卷)[M]. 北京：人民出版社，1981：172.

[27] 同上書，174.

[28] 孫中山．建國方略 [M]// 孫中山選集．北京：人民出版社，1981：176.

[29] 孫中山．建國方略 [M]// 孫中山選集．北京：人民出版社，1981：176.

[30] 孫文．革命原起 [M]// 柴德庚等編．辛

亥革命(一). 上海：上海人民出版社，1957.

[31] 黃珍吾 . 華僑與中國革命(下冊)[M]. 北京：國防研究院，1963：264.

[32] 鄧澤如：孫中山先生二十年來手札(卷2)[M]. 廣州：廣州述志公司，1927.

[33] 黃珍吾 . 華僑與中國革命(下冊)[M]. 北京：國防研究院，1963：224.

[34] 同上書，235.

[35] 同上書，296.

[36] 同上書，319.

[37] 鄒魯 . 中國國民黨史稿(第 4 冊)[M]. 上海：中華書局，1960：1085.

[38] 黃季陸編 . 總理全集(中冊)[M]. 成都：成都聯友出版社，1944：16.

[39] 黃季陸編 . 總理全集(中冊)[M]. 成都：成都聯友出版社，1944：113.

[40] 孫中山 . 孫中山選集 [M]. 北京：人民出版社，1981：553.

[41] 中國社科院近代史所 . 華僑與辛亥革命 [M]. 北京：中國社會科學出版社，1981：280.

[42] 胡漢民 . 南洋華僑參加革命之經過 // 張永福 . 南洋與創立民國 [M]. 上海：中華書局，1933.

[43] 孫中山 . 孫中山選集 [M]. 北京：人民出版社，1981：616.

[44] 同上書，645.

[45] 尚明軒等編 . 孫中山生平事業追憶錄 [M]. 北京：人民出版社，1986：197.

[46] 溫雄飛 . 辛亥前我在檀香山同盟會和自由新報工作的回憶 // 中國社科院近代史所 . 華僑與辛亥革命 [M]. 北京：中國社會科學出版社，1981.

[47] 尚明軒等編 . 孫中山生平事業追憶錄 [M]. 北京：人民出版社，1986：51.

[48] 同上書，66.

[49] 黃季陸 . 總理全集(下冊)[M]. 成都：成都聯友出版社，1944：1054.

[50] 外交部，中央文獻研究室 . 毛澤東外交文選 [M]. 北京：中央文獻出版社，1994：1.

[51] 外交部，中央文獻研究室 . 毛澤東外交文選 [M]. 北京：中央文獻出版社，1994：78.

[52] 同上書，90.

[53] 中共中央黨校教務部 . 毛澤東著作選編 [M]. 北京：中共中央黨校出版社，2002：372.

[54] 外交部，中央文獻研究室 . 毛澤東外交文選 [M]. 北京：中央文獻出版社，1994：330.

[55] 同上書，267-268.

[56] 同上書，468.

[57] 同上書，192.

[58] 外交部，中央文獻研究室 . 毛澤東外交文選 [M]. 北京：中央文獻出版社，1994：196.

[59] 同上書，224.

[60] 同上書，246.

[61] 同上書，256.

[62] 外交部，中央文獻研究室 . 毛澤東外交文選 [M]. 北京：中央文獻出版社，1994：569.

[63] 同上書，404.

[64] 外交部，中央文獻研究室 . 毛澤東外交文選 [M]. 北京：中央文獻出版社，1994：234.

[65] 中共中央黨校教務部 . 毛澤東著作選集 [M]. 北京：中共中央黨校出版社，

2002：372，407.

[66] 同上書，16.

[67] 鄧小平文選(第2卷)[M]. 北京：人民出版社，1994：127.

[68] 中共中央文獻研究室. 毛澤東文集(第6卷)[M]. 北京：人民出版社，1999：362.

[69] 外交部，中央文獻研究室. 毛澤東外交文選[M]. 北京：中央文獻出版社，1994：184-185.

[70] 同上書，189-190.

[71] 外交部，中央文獻研究室. 毛澤東外交文選[M]. 北京：中央文獻出版社，1994：230.

[72] 同上書，175-176.

[73] 同上書，185.

[74] 同上書，230.

[75] 外交部，中央文獻研究室. 毛澤東外交文選[M]. 北京：中央文獻出版社，1994：16.

[76] 外交部，中央文獻研究室. 毛澤東外交文選[M]. 北京：中央文獻出版社，1994：176.

[77] 國務院僑務辦公室，中共中央文獻研究室編. 鄧小平論僑務[M]. 北京：中央文獻出版社，2000：6.

[78] 國務院僑務辦公室，中共中央文獻研究室編. 鄧小平論僑務[M]. 北京：中央文獻出版社，2000：7.

[79] 國務院僑務辦公室，中共中央文獻研究室編. 鄧小平論僑務[M]. 北京：中央文獻出版社，2000：9-10.

[80] 國務院僑辦祕書行政司編. 黨和國家領導人論僑務工作[M]. 僑務工作研究編輯部，1992：341.

[81] 同上書，338-339.

[82] 鄧小平. 科學技術是第一生產力[M]// 鄧小平文選(第3卷). 北京：人民出版社，1993：274.

[83] 鄧小平. 中國必須在世界高科技領域占有一席之地[M]// 鄧小平文選(第3卷). 北京：人民出版社，1993：279-280.

[84] 國務院僑務辦公室，中央文獻研究室編. 鄧小平論僑務[M]. 北京：中央文獻出版社，2000：19.

[85] 鄧小平. 中國必須在世界高科技領域占有一席之地[M]// 鄧小平文選(第3卷). 北京：人民出版社，1993：279-280.

[86] 鄧小平. 在武昌、深圳、珠海、上海等地的談話要點[M]// 鄧小平文選(第3卷). 北京：人民出版社，1993：378.

[87] 國務院僑務辦公室，中央文獻研究室編. 鄧小平論僑務[M]. 北京：中央文獻出版社，2000：12.

[88] 鄧小平. 在武昌、深圳、珠海、上海等地的談話要點[M]// 鄧小平文選(第3卷). 北京：人民出版社，1993：378.

[89] 鄧小平. 中國要發展，離不開科學[M]// 鄧小平文選(第3卷). 北京：人民出版社，1993：183-184.

[90] 鄧小平. 搞建設要利用外資和發揮原工商業者的作用[M]// 鄧小平文選(第2卷). 北京：人民出版社，1993：156-157.

[91] 鄧小平. 社會主義也可以搞市場經濟[M]// 鄧小平文選(第3卷). 北京：人

民出版社，1993：235.

[92] 鄧小平．視察上海時的談話 [M]// 鄧小平文選(第3卷). 北京：人民出版社，1993：366.

[93] 鄧小平．辦好經濟特區，增加對外開放城市 [M]// 鄧小平文選(第3卷). 北京：人民出版社，1993：52.

[94] 鄧小平．振興中華民族 [M]// 鄧小平文選(第3卷). 北京：人民出版社，1993：358.

[95] 國務院僑務辦公室，中央文獻研究室．鄧小平論僑務 [M]. 北京：中央文獻出版社，2000：12.

[96] 國務院僑辦祕書行政司編．黨和國家領導人論僑務工作 [M]. 僑務工作研究編輯部，1992：328-330；另見國務院僑務辦公室，中央文獻研究室編．鄧小平論僑務 [M]. 北京：中央文獻出版社，2000：1-2.

[97] 國務院僑務辦公室，中央文獻研究室編．鄧小平論僑務 [M]. 北京：中央文獻出版社，2000：4-5.

[98] 鄧小平．共同努力，實現中國統一 [M]// 鄧小平文選(第3卷). 北京：人民出版社，1993：362.

[99] 鄧小平．爭取整個中華民族的大團結 [M]// 鄧小平文選(第3卷). 北京：人民出版社，1993：161.

[100] 鄧小平．振興中華民族 [M]// 鄧小平文選(第3卷). 北京：人民出版社，1993：357-358.

[101] 錢其琛副總理在鄧小平僑務思想座談會上的講話 [C]// 國務院僑辦編．鄧小平僑務思想座談會論文集 .2.

[102] 習近平關於實現中華民族偉大復興的中國夢論述摘編 [M]. 北京：中央文獻出版社，2013：1.

[103] 習近平．幹在實處 走在前列 [M]. 北京：中共中央黨校出版社，2013：221.

第三篇
僑務戰略與實踐

淺談戰略思維與中國僑務工作

一般來說，所謂戰略，是指籌劃和指導總體性實踐全局的方略。戰略思維即是指對全局性、規律性、長遠性的問題作出重大決策的科學知識體系和科學思維方法。

僑務工作是中國政府一項十分重要並將長期存在的具有戰略意義的工作。為適應中國全面建設小康社會的新形勢，並積極為世界和平和發展作出新貢獻，必須強化戰略思維，充分認識僑務工作的重要戰略意義，不斷提高僑務工作的水準和成效。

一、戰略思維的特點及基本原則

戰略思維是一種基本的宏觀（或大局）思維方式。對於個人或團隊、企業或政府，都具有十分重要的意義。在中國革命和建設的實踐中，江澤民更是強調要「以寬廣的眼界觀察世界，正確把握時代發展的要求，善於進行理論思維和戰略思維，不斷提高科學判斷形勢的能力」。這是時代要求使然，歷史使命使然。面對世界多極化和經濟全球化的不斷發展，科技進步突飛猛進，綜合國力競爭日趨激烈的新形勢，我們只有樹立戰略思維的觀點，才能在競爭、合作和發展中立於不敗之地，才能最終實現全面建設小康社會。

進行戰略思維，應當遵循一些基本原則。①客觀實際原則，即戰略思維必須以對客觀實際、事物發展規律的認識為依據；②生產力發展原則，即戰略思維是實現解放和發展生產力的重要途徑；③群眾利益原則，即戰略思維的目的在於實現好、維護好和發展好最廣大人民的根本利益。

戰略思維是一種科學思維，也是科學發展觀的重要內容。戰略思維的主要特點在於：①原則性。它規定了戰略思維的基本任務和方向；只有堅持原則性，戰略思維才具有其真正價值。②系統性。戰略思維是一種系統思維，具有整體性等系統思維的基本特徵。它把全局作為分析和解決問題的出發點和歸宿；在優先考慮事物的整體性的同時，注意各個局部的系統協調；以優化結構來增強全局的整體功能，使「系統大於部分之和」；同時要求把注意力集中到對全局有決定性意義的問題上來。③預見性。對事物的發展進行動態的、歷史的考察，注意事物發展各個階段的內在聯繫，並及時、準確地預見其發展趨勢；同時，將事物看成是一個開放的系統，注意事物各個方面的聯繫，從中探尋出事物發展的規律，並在此基礎上制定出科學的、切實可行的、具有指導意義的工作任務、目標及其實施方案。④創造性。創造性是戰略思維的本質屬性和鮮明特點。即思維主體在系統知識和經驗的基礎上，運用敏銳的洞察力、豐富的想像力、科學的懷疑力和本質的抽象力，從現象看到本質，從雜亂無章中發現事物的客觀規律，使戰略決策具有前瞻性，並指導新的實踐走向新的更大的勝利。

總攬全局、駕馭全局的戰略思維能力是一個不斷錘鍊和昇華的過程。它要求領導者必須具有國家利益、人民利益至上的觀念，以及強烈的歷史使命感和責任感，善於抓住機遇，進行戰略決策。

二、僑務工作戰略思維的重要意義

無疑，僑務工作也應當進行戰略思維。進行戰略思維首先是因為它賦有戰略目標。僑務工作的戰略思維主要是由其任務及性質所決定的。

中國僑務工作肩負著三大歷史使命，即最廣泛地團結海外華僑華人和國內歸僑僑眷，為中國全面建設小康社會服務，為促進中國與世界各國友好關係發展服務，這些任務都是具有戰略意義。

眾所周知，為加速全面建設小康社會，中國正在實施一系列戰略，努力在二〇五〇年達到中度開發國家的水準。海外幾千萬華僑華人是對中國現代化建設事業各項戰略，一股不可替代的重要促進力量。正如鄧小平指出的：「我們有幾千萬愛國同胞在海外，他們希望中國興旺發達，這在世界上是獨一無二的。」[1]「對於中國來說，大發展的機遇並不多。中國與世界各國不同，有著自己獨特的機遇。比如，我們有幾千萬愛國同胞在海外，他們對中國作出了很多貢獻。」[2] 中國革命和建設的歷史，特別是中國現代化建設，都充分證明了華僑華人所發揮的這種「獨特」的作用。華僑華人以其所具有的雄厚的資金、先進的技術、寶貴的人才和廣泛的網路等資源優勢，推動著中國現代化建設事業的向前發展。這種作用還將延續，並不斷增強和提升。

隨著中國綜合國力的迅速增強，世界經濟一體化進程的加快，和平與發展的主題愈益突出，中國不僅需要一個有利於自己發展的國際環境，而且世界也需要中國在國際舞台發揮更加積極的、和平的、負責任大國的影響和作用。這是中國和平發展戰略的必然要求。在中國走向世界中心舞台的過程中，海外華僑華人同樣可以發揮其特殊的重要作用。可以設想，海外幾千萬華僑華人都有意識地在世界各地正面、客觀地介紹中國、宣傳中國，並促進居住國政府和人民與中國的各種友好往來。這種讓世界了解中國、讓中國走向世界的力量，是最經濟的、最便捷的、最有效的，也是最持久的。

在充分重視僑務工作戰略意義的同時，僑務工作的對象所具有的特點，也使得我們必須具有戰略思維的觀點。海外華僑華人散居世界各地，「有海水的地方就有華僑華人」，移居海外有著悠久的歷史，從事的職業多種多樣，其實力和成就已讓世人刮目相看。東南亞華人的經濟力量和北美華人的科技力量，在當今世界的經濟科技領域舉足輕重。在一些國家，華人不僅在經濟生活中扮演著關鍵性的角色，而且在政治舞台也十分活躍，有的位居要職。海外華僑華人在分布、組成、發展等方面的廣泛性、複雜性及其資源的重要性，使我們必須從戰略高度加以重視，用戰略思維方法加以分析、研究，從而找出發揮這一獨特資源優勢，為我戰略目標服務，為華僑華人生存和發展服務的最佳戰略方案來。為僑服務也是一種戰略需要，只有做好為僑服務工作，才能更好地發揮僑力，為「三大任務」服務；兩者是相輔相成不可或缺的。

僑務工作戰略目標的重要性和緊迫性，要求僑務工作盡快改變其相關方面在一定程度上的不相適應性。首先，加強僑務工作的戰略地位應成為中國各級政府的一個基本觀念。其次，僑務工作的戰略思維是僑務工作領導層應有的一種眼光和能力，需大力加以提倡。最後，僑務工作必須突出加強其全局意識、整體意識、系統意識和科學意識。無論是從海外僑情的把握，還是從各項有關工作舉措的考慮，都應該強化這種意識。

三、僑務工作戰略思維的重點

僑務工作戰略思維需要遵循其科學原則和方法，注意其原則性、系統性、預見性和創造性。其中最重要的是，要注意戰略思維的系統性，也就是它的全局性和整體性。

戰略的整體觀或全局觀是戰略思維的基本內涵。正確的戰略是對事物全體的、本質的以及內部聯繫即規律的認識。戰略思維在一定意義上是全局性思維、系統性思維和預見性思維。僑務工作的戰略思維同理。

僑務工作的全局觀主要表現在這樣幾個方面：

1. 服從服務於中國發展全局。為國家發展大局服務始終是僑務工作最主要的任務，從系統的觀點看，僑務工作全局只是國家發展大局中的一個子系統。

2. 僑務工作的戰略目標，是僑務工作全局之綱。就僑務工作本身而言，它又是一個大的系統，透過系統整體之各部分、各階段間的邏輯聯繫，發揮統領全局的作用。僑務工作的戰略思維就是要發現、把握這種邏輯聯繫（即規律），找到真正的因果關係，從而找到真正的戰略重點。

3. 僑務工作的戰略重點是對新的歷史環境的戰略回應。戰略重點有其基本任務規定的基本面，同時根據不同時期新的形勢、新的情況而有所規劃、有所調整，有所創新、有所發展。在此，最主要的是中國實施發展戰略的需要，以及華僑華人生存和發展的需要，這兩種基本需要左右著僑務工作的戰略重點。

4. 為中國發展戰略服務和為華僑華人發展服務，是僑務工作基本的戰略重點。與此有關的經濟科技、文化教育、社團團結、中國僑政等方面的工作是僑務戰略重點的具體體現。這些戰略層面相互聯繫、互為促進，它們的交互作用及其與相關因素、環境的影響構成了僑務工作的一個系統整體。僑務工作任何層面戰略重點的確定都應以「兩個服務」的系統統一為前提，沒有純粹的單一性服務。

5. 經濟科技和文化教育，是實現僑務工作戰略目標的基本手段。僑務工作在本質上是做人的工作，即做華僑華人和歸僑僑眷的工作，並透過他們做海外僑胞居住國主流社會的工作。人的本質屬性無外乎物質的和精神的兩種需要。物質的需求是人的基本需求，最大程度合理地滿足自己或某一群體的物質需求，是推動社會發展的重要原動力；精神的需求是人之所以為人，之所以有理性、有修養、有其文化特質的人的基本要素。僑務經濟科技和文化教育，是僑務部門推動華僑華人更好地生存發展及其文化承續的最主要手段，是華僑華人發展規律所決定。

6. 僑務工作戰略歸根到底是一種資源戰略。華僑華人是中華民族的重要資源寶庫。這種資源的形成、發展有其內在的規律，資源的培育及其作用的發揮都需要遵循這種客觀規律。作為一種分布廣泛、實力雄厚、影響顯著的戰略資源，受到各種力量的爭奪勢所必然。資源爭奪的重點是人才資源和資金資源。華僑華人所具有的人才、資金、技術及其遍及世界各地的關係網路優勢決定了這種資源的戰略地位。總之，我們應當從戰略的高度充分認識新時期、新階段僑務工作的地位和作用，用戰略思維的原則、方式去思考、規劃僑務工作的現狀和未來，增強緊迫感和使命感，解放思想、實事求是、與時俱進、把握大局、突出重點、科學行政，為中國的發展、世界的和平與僑胞事業的進步作出新的更大貢獻。

（原載《八桂僑刊》）

新形勢下僑務工作戰略意義的再認識

隨著對外開放的不斷深入和擴大，僑務工作社會化和僑務管理職能弱化的趨勢十分明顯，僑務工作的重要性和專業性常常被忽視。在涉僑工作方面也存在著「冷熱」失衡的現象，一方面，涉僑部門多，「僑」參與國內社會面廣；另一方面，僑務資源培育缺乏必要的統籌協調。新形勢下，重新審視僑務工作的地位和作用，並以科學發展觀為指導，推動僑務工作實現科學發展、跨越發展顯得十分必要。

一、僑務工作是促進中國現代化建設的重要力量

鄧小平高度評價中國在海外有幾千萬愛國同胞是發展的「獨特機遇」。江澤民、胡錦濤等也充分肯定僑務工作的重要意義。胡錦濤總書記希望「在凝聚僑心、發揮僑力，為實現全面建設小康社會的宏偉目標作貢獻方面，僑務工作大有作為」。胡錦濤關於僑務工作「三個大有作為」的思想，成為當今僑務工作的基本目標。

自一九八〇年代末以來，僑務部門的主要工作任務由落實政策，轉向為經濟建設中心任務服務，多形式地促進華僑國內投資、引進華僑華人智力，取得顯著成效。實踐證明，在中國現代化建設中，華僑「功不可沒」，是「開拓者、參與者、貢獻者」。截至二〇〇七年年底，海外僑胞中國投資占中國利用外資總額的百分之六十以上，占外商投資企業總數的百分之七十以上，廣東、福建等地區的比例更高；海外僑胞捐贈中國公益事業共約七百億元人民幣，僅在北京奧運會場館「水立方」建設中，全球一百零二個國家的捐款，折合人民幣達九億三千萬美元。

二十一世紀以來，中國利用外資政策出現了一些新的變化，國家發布外

商投資產業目錄，引導外資投向鼓勵類領域，利用外資水準不斷提高，以世界五百強為代表的跨國公司成為引進的重點。在港澳臺的僑資中，更重視臺資的利用和保護。同時，一些地方政策多變，存在「重招商、輕服務」現象，特別是在國際金融危機的形勢下，僑資企業糾紛不斷、發展受阻，面臨著發展瓶頸，僑的作用有被淡化的傾向。

應該看到，中國要實現和諧發展、全面建設小康社會的宏偉目標，僑是特殊的、重要的促進力量。僑無論是在資金還是在智力上，作用不可低估。海外僑智是中國積極引進海外高層次智力的重點，海外僑資是中國利用的外資中最積極、最活躍和最持續的力量，遍布全球的華商網路更是中國實施「走出去」戰略的有效橋梁。從某種意義上說，充分發揮僑資、僑智的作用比單純引進世界五百強更為重要。因此，需要完善相關政策，強化各項服務，繼續積極有效地利用僑資、僑智，大力保護其投資創業合法權益，扶持其事業更大發展。任何忽視這一特殊國情的做法都可能犯戰略性錯誤。

二、僑務工作是促進中外友好、世界和諧的獨特橋梁

中國的發展需要世界，世界的發展離不開中國。在經濟全球化的進程中，中國與世界的連接越來越緊密。國際政治、經濟、軍事、安全等方面形勢的變化都會影響中國。一個和諧、發展、安寧的世界是中國所需要的。然而，國家利益的矛盾與衝突嚴峻存在。如何增進中外了解與互信、創造國家發展的良好外部環境，如何在世界和平與發展大業中發揮負責任大國的作用，如何統籌內外兩個大局、發揮內外兩種資源作用，這是中國發展道路上面臨的世紀課題。

僑是獨特、有效、便捷、持久的橋梁。僑具有地域分布廣、經濟實力強、關係網路深、科技人才多、故鄉感情深等特點。截至二〇〇八年，海外華僑華人分布在世界一百六十多個國家和地區，人數有四五千萬。其中亞洲約占百分之八十以上，印度尼西亞、泰國、馬來西亞就占世界華僑華人總數的百分之六十以上。此外，新加坡、菲律賓、美國等國華人人口在百萬以上。他們有著較長的移居歷史，與當地人民友好相處，為居住國經濟和社會

繁榮作出了積極貢獻，特別是與當地政經等各界有著廣泛而深厚的人脈關係甚至影響力，許多國家的華人精英已經在各級政府機構、議會組織中擔任要職，如新加坡、泰國等政府首腦都有華人血統。多年來，華僑華人積極促進居住國與中國的經濟、文化等交流與合作，在海外傳播中華優秀文化，客觀介紹中國經濟發展和社會進步，增進各國人民對中國的了解和友誼，抵制各種反華言論，是不可或缺的促進中外友好的民間力量。二〇〇八年，華僑華人保護奧運聖火海外傳遞即是例證之一。然而，在發揮華僑華人民間友好橋梁作用這一點上，還存在著重視不夠、「取多予少」、缺乏系統謀劃等問題。

當前，我們應該以更寬廣的視野，進一步重視華僑華人在促進中外溝通、互信、合作、發展中的橋梁作用。一是將華僑華人資源納入中國外交和對外發展總體戰略，規劃、舉措得當得力，形成系統和累積性效應。二是根據特點，突出重點。應針對不同國家和地區僑情資源優勢，找到工作的最佳切入點，有所為有所不為。既要注意各國華僑華人資源的全面培育和發揮，更要重視發揮華僑華人在中美（英、法、加拿大、澳大利亞）等大國關係、在中國—東盟（如泰國、馬來西亞、印度尼西亞、菲律賓、新加坡、越南、緬甸等）區域合作關係、在中日（俄、中亞等）周邊關係中的積極作用。三是重點促進文化、經濟交流合作，從民眾現實生活最需要、最易理解的內容入手，做到實際、實在、實惠，構築堅固友好橋梁。四是加大護僑工作力度，為僑胞排難解憂，幫助僑胞融入當地主流社會，凝聚僑心、匯聚僑智、發揮僑力、持續發展。五是堅持公開合法、互惠互利原則，做到政策性和靈活性相結合，避免授人以柄、強人所難。六是僑外協作，步調一致，整合、優化資源，爭取工作效益最大化。

三、僑務工作戰略定位的一點思考

為建設創新型國家，構建和諧社會、和諧世界，全面建設小康社會，在國際化趨勢不斷加強的今天，迫切需要對僑務工作進行重新審視和定位，新形勢下僑務工作必須進行戰略思維、強化戰略定位、實行科學發展。

為此，一是要切實把僑務工作放在國家對外開放和現代化建設總體戰略部署中予以高度重視，樹立僑務資源是一種新戰略資源的觀點，做好僑務工作戰略規劃，充分發揮僑務工作的作用；二是把為科學發展大局服務作為當前僑務部門的根本任務，始終圍繞國家發展大局謀劃工作、務實進取；三是更加重視發揮僑務工作在促進中外友好的獨特作用；四是堅持為僑服務宗旨，始終維護好、服務好、發展廣大僑胞的最根本利益，做到發展依靠僑胞，發展機遇和發展成果與僑胞共享。

可以預見，透過加強新形勢下僑務工作戰略意義的認識，規劃、部署僑務工作，充分發揮僑務戰略資源優勢和系統優勢，根據僑所具有的廣泛性、群眾性、民間性、綜合性等特點，本著服務、合作、發展、共贏的精神，紮實、穩步推進，僑務工作必將在為以國家發展大局服務為中心的「三大任務」服務方面有著新的更大作為，中國發展的「獨特機遇」將煥發新的更大活力。

關於僑務資源戰略的若干思考

僑務工作是黨和政府一項十分重要並將長期存在的具有戰略意義的工作。僑務資源是一種特殊的戰略資源，是國家資源戰略的重要組成部分。

一、充分認識僑務資源戰略的重要意義

二十一世紀，中國面臨著更加複雜多變的國際形勢，世界多極化和經濟全球化不斷發展，科技進步突飛猛進，綜合國力競爭日趨激烈。和平與發展是時代的主流，但經濟、文化、種族、資源以及主權等利益衝突仍然十分突出，有時乃至演化為暴力形式。當前國際金融危機持續發酵對中國外經濟科技、政治文化等產生了深遠的影響。經過三十年，中國的經濟社會發展進入了一個新的發展階段，政治、經濟、文化、社會、生態的科學發展、和諧發展成為時代的最強音。發展方式的轉變，要求提高對外開放水準。在全面建設小康社會的過程中，統籌海內外顯得越來越重要。我們必須善於利用一切有利的因素發展，實現國家發展的戰略目標。

目前，中國正在加緊實施系列發展戰略。實際上，資源戰略是具有關鍵性作用的。國際社會對於中國尋找海外資源市場十分敏感，並採取各種措施予以制約。我們看到，在海外各種資源戰略中，人力資源尤其是僑務資源（或華僑華人資源）戰略具有特殊重要的作用。它可以幫助我們打通各方面的關係，創造更加有利的局面，應當高度重視。

僑務工作在國家內外發展大局中扮演著十分重要而獨特的角色。

（一）僑務工作任務的戰略性

中國僑務工作肩負著三大歷史使命，即最廣泛團結海外華僑華人和國內歸僑僑眷，為全面建設小康社會服務，為促進中國與世界各國友好關係發

展服務。

眾所周知，為推動經濟社會又好又快地發展，加速全面建設小康社會，中國實施一系列戰略。中國的發展不僅需要一個有利的國際環境，而且世界也需要中國在國際舞台發揮更加積極的、負責任大國的影響和作用。這是中國和平發展、構建和諧世界戰略目標的必然要求。在北京成功舉辦第二十九屆奧林匹克運動會之後，在金融危機導致全球經濟衰退的形勢下，國際社會對中國的期待更高。

幾千萬海外華僑華人對中國現代化建設中是一支不可替代的重要促進力量，已經並將繼續發揮其特殊推動作用。鄧小平同志曾精闢地指出：「我們有幾千萬愛國同胞在海外，他們希望中國興旺發達，這在世界上是獨一無二的。」、「對於中國來說，大發展的機遇並不多。中國與世界各國不同，有著自己的獨特機遇。比如，我們有幾千萬愛國同胞在海外，他們對中國作出了很多貢獻。」胡錦濤也高度讚揚海外僑胞是「中國現代化建設的積極參與者，中華文明的積極傳播者，中國人民和世界各國人民友好交往的積極推動者」。這些都是關於僑務工作戰略定位的精闢論斷。

（二）僑務工作對象的政策性、廣泛性、綜合性和專業性等特點

從資源的角度看，華僑華人的優勢主要表現在：

一是地域分布廣、人數多。華僑華人分布在海外一百六十多個國家和地區，人數有四五千萬，其中，亞洲約占百分之八十以上。印度尼西亞、泰國、馬來西亞就占世界華僑華人總數的百分之六十以上。此外，美洲有六百三十萬，歐洲有兩百一十五萬，大洋洲近一百萬，非洲有五十五萬。

二是經濟力量強。海外華人主要是一個商業族群。據估計，全球海外華人資本有兩三億美元。東南亞一些國家的華人經濟力量在當地占有舉足輕重的地位。

三是關係網路深。世界華人網路是當今國際商界最具影響力的關係網路之一。在許多國家華人已世代久居，並較好地融入了當地，在政治舞台上也十分活躍，具有廣泛而深厚的政經各界人脈關係。

四是科技人才多。海外華僑華人科技人才約有百萬之多，美國、英國、加拿大、澳大利亞、德國、法國、日本等國占百分之九十以上。他們在各類專業領域擔當重任，建樹非凡，有的成為諾貝爾獎得主和居住國科學院或工程院院士。在美國矽谷，每年湧現的五千家初創企業中，約四分之一是由華人科技人才創辦。

五是故鄉感情深。海外華僑華人的「根」在中華。雖然「落地生根」成為海外華人發展的一個趨勢，但他們對中（籍）國的情感已融入了血脈之中。他們十分關心故鄉的建設和發展，並積極以多種形式（如投資、捐贈、促進經貿、文化交流與合作等）參與其中，始終是中國吸引外資、推動外貿出口、推動國際經濟合作中最積極、最活躍的因素。據估計，目前中國利用外資總額中的近百分之六十來自海外華僑華人及港澳地區；在外商投資企業總數中，僑資企業約占百分之七十。截至二〇〇七年年底，海外僑胞捐贈中國公益事業共約七百億元人民幣。

無疑，海外華僑華人資源具有相當重要性，是促進中國發展、增進中外合作、謀求和平繁榮的最經濟、便捷、持久、有效的獨特因素，必須從戰略高度加以重視，要注意用戰略思維方法進行分析、研究，找出培育和發揮這一獨特資源優勢為中國戰略目標服務，為華僑華人生存和發展服務的優選方案。

二、僑務資源戰略思維的原則和重點

一是遵循戰略思維的基本原則和方法，最重要的是思維的原則性和系統性。所謂原則性，是指戰略思維應當符合客觀實際原則、生產力發展原則、群眾利益原則等。即要探尋和遵循僑務資源發展的基本規律，有效實施僑務資源戰略為國家發展大局服務，推動僑胞事業更好地發展和進步。所謂系統性，是指戰略思維的整體和聯繫的特點，使思維具有全局的、整體的、系統的和科學的認識和判斷。正確的戰略是對事物全體的、本質的以及內部聯繫即規律的認識。僑務資源戰略應充分認識到這種系統性的特點，用聯繫的、發展的、全面的觀點去看待。

二是堅持科學發展觀的基本原則和方法。科學發展觀的第一要義是發展，核心是以人為本，基本要求是全面協調可持續，根本方法是統籌兼顧。科學發展觀對於實施僑務資源戰略具有根本的指導意義。

實施僑務資源戰略應當把握這樣一些重點：

1. 僑務資源戰略是國家資源戰略的重要內容。在中國對外開放和現代化建設總體戰略部署中，在統籌海內外發展大局中，應充分重視僑務資源戰略的運用，列入各級政府的重要議事日程；僑務部門要充分發揮僑務資源優勢，服務於中國國家發展戰略全局。這是僑務工作的基本方向和使命，為國家發展大局服務始終是僑務工作的最主要任務。

2. 僑務資源戰略是僑務工作的核心內容。即僑務工作的基本內容在於培育僑務資源，發揮資源優勢，服務發展大局。資源是基礎，服務是關鍵，發展是目的。僑務部門應當緊緊圍繞國家科學發展、和諧發展、和平發展大局，加強調查研究和科學規劃，統籌海內外僑務資源，有效推動僑務資源戰略的實施，不斷提高僑務工作的戰略思維水準。

3. 僑務資源戰略的關鍵是為僑服務和為國家發展大局服務，即「兩個服務」的系統結合。僑務資源戰略有其基本任務規定的基本面，同時根據不同時期的新形勢、新情況，有所規劃、有所調整、有所創新、有所發展。中國實施對內對外發展戰略的需要和華僑華人生存發展的需要，左右著僑務工作的戰略重點部署。「兩個服務」相輔相成，互相促進。

4. 經濟科技、文化教育和社會組織是實施僑務資源戰略的重點。物質的需求是人的基本需要，精神的需求是人之所以為人，之所以有理性的、有修養的、有其文化特質的人的基本規定性因素。僑務經濟科技、文化教育和社會組織是推動華僑華人更好地生存發展及其文化傳承的最主要手段，這是華僑華人發展規律所決定的，應當進一步統籌規劃，加大力度，系統推動，積極、有效地開展相關工作。

5. 僑務資源戰略的基礎是維護和發展廣大僑胞的根本利益。要發揮好僑的優勢，首先是要維護和發展好僑的根本利益和正當合法權益。僑務工作在本質上是做人的工作。在根本利益上，僑胞和國家具有一致性。在海外更好地生存、發展，在國內外的權益被有效保護，是廣大僑胞最為關切的問題。在國外要加強領事保護，在中國要健全法制、體制和機制，加強維護僑胞投資、創業權益工作，保護華僑的國內合法權益，幫助僑資企業排憂解難，積極應對當前金融危機；要進一步創造條件促進僑胞分享中國經濟發展的機遇，促進僑胞事業的更大發展。

6. 統籌兼顧，促進僑務資源全面協調可持續發展。僑務資源遍及世界各地，它的形成和發展有其內在的規律，資源的培育及其作用的發揮都需要遵循這種客觀規律。作為一種分布廣泛、實力雄厚、影響巨大的戰略資源，受到各種力量的爭奪勢所必然。資源爭奪的重點是人才資源和資金資源。在此，我們要注意處理好海外重點與非重點地區僑務的關係，重點人物與華僑群眾的關係，引進資金與引進技術、人才的關係，發展合作與促進友好的關係，特別是要處理好僑務資源利用與資源培育的關係，不斷發現、培育僑務資源新優勢等。

總之，實施僑務資源戰略是中國進一步擴大對外開放，促進經濟又好又快發展，全面建設小康社會與構建和諧社會、和諧世界的重要選擇，是進一步發揮新時期、新階段僑務工作獨特作用的重要途徑，從戰略高度去思考、去規劃僑務工作的現狀和未來，實事求是、與時俱進、圍繞大局、突出重點，再創僑務事業新輝煌。

（原載《僑務工作研究》）

僑務資源戰略與中國和平發展的思考

中國始終不渝地奉行互利共贏的開放戰略，走和平發展的道路。這是中國對世界的莊嚴承諾，也是符合國家核心利益的戰略抉擇。僑務資源是一種戰略資源，是國家資源戰略的組成部分，在中國對外開放與和平發展道路上扮演著十分獨特而重要的角色。新形勢下，以科學發展觀為指導，統籌海內外兩個大局，不斷培育和充分發揮僑務資源的綜合價值，對於促進中國和平發展具有重要的意義。

一、世界大勢與中國和平發展道路的選擇

當今世界，和平與發展是時代潮流。在世界多極化、經濟全球化、科技革命日新月異的大趨勢下，國際合作增多，「一超多強」和以西方為主導的國際政治經濟秩序面臨挑戰。同時，基於政治、經濟、軍事、文化、種族、安全等利益矛盾，國際間的鬥爭和衝突仍很激烈。面對世界發展大勢和錯綜複雜的國際關係，根據自身的根本利益，中國提出了共同分享機遇、應對挑戰，堅定地「走和平發展道路」和「推動建設持久和平、共同繁榮的和諧世界」的戰略構想。

「和平發展」與「和諧世界」作為中國發展的新理念具有豐富的內涵和深遠的意義。筆者認為最重要的有以下三點：

首先，發展是核心。三十年來，中國始終堅持以經濟建設為中心，以發展為第一要務，國際地位和影響顯著提高，人民生活水準總體達到小康。這給中國人民帶來的不只是實惠，更有尊嚴和自信。實踐證明，中國發展的趨勢不可阻擋；在新時期，中國將堅持以科學發展觀為指導，調動一切積極因素，全面建設小康社會的目標不會改變；將努力「促進和平發展，以和諧社

會推動和諧世界」。

其次，它強調中國的發展是和平的發展。中華民族是熱愛和平的民族，中國始終是維護世界和平的堅定力量，主張以和平的方式解決國際爭端。中國始終高舉和平、發展、合作旗幟，既利用和平的國際環境發展自己，又透過自己的發展維護世界和平。中國奉行互利共贏的開放戰略，以自己的發展促進地區和世界的發展，在開放中兼顧對方特別是開發中國家的利益，決不做損人利己、以鄰為壑的事情，中國的發展不是國際「威脅」而是積極貢獻。中國信守加入 WTO 承諾，將在更大範圍、更廣領域、更高層次參與國際經濟合作和競爭。

最後，中國始終堅持在和平共處五項原則的基礎上發展與世界各國的友好合作關係。發展良好的大國關係（如中美、中法等）和周邊關係（如中國與東盟、中日等），是中國對外關係中的重中之重。

然而，中國和平發展的道路並不會平坦，「中國威脅論」還有較大市場。中國和平發展的構想和努力並不能完全為世界各國所了解、認知。外部影響、制約中國發展的因素不同程度地存在著，中國的發展和安全越來越受國際因素的影響。

無疑，中國的發展需要營造和平穩定的國際環境、睦鄰友好的周邊環境、平等互利的合作環境、互信合作的安全環境和客觀友善的輿論環境；世界的和平發展也需要中國的積極參與和貢獻。以和平、發展、合作為宗旨，在政治、經濟、文化、安全、環保等方面發展中外友好關係，增進彼此了解，促進世界和諧。

二、僑務資源戰略思維的基本原則和方法

所謂戰略，是指籌劃和指導全局的方略。戰略思維是關於實踐活動的全局性思維。它以對客觀實際全局、事物發展規律的認識為依據，是解放和發展生產力的重要途徑，目的在於實現好、維護好和發展好最廣大人民的根本利益和國家的最高利益，具有原則性、系統性、前瞻性和創造性等特點。

僑務工作從統籌海內外兩個大局出發，僑務工作的戰略意義不言而喻，必須進行戰略思維。最重要的一點是，這是由僑務工作的基本使命（「三大任務」，即為全面建設小康社會服務、為促進中外友好服務服務）和工作對象所具有的廣泛性、綜合性、複雜性、政策性和不可替代性等特點所決定的。從一定意義上講，僑務工作的戰略性是由全球僑務資源的戰略地位決定的；僑務資源的戰略定位是提升僑務工作地位和水準的重要途徑。

僑務資源的基本戰略定位是，全球僑務資源是中國特殊的海外戰略資源，是促進中國科學發展、和平發展、和諧發展和實施互利共贏開放戰略的獨特力量。

實施僑務資源戰略的基本思路是，堅持以鄧小平理論、「三個代表」重要思想和科學發展觀為指導，最廣泛聯繫和團結海外僑胞和國內歸僑僑眷，在海外長期保持一支日益壯大的對我友好力量，紮實培育資源，穩定發揮作用，有效服務大局。

僑務資源戰略必須堅持僑務工作的基本方針、政策，堅持僑務工作的基本原則。要有利於海外僑胞的長期生存發展，有利於發展中國同海外僑胞居住國的友好合作關係，有利於推進中國現代化建設；要嚴格區別華僑華人國籍界限，堅持公開合法、積極穩定等。根據僑務資源優勢在海外和地區差異性大等特點，還應堅持因地制宜、互利共贏、和平發展原則。

實施僑務資源戰略、服務和平發展大局，應當處理好以下幾種關係：

1.「予」與「取」的關係。應堅持欲「取」先「予」的做法，注重培育僑務資源，著實幫助華僑華人在海外更好地生存發展；同時，做到取之有道、用之有節，「予」與「取」相生相長。切忌只講「利用」、「索取」，忽視培育、扶持和共贏的做法。

2. 目前和長遠的關係。僑務資源戰略在乎長遠，發揮僑務資源作用應將長期與近期相結合。無近難以致遠，無遠慮必有近憂。只有長遠的戰略規劃，近期目標和努力才具有最大的價值。切忌為了眼前利益，忽視長遠目標，勞民傷財、竭澤而漁。

3. 海內外的關係。僑務戰略服從並服務於國家發展戰略，努力營造良好的外部環境，擴大中國的國際影響力，推動構建和諧世界，同時更是為了更好地服務於國家發展大局。僑務資源優勢在海外，而優勢發揮的根本和基礎在中國。

4. 整體與局部的關係。僑務資源戰略思維的關鍵在於抓住它的系統性特徵。即把海外僑務資源和海內外的相關運作體系看成是一個系統的整體，用聯繫、發展、全面的觀點認識和判斷，力求把握事物本質的內在聯繫。它既重視僑務資源整體情況及其發展規律，同時注意地區和國別僑務資源的差異，制定既具有普遍指導意義又兼顧各方特點的政策措施，最大程度地發揮僑務資源效用。

5. 重點和一般的關係。實施僑務資源戰略在時空上要有輕重緩急，在工作對象、內容和方式方法上要做到點面結合、重點突出、虛實相形、務求實效。

四、發揮優勢，服務和平發展大局的重點

（一）發揮僑資僑智，在更高層次、更大範圍、更廣領域服務於中國

在此，一是要繼續積極有效引進僑資，服務於中國區域發展總體戰略和開放性經濟體系建設，發揮僑資在推動自主創新、產業升級、結構調整、區域協調發展中的積極作用，在擴大開放領域、優化開放結構、深化沿海開放、加快內地開放、提升沿邊開放中不斷提高利用僑資的水準。

二是大力引進海外僑智，特別是華僑華人高層次人才和緊缺人才，推動他們回國（或為國）服務，引進國外先進技術和管理經驗，扶持其創業、創新，參與國家重大項目科技攻關、重點實驗室和新興學科建設，為提高自主創新能力，建設創新型國家提供海外人才智力支撐。

三是要充分發揮華僑華人在中國實施「走出去」戰略、實施自由貿易區戰略以及開展國際能源資源互利合作中的獨特作用。透過華商網路為中國企業在研發、生產、銷售等方面的國際化經營，為推動雙邊多邊經貿合作，進

行戰略資源海外儲備等服務，合作共贏。東盟華商在「10 ＋ 1」自由貿易區建設中的作用尤為明顯。

四是積極引導僑資僑智構建和諧社會服務。透過投資現代農業、城鄉經濟社會一體化基礎設施、捐贈興辦各類惠農公益事業，致力於扶持農村文化教育衛生事業和農業科技進步，促進農業現代化，為中國解決農業、農村、農民問題。

（二）多形式、多層次推動中外交流合作，提升國家軟實力

軟實力主要是指一個國家的文化、政治價值觀的吸引力，以及外交政策及國際影響力。在中國和平發展的道路上，軟實力的建設和發展具有極其重要的意義，而文化軟實力是其中的核心內容。全球華僑華人是提高中國軟實力海外不可替代的積極因素，應發揮更重要的作用。

在促進中外友好交往方面，一是鼓勵華僑華人推動當地政經各界名流來華考察訪問，在推動雙邊外交關係正常化和發展中發揮作用；二是透過經濟合作紐帶穩固雙邊友好關係，推動居住國企業，特別是知名跨國公司來華投資合作，透過做好跨國公司華人高管的工作，進行關鍵技術方面的合作或轉讓；三是幫助引進國外智力，物色中國急需的先進技術、關鍵技術和實用性技術，物色頂尖人才來華技術指導、交流與合作，或在海外共同建立研發基地等；四是組織國外文化藝術團來華交流演出，豐富中國精神文明建設和人民群眾文化生活。

在傳播中華文明，提升國家文化軟實力，增強中國對外親和力與影響力方面，應大力扶持華僑華人在居住國多形式傳播中華優秀文化，促進中外文化之間的交流，增強中華文明的影響力，同時宣介中國和平發展政策和歷史文化，讓世界認識、了解、理解和喜愛中國。一是鼓勵更大規模、更高層次興辦中文學校，開展華文教育，並努力推動將中文課程納入國外高等、中等教育主流課程體系；二是透過中華傳統節慶以及藝術、武術、飲食等喜聞樂見的載體，傳播中華優秀文化，增強文化的滲透力，和增進居住國人民對中華文化價值觀的理解；三是做好海外新聞傳媒工作，繼續推動海外華文媒體

（包括華文網路）發展壯大，透過華僑華人推動當地主流媒體正面、客觀地介紹中國。

在加深了解、解疑釋惑、增進互信與合作方面，發揮華僑華人民間管道作用，大有可為。一是鼓勵華僑華人積極融入當地主流社會，參與當地選舉政治，表達民心民意；二是推動華人精英參政，在居住國政壇有一席之地；三是引導華僑華人培養影響當地主流社會的意識和能力，支持政治上有地位、經濟上有實力、文化上有造詣、社會上有地位的華人以多種形式在主流社會（包括在權力機構、公眾傳媒、大學講壇、國際組織等）發表對中國友好聲音，幫助消除「中國威脅論」以及各種反華勢力在國際社會對中國造成的負面影響，正面積極地介紹中國，維護中國良好國際形象。當然，不可忽視的是，也有一個使華僑華人不斷客觀了解中國內外政策、經濟社會發展變化的過程。

五、積極實施僑務資源戰略，推動僑務工作科學發展

僑務工作圍繞中心、服務大局、務實開拓，在落實僑務政策、凝聚僑心力量、服務經濟建設、促進中外友好與推動和平統一等方面取得了可喜的成就。從一九八○年代末以來，僑務工作的重心逐漸轉移到了發揮僑務優勢，服務於以經濟建設為中心的三大任務上來，著力於促進華僑華人來華投資合作、興辦實業，推動國家和地方經濟建設、社會發展。隨著改革開放的不斷深入和擴大，綜合國力的大幅提升，經濟全球化和國際合作的加強，中國高舉和平、發展、合作旗幟，奉行獨立、自主的外交政策，維護國家主權、安全、發展利益，以維護世界和平、促進共同發展為己任，堅定地走和平發展道路，僑務工作面臨著新的發展形勢、新的發展機遇和挑戰。特別是在目前世界金融危機形勢下，僑務工作的使命感將更為緊迫，更需進一步解放思想、實事求是、與時俱進，進行戰略（大局）思維，以將僑務工作推動進入一個新的更為寬廣的發展境界。實施僑務資源戰略就是推動僑務工作科學發展，服務於和平、科學發展大局的必然選擇。

僑務部門推動實施僑務資源戰略，首先，必須堅持以科學發展觀為指

導。科學發展觀的第一要義是發展，核心是以人為本，基本要求是全面協調可持續，根本方法是統籌兼顧。要本著科學發展觀的基本原則和要求來開展當前僑務工作。其次，要把它擺在各項工作的重中之重，予以研究部署、組織實施，明確戰略目標和任務、戰略內容和重點、戰略過程和階段、戰略措施和保障等。再次，抓住中心不放鬆，始終堅持培育僑務資源，發揮資源優勢，服務發展大局這一基本工作思路，以為僑服務和為國家和平發展大局服務為重點，以推進經濟合作和文化交流為主要手段，以資源為基礎，服務為關鍵，發展為目的，全面、深入推動僑務資源戰略的實施。然後，堅持以人為本、為僑服務宗旨，維護和發展好廣大僑胞的根本利益，特別是要積極保護海外僑胞正當合法權益，做到外交護僑、僑務為僑，把凝聚僑心、爭取僑心、促進海內外同胞關係和諧的工作擺到更為重要的地位。最後，加強統籌協調，促進僑務資源全面、可持續發展。僑務資源的形成和發展有其內在的規律，僑務工作必須遵循這種規律，並努力協調各方，謹守原則，培育僑務資源新優勢，爭取資源效益最大化。作為一種戰略資源，受到許多國家和地區的爭奪勢所必然。在此，我們要注意處理好海外重點區域與非重點區域僑務的關係，對於重點人物和普通華僑要處理好僑務資源利用和資源培育的關係等。

六、幾點思考

1. 把僑務資源戰略納入國家和平發展總體戰略部署，在統籌中國發展和對外開放、統籌海內外兩個大局中，重視僑務資源戰略的運用，列入各級政府的重要議事日程。

2. 僑辦在實施僑務資源戰略中應發揮主導作用，加強自身建設，增強系統優勢，會同（或協調）有關涉僑部門，制定戰略規劃，統一戰略部署，切實組織實施。

3. 加大僑務投入，重點支持海外華文教育和中華文化推介，提升國家軟實力。應以官方引導扶持、民間主導組織為原則，大力扶持深植民間的海外中文學校、各類傳播中華文明的載體和活動。

4. 加強華裔新生代和參政華人的工作，透過培訓、邀訪、合作等方式，培育一批在當地有政治和社會影響力、對我友好的中堅力量。

5. 壯大華商網路，推動「走出去」戰略有效實施。引導構建全球華商組織網路，扶持華商企業在海外進行戰略資源合作開發；中國企業走出去應借重華商關係，互利共贏；以經濟合作和文化傳承為紐帶，增強華商經濟力量和國際影響力。

總之，實施僑務資源戰略是中國進一步擴大對外開放，全面建設小康社會，實現和平發展，構建和諧世界的重要選擇，是新時期、新階段僑務工作發揮其獨特作用的重要途徑。我們要堅定方向，把握原則，審時度勢，抓住機遇，切實、有效地規劃實施，推動僑務工作實現新跨越，為中國和平發展貢獻更大力量。

（原載寧梅主編《學與思》文集）

關於僑務工作為中國發展大局服務的幾點認識

圍繞國家發展大局，積極凝聚僑心、發揮僑力，有所作為，是中國僑務部門的職責所在，也是這些年來僑務工作的基本經驗和做法之一。在「十一五」規劃期間，僑務部門為國家發展大局服務面臨著新的形勢、任務和要求，應當牢固樹立和認真落實科學發展觀，堅持以人為本和為僑服務宗旨，堅持為僑服務和為國家發展大局服務的系統統一，堅持為發展這個中國政府的第一要務而努力的思路不動搖，求實、創新，作出更大貢獻。

一、為國家發展大局服務是僑務工作的基本任務之一，最重要的是為經濟建設中心任務服務

中國以經濟建設為中心，堅持發展是真理，充分發揮海內外一切有利因素，推動經濟發展、社會進步、綜合國力的快速提升，取得了輝煌的成就。進入二十一世紀，中國遇到難得的發展機遇，經濟全球化日益加快，科技進步日新月異，人才、技術、自然資源的競爭更加激烈，和平發展和發展的國際化需要付出更多的努力和代價。面對發展的機遇和挑戰，中國政策思維的最大變化，是明確提出堅持以科學發展觀統領經濟社會發展全局，努力把經濟社會發展切實轉入科學發展的軌道。

科學發展觀是關於發展的世界觀和方法論的集中體現，核心是發展理論和實踐，是關於發展的內在規律的認識和總結。它強調的是實事求是的、符合客觀規律的和以人為本的發展，是全面、協調、可持續的發展。即一方面，堅持以經濟建設為中心，堅持發展是真理，堅持以發展為政府的第一要務，堅持用發展的辦法解決前進中的問題；另一方面，堅持轉變發展觀念、創新發展模式、提高發展品質，注重速度與結構、品質、效益相統一，經濟

發展和人口、資源、環境相協調。在當前的中國社會，以科學發展觀為指導，發展的重點在於增強自主創新能力、推進經濟結構調整和經濟成長方式的轉變，從而提高經濟成長的品質和效益。

為國家發展大局服務是僑務工作的基本任務之一，也是中國僑務得以不斷發展的基本經驗和做法，最重要的是為經濟建設中心任務服務。一九八〇年代後期，僑務部門的工作重心就開始從「撥亂反正」和落實政策，轉移到為以經濟建設為中心的「三大任務」服務上來。到一九九〇年代，中國已基本確立了僑務工作為經濟建設中心任務服務的指導思想。為此，從經濟、科技、文化、教育、宣傳以及聯誼等各個方面開展了形式多樣、內在實在的工作，尤其是在積極引進華僑華人資金、技術和人才方面，取得了明顯成效，為國家的對外開放和經濟建設作出了十分重要而獨特的貢獻。鄧小平、江澤民、胡錦濤等都對華僑華人在中國現代化建設的重要作用給予高度評價。鄧小平讚揚海外幾千萬「愛國同胞」是中國發展的「獨特機遇」。胡錦濤同志在接見全國僑務工作會議代表時指出：僑務工作在凝聚僑心、發揮僑力，為實現全面建設小康社會宏偉目標作貢獻方面大有作為。今天，僑務工作為發展大局服務就是要堅持以鄧小平理論和「三個代表」重要思想為指導，全面落實科學發展觀，堅持以人為本和為僑服務，緊緊圍繞發展的中心任務，發揮僑務資源優勢，多形式、多管道在更大範圍、更寬領域、更高層次為促進中國經濟社會更快、更好地發展等方面貢獻力量。

無疑，為發展大局服務是僑務工作的職責和使命所在，也是實現廣大華僑華人根本利益的必然選擇；新的形勢為僑務部門為發展大局服務提出了更高的要求。

二、僑務工作為國家發展大局服務的重點，是積極有效地引進華僑華人資金、技術和人才，為實施科教興國、可持續發展、人才戰略等一系列戰略服務

（一）引進華僑華人高層次人才和智力，促進中國高層次人才團隊建

設，和高科技產業的創新發展

創新是一個民族的靈魂。現代國際社會的競爭歸根到底是科技和人才的競爭。實施科教興國戰略和人才強國戰略關鍵還是在於人才。把增強自主創新能力作為科學技術發展的戰略基點和調整產業結構、轉變成長方式的中心環節，在實施新的開放戰略中要著重引進國外先進技術、管理經驗和高素養人才，並將引進的技術消化吸收和創新提高。這個關係到實現目標的關鍵環節，正是僑務資源的優勢所在，是僑務部門可以發揮其特殊作用的地方。

海外幾千萬華僑華人蘊藏著豐富的人才資源，僅美國華人中就有近五十萬名高級人才，六位諾貝爾獎得主。據相關部門統計，一九七八到二〇〇四年年底，中國共有八十一點五萬人出國留學，分布在世界上一百多個國家和地區。其中，學成回國的已達十九點八萬人；目前仍在國外學習的約四十二點七萬人；在國外定居、工作的約十九萬人，成為新一代華僑華人。在當今世界的所有高科技前沿領域幾乎都活躍著華僑華人的身影。可貴的是，海外僑胞專業人士對中國多有深厚的感情，願意為中國科技進步貢獻才智，願意抓住中國的發展機會實現自身人生更大價值。自一九九〇年代以來，新華僑華人專業人士回國（來華）創業、工作成為潮流，經過一番新的打拚，在各自領域取得了突出的成績。二〇〇五年，國務院僑辦授予的一百位回國創業者「傑出創業獎」中，九十七位在海外獲得過博士學位。他們有的創辦了高科技企業並有了良好的經濟效益，有的成為了重點學科、重點實驗室的帶頭人。他們的才華、智慧和勇於實踐的精神不同於一般外國專家的特點，使之成為中國科技創新、構築高層次人才團隊的不可或缺的力量。僑務部門應當把引進海外高層次人才和智力工作擺到更加突出的位置上。

（二）積極有效地利用僑資，促進中國產業結構調整、產業優化升級和區域經濟協調發展

改革開放以來，華僑華人、港澳的投資在中國經濟建設中的作用有目共睹、不言而喻。一般估計，迄今為止，華僑華人、港澳投資企業占中國外商投資企業的百分之七十，投資總額占中國利用外資額的百分之六十。少數地

區的比例甚至更高。然而，隨著中國經濟的快速發展，國內民營資本的不斷成長和跨國公司的大量進入，特別是中國入世後利用外資要求的提高，僑資的進入面臨著新的形勢，乃至嚴峻的挑戰。

在新的形勢下，利用僑資必須符合國家指導外商投資方向政策，更加注意引導僑資投向中西部地區，投向農業、基礎設施、高科技產業、現代服務業等，參與國有企業的改組改造，不斷提高利用僑資的品質和水準。當代海外華僑華人經濟的發展為我們開展更高層次地利用僑資的工作創造了條件。海外華人資本是與猶太裔、印度裔資本並列的世界三大經濟力量之一。華人經濟的發展已逐漸突破了家族式、傳統型，以貿易、地產等為主要領域的經營模式，注意進行企業結構調整、提升產品層次、拓展新領域以及實現管理的現代化，一批華人跨國企業集團崛起，歐美地區出現了一批科技型企業家，海外華人的資金、技術與人才呈現出結合的趨向。中國市場對於僑資仍然具有強大的吸引力，華商企業在中國市場仍然在技術、管理、人才及國際化網路的連接上具有自己的優勢。最重要的是，實踐證明，僑資更容易在地化。其所具有的優勢使之成為推動中國經濟協調發展的重要力量，在實施西部大開發、振興東北地區等老工業基地、促進中部地區崛起、鼓勵東部地區率先發展等一系列戰略過程中已經並將繼續發揮十分獨特的作用。

（三）充分借用世界華商網路，推動中國有比較優勢的企業「走出去」，實現國際化發展

遍布世界各地的華僑華人及其網路是一種與其具有的資本的、人才的資源優勢同等甚至更加重要的資源和財富。這種網路不只是華商之間的關係，還是華商與世界乃至中國與世界連接的便捷通道。這種網路又不只是網路本身而已，還是一種人才、資金、關係等各種資源的強勢組合。同時，華僑華人在居住國深厚的人脈關係更突顯出這種網路的重要意義。這種網路已經引起了許多國家的重視。這一點從連續舉辦了八屆的世界華商大會即可得到證明。

時任馬來西亞首相馬哈迪爾在第七屆世界華商大會上做了題為《寰宇華

商一心一德，全球企業共存共榮》的精彩演講，稱「我們必須承認，如果沒有海外華人，東南亞的經濟狀況肯定不會像今天般有活力」;「海外華人之所在，是一條貫連馬來西亞、泰國、新加坡、印度尼西亞、越南、柬埔寨與中國的共同主線」。韓國總統盧武鉉在第八屆世界華商大會開幕式上致辭時表示，「華商已經成為對全球經濟影響最深的經濟體」。

中國經濟的發展已不再只是GDP的成長和國內財富的積累，還有在此基礎上的國際化發展。中國構築和諧世界的理想，企業「走出去」發展的實際，都不只是依靠主觀的努力而已，還有國際社會的理解、認同和接納。華僑華人及其商業網路是一條最經濟、最便捷、最有效的讓中國走向世界、讓世界了解中國的通道。這條通道的價值是無論怎樣估計都不會過分的。用戰略眼光高度重視華商網路的意義，並付諸實際的作為，這首先應當是僑務部門的工作選擇。

三、處理好幾種關係，不斷提高僑務工作為國家發展大局服務的水準和成效

（一）僑務工作與經濟科技工作的關係

僑務經濟科技工作是僑務工作的中心工作之一，它有著僑務工作的一般性特點，必須遵循僑務工作的一般規律、基本理論、基本原則和基本方法去進行。它不同於一般經濟、科技或人事等部門開展引資引智的工作，不是一種單純的引資引智行為，而是僑務部門透過經濟科技工作開展僑務工作，更具針對性地開展華僑華人工作。

僑務經濟科技工作也是中國經濟科技工作的一個重要組成部分。僑務部門開展經濟科技工作必須按照中國經濟科技工作的總體部署、基本原則及要求，遵循經濟工作和科技、人才工作的基本規律去進行，必須了解並執行中國經濟工作和科技、人才工作的有關政策法規。只有這樣，才能使僑務經濟科技工作更加貼近國家經濟建設中心，符合發展大局要求，把我們的工作做到為經濟建設和科技進步服務的關鍵點上。

（二）國外僑務和國內僑務的關係

僑務經濟科技工作，從服務對象來看，它既有海外廣大華僑華人工商企業界和科技界人士，也有中國相關行業部門、企事業單位等。從服務內容來看，在國外，要透過多種途徑幫助華僑華人工商、科技界人士的事業更好發展；在中國，要幫助回國（來華）投資、創業的華僑華人工商、科技界人士解決其遇到的各種各樣的實際問題，積極維護僑商企業和回國創業人士的合法權益，促進他們之間的交流與合作。從方式方法來看，它必須了解海外華僑華人和國內經濟、科技發展的現狀、特點，特別是其需求狀況，並為兩者的溝通、了解與合作架起一座有效的橋梁，做到情況熟悉、服務到位、具有實際效果。從某種意義上說，僑務經濟科技工作是一項將海外華僑華人的資本、技術和人才資源與國內市場進行結合的工作，具有將海內外兩種資源、兩個市場結合的特點。

（三）僑務經濟工作和僑務科技工作的關係

從工作對象來看，前者主要做華僑華人工商企業界人士的工作；後者主要做華僑華人科技界人士的工作。從工作的內容來看，前者主要做引進華僑華人資金的工作；後者主要做引進華僑華人智力和人才的工作。隨著中國經濟建設的不斷深入和擴大，利用外資水準的提高，引進華僑華人資金、技術和人才的工作越來越呈結合的趨勢。引資的工作離不開引智，引智的工作往往與引資結合在一起。實際上，只有實現這種結合才能適應引資引智形勢發展的需要，適應國家創新與經濟結構調整的需要。引進人才通常要與引進項目和資金相結合，引進資金也要遵照國家產業政策，注意引導投向高科技產業，使資金與技術含量較高的項目與先進管理經驗相結合。

（四）引進與服務、管理與協調的關係

僑務部門透過推動引進華僑華人資金、技術和人才，來體現為僑服務的宗旨和實現為中國現代化建設服務的任務。僑務經濟科技工作主要的、大量的是一種「中間」服務性的工作。作為政府部門，在一定程度上又具有管理、協調引進華僑華人資金、技術和人才工作的職能。在涉僑「三引進」工

作社會化色彩較濃的情形下，僑務部門應當做好引導、管理、協調和服務工作。在引進工作中，不等待、不旁觀，積極參與，主動開展工作。對涉僑經濟科技工作進行必要的協調，做到不失職、不越位，能夠借助其他部門的優勢，共同做好引進華僑華人資金、技術和人才工作。應學會當主角，也要能當配角，不斷提高水準，演好角色。同時，要把引進後的服務工作，特別是幫助企業排憂解難，維護其正當合法權益，推動形成良好的投資、創業環境，擺到更加重要的日程上。

（五）項目合作與考察交流的關係

僑務部門應全方位、寬領域、多層次地開展「三引進」工作，既根據專業或行業特點組織、引導華僑華人工商、科技界人士前來考察交流，增進他們對中國開放開發、社會進步等各方面的了解，更以項目為依託，推動促進華僑華人工商、科技界人士與國內的切實合作，並為此搭建有效的平台；既重視引進華僑華人資金，更重視引進華僑華人高科技、人才和國外先進管理經驗。項目合作有投資方面的，也有技術、人才方面的。僑務部門運用經貿、科技、人才等方面的洽談會、對接會、交流會、專家團等形式開展了頗具特色的引資引智工作。

總之，僑務部門以鄧小平理論和「三個代表」重要思想為指導，圍繞經濟建設中心任務，以「興國利僑」活動統攬全局，與時俱進，務實創新，使僑務經濟科技工作創出了自己的「品牌」，積累了豐富的經驗，取得了突出的成效。這些好的經驗和做法，其中最重要的一點就是始終把關係到最廣大僑胞的根本利益、把代表先進生產力發展方向的國家經濟科技發展中的大事放在各項僑務工作的首位。同時，堅持為僑服務和為經濟建設、「科教興國」服務的系統結合，堅持發揮「品牌」的帶動和示範作用，堅持促進合作和維護權益並重，堅持實事求是，注重工作的實際效果，堅持協同配合，注重工作的整體效能。僑務部門仍然需要牢固樹立為國家發展大局服務和為僑服務統一的指導思想，落實科學發展觀，務實創新，開拓進取，爭取有更大的作為和貢獻。

（原載《八桂僑刊》）

華僑華人與中國社會經濟發展

一、導言

無論是研究華僑華人與中（籍）國的關係，還是研究中國社會經濟的近代化與現代化進程，華僑華人與中國社會經濟發展的關係問題始終是其中的重要層面。一九七○年代末以來，中國加快了經濟建設的步伐，日益貼近世界發展的潮流，華僑華人與中國經濟的聯繫顯得尤為重要。近些年來，中國的經濟成就不僅給中國社會風貌帶來了巨大的改觀，而且對國際社會也產生了深遠的影響。任何人只要站在客觀、公正的立場，都不會無視中國經濟迅速發展這一事實。許多人都在重新估價中國經濟發展的實力。世界銀行的一份報告指出，包括中國大陸、香港和臺灣在內的「華人經濟區」（實為中華經濟區）將在今後十年發展成為全球經濟的第四極，與美國、日本、德國並駕齊驅；「華人經濟區」是亞洲經濟發展的主要動力。「第四發展極」的說法已得到了越來越多人的認肯，有人甚至認為，二十一世紀是中國人的世紀。中國無疑已成為亞太世紀來臨的人們注目的一個焦點。雖然對於中國經濟未來發展前景的種種樂觀的預測尚有待於時間的檢驗，但是，近十年來中國經濟發展的速度有目共睹，中國是當今世界上經濟成長速度最快的國家之一。

為什麼中國經濟有如此迅速的發展呢？

究其原因是多方面的，從中國國內方面看，主要有安定的社會環境、豐富的自然資源與人力資源、創造精神的煥發、日益改善的投資環境和投資優惠政策、中國巨大市場對國際資本的吸引力等等。從國際方面看，主要有國際資本開始大規模地流向中國市場、「冷戰」結束後惠賜給中國的不可多得的發展機遇、與周邊國家和平的關係等，使中國能夠集中精力從事經濟建設。

很顯然，外資對於中國經濟的發展起著直接的推動作用。而在流向中國的外資中，海外華人的資本占有重要的比重。對於海外華人投資中國的歷史和現狀，人們有了較多的描述。林金枝教授認為，一九七九到一九八八年上半年，海外華人、香港與澳門在中國大陸的投資有五十二億餘美元，占同期外商在華投資的百分之五十五。[3] 由於華僑華人與中國在文化、種族等方面的特殊關係，海外華人資本向中國的流動一時間成為人們議論的一個熱點；或認為「華僑資本已大量流入中國，這是中國經濟成長的支柱」；或認為華僑華人在幫助中國現代化。在東南亞，一些國家的偏執人士對於華人資本流向中國表示擔憂與不滿。華僑華人對中（籍）國的投資對於他們自身的發展也起了很大的影響。

二、簡短的歷史回顧

華僑華人關注中國的經濟建設並不是現代才有的現象。近代以來，除了某一特定時期之外，華僑華人始終沒有間斷過對中國經濟建設的支持。它大致可以分為以下三個大的時期：

（一）晚清時期（一八六二到一九一一）

晚清政府拋棄了行之既久的「棄僑」政策，代之以「護僑」，原因之一就在於他們發現了華僑經濟的潛力以及使之「富國強兵」作貢獻的可能。清政府對海外華僑的一定程度的保護與重視，極大地激發了華僑的民族主義思想，加強了華僑的中國歸屬意識，華僑感到了靠山的存在，長期被壓抑的中國情結勃興，華僑把自己的熱情寄託到了中國的強盛之上。

一個明顯的事實是，中國近代民族工業的形成與發展中的許多紀錄都是由華僑創造。據計，一八六二到一九一一年的近五十年間，華僑投資國內的企業約三百五十一家，投資金額折合人民幣約五千五百一十五萬元。[4] 主要集中在閩粵兩地，分布在商業、交通運輸業、金融業等行業。這些華僑企業對於改變中國封閉性的社會面貌，刺激中國民族企業興起起了巨大的作用。

（二）民國時期（一九一二到一九四九）

這一時期，華僑踴躍加入到民族經濟建設的團隊中，關於華僑在中國投資的情況可以分為這樣幾個階段：

1. 初步發展階段（一九一二到一九一九）。投資企業一千零四十二個，投資額七千一百萬元，主要投向工業、商業、交通運輸業、金融、房地產等行業。

2. 繼續發展階段（一九一九到一九二七）。投資企業五千九百零四個，投資額一萬六千五百七十四元，主要投向房地產、金融、工業和商業等行業。

3. 高潮階段（一九二七到一九三七）。投資企業一萬兩千兩百五十三個，投資額兩萬五千零二十五元，主要投向房地產、商業、工業和交通業等行業。

4. 衰落階段（一九三七到一九四五）。投資企業一千兩百七十一個，投資額兩千八百零一萬元，主要投向房地產、農礦業和商業等行業。

5. 回升階段（一九四五到一九四九），投資企業四千六百八十七個，投資額六千零一十一萬元，主要投向房地產、商業、交通業和工業等行業。

縱觀近代華僑投資國內企業的歷史，不難看出，它具有這樣幾個突出之處：

1. 投資活動雖未間斷，且經歷過高潮期，但投資數額與外國壟斷資本、官僚資本相比是相當小的。這是與華僑資本的實力、中國國內動盪的政治形勢相連繫，國內投資只是華僑資本的流向之一。

2. 濃厚的鄉土觀念是引導華僑投資的重要力量。他們多選擇自己的家鄉（祖籍地）投資。這樣即使投資虧本也可以自慰為對家鄉的奉獻。

3. 利潤是華僑國內投資的基本驅動力。企業都是為了利潤，這是一條規律。這或許可以解釋為何華僑投資房地產者如此之多。第一次和第二次世界資本主義經濟危機期間，華僑資本受到了嚴重的打擊，中國城市建設的發展，正好為華僑資本的增值提供了一條好途徑。同時，中國人本來就具有買地養老的文化傳統。房地產之外，商業性投資可以較快地收回成本並獲取利潤，因而也是吸引僑資的重要行業。

4. 華僑投資中國最主要的作用，在於促進了中國民族資本經濟的發展和閩、粵、滬等東南沿海地區城鄉社會的進步。據計，近代華僑資本占廣東民族資本的百分之四十，占福建民族資本的百分之六十，占上海民族資本的百分之十。華僑帶來了先進的近代工業技術和管理經驗，有力地改變了投資地區的社會面貌，加速了這些地區的近代化進程。華僑重點投資的房地產是與城市發展直接相關的。城區的開發、市政工程的建設、城市公用事業（如電燈、電話、自來水等）的興辦、近代工業的崛起、以銀行業為主的金融網路和以進出口為龍頭的商業網路的建立，等等，不僅使城市的外觀增添了許多新的氣象，而且使傳統意義上的城市在發生根本性的變化，日漸脫胎而成為近代化的城市。[5] 而這種意義上的城市化運動是引導中國社會經濟發展的主要動力之一。

（三）中華人民共和國時期（一九四九年至今）

這一時期，華僑華人的中國大陸投資可以分為如下三個階段：即一九四九到一九六五年為第一階段；一九六六到一九七八年為第二階段；一九七九年至今為第三階段。

一九四九到一九六五年，華僑大規模對中國的投資已相當之少。為了適應中國公有制經濟的建立與發展，政府對華僑及華僑資本制定了一些新的政策。這主要包括華僑在中國私營工商業的改造和鼓勵華僑回國投資興辦實業這樣兩個方面。一九五〇年冬，開始了大規模的土地改革運動，建立土地公有制。一九五三年，這一工作基本完成，隨之開始了對私營工商業的改造，具體辦法是全面公私合營。原則上根據華僑對原企業的占有情況承認華僑在現企業中的股權，按年領取股息。公私合營雖然改變了原僑資企業的屬性，區別於私有制的本質，但僑資企業並沒有因此一蹶不振，而是仍然獲得了一定的發展。華僑對中國經濟建設充滿熱情，一九五七年在廣東、福建組織

「華僑工業股份有限公司」的經驗基礎之上，成立了全國性的「華僑投資總公司」，以各地的華僑投資公司為分支機構。先後在粵、閩、桂、滇、魯、遼和滬、津、武漢、南京、溫州十一個省（區、市）成立了類似公司。

華僑投資公司具有典型意義，它是國家經營的金融信託企業。華僑投資的資金由國家統一調配，投資的企業由國家統一管理，華僑按銀行存款形式領取股息。實際上，它已成為華僑在國內投資的唯一形式，也是他們除僑匯之外用以贍養國內眷屬和子女教育的另一主要方式。據計，截至一九六三年，各華僑投資公司興建的廠礦（場）企業計一百餘家。到一九〇年被撤銷為止，華僑投資公司共吸收華僑投資五千七百萬美元。

一九五〇年代，中國政府對海外華僑的政策有了重大改變。如透過正常的途徑解決華僑的雙重國籍問題，鼓勵華僑加入當地國籍；鼓勵華僑資本和當地民族資本合作，特別是鼓勵華僑商業資本與當地人民合作，發展有利於當地人民生計的事業，「推動和支持華僑商業資本轉營工業，列入國內（指僑居國）規劃」[6]。這種政策對於華僑資本的在地化，緩和華僑與當地民族的矛盾，發展居住國的民族經濟等無疑起了積極的作用。這表明中國政府已改變了過去那種一味強調華僑投資國內、為中國貢獻的做法，注意從華僑的實際處境來考慮解決華僑所面臨的問題，並將之納入到正常的外交規範中。

然而，隨後由於「左」路線的干擾，尤其是「文革」的破壞，僑務工作成了「重災區」，嚴重挫傷了海外華僑關心中國經濟建設的積極性，「海外關係」甚至被視為危險的與反動的而被拋棄。

三、 一九八〇年代以來華僑華人對中國經濟建設的支持

一九七九年，華僑華人的投資呈現出一派熱鬧的景象。除一九八九年、一九九〇年略有波動之外，投資一直呈上升趨勢。

據林金枝教授的估計，一九七三到一九九一年，外商在中國大陸的投資額為兩百六十八億八千五百萬美元，其中海外華僑華人資本約十五億美元，占外商總投資的百分之五點五七。[7] 由於海外華人的投資或透過香港進入大陸，或融合了其他資本（外資）進入大陸，因此，其實際投資額比這要大得

多。[8] 同一期間，香港、澳門的資本約一百三十九億三千兩百萬美元，占外商總投資的百分之五十一點八二，臺灣商人在大陸的投資也迅速增加。

一九八四年、一九八八年和一九九一年曾三次掀起投資高潮。從投資地區來看，最初主要是經濟特區和開放城市，後來擴展到縣級僑鄉，漸漸地內陸各地也競相招引僑資。不過，廣東、福建、海南、上海等地仍然是吸取華僑華人資本最多的地區。

從投資行業來看，輕工紡織、電子機械和農牧業等都有，但以飯店、服務業為多。一九九一年以來，投資房地產出現熱潮，一些大財團或購置開發區，或成片進行城區改造。如一九九二年，菲律賓亞洲世界（國際）集團與河南簽訂協議，擬在洛陽綜合開發，總投資規模約二十億美元。馬來西亞的郭鶴年集團、印度尼西亞的三林集團和力寶集團、泰國的正大卜蜂集團等都在大陸有大手筆。工業、能源、交通等方面也已引起華人投資者的興趣。目前，中國大陸的許多大中型企業正面臨著改造難題，一些有遠見的華人商家透過聯營乃至收購等形式來進行資本滲透，獲取巨利。可以說，華人資本為追求利益，在投資領域上已達到了無孔不入的地步。

從海外華人投資來源來看，東南亞華人仍然占據優勢。其中，泰國、新加坡、馬來西亞、印度尼西亞、菲律賓等國居多。但是，與東南亞華人的經濟實力相比，他們在華的投資是極小的一部分。近代史上，他們是中國投資的主力，如今則遠遠趕不上流向大陸的香港及臺灣資本，他們的投資規模則仍然受到了許多因素的制約。

不過，隨著中國這一市場的進一步開放，海外華僑華人的投資熱情將繼續升溫，從而迎來一個真正的大陸投資高潮。

四、華僑華人與中國經濟發展的互動關係及其意義

從華僑華人投資中（籍）國的歷史與現狀可以看出，他們的這種經濟活動對於中國經濟的近代化起了很大的推動作用，而中國經濟的發展對於海外華人的發展也產生了越來越大的影響。

（一）對中國方面

注入資金，引進技術，興建工、商、農、能源等類實體，從而促進了城市經濟的發展和僑鄉面貌的改觀。這是海外華人投資中國所帶來的最明顯的變化與影響。尤其是對僑鄉經濟的發展作用更大。例如，廣東從自己發展的事實中總結了「無僑不快，傷僑必失」的道理。

廣東、福建、海南三大僑鄉發生了驚人的變化，可謂一日千里。最主要的表現是三地經濟實力的增強和城市化過程的加快。從經濟實力來看，①在國民生產總值方面，從一九七八年到一九八九年，平均成長率在廣東為百分之十二點七，福建為百分之十點九，海南為百分之九點七。其中，廣東省一九七八年的國民生產總值在全國列第七位，從一九八九年起躍居全國首位。②在進出口貿易額方面，一九九一年廣東省即有兩百一十六億七千萬美元，占全國出口總額的百分之十六。福建省在一九七九到一九九一年間累計出口額為一百二十二億九千萬美元，為一九四九年以來總和的十倍，年平均成長率為百分之二十二點九。

從僑鄉城市化的迅速發展來看，首先，城市增多與增大，並形成城市群帶。一九八〇年代以來，經國務院批准先後撤縣建市或從縣級市上升為地級市的有廣東的臺山、順德、東莞、中山、潮州、揭陽、汕尾、梅州；福建的石獅、晉江、福清等。如汕尾建市五年以來，工農業生產總值成長了百分之八十五點一，出口創匯增加了百分之兩百三十八點九，一九九二年，外商投資成長幅度居全省之首。石獅市自一九八七年從晉江分出以來，由於發揮了海外鄉親眾多的優勢，如今已逐漸發展成為一個開放的現代化的城市，人稱「沒有華僑就沒有今天的石獅」[9]。在城市化的過程中，珠江三角洲逐漸形成了以廣州為中心頗具特色的城市群（或稱城市集聚區）。正是以這一城市群為核心，形成一個令人矚目的「華南經濟圈」。

其次，鄉村城市化。它反映在鄉鎮經濟的發展，鄉鎮企業及其產值的成長，人民生活水準的大幅度提高和現代化生活觀念的普及，農村人口的大規模城市流動等方面。這樣，一方面，城市化的過程在加快；另一方面，城鄉經濟趨於一體化。僑鄉鄉鎮社會正以一種嶄新的面貌立之於世。僑鄉城鎮化的發展最主要的動力在於經濟，這與幾千年來中國城市是依靠行政力量、為行政服務、以行政為中心而建立的模式是迥然不同的。深圳、珠海在十幾年前還是一個小漁村，如今已成為擁有幾十萬、上百萬人口的現代化大城市，這是僑鄉城市化道路的一個縮影。

海外華人對中國的投資還有一個重要的作用是，它幫助了中國進一步開展，堅定了中國政府實現經濟現代化的決心。許多人都意識到，中國大陸的經濟改革能否獲得成功，海外華人的支持是主要因素之一。

此外，以僑搭橋、「穿針引線」是中國引進外資的一個重要途徑。華僑華人運用資訊的優勢、良好的信譽，向中國引進外國企業集團。今後，這一功能的發揮，將對中國的現代化建設產生越來越大的影響。

（二）對華僑華人方面

海外華人對中國大陸的投資對於他們自己也有重大的影響，這主要表現在：

1. 投資報酬率高，增強了華僑華人投資的信心及其資本的實力。中國對華僑華人投資制定了特殊的優待政策，以吸引他們的投資。中國是個正在開放的大市場，勞動力廉價，投資利益可觀。而且，作為大多數海外華人的故鄉——廣東、福建、海南等地與國際市場的聯繫極為方便，為投資外向型企業創造了條件。這樣，在中國投資成本低、回本期短、風險小、回報率往往高出其他地區幾倍。

起初，許多海外華僑華人在其祖籍地捐資興辦公益事業。現在他們正由捐資轉向投資。投資的利潤既壯大了自己的事業，也可用其中的一部分來捐獻給社會，以樹立自己良好的社會形象，為自己事業更大的發展奠定了基礎。

2. 促進了華僑華人資本的國際化。海外華人資本的國際化已經成為一個趨勢，投資中國正是這一趨勢中的一個環節。人們可以從大量的事實中發現，華人經濟在其發展目標、管理模式、投資活動、產品生產和銷售市場等方面都已邁向國際化。他們的資本已不再局限於在居住國投放，而是在努力開拓國際市場，進行跨國經營。例如，新加坡華人企業集團既投資東南亞，也投資澳、美，沒有理由唯獨把投資中國看成是一種資本回歸行為。華人資本的國際化，尤其是向中國投資，有助於海外華人地位的提高。

3. 帶動了華人所在國經濟的發展。在東南亞的一些國家，有人對華僑華人投資中國表示不理解，並把它與近代東南亞華僑匯款給中國、在中國興辦實業相提並論。實際上，這種擔心是多餘的。由於海外華人政治認同問題的基本解決，華人經濟已成為當地民族經濟的一個組成部分，華人投資中國是一種對華人所在國的社會有利的投資行為，與對近代中國的投資是不可同日而語的。在中國方面看來，華人資本不同於華僑資本，前者屬於外資的範疇。實際上，海外華人與中國經濟往來可以被看作是國家之間經濟合作的一部分。

4. 有利於海外華人地位的提高。社會地位主要包括政治和經濟兩大方面。投資帶來了利益，增強了企業實力，華人的經濟地位無疑會進一步提升。與此同時，華人資本是各所在國借重的經濟力量，是在各該國與中國貿易的重要媒體，因此，也有助於華人爭取政治地位。政治認同解決之後，經濟力量將是華人政治地位提升的重要的基礎。而中國的經濟發展、國力增強和走向世界，也必將影響到海外華人社會地位的改善。

（三）海外華人與中國經濟的密切聯繫能否形成華人經濟圈

由於華人之間經濟國際化聯繫的日趨增多，尤其是中國大陸投資熱興起之後，關於「華人經濟圈」的說法十分熱鬧。目前看來，中國南方的廣東、福建、海南或許能與香港、臺灣結成一個經濟成長區[10]，但這一區域與東南亞連為一體則是不現實的。之所以如此，是因為，任何真正的貿易區或經濟國際化網路的形成都不能脫離特定的政治環境而存在，尤其是在東方國家，一方面，這裡尤為強調政府權威；另一方面，華人問題是一個敏感問題。

現代的華人從根本上有別於老一輩的華僑。在新一代華人眼中，中國是一個外國，並非他們的中國。他們在政治、經濟、文化等方面在地化的特點使他們感到與中國結成一個所謂的「圈」是得不償失的，也不可行。他們到中國投資是因為那裡有利可圖，如同他們投資他國或歐、美、澳等地區一樣。當然，由於華人之間在語言、文化、歷史遭遇及經濟需求等方面的共性，他們相互間經濟合作的趨勢會不斷加強。

（原載《八桂僑史》）

淺談海外華商與當代中國經濟發展的互動關係

一、問題的提出

眾所周知，海外華商在中國經濟建設中發揮了不可替代的巨大作用，為中國的經濟繁榮和社會進步作出了「獨特」的貢獻。最初，深圳、珠海、汕頭、廈門四個經濟特區的設立，即是因為這裡毗鄰港澳，在東南亞等地的華僑多。據相關統計，在二〇〇三年中國利用外商直接投資中，有百分之六十以上的外資為華商（含港澳）投資，百分之七十以上的外資企業為華商投資企業。在一九八〇年代，廣東等地這一比例更高。「無僑不快」、「打僑牌」成了許多地方加快經濟發展的一個法寶。

在新世紀，為促進中國經濟持續快速協調健康地向前發展、加速全面建設小康社會進程，仍然需要大量吸收外資，並不斷提高利用外資的水準。然而，在新一輪利用外資的熱潮中，一方面，海外華商迫切希望能在中國得到更多的商機，進一步發展壯大自身實力；另一方面，由於中國對外資進入提出了更高的要求，中國民營經濟的崛起以及跨國公司的紛紛搶灘，使海外華商在華投資面臨著更加激烈的競爭和挑戰。同時，中國經濟的外向型發展，對海外尤其是東南亞華商產生了較大的影響。在此背景下，有兩種觀點值得注意，一是在中國國內，認為目前中國「資金過剩」，或認為利用外資的重點是跨國公司，海外華商則因其資本規模、經營模式、技術管理等方面的不足而被視為無足輕重，以致有的地方官見到「洋商」即高禮遇，見到華商則不冷不熱、不以為然；二是在華商，則認為在華投資越來越難，中國商品衝擊越來越大，希冀、焦慮、徬徨和等待之情相交織。

那麼，中國經濟發展和利用外資政策的變化，對海外華商來華投資究竟有哪些影響？海外華商在中國經濟新的發展進程中可以繼續發揮怎樣的作用？如何整合海外華商資源，積極、合理、有效地利用華資，為國家發展戰略服務？這些都是值得探討並加以回答的問題。

二、當代海外華商經濟發展的特點及趨勢

要認識海外華商的地位和作用，推動華商實現自身事業的更大發展，首先就要對華商經濟的現狀、特點及發展前景有一個基本了解。

在經濟總量上，據英國《經濟學人》雜誌估計，世界華人擁有的資金在兩萬億到三萬億美元。這幾近二〇〇三年中國 GDP 的一倍。華人與猶太人、阿拉伯人被認為是世界上三大善於經商的民族。美國《富比士》雜誌公布的二〇〇四年全球十億美元以上資產富豪，華人有三十九人，李嘉誠以一百二十四億美元居亞洲首富。據相關統計，海外前一百位華人富豪共有資產約一千三百億美元，相當於廣東省二〇〇二年的 GDP 總值（一千四百二十五億美元）。《亞洲週刊》排出世界華商五百強，其總資產達五千九百一十億美元。無疑，世界華商已成為國際資本中一支不可忽視的重要力量。

在地域分布上，華人經濟力量主要集中在東南亞地區，特別是新加坡、馬來西亞、泰國、印度尼西亞、菲律賓等國。華商在當地經濟中占有突出的地位，在某些行業甚至具有支配作用。當今世界最具經濟實力的華商，除香港、澳門外，主要在東南亞。需要指出的是，拜中國經濟強勢發展和「新經濟」高速成長所賜，在澳洲、歐美等地也湧現了一批實力不凡的華商企業家。如一九九〇到一九九八年間，美國矽谷七千八百二十六家高科技企業中，有一千五百三十六家（約占總數的百分之二十）為華人所辦。雅虎創辦人楊致遠在二〇〇四年全美四百位最富有的人中居第九十四位，成為新一代華商精英的代表。澳大利亞、加拿大、祕魯等地也有華商躋身於當地最富有者之列。

此外，在經營領域上，華商繼續在房地產、金融、工商、製造以及餐飲、旅遊等領域長袖善舞的同時，開始在高科技行業破浪前行，如在美國，

華人科技型企業家的成長引人注目。在發展規模上，華商企業集團越來越多，並借用國際華商網路在區域經濟合作中尋取商機、整合資源，努力分散風險、拓展發展空間。華商企業在管理模式上不斷實現傳統與現代相結合，在投資趨向上實現本土與國際相結合，使之具有一定的比較優勢和抵禦風險的能力。

三、海外華商與當代中國經濟的互動合作

海外華商與中國經濟的互動合作經歷了一個發展的過程。其主要形式表現為來華投資、進出口貿易和與中國企業在海外合作等。一九八〇、一九九〇年代，以前兩種形式為主；進入新世紀，第三種形式呈加強趨勢。

華商來華投資的領域主要分布在輕工紡織、食品、電子通訊、生物醫藥、化工建材、鋼鐵和機械製造等行業，以及房地產、酒店和零售等服務業。在地區上，從以前集中在沿海發達地區和中心城市，開始流向中西部地區，一些華商企業已在中西部省分立足，並取得了不俗的成績。如在重慶即已聚合了「融僑」、「商聯」等一批知名華商投資企業。隨著中國新的發展戰略的實施，海外華商也在因應形勢，調整策略，揚長避短，謀求更大發展。

當前，一個顯著的特點是，海外華商與中國經濟之間的互動合作，特別是中國經濟發展對海外華商的影響較之以往任何時候都強烈；同時，海外華商對中國經濟新的發展又有其更加重要的意義。

1. 中國商機吸引海外華商繼續以各種形式參與其中，並形成了新的來華投資合作高潮。華商來華投資有其與中國在文化和種族上淵源關係的影響，有中國鼓勵外商來華投資政策的推動，但更重要的是有可觀的投資利益回報。中國是當今世界最大的開發中國家，市場潛力巨大，政策環境寬鬆，政治社會穩定，勞力資源低廉。二〇〇三年，中國人均收入超過一千美元，已成為世界上吸引外商直接投資最多的國家。中國經濟的全面協調發展和日益融入世界的趨向，為海外華商提供了廣闊的合作發展空間。海外華商與中國合則雙贏。而合作或融入的趨勢是必然的，因為兩者都有其合作的內在需求。

2. 中國新的發展戰略需要海外華商在更大範圍、更寬領域、更高層次的參與，海外華商在這種參與中謀求自身利益的最大化。如中國正在實施「西部大開發」、「振興東北地區等老工業基地」、「走出去」等戰略，加速東部發展和中部崛起，積極推進中國和東盟即「10 + 1」自由貿易區等區域性合作，海外華商都可以發揮其不可替代的作用。華商企業所具有的文化內聚、經營靈活、商業網路等優勢可以幫助其便捷地深入到中國市場的各個角落，並易於與本土資本、市場相結合。

在中國積極參與國際經濟的合作與競爭過程中，更是離不開也不應該離開海外華商的合作和支持。這從中國產品走向世界、中國企業的跨國發展中就看得十分明顯。以中國與東盟的區域經濟合作而言，離開了這個地區人數眾多、實力雄厚、關係廣泛的華商的參與，這是不可想像的。相反，我們更應該做的是，如何充分發揮該地區華商的作用，以推進這一合作進程，並使華商因此而得利。這是一個經濟問題，其實更是一個國際政治問題和發展戰略問題。

又以「中國製造」（made in China）而言，中國產品在世界產生越來越大的影響，世界透過中國產品對中國形成越來越多新的積極的認識，這要在功勞簿上為海外華商重重地記上一筆。散居於世界各地的華商以其勤奮、智慧和所擁有的商業網路，為中國產品走向世界發揮了主力軍的作用。溫州金屬打火機占全球市場的百分之七十，中國製鞋出口占世界市場份額的百分之六十二點六，此外還有紡織品、電機產品等外銷，其中最重要的海外推手是祖籍浙江、福建以及廣東等地的海外鄉親。

我們也注意到，中國有少數企業如海爾集團、華為集團、康佳集團、中興通訊公司、格蘭仕公司等，在美國設立了研發機構，其成員也以華人科技人員為主。一些中國知名企業開始與東南亞華商合作建廠辦企業，進行適合當地市場特點、試銷對路的產品生產。

3. 中國利用外資水準的提高，中國市場競爭的加劇，都要求海外華商盡快適應新形勢，提高參與中國市場「蛋糕」分割的競爭能力。隨著經濟全球化和中國加入世貿組織，中國的經濟，特別是產業發展進入了一個新的階段。政府更加注重積極、合理地利用外資，引導外資投向鼓勵類產業，特別是高科技產業，更加注重引進國外先進的技術、人才和先進管理經驗。這對於經營傳統型華商企業來說是一個大的挑戰，而對於科技型華人企業家來說卻是一個天賜的機會。

實際上，在中國高科技產業發展中，華人科技人才和科技型企業家發揮了極其重要的作用。如在IT產業，美國華人創辦的「中芯國際」已成為中國大陸最大的積體電路生產廠商，二〇〇三年該公司有三千九百多名員工，來自十六個國家和地區，百分之九十是華裔，其中一百六十多人來自美國，五百多人來自臺灣，八十多人來自新加坡、韓國和日本，三十多人來自歐洲。旅美華人專家創辦的UT斯達康公司連獲三項殊榮，即被美國權威雜誌《商業週刊》評選為二〇〇二年度全球IT企業一百強，被評為中國通訊業十大外資企業和最具成長潛力企業，並獲「二〇〇〇到二〇〇二年度中國百家明星僑資企業」稱號。在中國五十三個高科技園區、近百個留學學生創業區，新一代「海歸」即華僑華人專家和留學學生，創辦了一大批高科技企業，成為當地經濟發展的一個新的重要的成長點。

四、幾點思考

1. 中國政府應繼續將海外華商作為中國經濟新一輪發展的重要助推力量、難得的資源優勢，加以高度重視，並在政策上給予一定的扶持。鄧小平關於華僑華人是中國發展的「獨特機遇」的論斷高瞻遠矚、非常精闢，對於我們認識華僑華人在新時期中國經濟發展中的地位和作用仍然具有十分重要的指導意義。這應當成為進一步擴大開放、深化改革和加強經濟建設的一個基本理念，應當把華商擺在同等優先的地位，幫助華商在互惠互利原則的基礎上贏得發展先機。

2. 海外華商對於中國經濟發展的意義，已從純粹的資本價值向「資本＋技術＋市場＋網路」綜合方向發展。海外華商來華投資，意味著中國市場與國際市場的連接。海外華商在中國市場如何競爭，關鍵是它綜合投資能力的提升、適應中國產業政策的調整、發展戰略的實施和利用外資重點的變化等方面能力的提升。新一代科技型華商的崛起及其與傳統型華商的結合，對中國市場的投資，使海外華商整體仍具較強競爭力。這也是我們利用華資的重點所在。

3. 僑務部門要把為華商事業發展服務、為經濟建設中心任務服務系統地結合，並努力有所作為。要積極推動相關部門制定具有較強針對性的利用海外華人的政策措施，引導海外華資投向國家鼓勵類產業和中西部地區，並在深層次上為華商投資企業提供有效服務。要根據當前中國利用外資形勢的新變化和海外華商的新特點，推動海外華商在看準中國機遇的同時，及時調整產業結構，提升經營管理水準，了解中國的投資環境，增強在中國投資的能力和成功率。要推動中國企業在外向型經濟發展中與華商企業合作雙贏。其中，多形式地推動華僑華人經濟力量與科技力量的結合，推動華商投資企業組織的團結合作，幫助華商投資企業做大做強，是今後一個時期為華商服務的重點。

（原載《僑務工作研究》）

從「全國百家明星僑資企業」看當代中國僑資企業的發展

「僑資企業」是經國家相關部門批准，由華僑、外籍華人、港澳在中國內地投資興辦，且其資本占投資總額百分之二十五以上的企業（不含國外及港澳中資機構在境內的投資企業）。僑資企業數量在中國外商投資企業中約占百分之七十，投資額約占中國利用外資總額的百分之六十。華僑華人、港澳作為引進外資的「領頭羊」，在中國現代化建設中發揮了不可替代的重要作用，鄧小平譽之為中國發展的「獨特機遇」。

為表彰僑資企業的貢獻，推動僑資企業更大發展，於二〇〇三年和二〇〇六年分別開展了二〇〇〇到二〇〇二年度和二〇〇三到二〇〇五年度「全國百家明星僑資企業」評選表彰活動（以下分別簡稱「首屆」、「本屆」）。全國共有近九百家僑資企業參加評選。

一、當前中國僑資企業的基本情況及特點

兩屆評選活動共有八百九十三家企業報名參加，參選企業主要來自東部沿海經濟發達地區，尤其是廣東和福建等傳統僑鄉地區，中西部地區參選企業只占總數的百分之三十；參選企業投資者約百分之六十來自香港，約百分之二十來自歐美、澳洲和日本等已開發國家和地區，而直接來自東南亞國家的只占百分之十五左右。參選企業涉及眾多領域，大多數從事製造業，房地產和高科技行業也占有相當大比重，且有不斷增加之勢。可以說，參選企業均是中國境內僑資企業中的佼佼者，代表著中國優秀僑資企業的基本狀況。

（一）獲獎僑資企業主要集中在中國東部經濟發達地區，特別是珠江

三角洲和長三角地區，中西部地區僑資企業有所增加

東部地區僑資企業數量多、規模大、效益高、品質高，在獲獎企業中占有絕對優勢，共有八十六家和八十五家僑資企業在首屆和本屆評選中獲獎。廣東省分別有二十七家和二十五家獲獎，福建省分別有二十二家和十九家獲獎，兩省獲獎企業總數雖有所減少，但仍占全中國獲獎企業的半壁江山。

近年來，長三角地區（上海、江蘇、浙江）僑資企業實力開始突顯。長三角地區獲獎企業從首屆的二十一家成長到本屆的三十一家，成為上升最快的地區。

以北京、天津、遼寧、山東和河北構成的「環渤海經濟圈」僑資企業競爭力相對較弱，獲獎企業數從首屆的十六家減少為本屆的十家，其中北京從首屆的八家減為本屆的四家。

中西部地區獲獎省分有所增加，從首屆的九個省分增加為本屆的十一個省分。中部地區獲獎企業由首屆的六家增加為本屆的九家，獲獎省分由首屆的四省增加為本屆的六省；西部地區獲獎企業由首屆的八家減少為本屆的六家，獲獎省分為五省。

（二）僑資主要來自港澳和東南亞國家，來自歐美地區和部分自由貿易區的僑商投資成長迅速（見表 *2*）

表 2 僑資企業外資來源變化

國家和地區	獲獎企業數		外資比重%		單企業規模 / 億美元	
	首屆	本屆	首屆	本屆	首屆	本屆
中國香港	63	69	60.8	68.5	1.21	2.27
東南亞	26	21	35.4	28.1	1.71	3.07
歐美地區	6	6	2.1	2.1	0.44	0.8
自由港	5	8	2	3.3	0.51	0.94

香港一直是中國吸收外商直接投資的主要來源地，也是海外僑商投資中國內地的重要中轉站。兩次評選中，六成以上的獲獎企業外資來源於香港，而且獲獎企業顯著增加，由首屆的六十三家（包括兩家與菲律賓合資的企

業）增加為本屆的六十九家（包括三家分別與英屬維京群島、美國、菲律賓合資的企業）。港商投資企業成長迅速，與首屆獲獎企業相比，外資總額翻了一倍，占獲獎企業外資總額的比重從百分之六十點八增加到百分之六十八點五，單一企業外資規模從一億兩千一百萬美元增加到兩億兩千七百萬美元，增加了百分之八十七點六。來自香港的僑資主要投向製造業，其次是房地產業。

東盟國家是海外華僑華人最為集中的地區，也是僑資企業資金的重要來源地。外資來自新加坡、馬來西亞、印度尼西亞、菲律賓和泰國等東盟國家的獲獎僑資企業占有相當大比重，首屆為二十六家（包括兩家與香港合資的企業），本屆二十一家（包括兩家與香港合資的企業）；外資額占獲獎企業外資總額比重首屆為百分之三十五點四，本屆為百分之二十八點一；但外資額增加了百分之四十五點一，單一企業外資規模從一億七千一百萬美元增加到三億零七百萬美元，增加百分之七十九點七。來自東南亞國家的僑資主要投向食品、造紙、化工等製造業。需要說明的是，大量東南亞華僑華人企業家是在香港注冊或收購企業後，轉道來內地投資。

來自歐美地區的僑商，特別是新華僑華人對中國內地的直接投資越來越多，規模日益增大。美國、日本和澳大利亞等已開發國家有六家企業獲獎（本屆包括兩家分別與香港、印度尼西亞合資的企業），外資總額占獲獎企業外資總額的百分之二點一，利用外資額增加了百分之八十，單個企業外資額從四千四百萬美元增加到八千萬美元。

近幾年來，部分自由貿易區（維爾京群島、開曼群島、西薩摩亞等）對華投資成長迅速，逐漸成為中國吸引外國直接投資的重要地區，這些地區對華投資中的百分之九十五以上是海外華僑華人投資。兩次評選中，這些自由貿易區分別有五家和八家（包括一家與香港合資企業）企業入選，外資總額占獲獎企業總額由百分之二增加到百分之三點三，利用外資增加了兩倍，單個企業外資額從五千一百萬美元增加到九千四百萬美元，成長了百分之八十六點八。

（三）僑資企業主要從事製造業，房地產企業成長迅速，高科技企業嶄露頭角（見表 3）

表 3 獲獎企業行業分布與變化

行業	首屆	本屆	行業	首屆	本屆
製造業	73	70	批發零售	3	2
房地產	12	21	農業	2	0
住宿餐飲文體娛樂	5	0	交通運輸倉儲	1	2
能源供應	4	4	訊息諮詢	0	1

七成以上的獲獎企業主要從事製造業，首屆獲獎企業為七十三家，本屆為七十家，涉及食品、紡織、化工、電子通訊、造紙印刷、金屬製品、設備製造等眾多行業。其中，化工、紡織行業企業增多，電子通訊、食品、造紙印刷行業企業有所減少。製造業企業利用外資增加了百分之七十，平均外資規模從八千一百萬美元增加到一億四千三百萬美元，但是在企業利用外資總額中的比重從首屆的百分之四十六點九降低為本屆的百分之四十三點六。製造業企業四分之三集中在廣東、福建、江蘇和浙江四省。

房地產業是近年來外商投資，特別是僑商投資的熱點領域。房地產僑資企業成長較快，從首屆的十二家獲獎企業增加到本屆的二十一家，利用外資總額翻了兩倍，從占獲獎企業利用外資總額的百分之二十三點九成長到百分之五十一點二，超過製造業成為利用僑資第一大產業，單一企業外資規模從兩億五千萬美元增加到五億六千萬美元。房地產企業主要集中在北京、上海、廣東和福建，並逐漸向中西部省會城市推進。

獲獎企業中也開始出現一些由海外專業人士創辦的高科技企業，比如，吳鷹等創辦的 UT 斯達康通訊有限公司、施正榮等創辦的無錫尚德太陽能電力有限公司、林鋒等創辦的艾康生物技術（杭州）有限公司、張朝陽的北京搜狐新時代訊息技術有限公司。這些企業雖然外資規模較小，但是成長迅速，市場占有率高，前景看好。

僑資企業還涉及住宿、餐飲、娛樂、能源供應、批發零售、農業、運輸、倉儲等行業。

（四）僑資企業規模總量提升較快，總體保持平穩發展，股權結構逐漸向獨資轉變，對社會貢獻不斷增大

首屆獲獎企業投資總額為一百四十四億五千萬美元、注冊資本四十八億九千萬美元、外方投資總額達到一百二十五億四千萬美元；本屆獲獎企業投資總額達到兩百四十四億兩千萬美元、注冊資本為六十三億美元、外方投資總額達到兩百二十八億八千萬美元，分別是首屆的一點七倍、一點三倍和一點八倍。

首屆獲獎企業銷售總額和納稅總額分別為兩千五百一十二億兩千萬元和一百七十八億元，本屆獲獎企業銷售總額和納稅總額分別達到三千六百一十五億三千萬元和兩百五十九億五千萬億元，三年增幅達到百分之四十三點九和百分之四十五點七。製造業企業銷售額成長了百分之三十四點八，從占獲獎企業銷售總額的百分之八十點一降為本屆的百分之七十五點四；納稅額成長了百分之二十八點二，從占獲獎企業納稅額的百分之八十二點五降為本屆的百分之七十二點六。房地產企業銷售額成長了一倍半，從占獲獎企業銷售額的百分之九增加為本屆的百分之十六；納稅額成長了三倍，從占獲獎企業納稅總額的百分之七增加到本屆的百分之二十。

首屆獲獎企業中，獨資企業四十六家、絕對控股企業九十二家，平均外資比例百分之八十六點八；本屆獲獎企業中，獨資企業六十四家、絕對控股企業九十三家，平均外資比例百分之九十三點七。製造業獨資企業從首屆的百分之四十八增加到本屆的百分之六十七。絕對控股企業從首屆的百分之八十九增加到本屆的百分之九十三；房地產獨資企業從首屆的百分之五十增加到本屆的百分之六十七，絕對控股企業從首屆的百分之九十二增加到本屆的百分之九十五。

（五）僑商投資以中小企業為主，境外知名華人財團大多在內地有投資企業並擁有較好業績

參選企業主要為中小企業，參照相關法規，僅從銷售額來判斷，首屆參選企業百分之八十左右為中小企業，本屆參選企業約百分之七十左右為中小

企業。兩屆獲獎企業中，東南亞、香港知名華人財團在境內投資的企業占有相當大比例。

二、僑資企業存在的主要問題

1. 僑資企業的產業或行業結構不盡合理，製造業企業比重過大，房地產業投資成長過快，服務業及高科技企業發展不足。

2. 僑資來源過於集中於港澳和東南亞國家，來自歐美已開發國家的華僑華人投資少、規模小。

3. 部分企業經營穩定性較差，抵禦風險能力不夠強。

三、工作思考及建議

1. 應繼續高度重視華僑華人資金、技術和人才的引進工作，將引進僑資僑智工作納入國家和地方發展戰略之中，給予鼓勵和扶持。實踐證明，海外華僑華人是中國經濟持續發展的重要推動力量，是中國招商引資的重要組成部分，也仍然是當前中國引進資金、技術和人才工作的重點。尤其是僑務部門應高度重視針對華僑華人的引資引智工作，納入國家發展戰略，不斷完善投資軟硬環境，並根據新形勢和華僑華人的新情況、新特點，制定一系列體現「優先、優惠、優待」的政策和措施，吸引海外僑胞回國投資創業，合作雙贏，實現更好、更快的發展。

2. 積極引導海外華僑華人和境內僑資企業參與中國區域發展戰略，投資中西部地區。今後一段時期，中國政府將繼續保持利用外資政策的穩定性和連續性，大力推動區域協調發展。僑務部門應根據僑商投資的特點，採取有效措施，引導僑商參與中國「西部大開發」、「中部崛起」和「振興東北等老工業地區」等區域發展戰略，鼓勵東部地區僑資企業到西部再投資，實現產業轉移，並在實踐中推動形成僑商投資集聚帶（區）。

3. 鼓勵僑商掌握機遇，大力發展現代服務業。長期以來，受中國吸引外資政策和相關體制的影響，僑商對中國服務貿易領域的投資主要集中在房地產業和傳統的商業服務業，在許多現代服務業領域，特別是新興服務業，如金融服務、訊息服務、現代物流、旅遊服務、中介服務、社區服務以及文化教育醫療等領域投資還很少。中國加入世貿組織以來，開放程度最大的是服務業，並且將繼續放寬外商投資服務業。僑務部門應積極引導僑商把握中國擴大對外開放和產業結構調整的機遇，大力發展現代服務業。

4. 加大對高科技企業和先進技術的引進力度。近年來，以跨國高科技、高附加值及研發環節轉移為主要特徵的新一輪的全球產業結構調整正在進行。加速產業結構調整，切實轉變經濟成長方式，增強自主創新能力，走新型工業化道路，建設創新型國家和構建和諧社會，已成為今天中國發展的突出特徵。僑務部門應大力引進歐美等已開發國家的大批高科技人才、先進技術及各類高科技企業，多形式地為華僑華人專業人士回國創業搭橋鋪路，促進華僑華人資金、技術和人才的結合，推動一批擁有自主知識產權的僑胞投資企業快速發展。

5. 加大對僑資企業的宣傳力度，不斷優化僑商投資環境，切實維護僑商投資、創業的合法權益。隨著僑商境內投資的增多，僑資企業合法權益受到侵害的案件屢見不鮮，甚至一些涉僑經濟大案、要案久拖不決。這些案件傷害了僑胞的感情，影響了地方政府的信譽，損害了中國在世界的形象。僑務部門應不斷加大「依法護僑」工作力度，形成機制和網路，排難解憂，依法保護僑胞投資的各項權益，使僑胞享有更加穩定的投資環境和更加公平的競爭機會。

值得注意的是，由於種種原因，儘管僑資企業對中國經濟發展和社會進步作出了突出貢獻，但社會的認知度還遠遠不夠，在一定程度上甚至存在「重外（洋）資、輕僑資」、「重引進、輕服務」等現象。僑務部門應透過多種形式向全社會宣傳僑資企業的貢獻，弘揚僑資企業「誠信、守法、創新、奉獻」精神，努力形成一個「重僑資、護僑資」的良好氛圍，進一步激發廣大僑胞參與中國經濟建設和社會發展的熱情，推動新世紀中國僑資企業新的更大的發展。

（本文與劉繼坤、鄒傳彪合作，原載《僑務工作研究》）

走精品路徑推動僑務經濟科技工作向縱深發展

一、以人為本、促進發展：僑務經濟科技工作的基本出發點和落腳點

科學發展觀的第一要義是發展，核心是以人為本，基本要求是全面協調可持續，根本方法是統籌兼顧。發展是第一要務，對於全面建設小康社會，為發展大局服務是僑務工作最主要的任務。

僑務資源的優勢就在於遍布世界各地的華僑華人具有雄厚的經濟實力，蘊藏著豐富的科技人才力量，形成了深入各國各地區的商業和人脈網路。發揮這一優勢對於推進中國現代化建設，推進中外友好和和諧世界建設具有十分獨特的重要作用。僑務經濟科技工作的中心任務就是聯繫、團結、推動華僑華人參與中國的現代化建設，參與中國與世界各國的經貿科技交流與合作，促進華僑華人事業的更大發展。

掌握經濟建設中心，關鍵在於加速轉變經濟發展方式，完善社會主義市場經濟體制，包括提高自主創新能力、建設創新型國家；增強可持續發展能力；推進區域協調發展；提高開放型經濟水準等。這一新的發展思路，為我們積極、有效地引進華僑華人資金、技術和人才，提出了新的任務重點和更高的工作要求。僑務經濟科技工作的重點已經不在於引進資金的多少，而在於引導華僑華人投資中國政府鼓勵的外商投資產業領域，在於利用僑資的品質和效益，在於為增強自主創新能力、建設創新型國家，把引進海外華僑華人高層次人才和緊缺人才工作擺到更加重要、更為突出的位置上。與此同時，應強化世界眼光和戰略思維，把「引進來」和「走出去」更好地結合，推動中國企業跨國發展，與全球華僑華人企業合作共贏。

發展的終極目的在於造福人民。我們必須堅持「以人為本、為僑服務」的宗旨，把實現好、維護好、發展好最廣大僑胞的根本利益作為工作的出發點和落腳點。要加大力度，多形式、多途徑地推動海外華僑華人參與中國發展及其與世界合作的大勢中來，分享中國經濟發展的機遇和成果；要在工作中杜絕地方保護主義和狹隘的實用主義做法，切實維護僑胞投資、創業的正當合法權益，保護華僑在國內的各項合法權益。

二、求精務實，創造多贏：僑務經濟科技品牌活動持續發展的保證

多年來，僑辦系統堅持為僑服務和為國家發展大局服務，主（協）辦了一系列大型僑務經濟科技品牌活動，產生了良好的經濟和社會效果，得到了海外華僑華人和各地政府的積極評價。

1. 會同相關地方政府舉辦的活動。如與浙江、遼寧、吉林、黑龍江、上海、浙江、江蘇等省市政府舉辦了三屆「華商企業科技創新合作交流會」（簡稱「華交會」）；與湖北省暨武漢市政府舉辦了七屆「華僑華人創業發展洽談會」（簡稱「華創會」）；與雲南省政府舉辦了五屆「東盟華商投資西南項目推介會暨亞太華商論壇」；與四川省政府舉辦了五屆「海外華僑華人高科技科技洽談會」；與吉林省政府舉辦了四屆「海外華僑華人專業人士懇談暨項目對接會」。此外，還分別與天津市、廣西區政府舉辦「海外華僑華人集聚濱海新區共謀合作發展」活動和「海外華商相聚中國東盟博覽會暨廣西商機介紹會」等。

2. 參與相關部委和地方政府主辦的活動。如「中國國際投資貿易洽談會」、「中國重慶投資洽談暨全球採購會」、「福建項目成果交易會」、「遼寧海外學子創業周」等。

3. 支持相關部委和地方政府舉辦的活動。如「中國青海結構調整暨投資貿易洽談會」、「中國國際徽商大會」等。另外，還有支持各地納入「海外人才為國服務計劃」舉辦的大型僑務引智活動，包括「海外人才為國服務博士團山東行」、「海外人才為國服務博士團江蘇行暨華僑華人鎮江洽談會」、「海外華僑華人專業人士石家莊經濟技術合作洽談會」等。

4. 僑辦單獨主辦的相關活動。如「全國百家明星僑資企業」、「華僑華人專業人士『傑出創業獎』」評選表彰活動，「海外專家諮詢委員會」、「為僑資企業服務法律顧問團」活動，「華裔新生代企業家中國經濟高級研修班」、「華僑華人專業人士回國創業研習班」、「華商領袖圓桌會」、「海外華僑華人專業協會會長聯席會」、「僑資企業西部行」、「中國投資創業政策諮詢報告團」等。

以上這些活動都是根據新形勢下國家和地方經濟、科技發展大局、海外僑胞發展事業的需要和僑務工作的歷史使命而設計、舉行的。在各方面的共同努力下，有關活動基本達到預期目的，受到地方政府和海外僑胞的歡迎。如「華創會」透過七屆的積累已成為湖北省對外經貿科技合作的主要活動之一，特別是在海外專業人士中有較好的認知度，共有近兩千五百名華僑華人專業人士與會，簽訂各類合作協議、合約項目七百多個，在當地創辦高科技企業五百多家。該活動已定時定點在武漢舉辦。多贏的局面與持續的務實創新是「華創會」取得成功、保持旺盛生命力的重要原因。

然而，由於具體負責這些活動的部門人手少、任務重、涉及面廣等因素影響，在活動實施環節還存在一些不夠精細的地方，用「精益求精、追求完美」的標準來要求，還有一定的差距。為了更好地完成新形勢下僑務工作的使命，在為僑服務和為國家發展大局服務方面更有作為和成效，以科學發展觀為指導，聚精會神地把牽動全局、影響大的僑務經濟科技活動辦成「精品」，顯得尤為重要和迫切。

三、有效處理「五大關係」，縱深推動「精品工作」

1.「兩個服務」的關係。堅持為僑服務和為國家發展大局服務相協調發展，是多年來僑務工作不斷向前發展的基本經驗之一。僑務經濟科技工作就是要為僑胞事業發展服務，為國家和地方經濟建設、科技進步服務，做實事。為僑服務的核心是為僑胞事業發展服務，就經濟科技工作而言，主要是幫助他們掌握中國發展的機遇，投資創業，合作共贏；幫助他們排難解憂、維護權益，體現社會公平和正義。為國家發展大局服務，就是要始終圍繞經濟建設中心任務，積極、有效地引進華僑華人資金、技術和人才，為國家區域協調發展、為創新型國家建設和構建社會主義和諧社會服務。這「兩個服務」是相互促進、相得益彰的，兩者不應割裂、不可偏廢。

2. 重點與一般的關係。海外僑胞希望多形式合作發展、成就事業，各地政府希望吸引越來越多的華僑華人投資和高階人才，這是我們工作的動力，應最大程度地支持、扶持；同時，也應從實際出發，有所為、有所不為，從而達到大有作為。要在凝聚僑心、發揮僑力、匯聚僑智，為實現全面建設小康社會宏偉目標作貢獻方面大有作為，必須把握和統籌全局，突出重點。僑務經濟科技工作的重點品牌活動就是我們要打造的「精品」。這些「精品」活動應當是對於服務國家和地方發展大局、服務僑胞事業發展、服務僑務事業的整體進步有一定規模、較好效果、較大影響的活動，應當是實踐證明具有生命力的活動。

3. 形式和內容的關係。品牌活動是一個載體、一種形式，它的生命力如何關鍵在於其內容，在於內容與形式的有效統一，在於結構效能的最大發揮。僑務經濟科技品牌活動要成為「精品」，主要取決於它的實際效果如何。「精品」活動一定是具有很強實效的活動。這些年來，舉辦僑務經濟科技品牌活動就是按照僑辦領導「團結、高效、務實、進取」的指示精神，在求實創新上不斷下功夫，堅決不做虛有其表和勞民傷財的事情。

4. 整體和細節的關係。辦好一個活動應有系統的觀點、整體的思維和大局的觀念，而要形成「精品」就必須講究局部，注重細節，追求結構的完整和細節的完美。有名言：「細節決定成敗。」正如李海峰同志所強調的：「只有每個環節的精益求精，才能確保整個活動的至善至美。」品牌活動的細節主要在於活動組織的精細化，客人接待安排的針對性。要堅持以人（海外客人）為中心，以項目對接為重點，以活動取得實效為目標。有關洽談活動要做到在會前對接、會中洽談、會後跟蹤服務等方面的精心設計，使客人不虛此行。

5. 決策和執行的關係。僑務經濟科技工作的任務和方針已定，關鍵在於落實，在於行力。決策力和執行力是對我們的真正檢驗。一方面要強化調查研究，科學決策，用正確的、前瞻性的理論和思想來指導實踐，制定指導性和實踐性都較強的活動方案；另一方面要提高執行力，以良好的業務素養、作風務實的精神面貌、「心齊氣順、風正勁足、雷厲風行、人人爭先」的工作氛圍，將僑務工作的方針、政策和思路貫徹落實於具體的實踐中。

總之，堅持科學發展觀，把僑務經濟科技品牌活動辦精辦實，意義重大。我們應從一點一滴做起，從現在做起，知行合一，務實進取，努力把品牌活動辦成精品，用精品工作來帶動各項工作的開展，使僑務經濟科技工作更加科學化、系統化、專業化，為「兩個服務」不斷作出新貢獻。

（原載《僑務工作研究》）

做好新形勢下僑商會工作

1. 海外僑胞是中國現代化建設事業的開拓者、參與者和貢獻者，功不可沒。中國經濟特區的成立，都是從僑鄉開始，海外僑胞企業的投資，以及香港、澳門和臺灣的投資幾乎占到中國利用外資的百分之七十。華僑企業「功不可沒」，是「開拓者、參與者、貢獻者」。這是對海外僑胞為中國現代化建設的充分肯定，也是對僑商參與中國現代化建設的一個客觀評價。

2. 中國經濟社會發展，華僑華人投資企業大有作為。中國的現代化建設「一刻也不能停止」，這不僅是中國政府的決心和意志，而且是十三億中國人民、數千萬海外僑胞的共同心願。總理希望更多的華僑華人企業來到中（籍）國投資，投資農業、高科技產業，投資東部地區，更重視對東北和西北地區的投資，推動中國產業布局和結構的調整。寄託僑胞投資企業取得兩大成功，一是企業經營的成功；二是對中國社會責任感的成功。這是中國政府對廣大僑資企業寄予的殷切希望，深刻揭示了僑資企業的歷史使命和責任所在，為海外華僑華人在中國新一輪投資合作和僑資企業的新發展指明了方向。

3. 中國僑商投資企業協會的成立是一個新的起點，應遵循「聯誼、服務、合作、發展」的理念，不斷開創新局面。協會的成立能成為一個新的起點，促使華僑企業投資的數量和品質都有一個新的提高；希望協會秉持「八字」宗旨做好工作，真正辦成「僑商之家」。這是對中國僑商投資企業協會成立的重要意義的充分肯定，也是對中國僑商會，以及全國各地僑商組織的基本定位，為今後協會工作的開展指明了方向。全國僑商組織要以聯誼為基礎、服務為重點、合作為原則、發展為目的，積極開展會務，實現協會宗旨，不負總理期望。

4. 依法維護僑資企業利益，深化各項為僑服務工作，實現共贏目標。溫總理指出，僑辦以及政府其他部門，要依照法律保護僑企的利益，做好各項服務工作。我們的共同目標是「促進企業發展，同時促進國家發展」。我們應當把為僑資企業服務，特別是把維護僑胞投資合法權益工作作為新形勢下，深化為僑服務工作的重點，真正做到雪中送炭，同時不斷創新服務思路、完善服務手段、提高服務水準、增強服務效果。讓僑商更加深切地感受到政策的溫暖，體現社會的公平和正義，增強其在中國投資合作的信心，更加充分地凝聚僑心、發揮僑力，為國家發展大局作出更大貢獻。努力踐行「兩個成功」、「三個者」和「八字」宗旨，必將推動僑商事業、僑商會工作和僑務工作走向一個新的發展境界。

（原載《僑務工作研究》）

華僑華人在境內投資創業權益保護問題的研究

依法維護華僑華人在中國的合法權益，是各級僑辦的行政職能之一。這是僑辦開展僑務工作、依法護僑、為僑服務的基本法律依據。全國各級僑辦把妥善處理涉僑經濟案件和糾紛，維護華僑華人、港澳在境內投資的合法權益，作為新形勢下深化為僑服務工作的一項重要內容。本文擬對當前華僑華人在中國投資創業權益的保護問題，進行較為系統的分析，以探索維權工作的新思路、新途徑、新方法，不斷提高維權工作的水準和實效。

一、華僑華人在境內投資的基本情況及存在的主要問題

（一）華僑華人在境內投資的基本情況

截至二〇〇五年年底，中國「三資企業」總數已達五十五萬兩千九百四十二家，其中由華僑華人和港澳（華僑華人與港澳投資企業很難截然分開）創辦的企業（簡稱「僑資企業」）約占百分之七十。累計實際利用外資達到六千兩百五十九億零六百萬美元，其中由華僑華人和港澳投入的資金約占百分之六十。當前僑商投資呈現出以下幾個主要特點：一是資金來源從以中國港澳或以港澳轉口為主，逐漸向東南亞、歐美等華僑華人聚居國家直接投資擴展（港澳企業在數量和投資規模上仍然占僑資企業的百分之五十左右）。二是投資規模逐漸擴大，並逐步從勞力密集型的製造業向資金密集、技術密集型企業過渡，向高科技企業發展。三是投資地區已從沿海發達地區和僑鄉地區，拓展到中西部地區，與中國各地區對外開放進程相一致。

華僑華人、港澳在壯大自身事業的同時，僑資企業對中國經濟發展和社會進步也作出了多方面的貢獻，一是以先導和示範作用帶動了更多的外商來

華投資發展。二是創造了數以億計的就業崗位，擴大了社會就業空間，增加了人民收入，改善了生產生活水準。三是帶來了先進的管理經驗和理念，為中國培養了一批達到國際水準的管理人員和專業人員。四是引進了先進的技術和設備，加快了中國科技進步和產業創新的速度，增強了中國的經濟實力、市場競爭能力和參與國際競爭的能力。五是帶動了國際市場的行銷網路，加速了中國產品走向國際市場的進程，推動了中國與世界各國的貿易、合作和友好往來。六是關心公益事業，為各地精神文明建設作出了積極貢獻。

（二）華僑華人在中國投資的合法權益遭受侵犯的現狀分析

1. 華僑華人在中國經營投資的合法權益的基本內涵

綜合起來，華僑華人投資權益，主要包括華僑華人自願自由投資經營的權利，在遵守法律的前提下，華僑華人和其他投資主體一樣，平等自願享有投資經營並獲取利潤的權利；人身財產權，華僑華人在投資經營過程中，人身自由權利不受侵犯，用於投資的資產和合法取得的收益受法律保護；司法訴訟和救助權利，當華僑華人的合法權益受到侵犯時，他們有向法院提起訴訟，和向相關機構尋求救助並享受一定便利措施的權利。

2. 華僑華人投資合法權益受到侵害的主要類型

華僑華人在投資創業過程中遭受侵權主要有以下三種情形：一是平等主體間的侵權，包括中外、外外合作方以及其他買賣、租賃合約當事人間的糾紛，此時是民事平等法律關係遭到破壞。二是政府相關部門在行使職能過程中，由於作為或不作為侵犯了華僑華人權益，此時是行政法律關係遭到破壞。三是司法、仲裁部門在審判、裁決涉僑經濟糾紛中不公平、公正審理、裁決，或是有關判決、裁決不能及時公正地得到執行，此時是訴訟、仲裁法律關係遭到破壞。後兩種情形都是發生在地位不平等的主體雙方之間的。

3. 華僑華人投資合法權益受到侵害的原因

這基本上可以概括為兩大類，即華僑華人自身原因和外部原因。華僑華人自身原因主要是他們不了解中國國情，輕信人言，在尋求合作方和聘用管理人員時用人不當，重口頭承諾，輕書面合約等。外部原因雖然包括中國法制不夠健全等因素，但主要是與行政、司法權力的不正當、合法行使有關。一是地方政府為吸引投資，盲目承諾，導致超越法律許可範圍不能兌現或因換屆而不願兌現。二是地方政府相關部門存在違法行政現象，管理越位、缺位、錯位現象具有一定的普遍性。在行業指導上，表現為政出多門，多頭管理；在個別執法上，表現為效率不高，服務意識不強，甚至是違規執法。三是地方保護主義嚴重，為保護糾紛地部門、企業利益，相關部門在行政協調、仲裁和司法審理中對牽涉糾紛的當地企業時常出現不同程度的偏袒，造成積案、要案處理週期長、進度慢、難度大，已判決的案件「執行難」的情況比較突出。

二、涉僑經濟糾紛和案件的基本情況以及協調過程中存在的問題

據不完全統計，二〇〇一到二〇〇五年，僑辦和各省（自治區、直轄市）僑辦受理涉僑經濟糾紛和案件兩千多件，結案一千一百多件，結案率約為百分之五十五。其中，僑辦直接受理四百八十件。二〇〇五年，僑辦和省級僑辦受理涉僑經濟糾紛和案件四百四十二件，結案兩百四十六件。其中，僑辦直接受理九十八件，結案二十五件。二〇〇六年，國僑辦直接受理八十四件（重複反映和歷史舊案排除在外），已結案或有階段性進展的三十件。

（一）涉僑經濟糾紛和案件的主要特點

1. 僑商投訴的主要對像是合作方和政府相關部門。以僑辦二〇〇五年受理的九十八件經濟糾紛案，和二〇〇六年受理的八十四件經濟糾紛案為例，此類糾紛和案件占受理總數的百分之八十以上。

2. 案發地主要集中在僑資企業較為集中的沿海發達地區。二〇〇五年，國務院僑辦受理的九十八件涉僑經濟糾紛和案件中，廣東二十件、福建十一件、浙江八件、山東七件、上海六件。

3. 呈現歐美僑商投訴增多、東南亞僑商投訴減少的趨勢。隨著歐美已開發國家來華投資創業的新僑日益增多，二〇〇五年，歐洲、北美、澳洲

等國家的僑商到國務院僑辦投訴的數量相對增加（約占投訴總數的百分之五十），菲律賓、印度尼西亞、馬來西亞等地僑商投訴為十五件，香港僑商投訴為十三件。二〇〇六年，來自歐洲、北美、澳洲已開發國家的投訴數量占總量的百分之五十五。

儘管多年來各級僑辦採取了多種形式，努力為僑資企業發展提供服務，但僑資企業權益受到侵犯的情況仍不斷發生，案發數未見明顯減少。

（二）各級僑辦開展維護華僑華人在境內投資的合法權益工作的情況

1. 維護華僑華人在境內投資的合法權益是新形勢下各級僑辦為僑服務的重要內容

（1）加強維權法規建設。為規範各級僑辦對涉僑經濟糾紛和案件的協調處理，進一步做好維護僑商投資合法權益工作，僑辦二〇〇二年制定了相關法規，對涉僑經濟糾紛和案件的界定、處理原則、組織機構以及處理程序，包括案件受理、處理和結案等作了詳細、明確的規定，使僑辦系統處理涉僑經濟糾紛和案件更加趨於規範化、制度化和日常化。福建、四川以及瀋陽、大連等一些地方還頒布了地方性法規，受到廣大僑商的歡迎。

（2）開展維權專項活動。一九九九年，全國僑辦系統開展了「為僑資企業服務行動年」專項主題活動。依法查處侵害華僑華人和港澳投資者合法權益的案件，重點是金額較大、情節惡劣、對外造成不良影響的典型案件；妥善協調解決各類經濟糾紛；積極為僑資企業排憂解難，提供優質服務，努力改善中國投資軟環境。據不完全統計，在地方各級政府的支持下，各級僑辦上下聯動，當年為僑商排憂解難三千兩百七十六件；受理涉僑糾紛和案件一千一百九十六件，結案八百四十九件，結案率為百分之七十一。此後，維護僑商投資合法權益和協調涉僑經濟糾紛和案件，成為各級僑辦為僑服務的一項日常工作。

二〇〇六年，僑辦將九件涉案標的及影響較大的案件，轉請地方僑辦進行重點督辦；通知各地僑辦報送僑胞投資權益保護材料和當地久拖不決、影響較大、比較典型的涉僑經濟糾紛和案件材料，請各地認真總結分析近年來有關僑胞投資權益保護情況，做好審查，著力推動解決一批涉僑經濟要案、難案，對有關督辦案件集中協調處理。

各地僑辦因地制宜，圍繞維護僑胞投資合法權益開展了形式多樣的專題活動，如舉辦僑法宣傳月、開展執法檢查等。

（3）推動維權工作法制化。國務院僑辦和一些地方僑辦相繼成立了「為僑資企業服務法律顧問團」，借助專業力量依法維護僑商在中國投資的合法利益。目前，已有上海、天津、福建、江蘇、浙江、廣東、四川以及廈門、濟南、南京、杭州等僑辦成立了類似維權法律服務機構。「法律顧問團」在各級僑辦處理涉僑經濟糾紛和案件、維護僑商合法權益的日常工作中發揮了重要作用。

（4）推動各地成立僑商組織，幫助僑商組織增強維權功能。透過僑商組織自主管理、自謀發展、自我服務的功能，發揮群體優勢，實現自發維權、自我保護。有的商會透過邀請法律專家舉辦講座進行普法宣傳，有的透過聯誼活動建立與政府相關部門的密切聯繫，促進行政執法機關對僑資企業的理解和支持。當僑商權益受到侵害的時候，僑商組織早介入、早協調，及時溝通政府相關部門，盡可能減少僑商損失，維護會員利益。目前，各級僑辦主管的僑商組織已有二十六個。

（5）營造僑胞投資創業的良好氛圍。二〇〇三年，僑辦首次開展了「百家明星僑資企業」評選表彰活動，為僑資企業健康發展營造了良好的社會氛圍。二〇〇六年九月二十八日，「二〇〇三到二〇〇五年度全國百家明星僑資企業」評選表彰大會在人民大會堂召開，一批新老僑資企業獲獎。

2. 各級僑辦協調處理涉僑經濟糾紛和案件的主要做法

一是特事特辦，對重點僑商反映、標的較大、影響較大的重要案件和久拖不決的疑難案件，特事特辦，專人督辦。或借助法律顧問協助辦理，或實地走訪，了解情況，積極協調，妥善處理。

二是需要相關部門、地方政府協調的，轉請相關部門和地方政府協調處理。

三是對已進入司法程序的案件不做過多干預，及時請當事人按法律程序辦理，並根據案情需要請有關地方僑辦關注。

近三年來，各級僑辦受理僑商投訴，「熱情接待、耐心聽取、見機疏導」，在相關部門和地方各級政府的共同努力下，解決了一批涉僑經濟糾紛和疑難案件。

3. 各級僑辦在工作中遇到的困難和問題

各級僑辦協調解決涉僑經濟糾紛和案件取得了一些成績，但總體來看，結案率不高。各級僑辦在工作中遇到以下主要問題：

（1）維護僑商合法權益的政策法規支持不夠，力度不強。雖然有對華僑和歸僑僑眷權益保護的原則性規定，但立法對華僑華人投資權益的專門保護卻至今空白，實際操作的法律依據不夠牢靠。

（2）僑辦職能所限，各級僑辦開展協調處理涉僑經濟糾紛和案件的工作權威性不強，手段不足，處理效果不理想。

（3）以各級僑辦為主協調處理涉僑經濟糾紛和案件的機制不健全。各級僑辦沒有從事協調處理經濟糾紛和案件的專門機構，人力資源短缺，專業知識不夠，開展工作力不從心；許多政府組建的涉外經濟糾紛處理機構甚至沒有吸收僑辦參與。

三、對做好維護華僑華人在境內投資合法權益工作的思考和建議

（一）積極呼籲政府重視維護僑商合法權益的工作

各級僑辦應積極爭取政府和相關部門的支持，大力宣揚僑資企業在國家經濟發展和對外開放中的重要作用，推動建立以政府牽頭、相關部門參與的涉僑經濟糾紛和案件的協調處理機制，形成以政府領導的「維護僑商合法權益聯席會議制度」，督促協調解決嚴重侵權案件和重大經濟糾紛。各地「五僑」聯席會議也可將維護僑胞投資權益工作列入議程。

（二）在僑辦增設「僑商投訴協調中心」等類似機構，配備高素養的

工作人員，及時妥善處理僑商投訴，真正做到僑商的困難「有人聽，有人管」

繼續推動各地僑辦成立「為僑資企業服務法律顧問團」，充分發揮已成立的「法律顧問團」在解決涉僑經濟糾紛中的作用。組織「法律顧問團」為僑資企業開展法律諮詢巡迴服務，為僑資企業排憂解難。各級僑辦應經常聽取律師的意見和建議，不斷提高依法護僑的水準。要發揮顧問團的專家諮詢作用，同時為投訴人和顧問團之間牽線搭橋，讓顧問團律師在解決涉僑經濟糾紛中發揮直接作用。

（三）推動各地成立「僑商投資企業協會」等組織，使僑辦為僑服務工作由單一、分散的服務變為集中、規範、團體的服務

發揮僑商會在溝通與政府相關部門的聯繫、反映僑商心聲中的作用，使之成為反映僑商意見和要求，幫助僑商排憂解難的重要管道。要借助「僑商會」平台，及時向廣大僑商宣傳有關政策法規，引導僑商依法經營，幫助他們提高管理水準。積極支持僑商會參與各種引資引智活動，配合做好對會員企業投資洽談的協調服務。

（四）完善保護僑商投資合法權益的相關法律法規

僑資企業反映的矛盾和糾紛涉及方方面面，僑辦在協調中缺乏相應的手段和必要的職權授予，許多問題僅靠行政協調有較大的難度。為增強依法護僑的手段，福建、四川、瀋陽、大連等一些地方頒布了保護性法規，受到僑資企業的歡迎。僑商普遍希望頒布《僑資企業保護法》，隨著加入 WTO 承諾的履行，制定《僑資企業保護法》已不合時宜。因此，要對僑資企業發展過程中遇到的問題進行深入調查研究，切實掌握僑商所思、所急、所需、所求，按照「根據特點，適當照顧」的原則，推動相關部門進一步完善僑胞投資合法權益的相關政策法規，為僑資企業健康快速發展，在中國現代化建設中發揮更大作用，提供政策和法律的保障。

（與吳洪芹、楊東、趙亮合作，原載《僑務工作研究》）

牽線搭橋，排憂解難 全力為海外僑胞回國投資創業服務

下面，就僑辦為海外僑胞回國投資、創業，開展經貿合作、專業交流服務的情況作一簡介，旨在使大家更了解僑辦，並借助僑辦這座「橋梁」和這個「僑胞之家」，投資興業、創業發展。這裡主要講三個問題。

一、把握在中國投資興業的大好機遇

機遇、商機、機會，對每個追求事業成功的人士來說都是無比的重要。這需要認識機遇和把握機遇。從投資、創業的角度看，最重要的是有一個有利的環境和營利、成長的空間，實現「小我」與「大我」的結合。二十世紀的前二十年，是中國發展的戰略機遇期，也可以說是華僑華人在華投資、創業的重要機遇期。這可從以下幾個方面來看：

1. 中國政治穩定、法制環境不斷改善。中國政府堅持以經濟建設為中心，以發展為第一要務，走科學發展的道路。特別是加入世貿組織後，切實履行「入世」承諾，修改與 WTO 規則不相適應的法律法規（如截至二〇〇四年，省、自治區、直轄市和四十九個較大的市共修改、廢止有關地方性法規，停止執行有關文件和政策措施近二十萬件，其中地方性法規約一千一百三十件、規章四千四百九十件），中國平均關稅降至百分之九點九，承諾開放了一百個服務貿易部門，並加大了知識產權保護的力度。這是在中國投資創業最大的定心丸。

2. 中國經濟持續快速健康地向前發展、人民生活水準和購買力不斷提高。一九七八到二〇〇五年，中國國內生產總值的成長率為年均百分之九點四。二〇〇五年，GDP 達兩億兩千兩百五十七萬美元，人均一千七百零七美元；二〇〇五年年末，居民儲蓄存款餘額十四兆一千億元；進出口總

額一萬四千兩百二十一億美元，比上年成長百分之二十三點二，其中出口七千六百二十億美元，成長百分之二十八點四，進口六千六百零一億美元，成長百分之十七點六。中國具有廣闊的市場潛力、價廉質優的勞動力資源，是世界上最大的開發中國家。

3. 中國實施了西部大開發等一系列發展戰略，推動區域經濟社會全面協調可持續發展。東部沿海、中部、東北和西部地區發展的不平衡性，為各類投資者提供了多樣的選擇。

中國積極參與國際經濟合作，致力於公平、自由的國際貿易體制。中國與東盟自由貿易區的建設已有早期成果，中國與紐西蘭自由貿易區的建設談判在積極進行中。「走出去」戰略的實施將為中國與各國企業家，包括海外華商之間提供更多的合作機會。商機無限，但機遇與挑戰並存。最主要的挑戰在於，中國利用外資水準的提高，鼓勵、允許、限制、禁止等類規範外資投向。鼓勵類主要在於農業新技術、農業綜合開發和能源、交通、重要原材料工作項目；高科技項目；出口創匯項目；綜合利用能源和再生資源、防治環境汙染的項目；能發揮中西部地區優勢的項目等；積極引導外資投向傳統產業和老工業基地的技術改造，繼續發展符合產業政策的勞力密集型項目。

跨國公司的進入，中國民營企業的崛起。二○○四年年底，世界五百強有四百五十家在中國設有公司或代表處，投資涉及機械、電子、化工、建材、通訊、醫藥和食品等幾十個領域。二○○五年中國最大五百家外商投資企業第一位，的是鴻富錦精密工業（深圳）有限公司，年銷售收入八十九億三千兩百八十九美元，由臺灣郭台銘富士康企業集團投資；Motorola（中國）電子有限公司列第二位，年銷售收入八十億五千萬美元，在華投資三十五億美元，位列第一。

華商企業自身具有一定的不適應性，包括受到資本規模、經營管理模式、技術因素等方面的局限。隨著中國投資政策的透明、公開，人情資源的優勢在投資利益最大化原則的驅動下逐漸淡化。在中國告別了外資來者不拒、多多益善的時代後，對華商資本的要求也越來越高。成功往往屬於那些善於掌握機遇、敢於迎接挑戰、具有堅定信念的人們。二○○四年年底，中國引進外資創辦的三資企業達五十萬八千九百四十一家，實際利用外資五千六百二十一億美元。二〇〇五年，中國利用外資六百零三億美元，至十一月新增外商企業三萬九千六百七十九家，同比成長百分之一點一七。

據不完全統計，中國利用外資的總額中有百分之六十以上來自華僑華人、港澳，在華外商企業百分之七十以上屬於華僑華人、港澳投資企業。這些華商投資企業大多都取得了較好的經濟效益。二〇〇五年，國務院僑辦會同各地僑辦在全國範圍對近十萬家華商投資企業進行了調查，其中有一大批相當成功的企業。如泰國正大集團作為中國第一家外資企業，已發展到除青海、西藏外的二十九個省、區、市，共建有三資企業兩百一十三家，員工超過八萬人，年銷售收入約三十七億五千萬美元，投資領域以農牧業為主，兼涉工業、商業、貿易、房地產等，投資金額約四十億美元。集團創立了正大飼料、雙大雞肉、太陽摩托等知名品牌，建成了易初摩托車、易初蓮花超市、正大康地、吉林德大、正大廣場、正大製藥集團、正大國際財務公司和德富泰國銀行等一批知名企業。正大在中國引進了公司加農戶的生產模式，為中國廣大農村農民的致富作出了積極貢獻。華僑華人在中國現代化建設中發揮了重要而獨特的作用，被譽為中國發展的「獨特機遇」；同時，中國經濟的發展也使華僑華人大受其惠。二〇〇三年僑辦評選表彰了一百家明星僑資企業；二〇〇六年將進行第二次評選表彰活動。

二、建設創新型國家呼喚著海外各類優秀人才

中國建設創新型國家為海外各類人才實現自身價值提供了廣闊的舞台。實施「科教興國」和「人才強國」戰略，首要的是人才。增強自主創新能力，包含了引進、吸收、消化、再創新等重要內容。要加大引進人才的力度，尤其需要積極引進海外高階人才，吸引廣大出國留學學生和海外僑胞人才回國創業。據統計，中國僅軟體人才缺口就達四十二萬人。據相關部門統計，一九七八年到二〇〇四年年底，中國有八十一萬五千人出國留學，分布在世界上一百多個國家。其中學成回國的已達十九萬八千人；目前仍在國外學習的約四十二萬七千人；在國外定居、工作的約十八萬人，成為新一代華僑華

人。在當今世界的所有高科技前沿領域，幾乎都活躍著華僑華人的身影。「支持留學、鼓勵回國、來去自由」和「回國：為國服務」是中國留學工作方針。相關部門制定了一系列旨在吸引海外優秀人才的政策，對國家急需的海外高階人才，採取特殊辦法、特事特辦。對已入外籍的留學學生，特別是高階留學學生，在來華工作時申報科學研究基金、享受社會保險、子女回國就學、購買住房等方面給予國民待遇。

相關政策包括：

1. 鼓勵高階留學人才回國工作。對高人才回國任職、探親、家屬就業、子女入學等，作出了原則規定，並在一些方面有新的突破。如海外高階留學人才可擔任銀行、保險、證券等單位領導職務，及中國大型企業、高等院校、科學研究院所技術領導職務或高級行政管理職務；回國工作可保留國外長期或永久居留權（如綠卡），如放棄長期居留權則可擔任法人，主要形式有學術交流、考察諮詢、中介服務等。另外，政府在創造工作和生活條件、經費支持、諮詢報酬、保護知識產權、出入境便利等方面有明確規定。

2. 創辦企業方面給予扶持。如稅收減免、地房租減免、資金注入、購房優惠、配偶安置、子女入學照顧，以及工商、財務、法律、訊息服務；發展科技型中小企業創業基金、創業園區和大學科技園。

3. 科學研究經費資助。人事、教育、國家自然科學基金委的資金支持以及實施「新世紀百千萬人才工程」、「百人計劃」、「長江學者獎勵計劃」項目。

4. 出入境及居留便利。二○○二年四月，國務院辦公廳轉發了公安、外交、教育、科技、人事、勞動保障、外經貿、國僑辦等部門，對需多次臨時入境的外國籍人士，可辦理二到五年多次入境有效、每次停留不超過一年的 F 字（訪問類）簽證；在華永久居留（「中國綠卡」），主要授予外籍高階人才和對中國有特殊貢獻的人。此外，還有回國工作的安置、子女入學（以「適當照顧、特事特辦」原則）、行李物品驗放通關和購買免稅國產汽車、年資計算、戶口恢復、計劃生育、回國（來華）定居工作專家特殊優惠等。當然，政策上仍有一些不完善的地方。如對留學學生創辦企業的統一政策，特別是企業貸款、融資的政策；留學學生的國民待遇、市民待遇等；已入外籍的留學學生在辦學、申請基金、享受社會保險等方面的政策不到位的情況。自一九九〇年代以來，一大批海外優秀人才回國創業形成潮流，湧現出許多傑出人士，在各個領域取得了突出的成績。二〇〇五年，僑辦對一百位回國創業傑出人士授予「傑出創業獎」，其中九十七位在海外獲得過博士學位，平均在華創業時間六年，包括 SCDMA 發明人陳衛、百度總裁李彥宏、朗科公司總裁鄧國順、被視為中國首富的施正榮、挑戰微軟的永中科技總裁曹參、UT 斯達康中國公司總裁吳鷹等。他們都是自主創新的先鋒，創造了事業發展的神話，也為社會創造了大量財富。

如 UT 斯達康（中國）公司，自一九九五年創立以來，已成為中國現代通訊前沿產品開發和生產的大型企業，累計在華投資近四十億元人民幣，近年來對中國綜合稅收貢獻約八十多億元人民幣，一九九九年在全中國外商投資十大人均利稅企業排名中列第十位，當選為二〇〇〇到二〇〇二年度中國百家明星僑資企業，納稅列第一位。該公司在華成立了五個研發中心、二十多家分公司及辦事處，同時在美洲、歐洲及日本、印度和東南亞地區建立了分支機構。曾在澳大利亞新南威爾斯大學畢業、二〇〇〇年回國創辦無錫尚德太陽能電力公司的施正榮博士，五年內使公司成為中國最大的太陽能電池生產基地，並在紐約上市，二〇〇六年一月身價飆升至二十三億美元。

鄧國順博士，一九九九年從新加坡留學回國創辦朗科科技公司，研製出世界第一款隨身碟（U 盤），在全球開創了一個嶄新的隨身碟行業，二〇〇二年獲中國發明專利，填補了中國在電腦記憶體領域二十多年來發明專利的空白，被業界譽為「隨身碟之父」。公司年銷售額數億元，百分之三十銷往美國、歐洲、日本、東南亞、中東等地，成為全球最大的移動記憶體產品供應商。他計劃在兩年內將隨身碟取代磁片。可以預見，在建設創新型國家的進程中，將湧現出一批又一批回國創業精英，譜寫更輝煌的海外人才愛國、報國篇章。

三、僑辦為僑胞投資創業全力提供服務、搭橋鋪路

僑辦作為中國各級政府專司華僑華人和歸僑僑眷工作的職能部門，為華僑華人工商界、科技界人士投資、創業提供服務，是其重要工作任務。近年來，這項工作主要圍繞兩個計劃展開。

一是二〇〇二年開始實施的「興國利僑—助僑行動計劃」。以「互動、發展、助僑、興業」為主題，一方面，各僑務部門搭建華僑華人經濟人士合作的平台，分層次、多形式推動華僑華人工商、科技界人士逐步走向聯合，促進傳統華僑華人資本和新華僑華人技術、智慧的合作，優勢互補，從整體上增強華僑華人的實力；另一方面，多形式、多層次扶持、幫助廣大工商、科技界僑胞了解市場、提高技能、實現創新，以適應現代經濟、科技發展，增強其參與國際經濟的競爭力。

二是二〇〇五年開始實施的「海外人才為國服務計劃」。旨在發揮僑辦系統力量，為海外僑胞專業人士回國創業提供多方面服務。其內容包括邀請海外專家來華講學，提供決策諮詢，幫助解決技術難題；引進海外高層次人才、緊缺人才回國工作；搭建平台，吸引海外僑胞專業人士來華創辦高科技企業；為有意來華創業的人士提供政策諮詢和資訊服務；會同相關部門完善相關政策，推動改善創業環境；表彰創業傑出人士。

以二〇〇六年為例，僑辦主辦或聯合地方政府共同舉辦的活動有：

1. 九月六日，會同國家科技部、人事部、商務部、上海、浙江、江蘇省（市）政府在上海舉辦第三屆「華商企業科技創新合作交流會」，以「世博商機、創新共贏」為主題，期間有省部長論壇、商機推介、華商領袖圓桌會、高科技成果發布、人才招聘以及在蘇浙滬參觀考察等，旨在促進海外華商、專家與長三角地區的經濟科技合作。擬邀請海外華商兩百人（包括海外和中國國內主要商會負責人一百人），專業人士一百人。

2. 六月二十六到二十八日，與湖北省政府、武漢市政府舉辦的第六屆「華僑華人專業人士創業發展洽談會」，以「中部崛起、創新共贏」為主題，期間有武漢論壇、跨國公司圓桌會、項目對接與洽談、人才招聘等。

3. 與雲南省政府在昆明舉辦第四屆「東盟華商投資西南項目推介會暨首屆亞太華商論壇」，以「關注中國西部，共謀合作發展」為主題，期間有高層論壇、華商論壇、項目洽談等。西南地區六省市領導出席並作省情推介。五月中旬、八月下旬分別在濟南、長春舉辦兩期「華僑華人專業人士創業研習班」，請國家有關部委司局領導介紹創業相關政策，進行高科技項目洽談等，旨在幫助華僑華人專業人士回國創業少走彎路，提高成功率。

此外，有關涉僑大型經貿科技活動有：六月十八到二十日，與福建省政府、外專局舉辦「福建項目成果洽談會」；七月九日，與天津市政府舉辦的「海外華商集聚濱海新區共謀合作發展」，華僑華人工商、科技界朋友回國投資、創業等均可與各級僑辦聯繫。

有效維護華僑華人投資、創業的合法權益，是僑務部門踐行「以人為本、為僑服務」宗旨的重要體現。二〇〇五年，全國僑務工作會議再次強調，要認真執行相關的法律法規，保護海外僑胞在國內的合法權益，特別要維護海外華商在華投資的各項利益。隨著華僑華人在華投資增多，經濟糾紛和案件時有發生。二〇〇五年，全國僑辦系統協調處理經濟糾紛和案件共約四百四十二件。僑辦受理、協調的有九十八件，主要是經濟體之間的糾紛，經濟體與行政、司法部門的糾紛，其中合資、合作企業合約糾紛最多（三十四件），還有土地權糾紛、債務糾紛。司法糾紛主要反映在拖延受理、判決不公、執行不力等方面。

值得注意的是，歐洲、北美、澳洲等地到國務院僑辦投訴的僑商相對增加，約占投訴總數的百分之五十，屬於知識產權方面的糾紛也在增加。導致糾紛的原因是多方面的，如中國合作對象選擇不當；投資所在地政府部門政策調整，使投資者預期經濟利益不能兌現；案件已經司法部門處理，但執行難等。既有投資者方面原因，也有投資環境方面原因（包括政策弱化、保護不力、扶持不夠、辦事效率低等）。如某市自一九八一年以來僑資企業最多時，有五千多家，二〇〇五年通過工商年檢的僅有四百八十家。

針對糾紛和案件的不同性質和特點，一是對重點僑商反映、標的較大、影響較大的重要案件和久拖不決的疑難案件，特事特辦，專人督辦；二是需要相關部門、地方政府協調的，按屬地管理原則，轉請相關部門和地方政府協調處理：三是對已進入司法程序的案件不做過多干預，及時請當事人按法律程序辦理，並根據案情需要請有關地方僑辦關注。

為了更好地維護海外僑胞投資合法權益，各級僑辦還採取了如下措施：一是建立健全涉僑經濟糾紛協調處理機構，規範協調處理程序。各級僑辦相關業務處兼管此項工作，僑辦經濟科技司負責涉僑重大經濟案件的協調處理。二是成立為僑資企業服務的法律服務機構，如法律顧問團、維權律師團等。二〇〇五年僑辦成立「為僑資企業服務法律顧問團」，在全中國華商投資集中的地區，聘請了二十位各領域知名律師。目前，已有上海、天津、福建、江蘇、浙江、廣東、四川以及廈門、濟南、南京、杭州等僑辦成立了類似維權法律服務機構。三是開展為僑資企業服務專項活動。四是建立僑資企業聯繫制度。五是成立僑商會，反映僑商呼聲，溝通與政府的聯繫等。

在相關部門和地方各級政府的共同努力下，各級僑辦推動解決了一批涉僑經濟糾紛和疑難案件，受到海外僑胞的歡迎。比如，新加坡某公司在江蘇丹陽久拖未決的經濟糾紛，中方已將三千萬元欠款返還外方；泰國某僑領在廣西的土地糾紛歷時六年，二〇〇五年最高人民法院終審判決外方勝訴，現已進入執行階段；美國某華人一九九五年在寧波的土地使用權糾紛和稅款糾紛標的總計過億元，經僑辦等多個部門協調，終於在二〇〇五年得以解決；二〇〇五年，海南省政府督辦的十宗歷史遺留的涉僑投資重大案件，已辦結七宗，其中某市政府拖欠泰國某華人公司土地補償款兩千六百六十萬六千元長達十二年，在政府的直接過問下，一次性償還，在泰國華社反響很大，鄭有英、吳多祿等相關知名僑領專程赴瓊感謝，並表示回海南投資。

總體來看，隨著依法治國理念的深入人心，法治政府建設步伐的加快，投資軟硬體環境的日益改善，各級政府和相關部門對維護僑胞合法權益所給予的高度重視，以及僑胞投資水準的提高，涉僑經濟糾紛和案件從投資總量上看在相對減少。

僑辦為僑胞投資、創業所做的服務是多方面的，在此不一一介紹。人們都羨慕成功，渴求發展，都不願失敗、忌諱背運。然而，不經歷風雨，怎能見彩虹，失敗乃成功之母。在此願以二十字與大家共勉——把握機遇、尊重規律、依法辦事、創新發展、合作共贏。

（此文為率「中國投資與創業政策報告團」在澳大利亞、紐西蘭的演講，二〇〇六年四月）

整合僑外資源 服務於湖北跨越式發展

大力實施開放先導戰略，積極借用海內外兩種資源和市場，全方位、寬領域、深層次推進湖北新一輪大開放、大發展，是時代賦予湖北人的重任。充分發揮僑外資源力量，服務於湖北跨越式發展，也是一種必然的歷史選擇。

一、僑外資源是湖北開放發展的重要戰略性資源

（一）海外五千萬名華僑華人是中國發展的「獨特機遇」，也是湖北大開放、大發展的重要機遇

華商是世界三大商業族群之一，擁有兩萬億到三萬億美元財富，商業網路遍布全球一百七十多個國家和地區，在東南亞一些國家，華人經濟在一些行業占主導地位。海外華人有兩千五百萬以上屬於新移民和新生代。印度尼西亞華人有一千五百多萬，新加坡華人是主體民族，百分之八十以上加入了居住國國籍，他們整體素養高。美國華人三百八十萬（二〇一〇年），半數以上受過高等教育且從事專業領域研究工作，約三分之一大學系主任為華人，在當今世界科技幾乎所有前沿領域都有華人科學家的身影。華人在當地有很深的人脈關係，有的官至部長、州長，乃至國家元首等。重要的是華僑華人中華文化情結濃，有著愛國愛鄉的光榮傳統，在中國革命和建設的各個時期都作出過重要而獨特的貢獻。特別在深圳、汕頭、珠海、廈門等地設立特區的重要原因在於毗鄰港澳、臺灣、海外僑胞眾多，華僑企業是「開拓者、參與者、貢獻者」。

（二）港澳臺是中國開放發展的獨特橋梁

港澳是國際資本港和大都會，是中國改革開放的重要橋頭堡和資源庫。二〇〇三年，CEPA 協議簽訂後，內地和香港致力於建立更緊密的經貿關係，不斷開放服務貿易，著力投資貿易便利化，香港近三十萬家企業投資內地興盛，內地企業借助香港這塊「最佳跳板」使「走出去」步伐加快。臺灣曾是亞洲「四小龍」之一，現代高科技和工業發達，IT 產業（電子資訊、半導體）處於全球領先地位。二〇〇九年，澳門、香港、臺灣人均 GDP 分別為三萬八千九百六十八美元、兩萬九千兩百二十五美元、一萬六千三百九十一美元。港澳臺資金和僑資始終是中國利用外資的主力，投資十分便捷。迄今幾乎所有的港澳臺大企業家都在大陸投資，且大多獲得了很好的發展。

（三）外國資源在經濟全球化、國際經濟競爭與合作的浪潮中為我所用的趨勢突顯

龐大的市場、低成本高素養的勞動力、日益發達的現代物流體系吸引著眾多跨國公司進駐中國，並深入中西部地區落戶，進行戰略布局。目前，全球五百強企業有百分之九十以上在華有投資或設立相關機構，有八十七家投資湖北。一些國家政府機構引導本國企業來華投資。許多有比較優勢的中國企業跨國投資、併購，開發利用國際資源、能源、技術和人才。資本的全球流動、投資規律的內在驅動，催發了新一輪國家稀缺資源的爭奪大戰。

（四）湖北「海外關係」資源獨特而豐富，為湖北的發展作出了重要貢獻

港澳臺及海外湖北籍鄉親雖比不上廣東、福建、浙江多，也有三十萬人，新移民五萬人，僅天門籍境外鄉親就有七萬八千人。其中不乏科技、經濟、文化等領域的佼佼者，如田長霖兄弟、方李邦琴、王正本、李三春等，湧現出一批「四有」（政治上有地位、經濟上有實力、學術上有造詣、社會上有影響）人物。他們是溝通湖北與世界的天然橋梁和使者。湖北利用外資兩百零一億美元，港澳臺投資占百分之六十以上。如謝國民、郭鶴年、林文

鏡、黃志源、施恭旗、郭孔豐、嚴彬、鄭裕彤、許榮茂、羅康瑞、曹德旺、郭台銘、高清願等一批知名港、臺商來湖北投資發展，涉及農業、工業製造、旅遊、食品、地產、電子、物流商貿、交通等領域，全省大多地市都有港、臺商投資。近些年，從海外回來創業的新華僑華人從事高科技、產業創新引人注目。據不完全統計，十屆「華創會」共簽約一千多個項目，有七百三十個落實到位，一千多位海外高階人才來湖北創業或被有關單位聘為顧問、客座教授。這些僑商積極回饋社會，或幫助湖北拓展對外交流與合作。此外，湖北還與二十九個國家六十七個州（市）建立了友城關係，武漢吳家山經濟技術開發區雲集了一百多家臺灣知名企業。

二、湖北擴大開放、吸引外資的機遇和挑戰並存

機遇一是來自中央的重視，政府大力實施促進中部地區崛起戰略，將湖北作為促進中部崛起的重要戰略支點，武漢作為中部地區的中心城市和國家自主創新示範區，給予更多、更好的政策支持和部門資源;二是大力實施「兩圈一帶」區域總體發展戰略，積極構建「兩型社會」，建設國家自主創新示範區，頒布了一系列旨在擴大開放、促進創新、實現跨越的政策措施；三是全省上下開放發展的共識不斷增強，人民群眾的創造性進一步迸發，各地促進投資、調整結構、保持穩定、謀取發展的趨勢強勁，開放投資環境日益改善；四是湖北具有內生和後發優勢，在基礎設施、工業基礎、交通區位、農業大省、文化底蘊、自然生態等方面優勢突出、積澱深；五是湖北多年來的開放和建設實踐積累了豐富的經驗，取得了巨大的成就，吸引了越來越多國際目光的關注，外國政府、跨國公司、頂尖人才紛至沓來，關注中部、聚焦湖北、合作發展。

湖北省面臨最大的挑戰還是在於發展不夠、開放不夠。湖北的發展與中央的要求、人民群眾的期待，以及與發達省分比較還有一定差距。特別是按照科學發展觀的要求，在發展的方式、內容、重點和水準上，仍然有大量艱巨的工作需要去完成。發展、開放不夠首先在於危機意識不夠，「解放思想是關乎湖北發展的根本性問題」。

在利用外資的環境上仍不同程度地存在一些不足。如重視不夠，政策落實不到位，僑外資源優勢在湖北還未得到充分發揮，存在地方保護主義，「重內輕外」、「重洋輕僑」，僑（外）商投資正當合法權益得不到有效維護，政策易變，或是「重招商、輕服務」、「重許諾、輕兌現」、「新官不理舊帳」，招商針對性不夠強，有的流於形式，推出的招商項目許多是難啃的骨頭，缺乏勇氣；等等。

總體來說，湖北發展的機遇大於挑戰，但機遇是變化的，挑戰如不引起足夠重視，也有可能葬送成果。因此，進一步發展意識、創新意識、樹立人本意識和憂患意識，是實現跨越式發展的關鍵。

三、幾點思考

（一）加強領導，完善機制，形成全省「大開放促大發展」的趕超局面

繼續大力實施「開放先導」戰略，制定「大開放」工作總體規劃；強化省外事工作領導小組、研究解決涉外、僑、港、臺工作的重大問題，統籌安排本省對外交流合作工作；形成「大外事」、「大僑務」、「大商務」、「大統戰」、「大外宣」促「大開放」聯動機制，將「敢開放、真開放、先開放、全開放」思想統一、落實到位，將一切有利於湖北開放發展的外部因素匯聚起來、發揮出來，對在大開放中作出突出貢獻者給予適當肯定。

（二）大招商、招大商，切實提高利用外資工作水準

將招商引資作為對外開放的重中之重，創新思路、優化平台、務求實效；制定和完善湖北利用外資政策、外商投資產業指導目錄，根據湖北產業發展戰略重點，加強招商引資工作的針對性；制定吸引世界五百強、華商五百強投資湖北工作計劃，強力推進重大外商投資項目應用，打造武漢區域總部中心；完善招商引資機制、區域展會協作機制，大力發展湖北特色展會經濟，將武漢建設成全國會展中心，打造湖北對外經貿合作精品。

（三）優質服務，致力營造良好投資軟環境

要重引進更重服務，重招商更重親商、安商、護商、利商；開展維護外商投資環境專項整治活動，建立維護僑（外）商權益重大案件協調處理機制，依法查處侵害投資者權益的案件；完善投資貿易更加便利措施，加快大通關建設；完善高科技區、開發區體系，加強特色產業園建設，形成投資特區；完善武漢「人才特區」政策，著力扶持一批帶動湖北新興產業發展、在海內外領先的知名科技型企業和企業家。

（四）精心打造「華創會」和「湖北臺灣週」，聚僑（臺）興鄂

國僑辦和湖北省、武漢市政府主辦，省外僑、科技、商務、人事、東湖高科技區等承辦的「華創會」，定位於「立足湖北、面向中部、服務全國」，歷經十屆，已成為在海內外頗具影響力的促進國際智力和經濟合作的高端盛會，對湖北人才特區建設、高科技產業發展、發展方式轉變、對外交流拓展等方面發揮了獨特作用。對於「華創會」品牌要倍加珍惜、高端定位、精心打造、求實創新，進一步完善主辦機制，突出人才、創新特色，用三到五年時間打造成海外人才回國創業首選、促進湖北開放發展、國家級引智引資的共贏平台。根據國僑辦和省政府合作協議，進一步加強湖北外僑幹部團隊建設，以辦好第十一屆「華創會」和辛亥革命百年紀念活動為契機，加快推進東湖高科技區「中華科技產業園」的建設，借助湖北歷史文化、自然資源、科教產業和區位交通等方面優勢，將湖北建成全球華人經濟、技術、人才交流合作的中心，成為湖北大開放、大發展的一道獨特亮麗的風景線。結合對臺、對外其他各種經貿、科技、文化交流平台的建設，共創湖北跨越式發展美好前景。

（原載《僑務工作研究》）

發揮僑的優勢 促進區域發展：福建的經驗與思考

統籌區域發展、實施西部大開發、促進中部地區崛起等系列戰略，是貫徹落實科學發展觀的重要內容。健全機制、完善舉措、大力促進區域協調發展是今後一段時期政府部門的一項艱巨任務。積極發揮僑的優勢，參與區域發展戰略的實施，是促進區域協調發展的有效途徑。本文結合在福建的調查研究情況，就「僑力資源」與區域發展問題談一些粗淺的看法。

一、僑在福建發展中的地位和作用

福建是全國第二大僑鄉。閩籍海外鄉親特點明顯，一是數量大。據計，二〇〇六年年底，海外閩籍鄉親有一千兩百六十四萬人。二是地域分布廣。世界一百七十六個國家和地區都有他們的身影，其中在東南亞約有一千萬人，美國六十一萬人，加拿大十四萬人。有的國家如菲律賓的華僑華人，大多數來自閩南。三是新華僑華人成長快，近十年來約新增一百一十萬四千九百人，並集中在美國、日本、中南美洲以及東南亞地區。四是實力強，東南亞一些大的華人財團掌門人如陳永栽集團、金鷹集團、三林集團等都是閩籍鄉親，一批新僑也頗具實力。五是影響大，他們久居當地，政經各界人脈關係廣厚，有的成為當地政壇人物，如印度尼西亞華裔商務部部長馮慧蘭、泰國下議院第一副院長蔡百山等。六是對家鄉感情深，關心和支持家鄉建設和發展。

華僑華人以多種方式參與福建的對外開放和經濟建設，傾注了滿腔熱情，發揮了獨特作用。廈門作為中國最早的四個經濟特區，正如鄧小平所指出的:「主要是從地理條件考慮的」、「廈門是因為閩南人在外國經商的很多。」[1] 一九八四年，鄧小平又指出：「要把整個廈門島做成特區。這樣就能吸收大批華僑資金、港臺資金，許多外國人也會來投資，而且可以把周圍地區帶動起來，使整個福建省經濟活躍。」[12]

華僑華人對福建經濟社會發展的貢獻主要表現在四個方面，即投資興辦實業、捐贈社會公益、引進先進技術、促進外向交往等。

以投資為例，截至二〇〇七年年底，海外閩籍華僑華人和港澳在福建投資累計五百多億美元（福建省實際利用外資七百四十億美元）。二〇〇六年，參加年檢的僑資企業總數為八千九百一十七家，投資總額為四百四十三億兩千六百零五萬美元，分別占參檢外資企業總數的百分之六十八點零三和百分之七十二點五七。僑資企業約占福建引進外資的百分之六十五以上。

從投資領域看，主要投向製造業，其次是金融業、房地產業、電力、天然氣及水生產和供應業、建築業、批發零售業、農林牧漁業、採礦業、通信、電腦服務和軟體業、水利、環境和公共設施管理業以及教育業。以製造業而言，主要為金屬製品業、服裝鞋帽業、塑膠製品業、化學原料業和紡織業。如廈門三大支柱產業：電子、機械、化工行業中，外資占百分之五十六。

從僑資來源來看，列前十位的分別為香港、菲律賓、英屬維京、新加坡、澳門、美國、馬來西亞、印度尼西亞、加拿大、澳大利亞等。其中，港澳的僑資企業占百分之七十以上。

從投資主體來看，華僑華人已逐漸完成從捐贈家鄉，向投資建設家鄉的轉變，如知名華人林文鏡等海外福清實業家參與建設的福清融僑經濟開發區、元洪投資區、洪寬工業區，對於帶動福清經濟發展、福清躋身全國百強縣發揮了重要作用，創造了「福清模式」。值得注意的是，閩籍新僑投資企業日漸增多，如在福清市投資五百萬美元以上的閩籍僑商有三十四人，投資共六億一千五百九十萬美元，其中新僑有二十一人，投資總額三億三千六百萬美元，占百分之五十四以上。

從投資地區來看，以泉州、福州、廈門為多，近些年來華僑華人也逐漸在閩西投資，參與城鎮建設、旅遊開發等。港資始終是這裡外商投資的主力，加之臺資，占外資企業數及投資總量的百分之七十以上。

港資企業發展迅速，湧現出一批在海內外較有影響的企業，如融僑集團、冠捷電子、世紀金源、福耀玻璃、廈順鋁箔、廈華電子、廈新電子、翔鷺紡織、南益集團、飛毛腿公司等。僑資企業不僅為福建帶來了資金，還帶來了先進的技術和理念、國際化商業網路；同時直接帶動了福建部分支柱產業的發展，促進了經濟結構調整，接納了大量勞動力就業，創造了巨大的社會財富。據計，全省外商實際投資兩百四十七億美元，約占同期全省城鎮固定資產投資總額的百分之三十，外資工業企業占全省工業總量的半壁江山。二〇〇七年，全省規模以上外資企業實現工業產值六千八百一十億元，占全省工業產值的百分之五十五；省涉外稅收收入四百四十三億四千萬元人民幣，占同期全省稅收總額的百分之三十五點六；在外資企業中的從業人員達兩百五十多萬人，超過全省城鎮就業總數的百分之五十。

此外，近三十年來，華僑華人在福建捐贈興辦公益事業約一百七十四億元人民幣。海外閩籍鄉親每年的僑匯有驚人之多。如二〇〇五年，福州接受僑匯超過三十億美元。他們還積極參與省內各種經貿洽談、文化博覽等活動，在福建舉辦的「98 投洽會」、「618 成果交易會」、「商交會」等活動中，海外閩籍僑商最為活躍；同時，大力協助福建拓展對外經貿、文化交流與合作。

正如福建省領導所言，僑是歷史、僑是優勢、僑是力量、僑是形象。從一定意義上講，沒有僑，就沒有今天福建經濟社會的成就；廈門經濟特區「始於僑、成於僑」。

二、華僑華人在福建投資所面臨的形勢及挑戰

福建僑資企業獲得了長足的發展，越來越多的海外鄉親希望繼續在福建加大投資，分享發展商機。同時，僑資企業也面臨著種種問題。機遇與挑戰並存。

當前僑資企業發展面臨的主要問題在於：

（一）投資不當，成功率不理想

由於對中國投資環境缺乏了解，投資領域不夠熟悉，企業經營管理不善，合作夥伴選擇欠佳等原因，導致一些企業投資失敗。據計，福建累計批准成立外資企業三萬多家，二〇〇六年參加年檢的外資企業僅一萬三千一百家，其中僑資企業八千九百一十七家。

（二）營運困難，發展面臨瓶頸

目前，存在投資優惠政策弱化、存量土地減少、徵地拆遷難度大、煤電油運全面緊張等企業發展不利因素。勞工成本增加且招工難，許多企業反映法規頒布後勞資糾紛增多，給業主很大壓力。

（三）市場疲軟，效益銳減

福建省外貿依存度達百分之六十二點七，出口依存度達百分之四十二點一，僑資企業出口加工型居多，受國際市場波動影響大，特別是當前世界金融危機，企業訂單銳減，業務受挫。隨著國際反傾銷、貿易技術壁壘的增加，使出口型企業的市場預期降低。人民幣升值，產品的價格優勢難以長期保持。

（四）投資環境有待不斷改善

半數以上僑資企業對福建投資環境的評價在一般偏好，反映較突出的是辦事效率不夠高、年檢手續繁雜、招工難、土地供應有限等。有的地方還存在地方保護主義，對僑資企業生產經營中的困難協調不夠。

受以上諸因素制約，僑商在福建的投資從數量、發展速度、社會貢獻率等方面來看與人們的預期有一定距離，僑資企業出現了外遷趨勢。如某工業區二〇〇六年累計批准外資企業四百五十八家，其中僑資企業一百九十三家，但實際投資的僅七十家，據了解因經營不善破產的占三分之二，其餘均外遷。企業外遷有發展中的一定必然，但應引起重視。

顯然，在福建大力建設海峽西岸經濟區、促進「山海」協調發展、構建和諧社會的今天，僑資企業面臨的有關問題亟待解決和改善。同時，更應看到的是，海峽西岸經濟區的建設、「山海」協調發展，為僑資企業發展提供了新的機遇。在不斷改善投資環境、解決企業困難的同時，引導僑資企業抓住機遇、擴大投資、提升競爭力，大有可為。

三、積極發揮華僑華人在參與區域協調發展中的獨特作用

華僑華人在福建發展大局中的作用和貢獻巨大，有目共睹。新形勢下，如何幫助僑資企業排憂解難、切實抓住機遇、積極應對挑戰、提高發展品質，進一步凝聚僑心和僑力，推動僑資企業在福建經濟社會發展、區域協調發展中發揮獨特作用，仍是擺在各級政府面前的一個重要課題。

（一）高度重視，積極引導、扶持僑資企業發展

目前有關方面對跨國公司，尤其對臺資比較重視，有具體扶持舉措，對港資、僑資淡之。特別是為把「海西」建成兩岸人民交流合作的先行區，臺資發展更受關懷，呈一枝獨秀。福建僑力資源雄厚，應該採取更加有力舉措，支持僑商加大投資、延伸投資、優化投資；引導僑資投向閩西，投向高科技領域，投向現代農業、現代服務業、先進製造業，投向基礎設施建設等，努力營造一個外資（狹義）、臺資、僑資、港資各揚所長，各顯其能、相互依存、共同發展的繁榮局面。

（二）優化投資結構，提高僑資企業發展水準

在僑資企業較為集中的泉州、福州、廈門，要注意幫助僑資企業積極防範、應對海內外市場風險，提高企業技術和管理水準；對一些勞力密集、加工型企業要適時進行結構調整，競爭力不強、市場前景暗淡的企業要及時轉型；透過合資、合作和兼併重組等途徑，建立信貸扶持平台，引導僑資參與當地舊城改造和各種所有制企業改制改組，並與產業轉型相結合，參與先進製造業基地、現代化海洋產業基地、現代服務業等建設，參與當地重大項目（如江陰港）建設等，拓寬僑資的發展空間；支持發展貿易推動型、資源利用型、技術合作型、產業群聚型投資；積極推動成立並發揮行業協會作用，提高企業抗風險能力，使企業更大更強。

（三）積極有效利用僑資，參與閩西經濟社會發展

閩西發展要根據省區域發展總體規劃，立足區位發展實際，借鑑沿海發展經驗，走出特色產業經濟的發展之路。應發揮臺資優勢，投資參與閩西北綠色產業帶建設，城區綜合開發，現代農業、生態旅遊業、資源深度利用；完善「山海」協作機制，制定優惠措施，推動沿海企業向山區梯度轉移，投資興業。

（四）重視引進僑智，提升發展品質

人才為強國之本。海外華僑華人人才眾多，掌握國際先進技術，胸懷報國之志。促進「海西」發展，高科技人才、技術至為重要，引進僑智不可或缺。應以廈門、福州為重點，抓住目前國際華裔高端人才回國（來華）工作、創業熱情高漲的有利時機，透過建立海外華僑和留學人才創業基地，設立創業投資基金，完善中小型科技企業投資貸款機制等，大力吸引海外高階人才回來創辦高科技企業，促進技術成果轉化，帶動高科技產業發展；落實引進人才政策，大膽選聘海外高科技人才領導或參與省重點產業技術攻關項目、實驗室建設，成為學科帶頭人；可設立「海西」發展顧問委員會，廣納海外專家真知灼見，借鑑國外先進經驗，實現「海西」科學發展和「山海」協調發展。同時，應鼓勵僑資、僑智結合，在閩生根發展；對於已落戶的高科技僑智企業，要採取更有力措施，作為示範和群聚效應。

（五）完善投資環境，為僑資企業發展提供優質服務

針對企業反映較多的投資環境問題，政府相關部門應逐一梳理，妥善協調，推動解決；對於一些久拖不決、影響較大的涉僑經濟糾紛和案件，主要領導應親自過問，重點督辦，限時予以公正處理；建立由省市領導掛帥、相關部門參加的涉僑經濟糾紛和案件，協調處理工作機制；各級僑辦要把為僑資企業服務、維護僑胞投資合法權益擺上重要位置，克服人手少、事務繁、手段弱等困難，知難而進，認真辦理；要注意發揮僑商投資企業協會等民間組織作用，暢通管道，反映僑意。外經、工商、稅務、海關等部門應注意簡化報批手續，減輕企業負擔，提供便捷高效服務，司法等部門應對涉僑經濟

糾紛和案件特別重視，合力營造親商、安商、富商的招商引資良好環境。

（六）搭建並優化平台，促進僑資有效應用、發展

應研究、規劃招商、引資、引智平台，實行功能區分，優化品牌結構，使之更有利於對外合作和外商投資項目應用。如近年來，在「98中國國際投資貿易洽談會」的基礎上，以「海西」建設為主題，舉辦了中國海峽項目成果交易會、海峽兩岸經貿交易會、福建商品交易會、海峽兩岸花卉博覽會、世界閩商大會、海峽西岸經濟區論壇等活動，吸引了大批僑商的參與、投資。有關會展活動應進一步精益求精、重在實效；應結合山區特點適當舉行如「茶博會」等活動，擴大對外影響，促進「山海」協作；更應針對大僑商、大項目開展個性化的招商引資，促進項目應用，服務項目健康發展。

（七）加快華僑農場改革發展

福建有十七個華僑農場，安置歸難僑三萬四千人，由於種種原因，歷史包袱較重，機制缺陷，發展相對滯後，農場生活較為困難。目前，應解決僑居、社保、醫保、土地確權、歷史債務削減等歷史遺留問題，加速農場融入當地經濟社會體系，真正做到「體制融入地方，管理融入社會，經濟融入市場」，切實做好促進農場科學發展，華僑、歸僑與當地人民和諧相處。

總之，華僑華人在區域協調發展中的地位獨特，十分重要。政府部門應予以積極引導扶持，提供優質服務。實踐證明，哪個地方領導重視僑務資源的作用，哪個地方的對外開放和經濟建設就會如虎添翼、有聲有色。我們相信，華僑華人已經並將繼續在參與福建經濟建設、社會進步中大顯身手，為海峽西岸經濟區、為區域協調發展譜寫新的更輝煌篇章，僑資企業也將迎來一個新的發展機遇期。

（原載《中國僑商》）

參考文獻

[1] 國務院僑務辦公室，中共中央文獻研究室編 . 鄧小平論僑務 [M]. 北京：中央文獻出版社，2000：51.

[2] 同上書，55.

[3] 林金枝 . 海外華人在大陸投資的現狀與前景 [M]// 郭梁主編 . 戰後海外華人變化 . 北京：中國華僑出版公司，1990.

[4] 吳傑 . 中國近代國民經濟史 [M]. 北京：人民出版社，1958：14-15.

[5] 譚天星 . 未能歸一的路：中西城市發展的比較 [M]. 南昌：江西人民出版社，1992：231-245.

[6] 毛起雄 . 中國僑務政策概述 [M]. 北京：中國華僑出版社，1993：71.

[7] 林金枝 .1979—1992 年海外華人在中國大陸投資現狀及其今後發展趨勢 [J]. 華僑華人歷史研究，1993 (1)：2.

[8] 《華聲報》，1992-07-17.

[9] 也稱為「東南沿海城市經濟區」。顧朝林 . 中國城鎮體系：歷史、現狀、展望 [M]. 北京：商務印書館， 1992：407.

[10] 即使是「華南經濟圈」、「大中華經濟圈」，也有持否定意見者。廖柏偉 . 中國改革開放與珠江三角區的經濟發展 [J]. 南洋商業銀行，1992.

[11] 鄧小平 . 鄧小平文選 (第 3 卷)[M]. 北京：人民出版社，2001：366.

[12] 鄧小平 . 鄧小平文選 (第 3 卷)[M]. 北京：人民出版社，2001：52.

第四篇
經濟與城市史

乾隆時期湖南關於推廣雙季稻的一場大論戰

清朝定鼎中原，迨至康雍乾之世，進入了它的最盛時期，與此相適應，人口劇增。明代人口數額的最高的年分，是萬曆六年（西元一五七八年），為六千零六十九萬兩千八百五十六口；在清代，據統計，順治時有五千萬人，康熙初年增至一億人，康熙末年上升到一億兩千萬人，乾隆時高達兩億人。[1] 為了維持日益成長的人口需要，首先必須解決糧食問題。清政府對此十分重視。他們認為在這「民間生齒日繁，地不加廣」的情況下，解決民眾生計的可行辦法之一是推廣雙季稻栽培，因為很明顯，雙季稻收穫是單季稻的一倍。早在康熙時，曾頒御稻於江南各省城試種兩熟，頗見成效；乾隆帝君臨天下，看到了人口迅速成長與土地面積相對縮小日益尖銳的矛盾，於是力圖在全國推廣雙季稻，湖南省便是積極響應者之一。

乾隆十一年（西元一七四六年），湖南巡撫楊錫紱屢頒告諭，「勸種兩熟稻穀」。這種號令頓時在全省引起強烈反響。各州、縣長官紛紛上書闡述對兩熟稻的看法，或臧或否，莫衷一是，爭論尤其激烈的是湘南、湘西諸州縣，由此引起一場全省性的大論戰。

這場大論戰的詳情可以參見《湖南省例成案．戶律》卷八，布政使長柱、按察使周人驥等人的奏書。本文試圖將這場辯論的本來面目公諸於眾，並對湖南省栽培雙季稻的特點作一簡略的評述，以引起農史研究者們的重視。

一、

這場大論戰主要是圍繞湖南是否適宜栽培雙季稻這一議題而進行的，兩派的意見針鋒相對。

一種意見認為湖南適宜於栽培雙季稻，這以道州知州改汝霖為代表。改知州自乾隆九年（西元一七四四）蒞任以來，一直悉心推種「再熟之稻」。然而，此舉遭到本州士民的反對，原因是道州土地寒冷，不可連作。他則不為所惑，認為道州完全可以栽培雙季稻，理由是：

其一，時節可以安排。湖南早稻收穫一般在七月，七月以後，地上或播種二麥，或栽育油菜，也有的閒置不種，可以說，在此之前，道州很少栽種雙季稻。因此要栽雙季稻，實際上是要改變傳統的耕作制度；而由於雙季稻比稻麥兩熟的成熟期要短，也就必須解決時節問題。一般來說，水稻從浸種、育秧到收穫入倉，至少需要兩個多月的時間；兩季水稻要在一年內收割完畢是否可能呢？改氏一方面依據《農政全書》關於南方在立秋後十日尚可栽種水稻的理論;另一方面親睹了「往年濱湖之區偶有被水之田，七月栽禾，九十月割稻者比比皆是」[2]的實際情形，認為在早熟之後可以續種晚禾。

其二，早稻品種可以解決。要使一年內收「再熟之稻」，必須在早稻品種上下功夫，因為，如果有一個較短生長期的早稻品種的活，那麼相應要給晚禾生長充裕的時間，使之足以稻粒圓滿。事實上，道州已有許多早稻品種，如「掛粑秈」就是較好的一種。

其三，因地制宜，用力勤。栽培雙季稻也意味著加倍的勞動量。「在山谷之間，水泉較冷；無泉之處地勢過高，秋陽易涸，似難兩種。其近河一帶田畝稍平，筒車灌溉，尚覺可種。」也就是說，道州之地並非盡不可種雙季稻，也非盡可種雙季稻，要視土質之異同而定。但是，有的地方「土性縱有不同，或可補以人力」，以栽種兩熟。那種認為道州不可栽雙季稻的人實際上是出於「畏勞貪逸，艱於圖始之故」。

不僅如此，更重要的是改汝霖在道州的試驗初見成效也有力地證明了自己的見解。栽培雙季稻主要有兩種辦法，其一是在一季收穫之後，繼續再種一次；其二是先插早苗，過十餘天，將晚苗插入早苗行間，早稻收穫後，再培育晚稻，以期兩收。改知州一一進行試驗。史載其奏呈：

「卑職除廣勸士民外，查有早稻名曰『掛粑秈』，收成最早，宜於點種。

擇有東陽坊農民何惟學田一丘，捐給工本，多予淤糞，於清明時下種，此際長發青蔥，苗高尺餘，俟收成後，即點晚禾。卑職又擇農民何文選田一丘，捐給工本，多加淤糞，於本年四月初七日栽植『亂麻黏』早秧，俟獲後照上年憲檄內開辰永道兩收之法，接栽晚秧。並擇農民陳繼諫田一丘先栽早禾，俟耘耨後照依醴陵縣刊成圖式，於中再插晚秧，總俟兩稻收成之時，何法可勝，明春即踵何法行之。」

除此之外，還有一種方法是培養「稻孫」，即在早稻收割後，舊　復發，即稻孫，如果加以灌溉、施肥、較好的田間管理，每畝收穀也可數斗。

另一種意見則認為栽培雙季稻是不可行的，這派觀點以零陵、新田縣為代表。他們的主要理由是：

其一，地土不相宜。據零陵縣知縣冀方煜稱，前任知縣就曾將勸種兩熟圖式，「照抄多張出示，遍貼曉諭，令民照依圖式試種」；至冀氏抵任，仍無多少成效。其原因是：「零邑山多水冷，土性多寒，田畝有高低不一，土性有厚薄不同。」新田知縣楊聖烈也稱，「早稻之田，冀多磽瘠，蓋無活源灌溉，全憑天時。割稻之後，縱發稻孫，有名無實」，「卑邑四面皆山，田畝之中求其廣闊肥沃田畝者甚少，故歷無稻孫滋發之事」。

其二，時令難以安排，冀方煜談到零陵縣早晚禾都不可續種一季，史載：

「每年布種稻苗有早中晚三等。高田土性稍薄，宜種早稻，清明下種，四月栽種，六月盡、七月初收穫，加糞耕轉，續種蕎麥，收蕎之後即用鋪糞耕轉，蓋糞過冬，若不加糞耕轉，來年稻苗不熟，收成歉薄，此早稻之田難於插種二穀。中稻田畝勢稍低，土性頗厚，四月下種，五月栽插，七月盡、八月初收穫，加糞耕轉，隨種小麥，次年四月收穫，接種中稻，此中稻之田也難插種兩熟。又有晚稻田畝，地勢最低，名曰洞田，土性愈寒，每年止宜栽種一次，九月收割，不可複種別項矣。至早中稻之田也曾經於禾之行中補插中晚二禾，不惟後插者不長，連早插之田也不發旺，是以再無人種。」

新田縣，「栽黏稻之田，如南鄉一帶割穀之後，即為翻犁接種二麥；栽晚稻之田至九十月之時方能收割，割後天氣漸冷，不長稻孫」。因而也無法種「再熟之稻」。

其三，「稻—麥」二熟與「稻—稻」兩熟獲利不相上下。祁陽縣知縣覺羅卓布爾認為：「兩種之收穫較之一歲一種者盡得其半」，「秋收之後，即布種蕎麥蔬菜，也與一歲兩種無異。」新田縣在黏田收穫後，即種二麥，「也獲利匪輕」，於是，「勸民廣接種麥豆雜糧，以收一歲二熟之利」。零陵縣於早中田畝一熟之後續種蕎麥，也是民眾「夙所試驗，各以土性相宜而然也。其播種兩熟之處既與地土不宜，應聽照舊續種雜糧可也」。

既然如此，便得出結論，栽培雙季稻斷然不可行也，他們不僅從理論上，而且從實踐上論證了這種看法。

以上這兩種意見，在當時似乎誰也沒有說服誰，由於缺乏更詳實的材料證明，這場辯論是否至此為止就不得而知了。我們所能知道的，湖南省最高行政長官的仲裁意見是：「種植兩熟，上年各屬業已遵式舉行，而獲有成效者少，據稱地土不相宜者甚多；即苧麻、棉花湖南地土頗宜，也未必通省皆種，總緣土性各有所不同，非盡民情懶惰。唯有飭令各州縣勸諭民間因地制宜，凡屬可以獲利之物，隨時播種，使野無曠土，民無遊惰。」這種不求統一、務使因地制宜、野無閒土的做法，看來是解決這場大論戰的較好途徑。

二、

這場辯論與我們通常意義上所說的面對面交鋒不同，它是圍繞雙季稻栽培在多區域展開。但實際上，正如前面所述，由於兩種意見的對立爭辯相當激烈，從這場論戰的主要內容可以看到這樣幾個問題有待於我們研討：

（一）湖南是否適宜栽培雙季稻？或者說，丘陵、山區是否也宜於栽培雙季稻呢？

湖南可以栽培雙季稻，這不僅在理論上，而且在實踐上都證明了這一點。湖南位處長江以南，氣候溫和，無霜期較長，而且雨量充沛；平原、丘陵地帶土地肥沃，這在客觀上為推廣雙季稻提供了條件；而那些持反對觀點者以「風土不宜」為理由，卻站不住腳。「風土不宜」論儘管它也反映了一定的事實，但它基本上屬於墨守成規的保守論調。

從參加這場辯論的州縣來看，主要是湘南、湘西地區，而湘東、湘北地區沒有。這一方面可能是由於材料記載的局限；另一方面是因為在這些地區栽培雙季稻不成問題，尤其是長沙府、岳州府、衡州府。以長沙府屬醴陵縣為例，據康熙《醴陵縣志》記載：「邑之農勤於東作，通治二熟禾，雖間有蒔中稻、耘稻為一熟者，特百分之一耳」[3]。這裡所言「百分之一耳」也許具有不確定性，但它反映了一個事實，即醴陵縣絕大部分地區栽培雙季稻；而乾隆時，政府號召各州縣按照醴陵縣栽培雙季稻的方法試種，更說明了醴陵縣栽培雙季稻卓有成效。我們知道，醴陵縣位處湘東，屬丘陵地帶，可以想見，類似地區的雙季稻面積也為數不小。正如《湖南省例成案．刑律》所載：「南楚之田，一歲再熟。」

湘南、湘西主要是丘陵地帶。辯論較熱烈的零陵、新田、道州、祁陽等州縣，正處於丘陵向山區過渡地區。那麼，在這裡是否適宜栽培雙季稻呢？我們認為，對此採取因地制宜，根據實踐的態度是正確的。山區土寒水冷是事實，如果一味地追求雙季稻，其後果必然適得其反。這是因為這種「一刀切」的做法是典型的主觀唯心主義，與客觀規律相違背。其實，山區的真正出路並不在於栽培雙季稻，而在於發展本地的土特產，栽植適宜的經濟作物，進行多種形式的經營。

我們從《湖南省例成案》一書中看到，當時湖南省政府已注意到這種情況。他們一再強調要廣種雜糧，致使土無閒息，人無遺惰，收「桐柚茶漆竹木棉葛之利，以及魚鱉菱芡蒲陂塘之息」[4]。如永興縣，這裡在雍正以前是「一稻之外並無餘物」。雍正十一年（西元一七三三年），侯圖正任知縣，到乾隆二年（西元一七三七年），不過四年，由於特別重視多種經營，「故數年來山地廣墾，種植杉桐菽木也多，即豆麻菽麥也廣」[5]。但是，山區或丘陵向山區過渡地區並非全然不可栽培雙季稻。道州的實踐也在一定意義上說明了這一點。乾隆二年，布政使張燦也談到新化縣「旱田之中可以一歲兩收」[6]。其所以也能在這類地區栽培雙季稻（儘管它的數量很少），是因為，一方面即使是山區或較突出的丘陵地區，也有一定的平坦之區，也就是說，在自然條件上有可能性；另一方面與人們對大自然的認識和征服自然的能力有關，隨著生產技術的提高，有些在昔日看來不可栽培雙季稻的地區如今都栽上了雙季稻。據一九八三年的統計，湖南省雙季晚稻的面積，郴州地區有一百六十五萬餘畝，零陵地區有兩百六十四萬餘畝，懷化地區有八十三萬餘畝，湘西苗族自治州十七萬畝。其中，零陵地區畝產有七百餘斤，懷化地區有六百一十九斤，自治州有五百九十一斤。[7]這就說明湘西、湘南地區都有栽培雙季稻的潛力，當然，山區栽培雙季稻一般是相當有限的。

（二）乾隆時期在湖南雙季稻栽培史上占有何等地位？

從道州、零陵、祁陽、江華、新田、新化等縣試種雙季稻的情形觀察，雍乾以前，至少是清初以前，湘南、湘西地區沒有栽培過雙季稻，即使有也是極少數。因而，乾隆時期在這裡的試種具有開創性，也許正因如此，才形成了如此鮮明的激烈的爭辯。而對長沙、岳州、衡陽等府來說，雖然栽培雙季稻並非自此時始，但這個官方命令式告諭的推動作用也不可低估。我們認為，雍乾時期是湖南雙季稻栽培的一個深入發展時期。

其實湖南栽培雙季稻迨至清朝，已有好幾百年的歷史了。據《醴陵縣志》記載：「宋仁宗遣使航海，買早稻萬石於占城，……分受民種。其種與熟俱早於常稻。後又輸入翻子，即番子，因來自番國故名。於是，地不必熱帶，田不必膏腴，皆歲可二熟矣。」[8]當然，這裡也包括湖南在內。從宋代至清乾隆朝，雙季稻面積很不穩定，由於缺乏詳細材料，這點難以肯定。不過可以推斷，元代湖南雙季稻一度中斷，明代開始復甦，長沙府栽培面積明顯增多，清代則主要是向縱深發展，力圖在大多數丘陵，乃至在山區推廣雙季稻。

人們不禁要問，為什麼乾隆時湖南會形成一個推種雙季稻的高潮呢？這可從湖南省內外兩方面的因素加以分析。首先，從內部來看。湖南自康熙三年（西元一六六四年）與湖北分省而治以來，行政上獨立，尤其是康熙二十年（西元一六八一年）平定三藩之亂後，湖南的局面日趨穩定。一方面，土地不斷墾復，流民歸業，生產有了恢復和發展，如康熙三年（西元一六六四年），湖南共墾荒地七千二百一十九頃；[9] 康熙六年（西元一六六九年）又墾荒三千一百九十頃五十畝，[10] 雍正二年（西元一七二四年），湖南因地已有三千五十二萬七千六百六十四畝，比康熙二十四年（西元一六八五年）淨增一千六百六十三萬五千二百八十三畝。這在客觀上為栽培雙季稻提供了廣闊的土壤。另一方面，人口急劇上升，雍正二年湖南人口為一百七十餘萬，乾隆十四年（西元一七四九年）已達八百六十七萬餘。[11] 而且非農業人口在不斷增加。以岳州為例，嘉慶時已是「十分其民工賈居其四，……十分其力而傭工居其五」[12]。許多農民也輕棄本業，遠涉他鄉貨遷為生。同時，市鎮經濟興起，也吸收著大量勞動力。這樣，既為栽培雙季稻向縱深發展提供了必要的勞動人手；同時，為了減輕人口迅速發展給社會帶來的嚴重壓力、滿足日益增多的非農業人口對商品糧的需求，推廣雙季稻是一個重要的途徑。

其次，從外部來看，他省對湖南糧食的依賴程度相當大。乾隆二年（西元一七三七年），高宗皇帝在批覆湖南巡撫高其倬關於湖南糧食豐收的奏報時感嘆道：「『湖南熟，天下足』，朕唯有額手稱慶耳。」[13] 這從一個角度反映了湖南糧食在全國起著舉足輕重的作用。當時江、浙、閩、粵、黔、桂等省均賴湖南糧食接濟，甚至湖北這個素稱產米之鄉的地方也不例外。每年一遇收穫之時，外省米商雲集，大量購買，運往各缺米地區。康熙時，由於湖南外運糧食過多，從而引起了本省米價不斷上漲，於是，湖南省政府頒發文告，禁止米穀外運。但這樣一來，江浙地區米價更昂，人民嗷嗷待哺，群情沸騰。康熙四十七年（西元一七〇八年），江蘇巡撫于準的上疏中談到：「本地戶口繁庶，產米不敷所食，全賴外省客米接濟。今湖廣、江西等省，俱嚴禁販米出境，以至米商裹足，米價愈增，並請特敕各督撫開禁，聽商販買，庶江南米價可平。」[14] 因此，康熙皇帝專門發下諭旨，令湖廣開禁，米穀外流。商販由於有了諭旨保護，購買糧食數量有過之而無不及。因此，湖廣在「地不加廣」，所產有限的情況下，便大力推廣雙季稻，以求解決供不應求的糧食需要。

總之，內外因素相結合，使湖南雙季稻栽培不僅有可能，而且成為現實，不僅平原地區廣泛栽培，而且山區也在試種、推廣。推廣的氣氛就愈濃郁。

由此可見，這場爭辯的產生也不是偶然的，同時，它的影響也極為深遠。

實踐是檢驗真理的唯一標準。雙季稻是否適宜在湖南大多數地區推廣，並不能全憑長官意志，一錘定音，而是要靠實際驗證說話，參加論戰者基本上能做到這點是難能可貴的。我們看到，無論是持肯定意見者，還是持否定意見者，都是首先去調查、實驗。如改汝霖知州上任後就「傳集鄉老農民，細加查詢」，零陵縣知縣冀方煜、祁陽知縣覺羅卓布爾、新田縣知縣楊聖烈皆「諮詢老農」。祁陽縣令還著田主、監生劉紹堯、農夫蕭盛生等各擇多水之田一丘，於清明前後照圖耘犁，如法試種；儘管後來因「地土不宜之故，難以再熟」而中止，但這種敢於試驗的精神應該被肯定。爭辯雙方所採取的因地制宜的態度在今天也是應當繼承。

同時，辯論對於湖南雙季稻栽培是一個有力的推動。經過這場辯論，雙季稻概念已深入人心。我們知道，栽培雙季稻需要解決早稻品種、肥力以及早晚稻季節性矛盾，為此，一方面須付出比以往多幾倍的工夫；另一方面很明顯這是對傳統的一熟制或稻麥兩熟制的一個挑戰與衝擊。人們囿於長期積習、傳統慣例，要普遍推廣雙季稻必然遇到阻力。乾隆時，湘南、湘西地區每年八九月間有拋牛之俗，即在早稻收割後，放牛於野，不加管束。這樣，「稻孫」被牛食盡，「即間有田內種蕎麥菜蔬者，必須築牆以御牛牲」；同時，要種雙季稻，八月拋牛放野之俗必須革除。為此，湖南政府曾採取過一些措施，如設廠圈牧養，放牧之時有專人看守；以田畝相連者五戶或十戶為單位，設立團簿，各戶相互監督，有縱放踐食者，應照公議賠償，等等。

最後，值得指出的是，由於栽培雙季稻有利可圖，因而倣法培種者接踵而至，使湖南栽種雙季稻進入了一個新的歷史階段。據有人近年來對太湖地區水稻產量的研究，明清時雙季連作稻的最高畝產量為六石七斗五升，約合九百一十四斤。[15] 這比單季產量要高得多。也正因如此，嘉道之後，湖南雙季稻面積更加擴大了。道光年間，李彥章在所著《江南催耕課稻篇》中談道

「今天下之種兩熟稻者，湖南、湖北、安徽、江西、廣東、廣西、福建等省皆然」。這裡把湖南放在諸省之首不是偶然，它至少說明湖南此時的雙季稻栽培規模已遠非昔比了。

當然，雙季稻的真正發展是在一九四九以後，不僅範圍擴大了，而且技術也提高了，但在今天回顧湖南這場發生在兩百餘年前的大論戰，仍有不少啟迪。

（原載《中國農史》）

清前期兩湖地區糧食產量問題探討

我們在研究兩湖地區農村經濟發展史的過程中感到，明清時期兩湖地區的農業經濟是一個十分重要的發展變化時期，而其中最突出的是糧食產量問題。以湖廣（即湖南、湖北）人口與田土而言，嘉慶十七年（西元一八一二年）人口數比洪武二十六年（西元一三九三年）成長了八倍多；嘉慶十七年，田土比嘉靖二十一年（西元一五四二年）成長了百分之兩百七十三點零一。[16] 隨著人口與田地的不斷成長，糧食產量是否有所提高？提高的幅度又有多大？對此應作怎樣的評價？等等，前人今人均未作詳細的考察。

一、

在清代前期兩湖地區農業經濟的發展中，糧食生產可以說是最有成績。宋代以來流行的民諺「蘇常熟，天下足」或「蘇湖熟，天下足」，這一時期則已為「湖廣熟，天下足」所取代，說明了糧食生產中心開始從江浙向湖廣轉移；明代，湖廣地區農業生產總體來說仍比較落後，一則傳統的耕作方式沒有多少改變，同時有些地區甚至還處於「水耕火耨」階段，正如明人謝肇淛所言：「江右荊楚，五嶺之間，米賤田多，無人可耕；人也不以田為貴。故其人無甚貧，也無甚富，百物俱賤，無可化居。」[17] 儘管如此，湖廣在全國諸直省中所處的地位是值得重視的。據統計，洪武二十六年（西元一三九三年），湖廣布政司的面積達三十六萬平方公里，占全國總面積的百分之十點九八，僅次於陝西、四川、雲南；人口有四百七十餘萬，占全國總人口的百分之七點七七，也居第四位。到了明代後期，糧食總產量也有了一定的提高，如崇禎初，湖廣的徵糧額為一百七十八萬餘石，占全國總額糧的百分之六點七四。正因如此，這時已有「湖廣熟，天下足」之說。[18] 可以這樣說，清代兩湖糧食生產的發展，是明代生產力水準的體現。

「湖廣熟，天下足」這一諺流行於清代幾乎沒有什麼疑義。從文獻記載看，康熙年間這種說法已較普遍，且為官方津津樂道，如康熙三十八年（西元一六九九年）聖祖諭旨中就談道：「湖廣熟，天下足。」[19]我們認為，「湖廣熟」中的「湖廣」係指湖南、湖北，而非僅指湖南。理由一是康熙三年（西元一六四四年）湖廣分設南北布政使司，爾後在大臣奏疏、皇硃批中，如果言及湖南、湖北一省之事絕不會冠以湖廣籠而統之；二是康熙二十年（西元一六八一年）平定「三藩之亂」，在此之前，湖南一直處於戰爭動盪，而湖北的安定相對要早些，經濟的恢復也較湖南快，以糧食產量而言，康熙時期湖北要比湖南高；三是明代楚北經濟要比楚南發達。

但是乾隆二年（西元一七三七年），高宗帝在批覆湖南巡撫高其倬關於湖南糧食豐收情形的奏報時，卻說：「『湖南熟，天下足』，朕唯有額手稱慶耳。」[20]這並不足為怪。因為一方面，乾隆談的是湖南一省的事情；另一方面，它也反映了乾隆時湖南的糧食生產水準已趕上，甚至超過湖北。「湖南熟，天下足」並不等於「湖廣熟，天下足」，「湖南熟，天下足」只意味著湖北與湖南糧食生產地位逐漸變化的趨勢，這種情形在近現代史上更為明顯，湖南常是外運糧食最多的省分。

可見，從「蘇湖熟，天下足」到「湖廣熟，天下足」，從「湖廣熟，天下足」到「湖南熟，天下足」，實際上反映了湖廣糧食生產發展的幾個重要階段。清代兩湖糧食產量比較而言，初期（順康時期）湖北要高於湖南；康熙後期與雍正年間這種地位發生變化；乾隆時期湖南已趕上，並超過了湖北。在湖南「止有本省之穀運出，從無別省之米運來」[21]。而湖北雖素稱產米之區，有時卻需要鄰省如四川、湖南接濟。乾隆十六年（西元一七五一年），湖北因上年糧食歉收，正二月間米價增貴，「民食已艱」[22]，地方官員紛紛要求將川湘糧商催赴漢口，加以平糶。

導致這種現象的原因何在呢？其主要在於：

①湖北的人口成長速度快，糧食需求量相應成倍上升。據統計，從乾隆二十六年（西元一七六一年）至道光三十年（西元一八五〇年）的九十多年中，湖北人口成長了三點一七五倍，耕地面積只成長了百分之八點三，在這「地不加廣」、生產技術無重大突破的情況下，民食壓力愈來愈大。

②湖北水旱災害較多，而且涉及面也廣。如康熙四十三年（西元一七〇四年）與康熙五十年（西元一七一一年）兩次旱災受害的面積，分別為三十一州縣九衛所以及四十六州縣十衛所。楚稱澤國，威脅主要來自江漢二水，湖北最主要的產糧區——江漢平原，垸堤時常潰決，這種情形在乾隆以後更為嚴重。如道光六年（西元一八二六年），天門縣「一切大小河港皆無堤塍，雖間有小垸，而西來之水建瓴而下，無堤不沖，無垸不破，現在受害之區，合共計十有八九」。京山王家營堤也是「屢築屢潰」，「下游數邑（指京山、潛江、天門、漢陽、應城、雲夢、黃陂、孝感）居民，自道光二年八月潰口以後，六年五水、十室九空」。[23] 這種自然災害，是湖北有時需要外省糧食部分接濟最重要的原因。

③湖北糧食外運數量較大，因此也產生糧食危機。很顯然，湖北有時需要外省糧食部分接濟，並不是由於生產力極其低下所致，而往往是因特殊因素引起。由於湖北人口成長與土地面積相對縮小的矛盾並沒有達到不可調和的程度，它的人均田地數在嘉慶時仍然高於全國平均。因此湖北的糧食生產潛力仍然很大，常年的糧食自給有餘，豐年則大量濟運外省。

總之，湖北、湖南均以產糧之區馳名全國，二者共同之處甚多，經濟上的聯繫更為密切。雖然我們應看到兩湖在糧食產量上的差別，但是，「湖廣熟」中的「湖廣」係指湖南與湖北兩省則不必懷疑。

當然，對於「湖廣熟，天下足」這一諺語需要正確的理解，我們不能絕對地認為「湖廣熟」真的能使天下足食。清代的著名產糧區如四川、江西尤其不可忽視；其他負擔漕糧的省分，如江蘇、安徽、山東、河南與浙江等省的糧食產量仍然很高，只不過是因湖廣糧食發展速度較快，而江浙地區由於種種原因發展相對較緩慢而已。當時，也有人對湖廣的這種地位表示懷疑，其中乾隆時朱湔瀚的觀點頗具代表性：「湖廣素稱沃壤，故有『湖廣熟，天下足』之諺。以今日言之殊不盡然。湖北一省，宜昌、施南、鄖陽多處萬山之中，荊州尚須由武漢撥濟兵米，德安、襄陽、安陸，其地多種豆麥，稻田也少；武昌所屬，半在山中，惟漢黃兩郡尚屬產米。湖南也惟長沙、寶慶、岳州、澧州、衡州、常德等府係廣產之鄉，其中也復多寡不等；餘郡遠隔山溪，難以轉運；加以本處之生聚，外來之就食，各省之搬運，價乃愈昂。而今日之採買運販者，動雲楚省，不知今日之楚省，非復昔日之楚省也，且也待濟於川省矣。武漢一帶『有待川米來而後減價』之語，則不足之情形已見。」[24] 的確，我們應當看到湖廣糧食生產地位的不穩定和局限性，但因此而否認這一諺語所反映的一定事實，也是失之偏頗。

二、

「湖廣熟，天下足」的說法是有一定的事實根據的。我們可從以下幾方面來看：

（一）從各地區對湖廣糧食的依賴程度來看

根據筆者目前掌握的資料，當時陝西、山西、河南、貴州、廣東、廣西、福建、江蘇、浙江、安徽等省，都或多或少地需要向湖廣採買或販運糧食，其中，江浙對湖廣的依賴程度最高。

康熙十九年（西元一六八〇年），「以浙江杭州等府上年旱災，恐米價騰貴，命動支庫銀四萬兩往湖廣江西接濟平糶」[25]。

康熙四十八年（西元一七〇九年），湖廣稻穀豐收，沿江販米甚多，江浙米價騰貴，「令沿途文武官弁嚴查囤積居奇，使湖廣、江西販買之米俱入江南、浙江地方，則米價自平」[26]。

乾隆三年至八年（西元一七三八到一七四三年），各省赴湖南採買糧食達五百七十五萬石。[27]

乾隆九年（西元一七四四年），「撥湖北米十萬石運赴浙省以備賑糶」。

乾隆二十年（西元一七五五年），「以淮揚各屬秋潦成災，動湖南倉穀二十萬石，碾米十萬石運至江南接濟平糶」[28]。

乾隆二十一年（西元一七五六年），「命江西、湖南二省各撥米十萬石運交江蘇，湖北省撥運十萬石運交浙江以備平糶」。[29]

以上所錄只是官府撥運之一斑，至於商賈販運數目則必是驚人。關於江浙資藉楚米的情形史籍記載較多，太湖流域過去以產米著稱，而今卻是「藉楚蜀秈米，接濟青黃」[30]。康熙帝曾對於湖廣米價騰貴深為憂慮，因為湖廣與江西「糧米素豐，江南、浙江咸賴此二省之米」。他說得十分明確，「湖廣、江西之米，不往售於江浙，更將何往？此眾所共知」[31]。江浙地區米價高昂，需要湖廣之米平集，即使是常日，也需湖廣之米接濟日食。

康熙四十七年（西元一七〇八年），江浙地區由於湖廣「嚴禁販米出境，以至米商裹足，米價愈增」，所以，康熙帝不得不發令開禁，准許販米出境。總之，江浙地區「全賴外省客米接濟」[32]固然不免有誇大之嫌，但民食之糧百分之七八十有賴湖廣等省接濟的估價，則不為過分。當時人們也不得不承認湖廣屬穀多之省，江浙次之，廣東等再次之。江浙這個過去最主要的產糧區，現在基本口糧猶藉湖廣糧米運濟，充分表明了湖廣糧食生產能力的提高，以及產量的大幅度上升。

（二）從糧食產量的具體指數來看

首先，在單位產量上，平均接近江浙，少數甚至超過，清前期湖廣地區單產量簡表見表 4。

表 4 清前期湖廣地區單產量簡表

地區	時間	材料摘抄	平均畝產 / 石	折合市斤 / 市畝	資料來源	備註
黃州	康熙十九年	學田十畝，「每年佃民納租一十四石」	2.80	375.2	（光緒）《黃州府志》卷 5	1. 取材於地租者以其畝租之加倍計算。 2. 畝產量按一季單產量計算。 3. 一清石相當於 1.0355 市石，一清畝等於 0.9216 市畝
衡洲	康熙年間	「畝收不過二石，上田倍之，下田不能一石」	2.33	312.2	《古今圖書集成·職方典》卷 1249	
桂陽	雍正八年	田三畝「每年納租三石三斗」	2.20	294.5	《清代地租剝削型態》，370 頁	
湘鄉	乾隆七年	田四畝「每年議租十石」	5.00	670	同上書，38 頁	
茶陵	乾隆七年	田八畝二分，每年議租一十六石五斗	201	269.3	同上書，355 頁	

衡山	康熙二十七年	畝租一石四斗二升九合	2.85	381.9	《湖南省例成案·刑律》卷 17
湖南	乾隆十一年	「每畝納租自一石，以及一石幾斗，二石不等」	3.00	402	同上書，< 戶律 >，卷 5
城步	乾隆十一年	上田畝收四石五斗六升	4.56	611.2	同上書，< 兵律 >，卷 6
荊州	乾隆年間	附郭膏腴之田，每畝收穫不下五六石	5.50	737	（乾隆）《荊州府志》卷 17
瀏陽	乾隆年間	豐收之年，每畝不下一石七八斗	1.75	234.5	（同治）《瀏陽縣志》卷 6
東安	乾隆二十二年	田五六畝，自種約得穀二十餘石	4.00	536	《湖南省例成案·戶律》卷 24
邵陽	乾隆四十年	田三畝，「每年納穀五石」	3.33	446.2	《清代地租剝削形態》，182 頁
湘鄉	乾隆四十一年	田二畝，「每年還租穀七石三斗」	7.3	978.2	同上書，205 頁
宜章	嘉慶	上田一畝，獲穀五擔	5.00	670	（嘉慶）《宜章縣志》
湘西苗區	道光	豐年上等之田「不過收穫穀四石」	4.00	536	《湖南苗防屯政考》卷 8
總平均			3.71	497.1	

關於表 4 需要說明以下幾點：

1. 本表利用了一些地租方面的資料來計算單產量是可行的。美籍學者珀金斯（Dwgiht H.Pekrnis）認為：「許多世紀以來，地租的總計，大約相當於主要夏季作物單產量的一半。」因而大多數省分的單產量都是「把地租加倍得出」[33]。我們並不否認地租剝削中有低於超過收穫量的半數者，高者可達百分之七十，但一般都是主佃均分，而清代湖廣地租無論是分成租制還是定額租，多半是「平分籽粒」[34]。

2. 值得注意的是，山區糧食產量的提高。上表中，東安、桂陽、城步以及湘西苗疆等縣廳示例可見。鳳凰廳、乾州廳等少數民族聚居區，上田畝產可達四五石，較之過去確是一個可喜的進步。山區產量尚且如此，平原沃壤更可想而知。

3. 清前期兩湖糧食畝產約在三石至四石，以上表所示，畝產為三石七斗一升。即相當於今每市畝四百九十七市斤。據閔宗殿先生統計，清代全國平均畝產稻穀約三石，即四百五十斤；太湖地區畝產米二石，合五百五十五斤。[35] 不難看出，兩湖的糧食畝產超過了全國平均，也接近太湖地區。以宋代畝產稻穀兩百六十九斤，明代約三百五十三斤計算，清代湖廣的畝產量分別超過宋明的百分之八十四點七六與百分之四十點七九。以上等田而言，湖廣畝產量大多高於太湖地區的平均。表中所示荊州府附郭膏腴之田畝產不下五六石，即畝產約在六百七十市斤至八百四十市斤，高出太湖地區平均百分之二十點七二至百分之四十四點八六。清人張履祥談道，桐鄉「田極熟，米每畝三石，春花一石有半，然間有之，大約共三石為常耳。下路湖田，有畝收四五石者。」[36] 據陳恆力先生研究，米三石合稻穀六百四十二斤，收四五石者合稻穀八百五十六斤至一千零七十斤 [37]。可見，荊州「膏腴之田」產量高於桐鄉「極熟」田產量，但比起「下路湖田」來說還存在著差距。

4. 表中選用了一些官書、方志對該地單產量的估計數，該數字可能會受原書作者觀點的影響，如有的縣份為了減輕或逃避賦役，將本縣田地說成「磽瘠」，但它基本上是符合事實。山區、丘陵、平原，不同的土壤環境，糧食畝產量不盡相同，即使是同一地區，由於耕作的勤惰、技術的高低，糧食畝產量也不相同。同時，隨機抽樣研究有一定的局限性，因此各種估計數及地租加倍得出的數目，只是相對代表某時某地的水準。

其次，在總產量上。這裡，我們先從「清前期兩湖地區田賦銀糧徵收變動表」，來看看糧食總產量變化的一致趨勢，見表 5。

表 5 清前期兩湖地區田賦銀糧徵收變動表

時間 區域	順治十八年 (1661)		康熙二十四年 (1685)		雍正二年 (1724)		乾隆三十一年 (1766)		嘉慶二十五年 (1820)	
	銀/兩	糧/石	銀/兩	糧/石	銀/兩	糧/石	銀/兩	糧/石	銀/兩	糧/石
湖北	1 008 597	460 691	923 288	138 197	988 656	157 080	1 121 043	286 537	1 292 657	262 276
湖南			517 092	65 366	1 092 634	149 601	1 178 357	277 949	1 172 340	163 044
占全國總數的百分比/%	5.05	7.11	5.89	4.7	7.89	6.48	7.69	678	8.16	5.74
升降百分比/%	100	100	132.32	44.19	191.19	65.70	211.23	122.58	245.19	92.32

資料來源：

① 梁方仲《中國歷代戶口、田地、田賦統計》（簡稱《統計》）乙表 70～表 72、表 74、表 77。

②《清文獻通考》卷二至卷四。

由上表可見：

1. 兩湖的田賦徵收額是曲線上升，從順治十八年至乾隆三十一年的徵銀額成長了百分之五十二點二七。順治十八年，徵糧額占全國總徵糧額的百分之七點一一，這比明代湖廣徵糧額占全國總徵糧額的百分之六點七四要高。

2. 湖北與湖南相比較而言，湖南的糧食發展速度比湖北要快。雍正二年，湖南的徵糧額是康熙二十四年的二點一倍，湖北的徵糧額同期只成長了一點一四倍。康熙二十四年，湖南的田賦銀比湖北少了四十萬六千一百九十六兩，至雍正二年卻較湖北多十萬三千九百八十七兩，乾隆三十一年仍多五萬七千三百一十四兩。但以整個賦銀糧而言，湖北與湖南是可以並駕齊驅。康熙二十四年，湖北無論是在賦銀還是在賦糧的徵收額上，都比湖南高，乾隆三十一年情形雖有變化，湖南徵收銀比湖北要多，但賦糧卻少八千五百八十八石。

3. 湖廣的田賦，從順治十八年至乾隆三十一年的上升比例，比當時全國平均要高。就田賦銀來看，康熙二十四年高百分之十一，雍正二年高百分之六十九點零一，乾隆十八年高百分之七十一點四，乾隆三十一年高百分之七十二點五七。而民田徵糧額在康熙二十四年、雍正二年與嘉慶二十五年分別下降了百分之四十四點一九、百分之六十五點七與百分之九十二點三二。這是為什麼？這與清代田賦徵收制度有關，因為清代田賦大多是徵銀，這三年雖然賦糧有所降低，但賦銀則是大幅度上升。

4. 田賦的高低並不能簡單地說明封建剝削的繁重與否，因為賦銀糧額的變化受各種因素的影響，如土地面積的增減、人口數的升降、糧食產量的高低以及國家徵賦的輕重等等。國家徵收田賦，如同地主收取地租一樣，都要考慮農民承負能力的極限，它不可能將農民所獲搜刮一空，而政府相對於地主而言，由於它所處的地位的不同，徵收的賦額較輕。清初規定，湖北的民賦田，每畝科糧六抄至二斗九升一合四勺，更名田地，每畝科糧四合九抄至六升三合一勺不等；湖南的民賦田，每畝科糧二勺九抄四撮至一斗四升六合九勺不等，更名田地，每畝科糧五合至一斗一升不等。以畝產五百斤計算，民田科糧最高正額二斗九升一合四勺，只占畝田收穫的百分之七點八七，以畝產一石計算，也不過占收穫物的五分之一左右，這是地租所不能比的。正因如此，表 5 足以反映清前期兩湖糧食產量的一般變動趨勢。乾隆三十年，徵糧額兩湖共五十六萬餘石，這只是產糧總額中很少的一部分。

5. 湖廣賦糧將近一半用於漕糧。再以乾隆三十一年為例，湖北、湖南歲漕京師糧分別為十三萬兩千三百九十六石，十三萬三千七百五十三石，分別占本省賦糧總數的百分之四十六與百分之四十八。這雖然比明代成化以後湖廣漕運糧額二十五萬石多，但與同時代負擔漕糧的其他省分相比要少。同年，江南江蘇、安徽、山東、河南、浙江以及江西等省的漕糧額，分別為一百七十六萬兩千六百零一石、五十二萬五千九百三十六石、三十四萬七千九百零七石、十七萬三千一百七十七石、九十四萬一千六百八十三石和七十七萬零三百一十石。[38] 又如，雍正二年的糧米與田賦銀，江南江蘇與浙江分別是二十六千八百三十八石、兩百七十一萬九千九百四十二兩，一百三十六萬九千兩百五十八石、兩百六十五萬九千四百三十二兩。同年，兩湖的田賦銀與米糧額為兩百零八萬一千兩百九十兩、三十萬六千六百二十八石。然而，該年的土地面積湖廣比江浙要大，江南江蘇為九十八萬一千兩百九十一頃二十七畝，浙江為四十五萬六千零三頃四十五畝，兩湖共五十四萬一千零二十七頃七十五畝。[39] 這樣，我們一方面要看到湖廣的田賦與江浙等處存在著差距，賦額也較輕；另一方面，如果據此而斷定湖廣的糧食總產量低於江浙等省，也是片面的。江浙賦糧額雖比湖廣要高，但江浙地區的民食大部分仰仗於江楚。原因所在，下面還將討論。

以上五點，是兩湖田賦徵收及其反映的糧食產量變化的一些特點與基本趨勢。人們也許會問，清前期兩湖的糧食總產量到底達到了什麼水準呢？對此，我們根據耕地面積與畝產量作一粗略的估計，見表 6。

表 6 清前期兩湖糧食總產量

時間／區域	順治十八年(1661)	康熙二十四年(1685)	雍正二年(1724)	乾隆十八年(1753)	嘉慶二十五年(1820)
湖北	29 533	20 124	19 876	21 089	22 886
湖南		4 048	11 326	11 615	11 667

注：總產量＝耕地面積 × 畝產量。耕地面積額數據梁方仲《統計》乙表 69 ～表 73 與表 77。

由表 6 所示可知，雍正以後，湖廣糧食年產量大致在三億石左右，乾隆十八年達三萬兩千餘萬石，這與一九八三年湖南糧食總產量四十四餘萬石相距甚遠，[40] 但在當時卻是夠高。

可以想見，這一時期湖廣有大量的糧食剩餘，據統計，順治十八年、康熙二十四年、雍正二年、乾隆三十一年、嘉慶二十五年分別約有餘糧兩萬八千零八十一萬石、兩萬兩千九百三十五萬石、兩萬九千七百二十一萬石、兩萬六千四百三十一萬石、一萬一千一百八十三萬石。[41] 這些餘糧大多運濟外省，讚譽之辭必然紛起，號稱「湖廣熟，天下足」當不為怪。

三、

湖廣取代江浙地區糧食生產中心地位的原因是多方面的。

（一）江浙地區賦重，人口的迅猛成長與土地面積相對縮小的矛盾無法解決

清代浙江省的徵米數比明代該區成長了百分之五十七，其中杭州府、嘉興府、湖州府增加的指數更高，分別為百分之七十二點五二、百分之九十四、百分之八十三點四四。清人李彥章有過一段精闢的分析：「照得江蘇戶口最繁，糧賦最重，每年江南北各州縣起運漕米及漕贈兵糧等米，其額徵至二百四十餘萬石之多，是以田租先盡正供，民食尚資客米。雖當豐稔，已罕蓋藏，若偶逢水旱偏災，動輒報荒待賑。」[42] 但是，江浙重賦並非清代才有，早在唐代，賦稅出於江浙者已十有八九，明代江南賦稅尤重，以蘇州府秋糧而論，宋三十餘萬石，元八十餘萬，明正米二百餘萬、耗米七十餘萬。[43] 同樣的重賦，宋明有「天下足」之稱，清代卻仰食江楚，這是與這裡的人口大幅度上升相關。

從順治至乾隆年間，江浙地區人均田地面積一直處於下降狀態，並且低於全國平均。[44] 正如雍正帝所言：「良田地土所產如舊，而民間之食指愈多，所入不負以供所出，是以米少而價貴，此也理勢之必然者也。」[45] 康熙四十七年（西元一七〇八年），江蘇巡撫于準，言及該省全賴外省米穀接濟原因有「戶口繁庶，產米不敷所食」之語。[46]

（二）江南市鎮經濟的發展，非農業人口的增多，以及經濟作物種植面積的不斷擴大

乾隆時，「杭、嘉、湖三府，樹桑之地獨多」，太湖地區「多人浮於田，計一家所耕田不能五畝，以是仰貿工作為生，輿夫游手之徒且十室而九」[47]。清前期，蘇湖地區農業經濟中心已逐漸從糧食生產，轉移到蠶桑業與紡織業。張履祥主張「多種田不如多治地」。一畝中等桑地，常年的收入「接近於二畝二分水田的收入」，豐年則「約近六畝五分水田的收入」。[48]

桑與稻爭田，糧食產量自然相應減少。非農業人口的增多，一方面，意味著從事糧食生產人手的減少；另一方面，向社會提出了大量糧食供應需

求。另外，江浙地區常受自然災害的襲擊也是導致米糧恐慌的重要原因。

前面所分析的湖廣糧食產量，主要是想從量上作一考察，說明湖廣糧食生產在全國處於一個突出的地位，其農業經濟已趕上了江浙水準，僅此而言。是否可以說湖廣農業經濟屬於最高水準呢？顯然不能。我們判斷一個地區農業經濟的發展水準，不僅要看農業經濟各主要部門創造的總價值量，還要看在農業生產過程中人們相互關係的進步程度，即經濟發展水準的本質表達。當然，即使是這個量仍存在著一定的局限性，湖廣也有糧食生產不平衡和米穀不敷的現象，[49] 但這些都不影響我們對湖廣糧食生產中心地位基本的肯定。

（原載《中國農史》）

簡論清前期兩湖地區的糧食商品化

清前期兩湖地區糧食生產中心地位的確立，糧食產量的大幅度成長意味著剩餘糧食的相應增多，而餘糧的增多勢必導致它的商品化規模日益擴大。糧食商品化是一個有較大探討價值的問題，因為它不僅關係到糧食流通領域對當時社會所產生的巨大影響，而且對糧食生產有著更深刻的意義。本文主要從商品糧總量的估計、糧食商品化的主要途徑，和糧食商品化程度提高的主要原因這三個方面，考察清前期兩湖地區糧食商品化問題，以期對這一問題有一個清晰的認識，也希冀引起人們的重視。

一、對商品糧總量的估計

所謂商品，即指用來交換的勞動產品。要把糧食納入市場，實現其商品化過程，必須具備這樣幾個條件：人們除了必需的糧食之外，還有剩餘；人們有出售這部分餘糧的需要；有可供交易的場所，以及糧食購買者的存在。清前期，湖廣外運糧額較高，那麼這是不是說這裡的商品糧生產也具有較高的水準呢？一般來說，真正嚴格意義上的商品糧生產所占的比例是較小的，這是因為，一方面，農民所占的土地在日益縮小，田地所獲主要是為了繳納地租和滿足自身的生活需求，即使有一些糧食供市場出售，多半是非商品生產的結果；另一方面，缺乏較多擁有大量田地的經營地主，雇工生產的新經營方式，普通地主則由於寄生本性，即使「田連阡陌」，也是借助於眾多佃農的分散經營，而這一切又受強大封建自然經濟的深深影響，從而局限了商品糧的生產規模。儘管如此，隨著外運糧額的增高，商品糧生產的規模不斷擴大是可以肯定的。由於商品糧生產規模不斷擴大以及糧食的日益商品化，可以想見，商品糧的數額相當可觀。

下面是清前期，兩湖的可能性商品糧變動圖，見圖 1。[50] 由圖可見，在這五年中，最高的是雍正二年（西元一七二四年），約兩萬九千七百餘石，嘉慶時它的下降趨勢已十分明顯，不過仍有一萬一千一百餘石。所謂可能商品糧[51]，即總產量中除去民眾每年所食，以及賦糧之後所剩部分，由於所剩部分不可能一概用於交換，其中有的捐為社倉穀，有的則自行儲存以備來年等，因而作為商品糧只是具有可能性，即使如此，大部分是用於出售則不用懷疑。另外，根據我們對嘉慶二十五年（西元一八二〇年）兩湖徵糧府州的餘糧統計，結果表明：湖北有七千兩百五十萬餘石，湖南也有三千四百七十二萬餘石，共計約一億零七百二十三萬餘石，[52]這與圖 1 所示雖有四百五十九萬餘石之差，但其餘糧額仍是相當大。這也就是說，即使上圖所示可能性商品糧不可盡信，但對徵糧府州餘糧計算的數額，則是可以肯定，因為一般來說，負擔田賦糧的府州常常是湖廣素稱產米之區。例如，湖南的長沙、寶慶、岳州、衡州諸府以及澧州、靖州二州，湖北的武昌、漢陽、黃州、安陸、德安、荊州、鄖陽諸府及荊門州等。其他如湖南之辰州、沅州、永州、常德、永順諸府及桂陽州、郴州與乾州廳、鳳凰廳、永綏廳、晃州廳等，湖北的襄陽府、宜昌府與施南府等均無賦糧。原因之一，在於這些府州廳地處僻遠、田土磽瘠，民入多半不敷所食，因此，這些地區的民田糧食至多不過是自給，有餘者甚少。故考察徵糧府州的餘糧可以窺見湖廣餘糧（或稱可能性商品根）之概貌。

圖 1 清前期兩湖的可能性商品糧變動圖

對於兩湖商品糧數量，在總體糧食產量中所占的比重，我們還可透過對米價的分析略見一二（見表7）。米價是市場的「晴雨表」，它的波動既受自然的（如災荒、年成、地理條件等）、社會的（如政治形勢、社會的安定與否、經濟政策的優劣等）因素的影響，但最根本的還是取決於生產力的發展水準，米價的波動也反映著投放市場糧食的多寡。市面上的糧食多，其價格必然平賤；相反，或糧商囤積居奇，或市面米穀短缺，則米價必至昂貴。當然這是建立在人們與市場聯繫日益密切的基礎之上，如果是處於一種封閉的或半封閉的自然經濟之下，人們自給自足，即對市場需求量小，糧價也會平賤。但事實證明，湖廣的封閉狀態正在被打破，湖廣本省內部與外省對湖廣商品糧的需求很大。

由表7所示，可見乾隆時期米價在不斷上升。乾隆二十年（西元一七五六年）以前，湖南上米每倉石最低價在一兩以下，在此之後，均超過一兩，乾隆四十四年（西元一七七九年）一兩三錢八分。乾隆二十年（西元一七五六年）以前，湖北上米每倉石最高價在二兩三錢，在此之後有至三兩八錢者。米價時漲時跌可能受許多偶然因素的影響，但總體上的上升趨勢卻表明了市場的糧食需求量，在日益成長與投放市場糧食數額相對縮小的矛盾不斷激化。

表 7 乾隆時期湖南、湖北米價變動表

單位：兩

年份＼區域	湖南		湖北	
	最低價	最高價	最低價	最高價
1745	0.83	1.59	0.80	1.40
1746	0.84	1.56	0.77	1.61
1750	0.68	1.65	0.80	1.80
1751	0.94	1.69	0.79	1.95
1753	0.98	1.78	1.00	2.30
1754	0.92	2.07	0.90	1.70
1756	0.88	1.48	0.80	1.92
1760	1.00	1.83	0.91	1.70
1765	1.01	2.19	0.89	2.70
1775	1.00	1.65	0.90	1.97
1779	1.38	2.33	1.60	3.80
平均	0.95	1.89	0.92	2.08

註：1. 本表米價為每倉石上米價格。

2. 本表據中國第一歷史檔案館館藏湖北湖南兩省糧價奏摺製成。

乾隆時期的米價與以前相比成長較快。湖南巡撫楊錫紱指出：「康熙年間，稻穀登場之時，每石不過二三錢，雍正年間則需四五錢，今則必需五六錢，無復三四錢之價。」[53] 乾隆時期的米價比康熙年間成長了一兩倍，其實乾隆時每石何止五六錢。然而即使如此，湖廣的米價比江浙地區的米價要低。我們對乾隆三十年（西元一七五六年）江浙糧價作了一個統計，發現浙江十一府的中細晚米，最低價為每倉石一兩二錢四分，最高價為每倉石二兩五錢二分，而杭州、嘉興兩府的最低價達二兩一錢九厘與二兩一錢；江蘇省八府三州的上米，最低價為一兩五錢二分，最高價為二兩四錢五分，而且所有府州的上米，最高價均超過二兩。[54] 同年，湖南與湖北的米糧屬價分別為貴、中，最高的是四月湖南長沙府每倉石上米價即二兩一錢九分，但在江蘇每倉石上米在二兩至二兩二錢之間都屬中價，浙江本年細晚米各府州最高價，基本上在每倉石二兩以上，並且屬價是中。[55] 不過，嘉慶時兩湖米價也是夠高的了。如嘉慶九年（西元一七〇四年）、十年（西元一七〇五年）湖北的米價均屬「貴」級，上米每倉石最低價與最高價分別為一兩二錢二分與四兩、一兩九錢與三兩四錢七分。嘉慶九年、十年兩年，湖南每倉石上米分別為一兩二錢三分與二兩六一錢分。[56] 較之乾隆時的平均價，嘉慶九年、十年，湖南、湖北分別高三錢與七錢一分、六錢四分與一兩六錢五分五厘。由上述可見，兩湖的商品糧額比江浙地區還要大，但由於人口成長太快，商品糧額又呈現下降的趨勢。

二、糧食商品化的主要途徑

糧食商品化必然是在買賣中進行，以買主而言，有官方的，也有私人的；以最初的賣主而言，有地主，也有農民。這裡，我們著重看看官方是怎樣以買主的面目出現於米穀市場。

官方以買主的身份出現於米穀市場，主要是為了採買倉穀。由前面的分析看到，清前期兩湖商品糧總量雖然升降不定，但其數額是較大的，通常在一億餘石之譜，這些「可能性商品糧」不僅供應本省倉儲，而且還資籍外省。據乾隆時楊錫紱言：「今則年年採買，民間所出半入倉庾。」、「湖南官倉不但備本省之荒歉，兼備鄰省之荒歉」、「上如粵東、粵西，下如湖北、江西、江南、浙江，倘有荒歉，皆取資於湖南。」[57] 乾隆二十一年（西元一七五六年），湖南巡撫陳宏謀面對「湖南通省額貯倉穀連次撥運江南及本省平糶外，所存無幾」的情形，「屢次奏明秋後動支地丁買補；秋收之後無論近水次與不近水次皆須採買補倉」。有時甚至因為這大規模的採買，導致湖廣的米價騰貴。[58] 可見湖廣（即湖南、湖北）倉穀的採買量相當大。湖廣倉穀據乾隆三十年（西元一七六五年 ）統計，湖北常平倉有糧七十四萬八千石，米一萬五千五百七十九石，社倉種存穀六十五萬四千零三石，義倉存穀兩萬四千石，共糧一百四十二萬六千零三石，米一萬五千五百七十九石；湖南常平倉存糧十四萬三千八百三十四石，社倉存穀五十三萬兩千五百三十七石。[59] 這是兩湖倉儲額數的一般情形。然而，是否這些倉儲糧都具有商品糧性質呢？非也。要判斷其性質必須考察它的來源。大體來說，義倉靠捐獻，社倉有捐穀與徵穀，常平倉則主要靠採買，可見，以來源而言，這些倉穀只有常平倉具有商品糧性質。而官府的採買主要是採買儲備於常平倉。為什麼說採買糧具有商品化性質呢？因為採買畢竟不同於無償徵取，只不過是官府利用自己的特殊地位，壓低價格，購買糧食，即「強買短價」，它具有較濃厚的封建性。

採買辦法，據乾隆十八年（西元一七五三年）規定：「近水次之長沙、善化、湘陰、湘潭、益陽、湘鄉、衡陽、衡山、巴陵、臨湘、華容、武陵、桃源、龍陽、沅江、澧州及安鄉等州縣向行鋪發買，其餘聽民間有穀者領價收買，或令地方官選差妥人不拘遠近，平價收買。」[60] 無論是「發買」或「收買」，還是「採買」都屬於買賣範疇，是官府與「米行」或其他糧食占有者之間金錢與實物的交易。清朝規定：「採辦米糧，既不准採買地方之官吏遏糴，也不得加以干涉，而聽商民自行流通，採買地方糧行，也不得將米行抬價居奇。」[61] 在官方初衷、旨在「平價收買」，但在實際上，由於那些執行者以「措勒」、貪黷為能事，因而官民無法公平交易。

伴隨著官府採買等各種糧食買賣的活躍，米穀市場也呈現著空前的繁榮。當時可謂米行林立，糧商如雲。各種形式的「穀會」、「穀行」紛起，大至市鎮，小至墟市，米穀交易十分盛行。「一縣之中，行戶多者數百，少者數十。」湖南湘潭縣買賣糧食「歷分坐帶兩行。鄉民裝載糧米則投坐行糶賣，商販運穀米則赴帶行購買」。[62] 總之，「民間買賣米穀，即山阪僻壤必有會聚之區」[63]。「無市集之小縣，湖南地方不過間有。」[64] 乾隆時湖南布政使周人驥對本省地方市鎮水次情形作了一個統計，「可通水者有十三州縣；逆水挽運者有十二州縣；雖通水道，但一線溪河不能挽運者二十七州縣，不通水道者十二州廳縣；向鄰邑採買者五廳縣」[65]。這些可通水道諸州縣一般是商販雲集之區。這裡的米穀交易之盛自不必言。那些不通水道的僻隨之區或向鄰邑採買，或於本地收買，至放民間私下買賣更是十分盛行。該省耒陽縣「城市百姓所食米糧，皆係小販從衡陽小河處所或數十石，或十餘石逆流裝運而上」；永州府由於河流汛急，「挽運艱難」，因此本地小販用三艙四艙扒桿倒劃載米停泊河上，「城鄉居民自往議價糴買」，新田縣僻處山中，不通舟楫，「惟賴本處鄉民肩挑背負，入城糴米，以供朝夕」；會同縣洪江市的米穀「俱係黔陽、芷江二縣各處鄉民挑負往洪售賣，以供客商居民日食」；等等。可見，商販是米穀市場上最為活躍的一部分，米穀市場網布湖廣各地，這也說明湖廣糧食商品化已滲透到這裡的每一個角落。

當然，對米行的規模也要作客觀的分析。山區有米穀交易之所是可以肯定的，而像衡陽、湘潭、常德、浦市等地雖然「通衢市鎮，從無聚米穀盈千累萬」，但屬米行較多之區，且歷係其他地區採買之口岸。乾隆十七年（西元一七五二年），湖南地方政府有規定，採買米穀，「長沙府屬之巴陵、臨湘、華容，常德府屬之武陵、桃源、龍陽、沅江、澧江並所屬之安鄉、安福俱係附近大河水次，應遵照於城市鎮集並有穀口岸地方採買運倉」。既然這些地方採買倉穀可以從「城市鎮集並有穀口岸地方」完成市易，可見，儘管上述地區「從無聚米穀盈千累萬」，但它的數量一定不小。[66]

乾隆時期，湖南地方政府一度對各處商人爭購米穀的情形深為憂慮。早在康熙時，趙申喬撫任湖南，禁糶出境，因為過去公行布示，放行米船，「以至千萬之米揚帆直下，去米既多、存米日少，價值愈增，窮民枵腹」[67]。但是，這種措施為清中央政府所不容。雍正初年，清政府特意規定，「凡有米商出境，任便放行，使湖廣、江西、安慶等處米船直到浙江，毋得阻撓」[68]。如此禁令一開，迨至乾隆時，「各處商販盤踞，牙行盈千累百，買運出境，只圖一己之利，不顧地方乏食，並有奸牙囤戶，聞風江省赴楚採買，故意高抬，不肯稍減。更聞衡湘河下有等奸猾鋪戶跳船接買米穀之風。一見船將泊岸，或自恃跳買，或請無恥亡命之徒代跳占買，甚至船離河岸數丈，先於別船艄上站立，強拿竹篙押躍過船，遂為伊應得買之米穀，更或駕小船攔河接買，竟使弱者空守河岸，強者盡數買囤，鄉民見此爭買，因而抬價，不肯輕售」[69]。這段記述生動地描繪了當時搶購米穀的繁忙景象。由於當時採買倉穀弊竇叢生，「天下之民無不共受採買之累」，於是有人建議規定「官三商七之法，憑照賣給」。[70] 但這個建議遭到了湖南巡撫張璨的反對，他認為沒有必要硬行規定，應「通飭各地方官任聽官商各自交易，不必盡官先買，也不必盡商先買，再嚴定牙行平定時價，不許低昂」[71]。這種做法比較明智，也比較合理，因為這樣對賣者來說，他們可以依據自己的意願選擇販賣地點與買家，而商販為了買到糧食又被迫提高價格，這又對糧食生產者有很大的刺激。商販的搶購越激烈，這種作用越明顯，而地方政府對米穀市場的這種舉措也加速了糧食更大規模的商品化。總之，米穀市場在社會生活中的地位日趨重要，它不僅牽動著每一個依賴它的生存者，而且為官府所倚重。

由於這種米穀貿易的繁榮，湖廣已形成了許多重要的米穀集散地與貿易中心。如湖北的漢口、宜昌、武昌（即鄂州）、沙市、樊城，湖南的長沙、岳州、湘潭、永州、洪江市、浦市、津市等，以這些城市為中心形成了一個以水路連繫為主的糧食運銷網路系統。

樊城，鄂西北重要商業市鎮，這裡的糧食主要運至河南、陝西、乃至甘肅。

永州，湘西南重要的糧食外運城市，主要運於廣東、廣西。康熙五十七年（西元一七一八年），兩廣總督楊琳談道：「粵東之米籍粵西，粵西之米又資籍湖南，湖南販米至粵，必由永州府經過。」[72] 乾隆二十年（西元一七五五年），撥湖南米三十萬石運補廣東缺額倉穀，其路線就是永州（湘江—靈渠—灕江）—桂林（桂江）—梧州（西江）—廣州。

長沙、衡州則主要是根據具體需要，或由湘江而下，出洞庭、入長江，揚帆至漢口，或溯湘江而上至湘粵、湘桂、湘黔交界之處，處於平衡糧食運輸的重要地位。

至於漢口，則不僅是湖廣，而且是當時全國最大的糧食集散地與米穀貿易中心，與蘇州齊名。漢口「地當孔道，雲、貴、川、陝、粵西、湖南，處處相通，本省湖河，帆檣相屬，糧食之行不捨晝夜」。乾隆五十一年，從此經過的米船就有「一千三百餘艘」。每當「夜分未靖，濱江船舶相引數十里，帆檣林立，舟中為市」。漢口的米穀主要是兩湖的，當然也有江西、四川的，米穀貿易成為漢口六大行業之一。商賈輻輳，「行業專家、祖孫聚處，大者千計，小者百什數」。乾隆初，人口增至二十餘萬，「日消米穀，不下數千」[73]。可以這樣說，漢口的興起與米穀貿易息息相關，而大量米穀投放市場也意味著商業化農業比重的增大。

三、糧食商品化程度提高的原因及其影響

清前期兩湖的糧食商品化程度比明代是否有所提高？我們就明嘉靖二十一年（西元一五四二年）的可能性商品糧作了一個統計，當時只有四千四百萬餘石[74]。這與清前期即使是徵糧府州的「餘糧」相比也少多了。因而，回答是肯定的。人們不禁要問：糧食商品化程度提高的原因何在呢？下面從三個方面加以分析。

（一）糧食產量的提高，納入市場的糧食數量也相應增多

以單產而言，湖廣此時平均畝產可達三點七一石，在某些膏腴之區有六、七石／畝，這個數字不僅比當時全國平均高得多，而且可與江浙良田相匹敵。以總產量而言，清前期湖廣一般每年都有三億餘石[75]。與此同時，湖廣的人口與土地之間的比例關係處於比較協和的狀態，一方面，人們可以充分發揮其主觀能動性；另一方面，這適應當時的生產力發展水準。因而田土所獲除滿足自身日食所需之外，還有餘糧出售。可見，生產能力在一定程度上的提高是商品化比例增大的根本性原因。

（二）國內市場聯繫的加強以及民眾日食對市場的嚴重依賴性

湖廣水道網路四通八達，有較優越的自然條件。江浙一遇飢饉，「全楚之粟，順流千里，不二旬遍達吳越」[76]。因而商賈也樂於赴楚販運。糧食效用的充分發揮取決於流通領域的暢達，尤其是對湖廣這樣的產米之區來說，米糧囤積勢必造成「穀賤傷農」。楚稱澤國，地處卑濕，倉儲年久多有不便，這又在客觀上促使糧食流通速度的加快。如雍正八年（西元一七三〇年），湖南省布政使趙誠言，湖南積貯甚多，本年又告豐稔，「但地勢卑濕，請分撥別省令來楚運往，以免霉變」[77]。湖北的情形也差不多。因此，雍正帝就曾詔令過湖北、湖南兩省動用庫銀來買收貯，以使「民間出糶維艱」現象有所改善。

清前期對湖廣糧食需求量較大的幾個省分可以分為兩類。一是經濟發展比較先進的地區，如江浙地區即使是豐年也仰賴兩湖糧食；二是經濟較為落後地區，如貴州、陝西等省稍遇歉收，即須糴米於楚。這種對湖廣糧食的依賴程度越高，糧食商品化的比例就越大。

農民與市場發生密切聯繫的原因有多方面，有主觀願意，也有被迫而行，如田賦徵銀制度也是重要的一點。以乾隆十八年（西元一七五三年）為例，湖南、湖北田賦徵銀分別為一百一十六萬三千零六十三兩與一百一十萬八千一百五十三兩，徵糧則分別為二十七萬七千六百四十一石與兩百八十六萬五千三百五十四石[78]。可見，徵糧是田賦徵收中極小的一部分，極大部分是徵銀。而農民手中擁有的主要是米穀，因此，不得不去市場以穀易錢交納賦銀，正如時人所言：「小民輸賦及一切婚喪之費均須糶米。[79]」清人余廷燦指出：「南楚俗尤惰窳，安土物，重遷徙，僅僅與穀為命脈。今穀熟則盡化命脈為金錢。」[80] 更重要的是，隨著社會風俗的變化，農民的日常開支也增大了，必須與市場聯繫才能滿足這種需要。「今則荒徼山僻之農民也漸習奢靡，平日揭借為常，力田所入，抵債去其大半，余又隨手花銷，甫交冬春，即須糴米而食，農民日食也取給市鋪。」[81] 而米行這種中間行業的發達，又將大量糧食捲入流通領域，農民出售或購買糧食提供了可靠、普遍的場所。

（三）如漢口、沙市、樊城、津市等商業市鎮的發展

一方面，本身吸收著大量的糧食；另一方面成為聯結外界、便於大規模糧食流通的紐帶。另外，城市中的糧食加工業也日趨發達。以湘潭縣製酒業為例，「該邑城鄉市鎮槽房酒店百十餘家，用穀米燒酒日需千餘石」[82]。如果我們以該縣熬酒日需米穀千餘石計算，一年就需三十六萬石。這個數字不一定準確，但它可以反映製酒耗糧數額的驚人。乾隆時，用來造酒的已不僅是糯黍糧麥雜糧，而且更主要的是粳米（俗稱黏穀）。由於「黏穀黏米乃養命之本」，既為「民間日食所需，而各屬貯倉及鄰封採買者俱黏穀也」，湖南省政府對於製酒業的發展深為恐懼。於是，在乾隆二年（西元一七三七年）重申雍正十三年（西元一七三五年）之議，「永行禁示熬酒，責令牌甲互相稽查，受賄容隱，一併究治」[83]。政府的一再嚴禁，反映了製酒耗糧的嚴重。

釀酒用米有自己生產的，但出售米酒的米則大多是購自市場，這種行業的發展無疑對擴大商品化糧食的規模起著促進作用。

糧食的日益商品化具有極其深刻的意義。

首先，農民經濟實體因此而加強，在此基礎之上才有可能擴大再生產。透過糧食的出售，農民積累了一定的貨幣，這種誘人的經濟利益使農民願意投資去更新設備，興修水利，改良土壤。而這種擴大再生產的能力，是封建社會經濟發展的重要標誌。同時，糧食商品化之後，農民新的生產投資也是商業利潤部分，支配著農業生產的重要表現。我們知道，農業是封建國家財政的主要來源，是整個官僚機構賴以生存的經濟支柱，封建政府對此控制最嚴。糧食的日益商品化，說明了農業中正在經歷著深刻的分化。其一，農民團隊分化加劇，有的農民因為窮苦而去出售，有的則因為窮苦而去購買，有的農民因出售糧食而發財致富，雇工與商人團隊的擴大，不必擔心市場上糧食的供應；其二，這種發展著的商品經濟雖然屬於封建經濟的範疇，但它與自給自足的自然經濟存在著極大的矛盾。可見，商品經濟高度發展之後會導致經濟關係的深刻變化。

其次，它促進了經濟作物的發展。一方面，糧食商品化後有發展經濟作物的資金；另一方面，專門栽培經濟作物的農戶有了市面上的糧食保證。湖廣的經濟作物發展比較突出。以湖北崇陽縣而言：「國初邑東南隅種薑芍、地黃、紅芹、芥穗之屬延及平坂十之三四，南隅種蘭芎、山藥、瓜子、煙草之類，奪去五穀十之七。」[86] 經濟作物與糧食作物相比，它的商品化程度更高。這樣，封建經濟分化的範圍更大，封建經濟全面危機的到來的重要因素也正在孕育。

但是，正如前面所言的，商品糧總量在人口與日俱增、生產技術無重大突破的情況下，有下降的趨勢；同時，有的販賣糧食者是因為貧苦而販賣，這便使糧食商品化所反映的農業經濟發展，染上了一絲虛假的色彩，農業商品化的高度發展，農民雖然增加了一定的貨幣收入，但這不可能從根本上改變他們受剝削的屈辱地位，這也是我們應當注意的。

（原載《中國農史》）

清前期兩湖地區農業生產技術水準初探

農業技術的核心在於農業生產，人們一談起農業生產必然會注意到生產技術水準。中國封建政體從奴隸制的母體中誕生以來，延至清朝，已歷兩千餘年，曾經生機勃勃的機體，精血已日漸枯竭，步入了衰暮之年。舊的上層建築儘管不甘於自身覆滅，試圖對困境有所改變，但顯得是多麼地力不從心。在這種極端腐朽的封建統治下，人們征服自然、改造自然的能力是否有所提高呢？農業生產技術是否像有人所想的那樣停滯不前？為了回答諸如此種疑問，我們力圖對兩湖地區的農業生產技術水準作一粗略的探討。

一、耕作制度的改進，尤其是兩熟制的推廣頗有成績

湖廣（即湖南、湖北）地區栽培水稻有著悠久的歷史。據考古發掘證明，江漢平原早在新石器時代就有栽培稻。[87]但唐以前一般是一熟制；唐代這裡出現了稻麥複種制；歷宋明，它的規模更大了；清代耕作制度的改進，主要表現在兩熟制面積的推廣方面。

兩熟制包括稻—麥（麥、油菜等）兩熟與稻—稻兩熟兩種形式。清前期兩湖地區前者是占主導地位，但這裡值得特別一提的是後者。雙季稻除需要較好的自然條件外，還須具備較高的生產技術。康雍乾時期，湖廣地區掀起了一個推種雙季稻的高潮，以湖南為例，圍繞雙季稻的推廣問題形成了一場激烈的爭辯，兩種觀點鮮然對立。

一種意見持肯定態度，理由是：①季節安排得開，早稻於七月收穫後可以接種二熟；②有適當的早熟品種，如道州的「掛耙秈」等；③因地制宜，如山谷之間、無泉之處或許不可種，但近河一帶則可種。「且土性縱有不同，或可補以人力。」[88]

另一種意見持否定態度，原因是：①地土不相宜；②時令安排不開，早晚稻之後都難續種二稻；③稻麥兩熟與雙季稻獲利約略相等。

兩種意見互不相讓。最後湖南撫院也沒實行強行劃一的措施，只是要求「各州縣勸諭民間因地制宜，凡屬可以獲利之物，隨時播種，使野無曠土，人無遊惰」[89]。從這場爭論我們看到，爭論最持久的是山區或丘陵地帶，而且，如道州、零陵、祁陽、江華、新田、新化等縣在積極試種，雖然「獲有成效者少」，但畢竟是個大膽的嘗試。這也說明雙季稻在向山區滲透，那種持否定意見者儘管所言地土不宜有一定的道理，但以此為遁詞，或敷衍了事，或不行勸導，實是不思變革的論調。隨著雙季稻的推廣，人們在品種的選配、土壤的改良、禾苗的栽培與管理、勞力的安排等一系列方面，都因此而有所改革。雙季稻有著稻—麥兩熟所不可比的利益，湖廣的雙季稻栽培在全國也占有重要地位，道光年間在全國有兩種最主要的栽培方法，「閩中法」與「江右荊湘法」。所謂「江右荊湘法」，即「以三四五月為一熟，六七八月為熟，必俟早稻割後，始種晚稻」[90]。其實，兩湖地區有一種「椏禾」、「蓄子」，相當於今日的雙季間作稻與雙季連作稻。可見，就栽培方法而言，清前期已基本形成；更令人吃驚的是，如康熙時在湖南醴陵一帶，已「通治二熟禾，雖間有蒔中稻耘稻為一熟耳，特百分之一」[91]。可以想像，此時兩湖成為天下糧倉與這種兩熟制大面積的推廣分不開。

二、水稻品種的多樣化與高品質

稻按特質而言有黏糯之分，以時間而言則可分為早中晚三稻。而黏糯稻或早中晚三稻又有眾多的種類。據道光初年黃本驥編輯的《湖南方物志》卷一統計，湖南栽培中黏稻達十八種，糯稻有五十三種；黏稻中早稻有十五種。又，湖北江陵一縣稻品，早稻十三種，晚稻六種，粳稻（或黏稻）共十九種；糯稻也有十三種。總之，「其穀之紅白大小不同，芒之有無長短不同，米之堅松赤白紫烏不同」，名目繁多，難以盡計。

由於雙季稻的推廣，培育出來的早稻品種有一個顯著的特點，就是成熟期限大大縮短。如四十黏、五十黏、六十黏、七十早等已廣為栽培。所謂四十黏，即從插秧至收割只需四十天，李彥章所著《江南催耕課稻篇》中曾特意記錄了湖廣部分府縣著名的早稻品種，見表 8。

表 8 湖廣部分府縣著名的早稻品種

地區	品名
黃梅縣	洗耙早、救公飢、流水早、一刀齊、飛上倉、黃金糯
德安府	落地黃、救公飢、一丘水、等包齊、江西早①
枝江縣	五十黏
羅田縣	七十日黏、三朝齊
威寧縣	六十日早
漢陽府	洗耙早、拖犁回、一丘水、七十日茹、接早子、等包齊、落地黃、雀不知、江西早
蘄水縣	五十黏、六十黏、七十黏、金包銀黏
湘鄉縣	江西早
新寧縣	六十日黏、金包銀、六月白、江西早
衡陽縣	兩接早、救飢早、百日黏
寧鄉縣	竹枝私、洗鎖早、救窘糧、六十日黏、百日黏、油紅黏
邵陽縣	盤谷早、五十日黏、六十日黏、夜齊早、雞婆早、祁陽早、赤須早、桐子白、沙黏
永明縣	百日黏、鼠牙黏、蘆荻黏、短谷黏、冷水黏、李家糯、白堆糯、早沱禾、赤米粘、白米粘、 寶慶禾

① 江西早即占城稻。〔日〕加藤繁. 中國經濟史考證（卷三）〔M〕. 北京：商務印書館，1959：191.

表 8 所列湖南省早稻計二十九種（不計重複的），比《湖南方物志》所載要多十四種，實際上的早稻品種遠不止於此。對於早稻品種，人們毀譽不一。清人李晉興認為，種百日黏、藍山禾等早稻，「此是田之缺少者不得已耕之，要肥。犁耙早猶少收也」[92]。一般來說，早稻產量確比中、晚稻要低。在湖北蒲圻縣，早稻六月熟、遲稻即中稻七月熟，「早稻與遲稻同時播種，而惟遲稻，備歷炎暑，多養一月倍結實，故收獨豐，種者十之八焉」[93]。湖南新化縣「種早稻者十之二三，種中晚稻者居十之七八」。既然如此，

為什麼這時的早稻品種如此之多呢？我們認為，其一，地土有高下肥瘠之分，早稻通常種於高岸之田，即它適用於一定的土壤要求。其二，早稻還有其特殊的功用。如穀，或稱撒穀、撒苗，「其種法不必浸種分秧，但耕田下子，五六十日可實，湖人被水害者，水退不遑他穀，故多布」[94]。「撒苗，收最早，間種之以救飢，水淹之後也可晚種，種類數十。」[95] 由於穀沒有秧田移栽等環節，而且株密，產量自然很低；但這種稻品既可早種，也可晚種，可救一時之急，又有著其他品種難以替代的作用。其三，更重要的是早稻之後能續種「再熟之稻」。早稻多熟於六月，最早者有所謂「五月黃」，「再熟之稻」即使需要三個月也可在九月收割完畢；而在湖廣有的地方十月仍有收稻穀者。如湖南寶慶府的南木秈、下馬看、香田禾、荷包黏、馬尾黏、臨武黏、靖州禾、道州禾、廣西禾等近十餘種俱熟於九十月。[96] 這樣，以早禾一熟而言，產量自然低於中禾、晚禾，但在一年之內早晚雙季的產量遠甚於一季中禾或晚禾。

無論是黏稻，還是糯稻，早熟或者晚熟，當時湧現出不少本地的優良品種。這些品種的一個重要特點是它適宜於該地的自然條件。如寶慶白、寶慶糯、桂陽糯、寧鄉早、麻陽早、桂東黏、桂陽黏、湘潭黏、郥陽早、祁陽早等，這是以培育地區命名的品種，其他不以產地稱之者不知多少。同時，還引進了許多外地先進品種，如廣東黏、雲南黏、南京黏、思南黏、安南黏、貴陽黏、蘇州早、江西早、雲南早、江西糯、雲南糯、思南糯，等等。湖南幾乎容納了所有水稻栽培區的品種；本地與外地的品種交匯在一起，競放異彩。很顯然，一個新品種的培育成功，是人民長期生產實踐經驗的總結，湖廣地區新水稻品種的不斷湧現，正反映了這種經驗的愈益豐富，舊的品種不斷被淘汰，新的品種不斷增生，更是水稻生產中一個可喜的現象。同時，外省水稻的大量傳入也不是一件容易的事，番薯在閩廣栽種達百年之久才越過南嶺，進入湖南。外地品種傳入後至少頭一年是處於重新實驗階段。在此期間，有的因為不合地宜而無人再種；有的因產量較高而普遍推廣；有的則經過改良重獲生命力。從湖廣引進外地品種的數量來看，湖廣對各類品種的需求十分強烈。湖廣如同一座水稻品種的大熔爐，兼容並蓄，推陳出新。

兩湖還有一種「香稻」，被稱為「稻米之珍」。顧名思義，它的味道甚香。一九八四年，該稻被評為全國優質米品種，其種類繁多，如沉香禾、大香禾、隔山香、香田禾、香白禾，等等。

值得一提的是，湖廣的水稻品種不僅豐富了品種資源寶庫，對湖廣糧食產量的提高有著重要的作用，而且也影響著其他地區，表現為許多地區在引種湖廣稻品。如湖廣秈在安徽貴池縣，湖廣白在浙江寧海縣，瀏陽早在江西新建縣，湖廣糯在江西瑞金縣等。[97]

三、增強地力的種種途徑有了新的突破

土地肥力自然遞減雖是一個客觀存在的事實，但中國古代人民對此並非束手無策。他們不僅採取各種形式增強土壤肥效，而且形成了一套完整的理論。早在宋代陳　的《農書》中就提出了「地力常新」的學說，清人對改良土壤有了更深的認識。湖廣的開發也較早，兩千多年前這裡曾創造了輝煌燦爛的楚國文明。按照「土壤肥力自然遞減」理論，清代地力應有相當的消耗，然而，為什麼這裡的農業生產此時卻呈現出勃勃生機呢？有人認為，湖廣的主要產糧區——洞庭湖平原與江漢平原雖然時常大堤潰決，洪水泛濫，但是，每一次洪水之後都有沉積物，這樣「從最後的結局來看，卻保持了土壤的生命力與生產能力，不致使土壤在比較長的時期內遭受可能出現的、肥力衰竭的危險」[98]。無可否認，水害之後淤泥會使土壤翻新，但如果發展農業僅靠水害積肥，則是十分荒唐可笑的事情。一方面，水災的後果是弊多利微；另一方面，要看到水分本身並不存在肥效，淤泥的形成只不過是肥效的轉移罷了，即它沖刷上游的田禾在下游淤積，真正重要的肥力則在乎人工，具體辦法有：

（一）廣積肥料

這包括人畜肥、綠肥、灰肥、籽肥等。湖南有諺云:「闊肥秧田窄肥園。」稻田下糞少則收穫必降。當時人們總結的種田經驗是四個字「糞多力勤」。這是因為，一則肥沃之區畢竟少數，磽瘠之處較多；二則栽培雙季稻本身就意味著成倍地增加肥料。巴陵縣有一種平曠之地即瑕田，早稻之後續種蕎

麥、豌豆，或栽「再熟之稻」，但若是「糞不足則獲稻大減，土瘠故也」[99]。常德府「農家惟植粟，且多在岡阜，每欲布種時則先伐其林木，縱火焚之，俟其成灰，即布種於其間，如是則所收必倍」[100]。在丘陵、山區溉肥顯得尤為重要。「溉肥則苗本有力」、「溉肥一次多獲稻穀數斗」。[101] 乾隆年間，湖南善化縣的佃農收穀一石約需枯餅、灰、糞方面的費用近千文。[102] 而此時在湖南郴州地區更有一種專門從事燒灰「賣給民間肥田之用」的人戶。由於黃灰砂石在該地，如楓仙嶺一帶「隨處皆有，或浮出水面，或入土數尺，淺即易取」，而且黃灰係「該處民田溫土殺蟲必需之物」。[103] 因此，這種專業戶的人數想必不少，這是前所未有的事情。

（二）改良土質

比較突出的是石灰的使用更加科學。湖廣大多地區有水冷土寒的特點，尤其是冷浸田，使用石灰一方面可以殺蟲；另一方面由於它呈強鹼性，中和酸性的能力很強，即它可改變酸性土質，以便水稻生長。至於每畝田的石灰用量，當時人們認為大約「得壞灰一百斤已足，多則咬痴泥，次年減穀」[104]。這個數字與現代科學計算出來的結果已極為相近。「灰要先冬燒出，貯好，不要漏濕，濕則如無灰矣。」[105] 總之，從石灰的製作、儲藏以及使用都有一番講究。

（三）深耕多耘，充分發揮地力

由於牛耕的普及，深耕有了保障。人們已認識到：「田土宜深耕，深則土鬆，發株最大；宜多耕，多則雜草不生，苗能挺秀……試以同時同種之田，多耕一遍，每畝必多獲稻穀數斗……且皮薄、米圓，每穀一石也多米數升。」[106] 即多耘深耕直接關係到米穀的數量與品質。乾隆二年（西元一七三七年），永興縣知縣特發告示：「今歲務要細耘四次，溉肥二次，收穫當有效驗。本縣巡閱時，若田中有草，苗葉黃色，此即惰農，定行重責。」[107] 這種政府督令深耕的事情在過去也是少有的。每當稻穀收穫，準備過冬之時，湖廣都十分講求田土耕轉，與此同時，摻以糞便。「若不加糞耕轉，來年稻穀不熟，收成歉薄。」[108] 這是很有道理的。耕轉之後，冬日積雪侵蝕，害蟲凍死不少，畜糞為土所壓，歷時較久，產生化學反應，發酵後肥效更佳；來年再耕一次，不僅比不耕轉者多耕一次，而且達到了深耕的效果。

（四）水土貴在保持

種田遭受的自然災害主要來自兩方面，一是水旱災害；二是病蟲災害。倡導水利的目的就在於克服前者。水利設施，大而言之，江漢平原與洞庭湖平原之堤防；小而言之，丘陵、山區的陂堰塘壩都是各有所長、不容忽視的。如湖南澧州的灌　塘堰共一千五百有四；[109] 藍山縣有的陂溉田達八九千傾；湖北鄖陽府的主要水利設施是堰，重要的鄖陽縣有二十六處，竹山與竹溪縣分別有十五處，保康十四處，鄖西十六處，[110] 等等。

不同的形式主要依水源的大小、地形的變異而定。私修水利的興起是這時水利事業中的一個重要特點。如湖北京山、潛江「民多各自為垸」,「以翼一歲之獲」。[111] 但是，這種私垸在乾隆時期被下令徹底刨毀,「各屬濱湖荒地永禁築堤墾田」[112]。私垸是否因此而絕跡呢？據卜貂先生（Peter C.Perdue）統計，湖南湘陰縣私垸在乾隆時刨毀了七十處，嘉慶時又毀掉了九十六處，但是到了道光七年（西元一八二七年）已新建或重修堤垸達一百四十三處。[113] 這又是為什麼呢？道光年間魏源的分析很有說服力：「有官垸、民垸大礙水道，而私垸反不礙水道者」;「有官垸、民垸而籍私垸以捍衛者，並有籍私垸以護城隍者」;「私垸之多千倍於官垸、民垸；私垸之築高固，甚於官垸、民垸。私垸強而官垸弱。私垸大而官垸小。」[114] 正因為如此，他建議「惟不問其為官為私，而但問其垸之礙水不礙水。當其水已被決者，即官垸也不必復修；其不當水沖而未決者，即私垸也毋庸議毀，不惟不毀，且令其加修、升科，以補廢垸之糧缺」[115]。這反映了一種普遍的思潮。

由此可見，湖廣人民興修水利的熱情相當高，而且他們越來越要求責任明確，見效顯著。當然，官修水利工程的影響也是相當深遠的。一方面，由於它所處的地位不同，可以避免民修的狹隘性；另一方面，它能集中較多的資金和人力、物力。因此，它在解決一些關鍵性的工程時有著其他形式不可替代的作用。如乾隆五十三年（西元一七八八年），荊州萬城堤潰，清政府動帑銀一百萬兩，[116] 派大學士阿桂親自督理修復，以政府的威力才得以沖毀阻塞水道的窖金洲。

兩湖的灌溉工具也是較先進的。兩湖是筒車的發祥地之一，史載：「筒車，山家引水者，植木為架，刳木為筒，或剖巨竹為之。自水源地，高下相承，涓流不絕，直灌田中，不勞人力。」可見，它是一種以水力為動力的灌溉工具；有的則以畜力為動力，如湖北漢川縣「濱江多用牛車，引水灌溉為別郡所無」,「其法甚逸，其利最廣」; [117] 再有一種以風力為動力的灌溉工具。道光年間，周倬《瀏陽水車歌》云：「瀏陽水車風作輪，緣江旋轉盤空雲。輪盤團團徑三丈，水聲都在風輪上。瀏水日夜西北流，高岸低圻開深溝。輪盤引水入溝去，分送高田種禾黍。盤盤自轉不用人，年年只用修車輪。……引來不怕田坎高，一家之車灌十家。……但使車輪長在軸，不愁秋來禾不熟。」[118] 上面描繪的三種水車有一個共同的特點是，不用人力，而用自然力，無疑減輕了勞動者的體力負擔。這種灌溉工具可以說達到了水車時代的最高水準，這種水利的發展是改良土壤、提高生產能力的基本前提。

四、特別重視畜力

耕牛「平時之畜糞，冬春之翻犁，夏間之灌溉，無一不資籍牛力。楚南田地寬廣，務農甚勤，村農多畜一牛則耕作不失時，田家必然稔獲」[119] ,「以人代牛翻犁者，五六人之推挽不敵一牛之用」。[120] 可見，時人對耕牛已有十分全面的認識。然而，雍乾之前，湖廣耕牛管理中存在著兩大弊端，一是盜宰盜賣成風；二是八月拋牛放野之俗。對此，政府採取了以下有力的措施：

（一）立法嚴厲，申禁盜宰盜賣

將偷牛者緝捕歸案，嚴加審訊，如果偷牛屬實，不僅要賠償原牛，而且要從重究擬。「如係積賊，即究從前，犯次多者，以積匪猾賊擬解，不得止就本案從輕究結；如係初犯，也即從重究擬，候批發落；衙役素日包庇者及早首報，獲破稍可從寬，別經發覺，即擬同罪。」[121] 對於城鄉宰牛之家令其改歸他業；確係病牛則需官府批驗方可宰殺，否則以盜宰論。總之，盜宰盜賣，無論是原犯，還是窩藏犯或瀆職犯，均嚴究不貸。

（二）革八月拋牛之俗

過去湖廣一帶許多地方，多半於早中之稻收穫後，即縱放牛隻於田野，如此弊端叢生。一則助長了偷宰之風（牛放於野，無人管理）；二則踐食莊稼，使二熟無以得生，這與集約式經營矛盾極大。於是，乾隆時湖南地方政府規定，耕牛必須設圈寄息，專人看牧，並將各村民「凡有田畝相連者，或五戶或十家設立團簿一本，注載姓名呈官，鈐印申明禁約，發給團長收報；每令秋收之後令各將牛羊圈禁，即或放牧曠野山場必岀人看守，如有違犯縱放踐食，許團長眾姓人等公議賠償；或不遵，一經稟報，除押令賠償踐食之人外，仍令分別究責、庶一懲百儆」[122]。這種耕牛組織管理有效地克服了「拋牛」之弊。

（三）買賣、租賃耕牛盛行

耕牛買賣經紀組織——牛行應運而生。湖廣牛行林立。由於這種私立牛行唯利是圖，因而往往成為盜牛者棲身之所。對此，政府也設立牛行即官行，藉以監視，控制私行。乾隆十一年（西元一七四六年），湖南發生牛瘟，病斃甚多，布政使徐杞立即頒發文告，勸令有錢富戶「前往鄰近產牛省分購買回籍，除自用外，餘則照依時價轉賣，或租給佃農耕種，並飭地方官多方獎勵，務使踴躍樂從，以濟春耕」[123]。牛價每頭自八兩、十兩至二十兩不等，這樣便緩和了耕牛緊張的矛盾。這種買賣、租賃的發達，對普遍提高生產力有著巨大的作用。

凡此種種培育畜力的措施，使得耕牛數量迅速增加，一般的佃耕之人也擁有牛隻；同時，個別少牛、缺牛之戶則由於買賣、租賃的發達得到了調節。在中國古代這個以牛耕為基本生產工具的農業社會，耕牛數量與品質的提高，經營管理方法的進步，便有力地推動了農業生產的發展。

五、區域性農書的不斷湧現（見表 9）

表 9 主要農書簡表③

書名	作者	成書年代	主要內容
《野菜贊》	顧景星	順治九年	記錄了44種可食用的野菜，並註明性狀與食法
《江邑救荒筆記》	周存義	道光十四年	多為救荒方法之類
《種花小敍》	江繁	康熙年間	種花經驗總結
《鮮花譜》	朱儼鐮	明末清初	類上
《野菜性味考》	同上	同上	介紹各種野菜性能，為救荒用
《南窗外紀》	工夫之	清初	種植之事

書名	作者	成書年代	主要內容
《稼圃初學記》	李晉興	康熙五十年	種田與種園，農業生產中一整套耕作技術
《農桑雜俎》	丁周	嘉慶時期	種田與治桑
《老圃雜說》	車無咎	康熙時期	田園耕作管理
《遂農雜記》	秦之炳	乾隆時期	言農家種田諸事
《治生要術》	王文清	雍正時期	農業經營經驗談
《治生廣錄》	夏大觀	嘉慶時期	類上
《農言》	王榮蘭	道咸間	農事
《問農說》	田文錦	清前期	類上
《區田種法》	賀長齡	嘉道年間	區田法
《相牛心鏡要覽》	?	道光時期	以水牛為主，兼及黃牛的全身各部分相法
《魚譜》	朱儼鐮	明末清初	養魚方法與魚種介紹之類
《種樹經》	朱儼鐮	明末清初	種樹經驗談
《湖北安襄鄖道水利集》	王概	乾隆時期	漢水堤防
《楚北水利隄防紀要》	俞昌烈	道光時期	分析濱江諸縣堤防形勢，集時人有關論述
《湘湖水利志》	毛奇齡	康熙時期	湖南水利
《楚北江漢宣防備覽》	工鳳生	道光時期	江漢堤防諸事

③ 王敏瑚《中國農學書錄》（嘉慶、光緒），《湖南通志 · 藝文志》（民國），《湖北通志 · 藝文志》，《清史稿 · 藝文志》及補編。

上表所列農書未必全面，但僅此而言，仍可看到這樣一些特點：農書種類走向多樣化，從農業生產技術到園藝作物，從糧食作物栽培到蠶桑之養植，以及水利、畜牧、救荒等許多方面，既說明兩湖的農業開始克服單一化的毛病，走向多種經營，也反映了民眾試圖加強農業生產理論指導的迫切心理。當然，這些農書比起清後期黃皖所著《致富奇書》來說，影響要小些，諸如《治生廣錄》、《農桑雜俎》等許多農書都已失傳；有的農書品質也不是很好，但這無可否認上列農書曾起過的或多或少的作用，諸如《稼圃初學記》與《楚北水利隄防紀要》，在今天都是有參考價值的著作。另外，隨著精耕細作的程度越來越高，水利方面的農書比重日益增加。

《稼圃初學記》的作者李晉興，原是湖南臨武縣的一個小地主。乾隆三十五年，他家的田禾枯黃，於是向老農請教種田之法。本書實是這位老農講述的由李氏記錄下來的稼圃經，內容包括整地、選種、育秧、製肥、施肥、中耕、灌溉等種田的各個環節。他認為，育秧應當做到播種疏，如此「秧必大管，謂之扇骨秧，蒔下田長也扶疏」[124]。插秧後即下肥料與石灰，謂之「落腳淤灰」；此時下淤灰，稱為「加倍肥田法」。種田是一門綜合性技術，必須做到「秧好、苗好、犁耙好、淤灰及時、苗受用、薅得法，爛泥、無草無稗，　　是禾，則禾長大疏散青蔥，見禾不見水。生意不緊促，則每　多抽七八穗，每穗多結十餘粒，而粒又大顆；顆顆皆實無秕，所以每畝比人多收。已收成，不只收穀，且要收稿。人食穀，牛食稿，糞也出此」[125]。由此可見，這位老農的種田之法已不再是粗放式的。臨武僻處山中，耕田之法尚且如此精細，更說明集約式的農業生產，已成為當時一種基本的趨向。

《楚北水利隄防紀要》是一部較有代表性的，反映湖北水利設施的重要專著。書分兩卷，卷一列繪湖北各縣堤防並作紀要，其中對很多堤工規模記載尤詳；卷二收錄各種有關湖北堤防論疏文章，並對具體興修辦法提出了自己的見解，還繪有築堤諸種器具圖。以往江漢二水為患，為修堤往往爭吵不休，而更多的是從各自的局部利益出發。本書錄總督汪志伊疏云：「堵疏應根據具體情況而定，或以堵為主，或以疏為主，或疏堵並行不悖」、「其受害在上游者宜於堵，受害在下游者宜於疏，或事疏消於防堵之先，或借防堵為疏消之用，通盤籌畫，不徇一鄉一邑之私見，務期公允」。創築新堤有五要：「堪估宜審勢，取土宜遠，坯頭宜薄，硪工宜密，驗收宜嚴，備是五者，工必固矣。」[126] 等等，這些都是頗有意義的建設性意見。

綜上所述，清前期兩湖地區雖然在生產工具上無多大創新，根本上還沒有突破傳統的耕作方式，但毫無疑義，這個時期的生產技術仍在不斷提高。科學技術是衡量經濟發展水準的一個重要尺度，事實證明，生產技術此時並非沒有發展，只不過是它的發展與上層建築之間的矛盾愈益尖銳複雜，因而往往給人們造成一種錯覺，即封建社會晚期經濟已是停滯不前，其實這是十分機械、片面的看法。恩格斯曾指出：「應用資本、勞動和科學就可以使土地的收穫量無限提高。……科學又日益使自然力服從於人類，這種無窮無盡的生產能力，一旦被自覺地用來為大眾造福，人類所肩負的勞動就會很快地減少到最低限度。」[127] 總之，科學技術發展的意義相當深遠。此時，兩湖農業的發展是與這種生產技術的提高息息相關的，但真正要使湖廣經濟來一次飛躍，除了生產關係的變革之外，還必須實現中世紀的耕作方式向現代化的耕作方式的轉變。

（原載《農史研究》第九輯）

清前期兩湖農村的租佃關係與民風

本文透過對地租率與租佃期限的相對穩和、地租形態的新變化、押租的矛盾發展，以及主佃關係的鬆弛趨向等幾方面的分析，認為清前期兩湖地區農業經濟的發展是與此密切相關，而且這種變化又使兩湖地區農村經濟生活增添了新的內容。

隨著明代以來「湖廣熟，天下足」的傳開，迨至清代，兩湖（即湖南、湖北）農村經濟的發展水準即已成為一個引人注目的問題，租佃關係是農業經濟發展不可忽視的一環。一個良好的租佃制度不僅關係著租佃雙方的利益，而且關係著整個社會的安危，而租佃關係中勞動者解放的程度則直接影響到生產力的發展。由於在清前期湖廣農村這種經濟關係占有相當大的比重（湖南巴陵縣有「十分其農而佃種居其六」[128] 的說法），因而它對農村社會的影響之大可想而知。本文擬透過對租佃關係與民風的變化的考察，解剖清前期兩湖農村社會的某些特點。

一、地租率與租佃期限的相對穩和

租佃的普遍形式是佃農佃耕地主田地，地主向佃農收取地租。這裡便包含著租佃契約、地租形態、租佃雙方的態度等內容。我們知道，清前期兩湖地區糧食的大量商品化以及商業性農業的發展 [129]，必然導致土地買賣的加劇和農民階級的日益分化。地主與富裕農民迫切希望透過盡可能多地占有土地，進而在糧食市場上贏得厚利，這種商業化的心理和社會的積勢使租佃關係表現出新的特點。

佃農團隊擴大的另一面是地主占田面積的膨脹。清初，由於政府的獎墾政策，在大量的無主荒地上造就了一大批自耕農，農村人口與土地的關係維繫於一種平衡的狀態；然而，一旦農業經營有脫離封閉的自給自足的趨勢，舊有的平衡即被打破。如嘉慶十七年（西元一八一二年），湖南長沙的李象鵾收租六百餘石，未過幾年，「置產數倍於前」[130]，至道光十二年（西元一八三二年），田產又已六七倍於初；道光時，武陵縣丁炳　占地四千畝以上[131]。在這種情形之中，地主與佃農的關係已不是個體之間的關係，而是一個人與一群人之間的複雜關係，租佃制的優劣、主佃關係穩當與否即關係重大。

判斷租佃制度優劣的重要依據，是租佃期限和地租率。前者關係到農業生產的穩定與否，後者則直接影響到「上述租佃雙方的公平分配和資源利用效率（即最大生產收益）」[132]。從地租率來看，楚南民田「每田一斗納租一石」[133]，以漕尺步弓計算，「計籽種一斗，約折實田一畝五分」。[134] 即一畝五分田納租一石，以當時湖廣平均畝產三點七一石計，地租不過畝產的五分之一。[135]

據《湖南省例成案·戶律》卷五記載：乾隆時，湖南每畝納租自一石以及一石幾斗、二石不等。依不同等級的土地收穫的不同，地租高低因而有差異，這不奇怪。由此可見，當時兩湖地租量，至多不過是收穫量的對半分配。一般來說，大多省分的地租率為收穫量的百分之五十，但湖廣似乎低於這一水準的情形較多[136]。

從租佃期限而言，多半在一年以上，最久的則是所謂永佃。農民永佃權是一種符合歷史發展趨勢的租佃形態，相對於短時間的租佃來說，永佃具有較大的優越性，即佃農取得這種權利後，有一種天然的安全感，因而他們樂於投放更多的資本，如增加肥力、改良土壤等，更充分地發揮自然資源的效用，創造出較多的社會財富；同時，永佃制還有利於那種雇工經營、追求「剩餘價值」的佃富農的產生。不過，永佃形式在湖廣遠不如在江浙那樣普遍。但作為該地區清前期才始有的這種租佃制，卻無疑地表明租佃制度變化的深入，並作為一種趨勢性力量而存在。

嚴格地講，永佃只是相對而言，因為在租佃契約上見到的是一回事，而實際情形則有大量短佃的存在。許多議耕十年、幾十年的契約常常中途因種種原因而變卦。一方面，土地的日益集中，佃農團隊迅速壯大之後，「增租奪佃」的現象日益嚴重；另一方面，地主的剝削本性，決定了他們在商品化潮流中的愈益貪婪。如湖南醴陵縣楊永貴，將自己的兩石四升田，作價一百三十八兩賣與譚惟石，並議定田仍歸楊永貴「永遠佃耕」；後因連年收成歉薄，欠下租穀六十石未清，於是譚令楊退耕，而楊氏「原圖長佃」，怎肯退耕，譚氏便率人強割，與楊兩相鬥毆，釀成命案[137]。

至於短期租佃的變更更是家常便飯，湖北蘄水縣周景，占佃種孔廣厚田稞三十石，「議定耕種十年，期滿退莊」；未及四載，因欠租不還，孔廣厚將田另賣與人[138]。可見，地主往往只是在佃農不欠租穀的前提下才能遵守佃約，否則，佃約於他無疑形同空文。而封建政府對於這種爭端的判決也是以欠租必清、損失必賠為原則，租佃期限則處於次要地位。租佃雙方發生衝突之後，佃約大多不能繼續維持。

二、地租形態的新變化

地租形態的變化，表現在地租的分配形式。額租已占主導地位，分成租制處於從屬地位，以地租的繳納形式而言，實物地租與貨幣地租並存，但貨幣地租的比重日益增大。

據劉永成先生對乾隆《刑科題本 · 土地債務》類材料的統計，湖南和湖北的實物租中分租的件數分別為一件和三件，額租分別為三十二件和二十四件，貨幣租分別為十一件和二十二件，實物租分別為三十六件和二十七件[139]。這充分反映了地租形態變化的主要趨勢。額租是佃農租種田地時由租、佃雙方協議的田畝租量。它還可分為「鐵板租」與「花租」兩種，其最大特點是租額一定，不受年成變化的影響。在這種租制下，佃農可較之分租制獲得較大的利益。如湖北隨州朱又堂佃種劉正坤田兩石，議定年租八石[140]，南漳縣朱復舜，佃凌潮水田十一畝半，「每年每畝議完租米二斗七升，秋收時交完」[141]；黃陂縣張揚復絕賣田七斗八升與葉世琮為業，張仍舊佃種，「每年議定額租四石六斗八升」；[142] 東湖縣謝士仁佃回典賣之田六斗，「每年認交租穀六石四斗」；[143] 湖南湘鄉王殿玉典田四畝，仍舊佃種，「每年議租十石」[144]；武岡州楊均政典田後仍舊耕種，「議定每年完租穀二十四石」[145]。

從上可見：(1）湖廣的額租範圍已相當普遍，所謂「議定」、「議完租米」或「議租」等表示雙方協議租額，此後不得隨意變更。(2）額租形式的一條重要途徑是自耕農淪為佃農，即自耕農多在典賣自己田地後再認耕。這部分佃農的地位雖然較之過去有了下降，但在佃農的團隊中仍實力較強。

至於貨幣租較之實物租來說則數量要小。從劉永成先生的統計可見，乾隆年間，實物租比貨幣租在湖南多三點二七倍，在湖北多一點二四倍。又據《乾隆朝刑科題本》記載，湖北蘄州張才現租種沈明善屯地四斗二升五合，每年租稞錢兩千四百文[146]；宜城縣張起洪種楊國點山田兩分，稞租四餘石[147]；湖南酃縣劉必宇佃種段廷彩山場四畝，每年共完租銀一兩，租穀八石[148]等等。

準確地說，這些地租屬於額定貨幣地租性質。在有些地區，某一佃農除了交納貨幣地租，還要負擔實物地租。這是因為雖清代田賦徵收已經徵銀，並且湖廣米市場也相當活躍，但是對地主而言，他們主要根據市場米穀價格的變化情況來確定是收錢租還是收穀租。有時，由於市場米價波動太大，認為不如收穀租可靠。然而，從歷史的發展角度來看，貨幣租有著實物租所不可具備的深遠影響。馬克思在《資本論》中精闢地闡述過貨幣地租的意義，即在貨幣地租條件下，「雖然直接生產者仍然要繼續親自生產，至少是他的生活資源的絕大部分，但是現在它的一部分產品必須轉化為商品，當作商品來生產。因此，整個生產方式的性質就或多或少發生了變化」。貨幣地租在其進一步的發展中——撇開一切中間形態，例如，撇開小農租佃者的形式不說——必然或者使土地變為自由的農民財產，或者導致資本主義生產方式的形式，導致資本主義租地農場主所支付的地租。[149]湖廣的貨幣地租雖然還沒有取得統治地位，但是它具有馬克思所預示的發展趨勢。

除上述幾種租制外，還有轉租、折租等，租制的完備程度是前所未有的，租制的多樣化，以及額租、貨幣租比例的進一步增大是租佃制發展的重要表現。

三、押租矛盾的發展及影響

在眾多的地租形態中還有一種特殊的、在清前期開始盛行的形式——押租。兩湖是當時全國押租最流行的省分之一，湖廣押租又稱為「進莊禮銀」、「佃禮錢」、「頂首銀」、「寫田禮」等。它實際上是佃農向地主佃耕土地時交納的保證金。它與預租不同的是，後者是佃農在訂立契約時，或在收穫前一年或播種前，預交半年或一年的租額。「楚南俗例，凡招佃耕種必需進莊銀兩，少則十餘金，多則四五十金。雖宗族戚友未有無佃銀而能承耕者。」[150]

可見，押租是佃農取得佃耕權的前提條件；而且，不論是誰，如若佃耕，必須「講定進莊規禮，稱交入手，方許進佃」[151]。對於這種押租到底應當作怎樣的評價呢？為此，我們首先看看乾隆時的押租量，見表 10。

表 10 乾隆時押租情況

省別	縣別	佃農	佃主	佃田量 / 畝	押租量	畝租量
湖北	黃陂	徐斐章	胡景三	35	3兩5錢	1錢
	黃岡	戚信遠	賀召華	5①	2兩5錢	5錢
	廣濟	鄭茂昌	胡鞍奇	50②	10兩	2錢
	江陵	呂列三	王旭旦	6.6	1石6斗	2升4合
	宜城	張起洪	楊國點	0.2	100千文	500千文
	蘄水	周景占	孔廣厚	340③	34兩	1錢
	竹山	陳玉珍	石象山	0.1	12兩	120兩
湖南	茶陵	鐘顏周	陳丙南	8.2	6兩6錢	8兩4厘
	興寧	南汝山	李元章	170④	2兩1錢	1分2厘
	新化	李若英	譚在位	20	4兩5錢	2錢2分
	長沙	單東秩	楊元道	7.5	22兩5錢	3兩
	酃縣	龔士遠	谷應遠	14.5	60兩	4兩1錢
	衡山	伍添吉	劉教士	50⑤	230兩	4兩6錢
	邵陽	羊洪茂	羊添佶	1.5	2兩6錢	1兩7錢

資料來源：中國第一歷史檔案館等編：《清代地租剝削形態》。
注：至注⑤，均按一斗穀折一畝田計算。

由表10可見，押租量在各地是不等的，最低者為興寧縣，每畝只押租一分多；最高的是竹山縣，每畝押租達一百二十兩。以前者而言是相當輕的，以後者而言無疑是相當重的。不過，這兩種情形都是比較少的。衡山縣每畝押租四兩六錢，也是很重，即使是按市價每石一兩計算，每畝押租也要四石六斗，這相當於當時上田每畝的收穫量，幾乎是地租的一倍。但在極大多數情況下，押租量略少於地租或與地租量相等。乾隆時，有人曾做過一個粗略的描述：「楚南習俗，凡小民佃田，俱有進莊禮銀，又名寫田銀。每種田一畝，需用進莊銀自一兩至二兩不等，必先將此銀交送田主，然後允其承佃；每畝納租自一石以及一石幾斗、二石不等。」[152] 有些地區押租則「每畝或三五錢，以及八九錢不等」[153]。押租量的這一特點，反映了它在某些方面具有預租的性質，因為只有在押租與正租相等或高於地租的情況下，地主才不擔心無租可收。另外，以押租的形式而言，有實物的、貨幣的兩種，其中，貨幣押租又占主導地位。

押租量一經議定之後，雙方都得遵守，地主不得因為年收成的好壞或任何原因而隨意提高。嘉慶時，湖南瀏陽縣「士夫家有祖父百餘年授耕之田而批租不加者」[154]；到了近代，這種情形有了較大的變化，押租往往是正租的幾倍。押租量的這種變化與佃農抗租風潮的日趨高漲、佃農經濟實體的增強、佃農之間的爭佃等情勢密切相關，但最根本的還是由地主無窮的剝削慾望所決定。

押租無疑加重了佃農的經濟負擔，但它與無償的額外剝削又不同，這是因為押租按照鄉間俗例或政府法令都必須在佃農退莊時相應地退還。當然，也有的佃主在佃農出莊時，不退進莊銀兩，但這種情形是有悖於「俗例」或「法令」的，並往往因之成為主、佃衝突的導火線。乾隆三十年（西元一七六五年），湖南長沙縣單東秩交上莊銀二十二兩五錢，佃種楊元道家族公田七斗五升，後因楊氏將田別佃他人，單氏被迫退佃，連本銀三兩帶利銀五兩五錢，共八兩五錢未退，單氏屢討無效，終釀成一場鬥毆殺人案[155]。

嘉慶時，衡陽府佃農「償租而外，與己業等退耕。租無逋，東（佃主）還佃原規金，否則以金抵租焉」[156]；更有甚者，乾隆年間湘潭縣俗例，「凡是佃戶退佃，田主要出幾兩出莊銀子」[157]。這種出莊銀子是在押租之外地主為緩和主、佃之間的緊張局勢而採取的一項措施，其意義不在於佃戶可得到田主的一些銀兩本身，而在於反映了佃農的社會地位提高之後，佃主對佃農態度的重大改變。同時，出莊銀與進莊銀在量上還有區別，即在佃農不欠租穀的前提下，佃主不僅要退還全部進莊銀，而且要根據時間的長短、進莊銀的多寡，適當加息。如湖南湘鄉縣劉祖章支押租銀十二兩佃種龍子榮田畝，「子榮物故，祖章騙租不還」。不久，子榮之子重達「將原得銀兩加利銀四兩，退令出莊。祖章藉修補房屋用銀，踞莊不出。重達復憑親友給銀三十兩，始行出莊」[158]。這裡，劉祖章的出莊銀要比進莊銀高一倍半。可見，地主在佃農出莊時也要作適當的讓步，否則一旦佃農「踞莊不出」，佃主也是奈何不得。

湖南省政府對於押租的態度頗有助於我們認識押租性質。乾隆三年（西元一七三八年），布政使張璨稱：「嗣後有欲換佃，即將從前所謂進莊銀退還，不得以佃種多年推阻。自此以往，有欲另佃者概不許田主索取進莊規禮，……如此庶退莊之民去此適彼，不致空乏無資，主佃兩便也。」

乾隆二十三年（西元一七五八年），布政使許松結、按察使嚴有禧又云：「當窮民無田可耕之時，剜肉醫瘡，救一時之急，為永遠之計。孰知有業之人貪得無厭，或因年歉薄收，或乘佃戶租息稍有不足，輒思漁利另佃。遂有奸惡之徒，挺身承種，始而奪耕，繼而逼逐，而原出莊禮銀田主復勒不退給，懦者忿忿不言，情極而自盡者有之；強者抱怨不平，踞莊而力爭者有之。小則告官結訟，大則糾眾肆鬥，往往致斃人命，實為地方積弊，未便聽其自然，應請嚴行示禁。嗣後莊主招人佃種，止許寫明租額，按時輸運，毋許索取進莊銀兩。如有違犯不遵及田佃銀滋事者，事發到官擬以不應重杖，其原得莊銀照數追給。如此立法禁革，貧民力得寬舒，而爭訟釀命之端也可以漸消矣。」封建政府這樣做的目的，是想使「主佃兩便」、「主佃相安」。一方面，佃戶「不許拖租」；另一方面，田主「不許勒索批佃禮銀」，否則皆

「從重治罪」[159]。這無疑說明押租是佃農被迫承受的沉重負擔，是不合法的。

但是，押租作為一種附加租而風行於湖廣，並非是政府幾張紙文能夠阻止得了。正因如此，政府對押租的態度一度較軟弱，認為進莊銀兩「乃執貲受佃之俗例，俱以此而定認耕年限，不止湖南如是，似未便禁絕；但也應有一畝應酌若干，不許過多，方似妥協」[160]。這實際上是政府部分承認押租事實，其後果必然是押租變本加厲地發展。一方面政府嚴禁押租；另一方面是押租肆無忌憚地膨脹，其原因主要在於：

其一，最初的押租量並不很高，一般的佃農都可以承擔。其二，押租按照「俗例」與「法令」必須在佃農出莊時帶息退還。這樣，雖然使佃農在進莊時給自己造成一些經濟緊張，但從最後的結局而言是沒有什麼損失的，押租成為佃農的一種新的生產墊支，地主則取得了佃農的押租保證，自然非常樂意。如此，佃農與佃主雙方都認為是合情合理的，只是在押租量超過了一定的限度之後佃農的態度才變得強硬、牴觸了。其三，押租是佃農取得土地使用權的一種手段，並且，在湖廣往往以押租之多少「而定認耕年限」。因此，雖然押租是佃農的新的沉重負擔，但是透過它，有的佃農取得了永佃權。其四，交納押租也是佃農「踞種抗租」，與地主作鬥爭的重要理由。如在湖南巴陵縣，「貧民以佃為產，議佃之初，有進莊禮自數金至數十金，視田畝多寡為率，因此，佃戶恃出重貲，遂多抗租踞產」[161]。以此迫使地主讓步。由於押租具有這些特點，可見押租在它實行的初期有著進步的意義。不管怎樣，它與地主對佃農的各種超經濟強制相比則是一種較為先進的控制方式。隨著時間的推移，地主不斷加重押租以滿足其貪慾。到了近代，押租日漸成為對佃農的一種額外剝削，即它的消極面躍居主導地位，民國年間政府乾脆公開承認押租存在的一定合理性，為押租的泛濫提供了法律依據。[162]

總之，押租的高度發展，也是封建租佃關係高度發展的一個表現，它之所以盛行又是因為它在某種意義上來說還具有合理的成分。

四、主佃關係的鬆弛趨向與農村經濟生活的新內容

額租、貨幣地租、永佃制、押租等一系列的變化與發展，表明租佃關係

之於農村經濟生活已具有新的影響。同時，生產力水準的提高，經濟作物的大面積種植，農產品的商品化，使農村已不完全是以往那種封閉式的自給自足的生活風貌。[163] 處於這樣一種變化的局勢之中，農村的社會風尚也必然隨之具有新的特點。

首先，佃富農與佃主經濟的發展、土地的日益緊張，使佃農之間、佃農與佃主之間的關係有著不同於以往的內容。①佃農之間的爭佃。土地的頻繁兼併、大量的自耕農淪為佃農，而佃農數量的擴大、可供佃耕的土地相對減少之後形成了一種佃農之間的自然競爭。②佃農從地主處爭取佃耕權和地主的奪佃。爭佃與奪佃相互聯繫，奪佃常產生於封建地租剝削難以暫時維持下去的形勢之中，完全出自地主的剝削本能；同時，由於佃農之間的競爭，地主願意選擇負擔較多地租，而且有較好的生產資本的佃戶耕種。如湖北孝感縣李錦如，一向佃種僧人澄源田二斗耕種，平分籽粒，「素無負欠」；乾隆十年（西元一七四五年），澄源要歸田自種，並撥一部分予李南徵等佃種，錦如「求佃不允」。田主是土地的所有者，對於土地的支配程度常依其利益而呈或強或弱之勢，奪佃具有一定的隨意性。湖南安仁縣譚文華佃耕黃鴻淑田，後來文華的兒子病故，鄰村的李元武「意圖代佃」，鴻淑認為元武種可以，但要看文華是否情願退耕；事實上，文華「仍欲耕種，不願退田」，元武則「因家窮，沒田耕種」，迫切希望代佃；於是，元武親至鴻淑家懇求代佃不允，相互爭鬥，擊傷鴻淑至死 [164]。這裡，黃氏之所以拒絕李氏的要求是因為譚氏雖死了親子，似還有一個養子，可以承種；並且，文華也不願退田，而元武家窮，萬一將來欠租還不如現在文華耕種可靠。元武的「代佃」帶有強佃的性質，但這種強佃如果不是以較好的實力為後盾的話，成功的希望就很渺茫。

又如，湖南茶陵州鐘顏周佃陳丙南田八畝兩分五厘，每年議租十六石五斗；乾隆七年（西元一七四二年）因收成歉薄，欠租十一石五斗，「屢索無償，丙南令其退佃」[165]。興寧縣唐汝山欠佃主李元章租穀六石，李氏掣回佃約，另佃與龍作舟，得批禮銀一兩七錢 [166]。衡山縣劉毅士一田兩佃，收取兩份佃規銀 [167]。湖北荊門王太昌佃種蕭立山田，並無欠租，但蕭氏認為王氏「無力種田」，將田另佃陳家[168]。鄖西姚秉虔買得一塊山地，要給人佃種，熊起順出上莊錢（押租的一種）一千文承種，議定日期成交，然而期限已至，未見人來，適有趙洪宇願出上莊錢，便佃得此地。黃岡陳大如佃余志遠田一石五斗，已有二十餘年，「歷年拖欠租稞不能全完」，「志遠念其承種年久，義讓舊欠」，將田批給周明安佃種[169]等等。佃農之間爭佃的最終結果，基本上是優勝劣敗，即誰的生產條件好，誰就有可能被選中；佃主在擇佃的過程中不排除關係親疏等因素的作用，但主要是從經濟利益出發，無論是奪佃，還是「一田兩佃」，莫不如此。

在這種情形中，封建家族或主佃之間那種溫情意味的面紗，被更直接的經濟利害所衝擊，唯錢是問主導著佃主的擇佃意向，對於佃農來說，這是一個痛苦的過程。一方面，有的佃農競爭失敗，從而失去了一個佃耕的機會；另一方面，為爭佃成功，佃農往往需要忍受較重的地租負擔，爭佃的消極之處顯而易見。與此同時，地主的奪佃本身也沒有什麼價值可以肯定。但是，當我們觸及這種現象後面的經濟原因就會發現，生產能力的強弱成了爭佃成敗的重要因素，一部分生產條件較好的佃戶承佃後，因為不欲被別的佃戶取代，故設法提高生產效率；而另一部分佃戶或另佃他主，或淪為流民，這也是農村雇工大量存在的一個基本前提。從這種意義上來說，爭佃對於社會生產力的發展又起著積極作用，也就是說，爭佃或奪佃具有二重性。

在激烈的爭佃鬥爭中，許多佃農用懇求、承擔加租的辦法取得了佃耕權。而一旦獲取了佃耕權則常抗租踞種，用暴力來對抗佃主。事實證明，用欠租的辦法來反抗地主不可靠，因為最終佃農是鬥不過地主的，只要這種剝削制度還存在，地主就總是受到封建國家的保護——我們從乾隆朝《刑科題本·土地債務類》的材料中就能看到，政府對於佃農與佃主的田地錢糧爭論的裁定是欠租必還，田主可以另佃。因此，欠租雖然可以暫解燃眉之急，畢竟終非長久之策。我們發現，湖廣佃農不僅與其他地區佃農一樣，大多與佃主「無主僕名分」關係，而且在佃農與佃主的關係中佃農起著越來越重要的作用。嘉慶時，湖北漢陽「一切佃戶，馴善者少，刁頑者多」[170]佃戶與佃主稍有不合，即相辱罵，甚至相鬥毆。

湖北南漳縣朱復舜佃種凌潮水旱田二十餘畝，凌潮以復舜「每年完租欠缺，意欲別佃」。復舜聞知，將欠租完清並求預種旱田，因復舜「靠種田養活家門，若他必不肯租與小的種，小的一家性命難活」，後攜錢七百文，帶屠刀一把，到凌潮家，「計在凌潮允租則已，否則抹頭圖賴」。但凌潮無論如何都不許，復舜說：「我除不少你一文租錢，不給我種看誰人敢種」，後終因一時性急，將凌潮一刀殺死。這裡，朱復舜的態度十分強硬，非佃不可，「踞田不退」，並脅迫凌潮答應。[171] 類此事件，不勝枚舉。

而湖南的「惡佃」、「霸種」更具典型性質，某些地區甚至出現了佃主受制於佃戶的現象。康熙時，衡州府「稍有水旱，佃輒藉口以逋其入，加督稞遂以逝將去汝睚眥主人，主人惟恐田淤，不得不聽命於佃」[172]。乾隆三年（西元一七三八年），岳州府同知陳九昌談到該府有四種佃戶最為可怕，即軍家之佃，「任爾業更數主，而佃戶始終一家，謂之換主不換佃，乃軍田之通例」；祖遺之佃，「祖孫父子世代相傳，任意欠租，累年拖抗」；附近之佃，「業主之田在伊門首，無人敢種，任伊欠租」；原主之佃，「遊惰之農將田賣與別主，而自己則認為佃戶，買主利其與此田熟悉，十有九允，一落局中，如同陷阱。佃種之初，尚還少而欠多；數年之後，輒顆粒而不與」。總之，「還多還少，一任佃戶之主張，而田主聽其發付。佃戶心喜，則還少而欠多，佃戶心怒，則顆粒而不與」。

陳九昌先後在湖南澧州、寶慶、岳州等地任職，見「此風此俗，如出一轍」。可見，「強佃霸種，不由田主管業」成為湖南的一種「通病」[173]。巴陵縣更有甚者，由於佃戶強悍，使得「田主空賠無租之賦，佃戶反享無田之租」[174]。興寧縣佃戶「一遇退耕，不曰原得批錢，便稱奪耕奪命」，有的「連年騙租，甚至公然盜賣；春則占插，秋則強割；或倚老病圖賴，或使婦人撒潑。存倉且被強搬，舊欠者不敢過問，以致買田之戶空輸錢糧，占田之家坐享籽粒」[175]。「騙租」、「占插」等勾勒出了一幅強悍佃農的畫像。佃農的「踞種抗租」的普遍與深入，使得佃主在佃農爭佃過程中出現的地租加重的趨勢得以緩和下來，佃主不得不作出讓步。在佃農與佃主的關係中，如交租的多少聽任佃戶的主張等顯著變化，無疑說明了佃農社會地位的提高。佃農團隊已成為反封建剝削與統治的一支強大力量，而這種抗租鬥爭的激烈，也反映了封建租佃關係潛伏的危機。

當時，在社會財富不斷成長的同時，一方面地主要求加重剝削，而且由於土地的高度集中，佃農團隊的日益壯大又使之成為可能；另一方面佃農要求減輕地租，甚至拒絕交租。佃農與佃主的經濟利益的衝突，必然表現為暴力的與非暴力的抗租兩種。佃農的抗租鬥爭也是他們不甘於自身屈辱的受剝削地位，並要求得到改變的願望的反映。很顯然，清前期的湖廣佃農較之過去在對自己地位的認識，有了較大的提高，那種「我除不少你一文租錢，不給我種看誰人敢種」的氣勢不只是對佃主的一種挑戰，而且反映了佃農要求法律社會地位平等的夙願。在佃農看來，他們佃田交租，依照租約行事，在地位上並不存在低佃主幾等，佃主若是加租或更佃則是不能容許的；至於那種田主反聽佃戶的發付，田土「不由田主管業」等情形更反映出佃戶有著強烈的自主意識。另外，值得注意的是，陳九昌言「卑職前任豫省，見田主如主人，而佃戶如奴僕，有事服役不敢辭勞，有唯恐不當田主之意者；後任江南，見佃戶也背送租上門，從未有霸種賴租，顆粒不送者」[176]。這裡，陳九昌把河南、江南等地的佃農說得如此恭順，不無過甚之詞，但至少可以看出，這與湖廣佃農的情形迥然不同。儘管湖廣「不由田主管業」等不可能得到封建法律的承認，但是，佃農的「強佃霸種」形成的一種普遍的浪潮卻具有不可抗拒的力量，必然迫使封建法律作出一些新的讓步。

總之，生產力的提高，經濟的發展，以及生產關係的變化所引起的農村民風之變，對這個時期社會經濟生活中有深遠影響。

（原載《中國農史》）

清前期兩湖地區農業經濟發展的原因及其影響

經濟的發展是多種因素複合作用的結果，本文著重從兩湖地區自然與社會的特殊情勢，如江河通達與經濟地理的日益外向，人口的刺激，土地占有與農民耕作能力的相適應性，經濟結構的多樣化趨勢，山區經濟開發高潮等方面加以剖析，探討經濟發展對於市鎮繁榮、民風變化及近代農業的重要影響，兩湖在全國的經濟地位也為之一變。當然，清前期兩湖地區農業發展中經濟關係與開發等方面，也有待改進之處。

清朝前期，是中國向半殖民地、半封建社會過渡的最重要兩百年，儘管封建專制政體已顯得極其腐朽，但經濟仍按照其發展規律在艱難地前進。「湖廣熟，天下足」，兩湖地區農業經濟此時的變化就是一個例證，糧食的生產能力及其商品化程度遠非昔比；過去落後的山區深入的開發，有的地方糧食自給有餘，他省也多資藉，農業生產技術也呈現出新的活力；生產過程中人們的相互關係，在與生產力的矛盾運動中較為先進的租佃關係與經營方式得到了形成與發展。總之，無論從量上還是從本質的考察來看，較之前代均有了顯著的進步。它的發展速度與成就表明兩湖地區已不再屬於落後之區；以整個農業經濟發展水準而言，在全國處於中上省分的行列。無疑，這是具有深遠影響；而形成這一局面也是與兩湖所處獨特的歷史環境分不開的，對此加以探討必十分有益。

一、

關於兩湖地區農業經濟的發展原因可從如下四個方面進行分析：

（一）人口的迅猛增加與土地的全面墾殖之後，人口與土地之間的比

例，基本上適應當時生產力的發展水準。

清前期，江漢平原與洞庭湖平原垸田的圍墾，以及湘鄂山區的開墾，是湖廣耕地面積擴展的兩個主要途徑。查尋清世祖、聖祖、世宗、高宗等朝《實錄》就會發現，土地開墾量相當大，下面摘錄幾例即可略見一斑：

順治十三、十四，兩年湖廣墾田八百五十三頃二十八畝[177]；

順治十八年，湖南墾荒地兩千九百八十頃一畝[178]；

康熙三年，五月湖廣墾田兩千九百六十頃八十一畝[179]；

康熙四年，湖北墾荒地四千六百餘頃[180]；

康熙六年，湖南墾田三千一百九十頃五十畝[181]；

雍正十年，湖北墾田地一千八百頃餘[182]；

雍正十一年，湖北墾田地四千一百頃餘[183]；

乾隆十五年，湖南龍陽縣墾田七萬四千八百七十三頃[184]；

乾隆十七年，湖南龍陽大圍堤內續墾田兩萬三千零九十頃[185]。

這裡的墾田地包括兩種類型，一是墾「生荒」，即以前沒有開墾過的田地，山區與湖區的許多開墾就屬於這種性質；二是墾「熟荒」，如在明末清初的戰爭中，許多民眾背井離鄉、轉徙溝壑，田地即被拋荒置閒，這種荒地便是「熟荒」。土地的不斷開墾是與經濟的恢復、發展相關；而政府的獎勵政策也加速了這一規模的擴大。康熙四十四年（西元一七〇五），戶部議覆湖廣巡撫劉殿衡的奏摺指出：「湖北荒地甚多，有情願開墾者，准其開墾，無力者，通省文武各官，給與牛種招墾」[186]；並重申「三年後起科」成例。乾隆十二年（西元一七四七年），統計武昌、漢陽等州縣衛荒蕪田、地、山場及屯地有十一萬七千九百頃八十畝，「應飭地方官將尚可開墾者實力勸墾」⑨；嘉道年間，雖然開墾高潮已經過去，但政府仍沒有放鬆在這方面對地方官的督促。

土地的這種開墾的同時，人口數量也急劇增加。人口的不斷增加與可墾土地的有限，必然形成矛盾；而這種矛盾的激化或調和程度，對於農業經濟的發展勢必產生很大的制約作用。那麼，當時這種人口與土地的比例關係又是怎樣呢？先請參見表 11。

表 11 人口與土地的比例關係

時　　間	區域	人丁/口①	耕地/畝	人均畝數
順治十八年(1660)	全國	105 344 045	549 357 640	5.21
	湖廣	3 798 020	79 335 371	20.89
康熙二十四(1683)	全國	117 057 240	607 843 001	5.19
	湖北	2 215 200	54 241 816	24.49
	湖南	1 519 060	13 892 381	9.15
雍正二年②(1724)	全國	126 424 090	683 791 427	5.41
	湖北	2 265 035	53 574 111	23.61
	湖南	1 706 500	30 527 664	17.85
乾隆十八年(1753)	全國	102 750 000	708 114 288	6.89
	湖北	4 568 860	56 691 349	12.41
	湖南	4 336 332	31 228 798	7.40
乾隆三十年(1766)③	全國	209 839 546	741 449 550	3.53
	湖北	8 399 632	66 844 390	6.77
	湖南	8 907 022	31 308 342	3.52
嘉慶十七年(1812)	全國	361 693 179	792 024 423	2.19
	湖北	27 370 098	60 518 556	2.21
	湖南	18 652 507	31 581 596	1.69

① 由於乾隆以前人口只計丁，沒計口，本表數據按一丁五口計算所得。《清文獻通考》卷十九原載順治十八年、康熙二十四年、雍正二年全國與湖廣（湖北、湖南）人丁數分別為兩千一百零六萬八千六百零九、七十五萬九千六百零四、兩千三百四十一萬一千四百四十八、四十四萬三千零四十、三十萬三千八百一十二、兩千五百二十八萬四千八百一十八、四十五萬三千零七、三十四萬一千三。

② 《中國近代農業史資料》（一）第六十頁表中所示雍正二年湖北、湖南田地數分別為五十五萬四千零四十一頃、三十一萬兩千五百六十一頃，與本表有出入。

③ 上書同表所示乾隆三十一年湖北、湖南耕地面積數有出入，分別為五十八萬

八千九百一十七頃與三十四萬三千九百六十五頃。

由表 11 可見，湖廣雖然與全國情形一樣，人均田畝數額處於不斷下降的狀態，但這一數額基本上高於全國水準。也就是說，湖廣土地所承受的壓力比全國水準要低。如此，在農業生產技術水準繼續提高的情況下，田產所出必定有一定的剩餘。同時，湖北人均田畝高於湖南；再者，湖南在雍正年間耕地面積有了一個較大的飛躍，其中雍正二年（西元一七二四年）比康熙二十四年（西元一六八三年）人均田畝成長了近九畝。但是，總體而言，耕地面積的增加難以趕上人口上升的速度，其中湖南省的人均耕地面積，在雍正二年高於全國十二點四畝，至嘉慶十七年（西元一八一二年）則低於全國水準二分之一畝。

當時，人口與耕地之間比例關係的變化趨勢既然是一個全國性的問題，為什麼它在湖廣地區則對農業經濟的發展起著重要的積極作用呢？這主要在於，這一比例關係在湖廣較之在其他地區，有著不同的特點。整個清前期，兩湖地區人均田地面積將近十一點八畝，在小農經濟條件下，這一數字比較適合當時生產力的發展水準。清代有人對小農的一般耕作能力做過一番估計，指出「南方地窄人稠，一夫所耕，不過十畝，多則二十畝，力聚而功專，故所獲甚厚。北方地土遼闊，農民惟圖廣種，一夫所耕，自七八十畝以至百畝不等」[187]、「蘇松嘉湖之民，如壯丁一夫可種稻田十二三畝。」[188] 這裡所言南方與北方一夫所耕的田地數，實際上反映了兩種不同的耕作方式，即集約式生產與粗放式生產。

人少地多必然使一部分田地無法精心管理；地窄人稠則迫使生產者講究土地的最佳效益，提高單位面積的產量。當然，人稠也應有一個「度」，如果超過了這個「度」，雖然土地可以做到精耕，但所產難敷所食，人浮於事也是必然。但是，我們看到的情形是，以南方一夫堪耕的數量計算，湖廣的人均面積恰好與此相吻合，這便既使得這裡極大部分田地可以合理經營，也使所穫不至於全部用於本省民眾所食。同時，更值得注意的是，清前期兩湖土地的大量開闢並不僅僅意味著土地面積的擴大，而且，由於該地區人均田地面積與農民生產能力相適應，所開墾的田地可以得到良好的經營，農民的收入因此有了一定的積累，而這是他們從事擴大再生產的重要前提。也正因如此，糧食才有可能大量外流，湖廣成為天下資藉的糧倉。

人口因素既具積極作用，也有消極作用，而在清前期前者占主導地位。這是因為：其一，大量人口的存在必然要求增加土地面積，擴大種植範圍，進行集約式生產。尤其是明清之際戰亂，人口銳減，要恢復經濟、發展生產，必須解決勞動力問題。明初湖廣的人口約三百八十九萬餘[189]，清嘉慶十七年僅湖北一省即有兩千七百三十七萬餘，比整個湖廣的明初人口數多六倍。其二，只有大量人口的存在，才能向土地投放更多的勞動力，擴大再生產。而在封建社會只有這種擴大再生產，才能使小農經濟有擺脫舊式牢固自然經濟桎梏的希望，並促進社會財富的增值。其三，閒散人口為佃富農經濟與經營地主經濟發展創造了條件，同時，這些人口流入城市，又刺激了城鎮經濟的繁榮。但是，嘉慶年間湖北與湖南的人均田地，分別只有二點二一畝與一點六九畝，這樣一方面導致了大量剩餘勞動力；另一方面由於生產主要是為了維持日益成長的人口的基本需要，從而相對縮小了進行擴大再生產的能力。可見，人口因素中的消極成分也漸露端倪。

（二）經濟發展是自然的和社會的因素綜合作用的結果

湖廣農業經濟之所以在清前期出現了一個高潮，這與自然和社會兩方面達到一定程度的和諧分不開；更引人注意的是，湖廣農業經濟發展日益具有外向型的特點。

外向型經濟是相對於內向型經濟而言。這種經濟一方面能兼容並納外省的先進生產技術，而且很快地產生效應；另一方面其本身的能量也易於輻射全國。這一特點的形成與兩湖地區的自然條件有關，即「九省通衢」，水陸交通發達。湖北境內長江通東西，漢水與湘水連南北。但是，這個發展經濟的優勢，為什麼到清前期才大大顯現出來呢？我們知道，在湖廣居民的構成中，外來人戶的比例日漸增大。如在鄖陽府，「陝西之民五，江西之民四，德、黃、吳蜀、山東、河南之民二，土著之民二」[190]。清初湖廣百姓「攜家入蜀者不下數十萬」[191]，而他省客民紛沓而至湖廣。鄖西縣向來人煙稀少，乾隆中「五方雜處，山西、陝西、河南、江南以及本省之武、漢、黃、襄各屬州縣，鋤山稞地，接踵而至」[192]。而在這些外來人戶中，商人的比重較大。如在漢口鎮中「五方雜處」、「商旅輳集」，各省商人都設有會館與社倉。各地的資訊也隨著大量外來人戶的湧入，而為本地所吸納；同時，商業資本的活躍更刺激了沉寂的社會局面，新的重商意識日益支配著人們的行為。

更為重要的是，人們與市場聯繫的密切程度是過去任何時期都無法比擬的。許多農民「日食也取給市鋪」；每年稻穀一上岸即化為金錢，由於墟市密布，民眾「近市朝夕得所求足矣」，而在一般墟市上是「非日用所需不登於市」[193]。

我們知道，封建社會農民的最大任務莫，過於生產糧食，與此緊密結合的是適當規模的家庭手工業。而今農民的這一任務已不能單獨完成，同時也沒有必要這樣，必須資藉於市場的調節，這顯然與那種封閉式的莊園生活有著較大的差異，即就一家一戶的經濟體而言，已缺乏自給自足的能力，只有重視市場並積極參與其中才能得到發展。這種局面的形成在很大程度上又是商業利潤作用的結果，一方面，農民擴大再生產之後收穫的增多，有出售的可能；另一方面，農民也願意出售，並因為這種出售可以帶來可觀的貨幣收入，以適應各種支付的需求。

就更大規模的經濟發展情形而言，各個城鎮、市鎮相互溝通，而且與外省城鎮相聯繫，形成一個暢達的運銷網路系統，境內的漢口、沙市、樊城、鄂州、潭州、長沙、津市、浦市、會同、永州等都是著名的商業城市。漢口是當時全國最大的兩個米市之一，「糧食之行不捨晝夜」，「戶口二十萬，五方雜處，百藝俱全，人類不一」[194]。湖廣的米、棉、木材、煙草、煤炭、茶葉、苧麻、藥材與油料等產品大量運往他省；除此之外，湖廣的許多手工業產品如棉布、肥皂等也成為各地商人爭購的對象。其他省分如江浙的鹽和精緻的手工業品充斥湖廣市場。以江寧為例，這裡歷來仰賴於湖廣等地米穀，「三五日內客販不到，米價即昂」，湖廣米商則「知江寧有布可易，故歲歲載米依期而來」[195]。實際上，湖廣的農產品與江浙的手工業品之間的對流，成為兩個經濟區域橫向聯繫的重要形式。不僅如此，即使是窮山僻壤的商業活動在當時也是相當頻繁，如巴東地區「治臨大江，舟楫如織，上通川貴，下達吳越，四方之民，雜居萃處，負販茶鹽，而居民也賴以貿易饒給」[196]。貿易已成為人們致富的一條重要途徑。可見，湖廣的農業生產透過市場與多管道的運銷網路，與他省有了密切的聯繫；他省對於湖廣農產品的大量需求也刺激了這一地區農業的發展，這一點我們從湖廣糧食生產的發展情形就可看出[197]。

而湖廣經濟發展的這一地區性的特點，是商品經濟發展與全國統一市場形成的必然產物。湖廣的農業經濟已納入了國內統一的民族市場，從而顯示出與從前迥然不同的外向型特點。商品經濟愈發展，這種外向型經濟的優勢愈能發揮。這一特點對於整個兩湖面貌的改觀蘊藏著巨大的潛力。

當然，這種優勢最大程度的發揮，還取決於勞動者作用於其上的能力。清前期湖廣的生產技術水準繼續提高，傳統耕作方式的逐漸改變[198]，新的經營形態的日益萌芽，均表明勞動者征服自然的主、客觀條件有了很大改善，舊生產方式的末日即將來臨。同時，「康雍乾盛世」政局較穩；「攤丁入畝」等經濟政策；湖廣地方政府採取的一些「力減加耗，盡革私徵」，嚴禁包攬，打擊貪官汙吏的措施；等等，莫不予經濟發展以重大影響。另外，湖廣氣候溫和、雨量充沛、日照時間長，適宜發展以水稻為主的糧食作物及其他亞熱帶經濟作物；由於兼有南北氣候之長，又適於多種作物和林木生長，這也是農業經濟發展不可忽視的原因。

（三）以糧為主、多種經營的經濟發展特點

從全國的分工來看，這時湖廣由於地區特點，已成為生產糧棉的基地。而要達到這一目的，就必須打通流通領域和杜絕消費領域中的弊病，大力提倡商品糧生產並加速糧食商品化。

「湖廣熟，天下足」地位的確立，既反映了糧食產量之多，也說明了糧食流通量之大。在這些流通的糧食中很大一部分屬於官府採買，由於官府採買帶有強買的性質，出售者常因此蒙受重大損失。當時的倉儲量是很大的。

如雍正年間湖南額數七十萬兩千餘石，但乾隆初已達一百二十五萬餘石，溢穀五十五萬餘石。乾隆時湖南巡撫楊錫紱認為，倉穀採買過多是米價昂貴的重要原因，「湖南州縣之倉有貯至五六萬者，府倉有貯至七八萬者，未免過多；官府多糴一石，小民未必多受一石之益，而少買一石，閭閻即受少賣一石之惠矣」[199]。這種官府採買如果處理不善，不僅不利於米穀流通，而且有礙於民食，只有在做到給價公平的前提下才會受到歡迎。而真正有利於生產者，有助於激發他們生產興趣的辦法，是讓生產者自由地出售糧食。湖廣「米行」的普遍存在，正反映了這種「自由」的一定保障。在這種十分活躍的米穀市場裡，一方面，商販等購買者的激烈競爭無疑有益於糧食生產者，他們樂於出售，乃至自己的一部分必需糧，而這樣的後果必然是更大範圍的米穀流通；另一方面，生產者自由支配糧食的能力加強了。這種「自由」（包括「自由」選擇出售市場與出售對象的可能）對加速糧食商品化又是十分必要，古人所云「穀賤傷農」是很有道理的。

多種經營的意義不僅在於能獲得較多的經濟收入，而且在於它避免了單一化的農業結構。當時，兩湖地方政府感到了迅素成長的人口壓力，也不遺餘力地勸種雜糧。在糧食品種多樣化的同時，多種經濟作物的種植以及一定專業區域的形成是湖廣農業經濟發展較為突出的一點。如湖南寧鄉縣西南路一帶「其民不種稻田，盡將熟田遍植苧麻，十室而九；平疇曠野，一望彌際。蓋緣寧邑田畝每擔禾田種稻不過七八斗，價值數錢不等，種麻可獲三十斤，價值二兩有奇，是以土著邑民群引為利」。正是這種種稻與植麻之間利益的不等，成了民眾「遍植苧麻」的動力。該邑東路本來「盡皆沃壤，多植晚稻，收穫最多」，如今也「從而效之」[200]。鄂西地帶「有田地數十畝之家，必栽煙草數畝，田則栽薑或藥材數畝。煙草畝摘三四百斤，……薑、藥材畝收八九百斤」[201]。從《湖南省例成案》一書也可發現，康雍乾時期政府不斷勸諭，布告民眾要利用閒土廣泛栽種獲利之物，收「桐柚茶漆竹木棉葛之利」[202]。清人陳玉坦在論湖南物產之美時指出，安化之茶，衡陽之煙草，平江、瀏陽之苧，長沙、善化二邑瓜果之盛，均為清前期才興盛起來的行業。

這些都說明了各地居民都在尋找適合於本地特點、有利可圖的作物。一旦發現，民眾即行效種，從而形成了頗有特點的專業化生產區域，這也反映出農業生產由新的多樣化綜合結構，走向新的生產專業化的趨勢。可以這樣說，湖廣糧食業的發展是經濟作物大力推廣的基礎，而經濟作物的興旺又促進了糧食商品化。新的生產專業化趨勢，多種經營的發展也是這種商品化的一個產物。

在多種經營中還有一點需要注意，在水有「魚鱉菱芩蒲陂塘之息」[203]。湖廣江漢相連、湖汊交錯，具有發展漁業的天然優勢。江湖周圍居民在農閒從事漁業又是解決生計的有效途徑。如湖北蘄水縣西南，民善捕魚，將所取之魚或「為鮮、為炸、為醞、為鹽魚、為乾魚，濱江之人取焉。邑及鄉人販而貿之，資魚之利以給衣食十之一二」[204]。可見，鄉民不僅注意到魚的各種加工處理，而且將它商品化，成為豐富自己日常生活不可缺少的一部分。當然，如何綜合治理，既盡天然之利，也防不虞之害，仍是一個值得不斷探究的問題。

（四）隨著山區經濟的開發，加快了湖廣整個農業經濟的發展步伐

明代湖廣山區（即荊襄地區）掀起了一次開墾高潮，數百萬計的流民洶湧而至，搭棚居住，從事各種經營。清前期的荊州、襄陽地區已是比較發達的地帶，這時的開發已伸向鄖陽、宜昌、施南、辰州等縱深區域，並且成效卓著。如湖北竹山與竹溪「民勤稼穡，於山灣溪角，盡墾水田，其平原之中，錦塍相接，故其米穀之饒，旬陽、白河客民也借資焉」[205]。鄖西縣「山嶺之下，多成平壩，居民開成水田，連阡逾陌，其產穀較勝旬陽、山陽諸邑」[206]。但是，到了清後期，山區農業經濟呈現出停滯狀態，如同治時竹溪縣，「昔地廣人稀，素號饒裕，今墾闢益多，磽瘠日甚」[207]。出現這種倒退的局面並不是人稠地窄的緣故。清初山區處於一個開發或重新開發的過程，地主對農民的剝削較輕，有的縣田賦「極多不過三四千，小邑只數百十兩」[208]；當時，「客民給地主錢數千即可租種數溝、數嶺」[209]；同時，封建國家在這裡的政治、軍事上的控制也較薄弱，而這些情形隨著山區的日漸開發而消失。

但在湖南的山區開發中政府則控制較嚴。在苗疆實行軍屯，政府採取一系列措施恩威並濟，施加影響。針對民苗雜處，「苗人貪圖小利，將苗境地畝私給民人耕種」[210]的情形。嘉慶元年（西元一七九六年）規定：「凡屬苗地苗產，如被漢人侵占，及苗寨內如漢人所占插花地畝一概查出，仍給苗民管業。」[211]嘉慶五年（西元一八〇〇年）規定各勇丁分田四畝五分；由於苗疆地瘠，僅種稻穀，所收無多，便「令各丁布種春麥秋菽，並一切雜糧蔬菜，以資補濟」，「每逢場期，准令民苗兩相交易」。嘉慶十年（西元一八〇五年）更定苗例，「每年田畝納租穀三成，山地納雜糧一成五分」[212]，等等。這種法令無疑造成了不可低估的作用。可見，統一的規劃對於山區開發以及穩定、深入的發展也是不可缺少的。

山區開發中重要的一點是因地制宜，發揮其優勢。山區的優勢在哪兒呢？此時竹山、竹溪、南漳等縣所產米穀為外省所資藉，辰州等地上田有畝產四石者，這種已見成效的水稻生產是山區優勢所在嗎？歷史事實已經證明，山區的真正優勢在於山。水田固然可以栽種稻穀，但很難推廣雙季稻。正如祁陽縣知縣覺羅卓布爾所言：「秋收之後即布種蕎麥蔬菜，也與一歲兩種無異。」[213]玉米、番薯這類耐寒耐旱耐瘠作物受到特別歡迎，進而取代了稻穀在人們日食中的地位。這種糧食作物結構的變化，實際上是山區民眾正確認識所處環境，改變貧困面貌而邁開的重要一步。山區的優勢在於林，據清人嚴如熤記載，湖北山區「開荒之外，有鐵廠、木廠、紙廠、耳廠各項」[214]；另外還有炭廠、香菌廠、淘金廠等，並且規模不小。「一廠多者數百人、少者也數十人」，「大圓木廠匠作水陸挽運之人不下三五千」，「藉燒炭、販炭為生者數千人」[215]。諸種廠商中基本的是木廠。木廠又分為圓木、枋板、猴柴、器具各項。各項木材加工廠坊的興起表明人們對山林的認識進入了一個新的層次，尤其是香菌廠等更是經濟收入較高的專業。當時，有人建議開老林，「木料浮江漢而下，直達三江五湖，既可裕國稞而濟民用；而老林既開，墾荒耕種，盡皆腴地，於此數十里中，添設州縣，可養活無數生靈。通計老林非二十年不盡開墾；地則歲之有收，此百年之大利也」[216]。開林耕種固然是開發山區的一條途徑，但能稱得上「百年之大利」嗎？試想二十年開墾完，此後怎麼辦？水土流失如何治理呢？顯然，這要求人們既要實事求是，又要用長遠的觀點看待這個問題。一方面，利用山林開辦各種加工廠；另一方面，還要注意森林的保護，亂砍濫伐的結果必然是水土流失，重新陷入貧窮的惡性循環。同時，對於業已開墾的山地到底種植什麼也是頗有講究的，它需要全局的觀點。一則栽培各種適應山區特點的糧食作物和經濟作物，以滿足人們日食衣著要求；二則大力種植經濟林，如油茶、核桃、油桐、板栗、柿、棗、漆樹、竹、白蠟樹等。這樣既改變了山區的林業結構，避免了單一化，又見效快，獲利厚。我們知道，清前期湖南山區在培育經濟林方面取得了可喜成效，曾經名揚東南諸省的洪江集市，便是各種油料的一個主要貿易場所。

與此同時，商業資本在山區的開發中也扮演了重要的角色。各地商人伴隨「千百為群」的流民攜帶重資，取自然之利，雇平賤之工，開礦設廠；而且，開廠之商資本雄厚，「足以養活山內之人」[217]。據有人研究，在這種手工業中已有了資本主義生產關係的萌芽③。山民貿易有定期場與不定期場（曰「荒場」）。在這裡，山民出售山貨。由於他們除「饘粥之外，鹽布零星之用，不能不借資商賈」，因而有的「餵畜隻豬隻多者，多至數十頭，轉賣以資日用」[218]。隨著交換的發展，湖北樊城、湖南洪江市等山區市鎮也興盛起來。可見，山區已並不像人們所想的那樣封閉，與市場有了密切的聯繫；而且山區經濟與平原經濟的溝通也多了。山區經濟的發展不僅減輕了別的地區的負擔，而且它還影響到整個兩湖地區經濟的發展。

二

湖廣農業經濟的發展具有深遠的影響。

（一）它為以後經濟的進一步發展奠定了基礎

清後期，雖然伴隨著國外資本主義的入侵，打斷了中國傳統經濟的發展過程，並對其發展具有一定的影響。但是，如果說近代湖廣農業經濟有多大發展的話，這是與前段歷史分不開。如前期已有相當大的市場的大豆、苧麻、棉花、煙草、水稻等在後期都有了驚人的發展。清前期，一方面，生產關係在一定程度上的變化，佃農地位的提高，他們願意精耕細作，花更多的資本。另一方面，由於農產品尤其是糧食的大規模商品化，本身就意味著傳統的封建自然經濟在日益分解，一部分糧食生產已具有商品生產的性質，商業利潤開始支配著人們的生產活動；同時，人們與市場的聯繫愈益密切，表明過去閉塞、盲目、孤立、自給自足的生產已有了一定的變化，而佃富農、經營地主等新的經營集團的形成，對於傳統的經濟結構也是一個衝擊。正是在這種商品經濟高度發展之時，農民團隊才開始著激烈的分化。據《古今圖書集成·職方典》卷一二四九《衡陽府風俗考》載：「吾衡之農，素狎其野，勤生力穡，老死不濡足江湖；邇則蕩其心志，惰其肢體，黠者徙而為賈，樸者也變而為傭，呼群引類，負擔滇粵之外，以希射奇利，或有數歲弗返者，鄙拙而輕去其鄉。」而在湖南巴陵縣「十分其民而工賈居其四，……十分其力而佃工居其五」[219]。由於田產不增而人口猛長，農民分化更細。有的成為商販子，「秋收後肩挑步擔，入城販運穀米」，有的「往往遠去川陝雇工」；有的入湖河山川，漁獵為生；而且婦女也不再是足不涉田、專事紡織，在近河與河西產棉地帶，「雖盛暑，婦人相與鋤耨，秋冬遠近挑販」[220]。

可見，在這種分化中剩餘勞動力的主要去向有二，即挑販經商與傭工。這與過去那種流民的去向有著不同，即它主要的流向不再是偏遠山區墾荒耕種。這種變化是山區經濟的發展以及自然經濟的生產開始向商品經濟生產轉化的產物。社會分工的這種趨勢極富意義。列寧曾經說過：「在資本主義的歷史發展中有兩個關鍵：（1）直接生產者的自然經濟轉化為商品經濟；（2）商品經濟轉化為資本主義經濟。」[221] 清前期湖廣地區在大範圍內實現前種轉化的同時，第二種轉化也在緊張地進行；而在這種轉化過程中所帶來的社會成員的不斷分化，又具有過去在自然經濟下的分化所不同的意義。

（二）農業經濟的發展對於市鎮的繁榮有著不可忽視的作用

由於生產力的提高，較多的剩餘勞動力流入城市，或從事貿易，或為僱主提供活的資本；而大量農產品拋入市鎮，促進市鎮內部的進一步分工。在當時興盛的一批商業市鎮中，如漢口、沙市、樊城、浦市、津市等，農產品交易是商業貿易的一大宗。漢口鎮的六大行業中，米居第三位。湖南浦市為東南一大都會，「延袤數十里」，「居民萬家」，「商賈輻輳」[222]。這裡交易的不僅有米穀，而且有各種油類產品。令人遺憾的是，嘉慶時該市毀於戰火，爾後力圖恢復，但始終未達原貌。除了城鎮繁榮之外，市集的興旺也是顯著的。以湖南嘉禾縣墟市為例，該縣墟市十餘處，南門內豐和墟以三六九為期；城東北各墟或以一五七為期，或以二四八為期，如此「以一墟觀之，則市不常會，合數墟觀之，此虛則彼會，遠近各得其所，男女各遂其欲，故市之善未有善於此者」。「今觀嘉禾所交易者，布匹菽粟之恆，所往來者男女老幼之類；韭薤蔥蒜，無山珍海錯之奇；竹木苧麻，非珠璣玉貝之異，甚至雞鴨之所孕字也，可易粟數升；紡織之所贏餘也，可貿鹽數合。」[223]

可見，墟市交易多為日常所需，而墟市常會也是民眾要求加強各個自然經濟體之間聯繫的一種反映，這種小墟市與大城鎮相溝通又使整個兩湖地區在經濟上緊緊相連。可以這樣說，沒有農業的發展，漢口等鎮要想那樣的繁榮是不可能的；而這些墟市與城鎮的繁榮，又促進了農產品商品化以及整個農業經濟的發展。

（三）經濟的發展使社會生活習俗也有了一定的變化

社會風俗、思想意識形態的改變與經濟發展密不可分。當時，這種改變有兩種類型，一是強制性的。如湖南為了推廣雙季稻，加強了對耕牛的管理，革除了七八月「拋牛」之俗。顯然，如果沒有行政上的嚴厲措施，這一傳統習俗是難以改變的。二是自發的潛移默化，這是在一定歷史條件下逐漸形成的變化。如在消費和文化生活上呈現著奢華的趨勢。「楚南風俗，家有吉凶，務求勝異。婚姻喪葬之費，車服飲食之華，竭畢歲之資以營一日之富。下至編氓輿隸相率帶金，玉衣羅　，上下貴賤無分」、「一事可耗數事之費，一日可糜數歲之積」。[224] 由於奢華已成習俗，因而它不只限於富裕階層，即使是貧民也千方百計講求。在湖南衡陽縣「今則遍市青簾，酣歌達旦，非郡邑之猾胥，則閭閈之遊手，故街有『十家七酒店，三戶兩跟官』之謠」[225]。在鄉下則「飲食必有酒肉，衣服半用　羅，婚嫁競誇妝奩首飾，喪葬多集賓客。……於鼠牙雀角一事，而用數人之食，盡是糶穀賣絲，一日而傷」[226]。衡陽知縣陶易分析了導致這種現象的原因，「衡邑素稱魚米之鄉，連歲又值豐稔之餘，家有積倉，人皆安飽，久享盈寧之福，逐漸開奢靡之風」[227]。即它是由於農業生產水準提高，農民經濟實體加強，掌握貨幣量增多的緣故。

民眾愈益強悍好鬥。一方面是押租慣例的盛行；另一方面是農民的不斷牴觸，「騙租不還」、「踞莊不退」。湖廣民眾健訟聞名全國。康熙時于成龍談道，「楚黃（黃州府）健訟，從來久矣，而安邑刁風於今為烈」；麻城、黃岡、圻州的好訟之風「實為可異」[228]。有的甚至是破產也打官司。這種訟案大多又是因為戶婚田土。由於上地的日益緊張，發案率與日俱增。乾隆十年（西元一七四五年），湖南安仁縣由於糧價上漲，官方遲隔月餘，始行接糶，「遂致民情不服，擁堂喧呼求減」[229]，大則揭竿而起。總之，農民在透過合法與不合法的途徑為自己的權益作鬥爭。

當然，社會風俗的變化並不限於這些，其中有的變化也不足以肯定，如消費的無計劃性。但是，變總比不變好，況且每一種變化都不是簡單的，其影響是多方面的，歷史總是在新舊事物的鬥爭中不斷前進。

（四）對全國形勢的發展起著舉足輕重的作用

湖廣糧食源源不斷外運，對於受益地區市場的穩定以及整個社會的安寧都十分重要。江浙地區對湖廣米穀的依賴程度有力地說明了這點。江浙地區米價稍一騰昂，即需湖廣米穀平糶，當時有「江南、浙江咸賴此二省（指湖廣、江西）之米」之稱。江浙地區是城鎮經濟最為發達的地區，它的米糧靠外省接濟，這是原因之一，而湖廣糧食則成了江浙地區市鎮經濟發展的有力後盾。蘇州雖然是與漢口齊名的米穀貿易中心，但這裡的米穀大部分是來自湖廣的，在此進行再分配。而整個社會有了米穀這個物質基礎，其他問題就好解決了。同時，湖廣由於它所處的優越的地理位置，成為連接各地的一個重要交通樞紐。四川、陝西、山西等省的金、銀、銅鐵等有色金屬，藥材、皮革、酒類等加工品要運往江浙、廣州須經過湖廣；而江浙地區的布匹、鹽米等運往西北、西南地區也大多借助於湖廣。湖廣本身不僅在米穀上，而且在木料、油類、茶葉、棉花、煤炭等方面都是外省爭購的對象。如「山西、陝西大商以煙草為貨者為九堂十三號，每歲出入資本歲十餘萬金，……皆總於衡陽煙（煙草）」[230]。同時，湖廣的農業生產技術、優良品種也為外省所吸納。封建政府對湖廣地位的認識也越來越深，康熙三年湖廣分省而治，湖南巡撫治所也從沅州移至長沙。康熙帝屢頒諭旨，要求湖南「力減加耗、盡革私徵」，並時常感嘆「湖廣熟、天下足」，等等。這些都說明湖廣不論是政治地位，還是經濟地位都較之以前有了很大提高。

當然，湖廣農業經濟也存在著較大的局限性，這主要表現在生產關係中不可根治的種種弊病嚴重阻礙了生產力的發展。如對佃農的額外剝削仍然相當沉重；分成租仍占較大的比例，尤其是在山區（這種租制固然有一定的合理性）；田面權與田底權的分割程度趕不上福建、兩廣、江浙；各種私徵、加派勢必殃及農民。

總之，種種弊端不一而足，對此，封建政府也曾採取過一些改革措施，「盡革私徵」，禁除押租。應當承認，這些改革造成過積極作用，它表明即使到了封建社會晚期地主階級仍設法以自救。但是，由於舊的生產關係的日益分化與腐朽和新生產關係的萌芽、成長之間的矛盾越來越大，這些改革不僅無法也不可能動搖封建統治，相反，它是要加強這種統治。因此，改革的作用也是甚微，有的乃至成為一紙空文。湖廣的租佃關係較之過去雖然有所變化，然而，它仍然具有較大的不徹底性，這又反映了阻礙生產關係變革的勢力是多麼強大，統治階級追求的那種階級調和、「主佃相安」的境界是不可能實現的。歷史無情地證明了生產力的變化和發展，遲早要引發生產關係相應的變化和發展這一客觀規律。生產關係一旦變成生產力發展的桎梏，那種社會革命的時代就到來了[231]。湖廣農業經濟的發展也預示了這一必然的歷史趨勢。

（原載《中國農史》

中西城市發展週期的規律與非規律性

世界上的城市千姿百態，在舊的城市繼續發展之際，新的城市又一批批興起。倫敦作為十八、十九世紀西方最活躍的中心之一，在當代卻可能「變成了二十世紀後期文明門前的擦鞋墊」；羅馬也由一種文明的中心「變成了這種文明崩潰和衰敗的首要場所」[232]。這種擔憂，中國城市是否也有呢？在歷史的長河中不知淹沒了多少城市的榮華沉浮。人們在反思，城市發展的支點是什麼呢？城市是一個綜合的社會，或許不是由某單一因素所能決定的。不過，當我們看到漢唐時「絲綢之路」上一座座閃耀著光芒的城市以後竟變得黯淡無光，乃至從地球上消失；明清時運河沿岸的城市已失去了昔日繁華時，不禁疑竇叢生。或許一場疾疫、一次烈火、一場戰爭、一次地震或洪災，都有可能置城市於毀滅。城市似乎脆弱得那樣難以理解，城市發展的規律或非規律性因素又在哪裡呢？

一、城市發展的規律性

城市的發展究竟有無週期，目前並無定論。按照社會生物主義的觀點，社會正如有機體一樣，經歷著生、盛、衰三部曲。以此來觀察城市發展，很自然地會得到城市發展週期存在的結論。或許人們會問，如果有週期律，為什麼有的城市能延續幾千年的發展呢？其實，這關係到對週期律的理解。週期和興衰是兩回事。週期是發展過程中的興—衰—興週而復始的循環，與現代資本主義社會城市中發生的經濟危機有相似之處。總體來看，如同歷史的「螺旋式」發展，每一週期都不會是簡單的重複，或多或少有進步的成分。以具體城市而言，有的消亡了，卻在若干世紀後在原址興起了城市，而這一城市與先前的城市已非同一體了。可以肯定，城市的發展週期是客觀存在的，應該引起人們的重視。

在中國的歷史上，每個王朝之初的城市重建，實際上反映了城市發展的週期。重建即是週期的新起點。建城包括人口的聚集，民居、官衙的建築，工商業活動的開展，以及統治者對城市的管理。建城後，城市的各種機制運轉速度之快慢、效益之高低，則視國家政治及其他因素而定。有的城市很快進入了繁榮期，不過繁榮中孕育著危機。城市的危機是社會總危機的一部分；危機爆發後，解決方式為暴力對抗，隨之而來的是改朝換代，或重建或淪入蕭條。城市在一定程度上又重複著已走過的路，城市的興衰基本上與王朝的興衰相適應，這是中國封建城市發展週期的一大特色。

西方城市走的是另一條路，古代希臘、羅馬帝國的城市在帝國分崩離析時隨之衰落。從西元四到十世紀，西歐的城市屈指可數，幾乎成為城市發展史上的一個斷層。雖然義大利的威尼斯、熱那亞、比薩、佛羅倫斯和羅馬，法國的馬賽、尼姆、波爾多、奧爾良、里昂、巴黎，英國的倫敦，德意志的科倫、美因茲等城市並沒有從地球上消失，卻是「蕭條不堪」。十一世紀城市勃興，古羅馬遺留的城市才煥發青春，並在十四到十六世紀進入黃金時期；十六世紀後期至十八世紀，自治城市多數衰落了，有的經過內部轉化、脫胎換骨而重獲新生；十八世紀後期以來，近代工業城市的興起，使西歐城市發展進入了一個新的週期。我們看到，西歐每一批新城市興起，都在一定程度上排擠了一批舊城市。

古代中國城市與西歐城市相比，有其值得驕傲的地方。如果有人認為，元代以前中國城市不如西歐城市的話，是會被人笑話的。即使是十四到十八世紀的中國城市，以其規模而論，西歐城市能與之匹敵的仍為少數。然而，城市的發展並不以規模為唯一標準，速度和活力等因素也應計入。如此，城市週期發展「鏈」的關鍵在哪？中國城市發展週期變化的原因何在？

這個發展「鏈」中的關鍵，恰恰應在其繁榮中去尋找。城市繁榮的因素很多，如工商業的發達，乃至農村經濟關係的發展等；而事實顯示，往往在農業經濟危機時城市呈現出繁榮。王朝建立之初，農村的經濟關係比較穩定，歷史上的「文景之治」、「貞觀之治」、「仁宣之治」等都在這一時期；然而，當土地兼併將這種穩定破壞之後，直接後果是土地集中在少數人手裡，但這些少數並沒安定感，而是時刻恐懼窮人來搶奪財富；同時，大量流民出現。這樣，土地兼併者入城居住，流民湧入城市。城居的地主將農村的財富集中到城市，但其財富並沒有用於工商業或擴大再生產，而是用於滿足其物慾與色慾，流民入城或代賑或淪為工役。十八世紀初，北京城「聚數十萬游手游食之徒，晝則接踵摩肩，夜不知投歸何所，是皆著籍之農氓也」。這批流民固然有為人傭傭的可能，多半從事一些地位低下的活計，真正加入工商業者之列甚微，作為城市勞動力也不具較高技能的勞力。

與此同時，為了預防或鎮壓可能出現的社會大動亂，城市聚集了大量軍隊。這樣，一方面，城市人口大增；另一方面，為了滿足那種病態的人口結構需要，城市中各種消費行業興隆。黃宗羲曾指出：「今夫通衢之市肆，十室而九，有為佛而貨者，有為巫而貨者，有為優倡而貨者，有為奇技淫巧而貨者，皆不切於民用。」[233] 可謂入木三分。建立於此基礎之上的繁榮，與生俱來有很多的病態因素，在各種社會矛盾摩擦之際，一旦失控，繁榮很快就會過去，接著是蕭條乃至毀滅。

不難發現，第一，城市發展的週期逃避不了整體社會經濟體系的制約，城市的修復、發展機制也是整個王朝修復機制的一部分。中國城市不像西方城市那樣具有很強的獨立性，以致莊園經濟的好壞對城市經濟並無多大影響。第二，中國城市人口動輒發展到幾十萬至百萬，這並不代表城市總體的發展，中國城市的發展實際上超出了生產力和社會分工水準的合理限制，大城市本身也缺乏與其規模相適應的經濟基礎，有一些城市的繁榮只是曇花一現，大多數城市隨著政治、經濟形勢的變遷，後來都趨於衰落了，也就是說，中國古代城市的規模與經濟相比頗有超前性。由於中國城市總是綁在封建社會形態的戰車上前進，因而難逃週期性定律。有人認為，農民起義對城市的衝擊，使城市的「肥胖症」得到了治療，城市失去了昔日光彩，這一現象不應看作歷史的倒退，而應視之為病態城市向常態城市過渡的結果，具有進步意義。[234] 此言有其道理，只是這種「進步意義」付出的代價太大了，不斷的「重建」換來的是太小太小的進步。

中國城市發展「鏈」的真正被打亂，還是近代通商城市崛起之後的事，其重要背景是清朝的腐敗。通商城市並不受制於政治，它循著一條較特殊的軌道發展，即經濟與城市繁榮的關聯較之以往要密切多了，上海便是很好的例子。近代通商城市的發展，使中國城市發展的「週期症」得到了新的緩解和治療，在舊機體中注入了新鮮血液，這是根治中國城市「病態」的重要一步。

可見，城市發展必然呈現出週期性特點，「週期」的實質是矛盾的積累與緩和。「週期」呈不規則運動，當舊的城市體系被打破之後，「週期」的大循環與以前不同，意義也不盡相同。

二、影響城市發展週期律的因素

一般來說，城市的發展既有內部的因素，也有外部的因素。內部的包括城市社會結構、政治、經濟、文化、人口等；外部的如自然災難，自然環境變遷，城市的政治、經濟、軍事形勢等。中國城市發展受外力的作用比較大，這是與西歐城市相比較為突出的一點。這個「外部」，在古代主要是民族國家自身的大環境，在近代又多了一層外國的力量。封建國家政治對城市的干預、城市的政治特色對城市的興衰影響較大。城市是一個綜合體，其發展既要有全局的眼光，又要善於抓住不同時期影響城市前途的主要問題。

中國的城鎮化，是沿著統一多民族、中央集權國家的興衰，即政治與經濟一體化道路進行。據統計，商代末年有二十六座城鎮，春秋時有近百座，主要分布在長江以北、黃河以南區域。此時軍事城堡性城市較之工商業都市不僅占有政治上的支配地位，而且數量也多。有人認為，春秋戰國城市經濟的發達，在某些方面是戰國以後的城市所不及。不過，如傅築夫先生所言，「不僅城市居民大都是農民，而且城郭之內，也因人口稀少，土地空曠，還有不少農田」[235]。秦朝較大的城鎮有兩百五十多個，漢代有六百七十多個，其中五分之三分布在黃河中下游地區，長江兩岸次之；三國至南北朝時期，新設縣城近兩百二十個，其中，今四川、湖北、廣東等南方地區占多數，為南方城市發展的一個黃金期；隋唐時，除南京、洛陽兩個百萬人口城市外，由於運河的修鑿，沿岸的城市興旺起來，其中淮安、揚州、蘇州、杭州號稱「四大都市」。唐朝的城鎮總數約一千座以上，人口約八百萬，占總人口的1百分之十十萬戶以上的城市有十幾個，新建城鎮主要在長江東南和西南地區；宋代在江西、福建、湖南、甘肅、河北等省新設城鎮八十餘座，全國十萬戶以上的城市有四十多個。唐宋是典型的封建城市發展最輝煌的時期。

元代在城鎮分布上，雲南城鎮的興起是一個特點；明朝，全國大中城鎮一百個，小城鎮兩千多個，其中以大運河沿岸與長江流域的城市最密集、最發達。

清代城市的突破性發展是近代的事，一八四三到一八九三年，城鎮由一千六百五十三座增至一千七百七十九座，長江下游地區仍然為城市分布最廣的地區；另外，東北地區也興起了許多城市。據統計，中國城鎮人口比重在一八四三年為百分之二點五三，一八九三年為百分之六。而世界性城鎮人口比重由一八〇〇年的百分之三增至一九〇〇年的百分之十三點六，當然更趕不上英、德等西歐國家，英、德在十九世紀的城市人口比重已超過百分之五十。

可以這樣認為：中國近代意義上的城市化發展是十九世紀後期的事，與西方城市相比，其真正發展的滯後也在這個時期。明代以前，中國的城鎮化儘管與西方路線不一樣，卻一直保持著領先的姿態；明清以後，傳統的領先雖已落後，這主要歸因於政治經濟一體化的結構沒有根本性改變。

（選自與陳關龍合著：《未能歸一的路：中西城市發展的比較》，第六章，江西人民出版社一九九一年版）

參考文獻

[1] 周源和．清代人口研究 [J]. 中國社會科學，1982(2)：161-188.
[2] 《湖南省例成案》〈戶律〉，卷 8。以下未註明出處者均引於此。
[3] 朱漢欽．醴陵雙季稻的發展及其土壤培肥 [J]. 中國農史，1985(3)：30-37.
[4] 《湖南省例成案》(以下簡稱《成案》)〈刑律〉，卷 1。
[5] 《成案》〈戶律〉，卷 7。
[6] 《成案》〈戶律〉，卷 7。
[7] 《湖南省綜合農業區劃》(初稿)。
[8] 桑潤生．長江流域栽培雙季稻的歷史經驗 [J]. 農業考古，1982(2)：62-64.
[9] 《清聖祖實錄》卷 16。
[10] 《清聖祖實錄》卷 21。
[11] 《清文獻通考》卷 19〈戶口〉一。
[12] 《皇朝經世文編》卷 29〈巴陵志田賦論〉。
[13] 《清高宗實錄》卷 57。
[14] 《清聖祖實錄》卷 233。
[15] 閔宗殿．宋明清時期太湖地區水稻畝產量的探討 [J]. 中國農史，1984(3)：37-52.
[16] 嘉慶十七年人口數。分別據(嘉慶)《會典》卷十一與梁方仲《中國歷代戶口、田地、田賦統計》(以下簡稱《統計》)乙表 29。
[17] 《五雜俎》卷 4。
[18] (崇禎)《地圖綜要·內卷·湖廣之部》，《清聖祖實錄》卷 193。
[19] (崇禎)《地圖綜要·內卷·湖廣之部》，《清聖祖實錄》卷 193。
[20] 《清高宗實錄》卷 57。
[21] 楊錫紱．《四知堂文集》卷 11。
[22] 《清高宗買錄》卷 386。
[23] 《襄堤成案》卷 1。
[24] 《清經世文編》卷 19〈截留漕糧以充積貯札子〉。
[25] 《清文獻通考》卷 34。
[26] 《清聖祖實錄》卷 238。
[27] (嘉慶)《湖南通志》卷 123。
[28] 《清文獻通考》卷 36。
[29] 《清文獻通考》卷 36。
[30] 《清經世文編》卷 39〈積穀會議〉。
[31] 《清聖祖實錄》卷 187。
[32] 《清聖祖實錄》卷 233。
[33] 珀金斯．中國農業的發展(1368—1968 年)[M]. 上海譯文出版社，1984：418-419.
[34] 如乾隆初年，湖北孝感縣李錦如「向佃澄源田二斗耕種，平分籽拉」(《清代地租剝剝形態》，53 頁)。「乾隆三十六年(1771)，湖南邵陽縣羊洪茂將田一畝五分賣與羊添佑，仍舊自己耕種，每畝田穀均分」(同上書，443)。
[35] 閔宗殿．宋明清時期太湖地區水稻畝產量的探討 [J]. 中國農史，1984(3). 按閔先生計算，一清石／清畝＝135 市斤／市畝，但是，以一清畝＝0.921 6 市畝，一清石＝1.035 5 市石計；一清石／清畝＝134 市斤／市

畝。故疑閔之統計有誤。
[36] 陳恆力．補農書校釋 [M]. 北京：農業出版社，1983：101.
[37] 同上書，103.
[38]《清文獻通考》卷 4。
[39]《清文獻通考》卷 3。
[40] 湖南省糧食廳《湖南省 1965—1983 年糧油統計資料》。
[41] 剩餘糧食量＝總產量 - 年食糧量 - 賦糧額。民眾日食米以一升計算。乾隆以前人口按一丁五口計算。
[42]《江南催耕課稻編》。
[43]《清經世文編》卷 32，〈蘇郡田賦議〉。
[44] 人平田地升降百分比簡表根據梁方仲《統計》乙表 67。
[45]《清文獻通考》卷 3。
[46]《清聖祖實錄》卷 233。
[47]《清經世文編》卷 39〈穀積會議〉。
[48]《補農書校釋》，105。
[49] 乾隆八年閏四月至十月，湖南衡陽、醴陵、巴陵、耒陽、興寧、衡山等地因米價騰貴，民眾「聚眾阻搶」、「奪搶強借」(《康雍乾時期城鄉人民反抗鬥爭資料》，297-301 頁。另見 Food Riots in Qing Dynasty, No.4, August, 1982, Journal of Asian Studies)。
[50] 關於兩湖糧食產量問題，本人已另作專文探討，該處不詳述。
[51] 可能性商品糧數量：順治十八年 (1661) 為 280810763 石，康熙二十四年 (1685) 為 229349 959 石，雍正二年 (1724) 為 297213854 石，乾隆三十一年 (1766) 為 264312792 石，嘉慶二十五年 (1820) 為 111826442 石。可能性商品糧數量＝總產量 - 民眾年食米量 - 賦糧。民眾年食米量＝日食量 (每人一升)×365 天。
[52] 梁方仲．中國歷代戶口、田地、田賦統計 [M]. 上海：上海人民出版社，1980：甲表 88.
[53]《皇朝經世文編》卷 39〈陳明米貴之由疏〉。
[54] 檔案：該年江蘇、浙江糧價奏摺。中國第一歷史檔案館藏。
[55] 檔案：該年江蘇、浙江糧價奏摺。中國第一歷史檔案館藏。
[56] 檔案：湖南、湖北糧價奏摺。藏址同上。
[57] 陳宏謀《培遠堂偶存稿》卷 38。
[58]《皇朝經世文編》卷 39〈陳明米貴之由疏〉。
[59]《清文獻統考》卷 37。
[60]《培遠堂偶存稿》卷 36。
[61] 陳安仁．中國農業經濟史 [M]. 北京：商務印書館，1948：178.
[62]《湖南省例成案》(以下簡稱《成案》)〈戶律〉，卷 34。
[63]《成案》〈戶律〉，卷 22。
[64]《成案》〈戶律〉，卷 26。
[65]《成案》〈戶律〉，卷 22。
[66] 以上所引未註明者皆源於《成案》〈戶律〉，卷 22。
[67]《趙恭毅公剩稿》卷 1。
[68] 檔案：雍正元年十二月十二日浙江巡撫李馥題。
[69]《成案》〈戶律〉，卷 34。
[70]《成案》〈戶律〉，卷 34。
[71]《成案》〈戶律〉，卷 34。
[72]《清聖祖實錄》卷 278。
[73]《皇朝經世編》卷 40 晏斯盛〈請投商

社疏〉。
[74] 關於明代湖廣耕地面積歷來爭論不一。《萬曆會典》卷17//(明)章潢《圖書編》卷90載洪武二十六年湖廣耕地有220餘萬畝。日本學者藤井教授對湖廣田地數進行了考核，「將出現於省志中每一地區在1472年和1512年的數字加在一起，同登載在《會典》上的22020萬畝數字相比，得出1472年總數是2400萬畝，1512年總數是2440萬畝」。(珀金斯.《中國農業的發展1368—1958》，300頁)我認為藤井教授這一統計是比較可信的。《會典》所載1393年田地數比1957年兩湖耕地面積還大6000萬畝，顯然是不可能的。
[75] 譚天星.清前期兩湖地區糧食產量問題探討[J].中國農史，1987(3)：29-37.
[76]《皇朝經世文編》卷43〈與蘇撫宋公書〉。
[77]《清文獻通考》卷34。
[78]《清文獻通考》卷4。
[79]《培遠堂偶存稿》卷37。
[80]《皇朝經世文編》卷39〈富民〉。
[81]《皇朝經世文編》卷39〈陳明米貴之由疏〉。
[82]《成案》〈戶律〉，卷8。
[83]《成案》〈戶律〉，卷8。
[84] 馬克思恩格斯全集(卷23)[M].北京：人民出版社，1972：167.
[85] 列寧選集(卷4)[M].北京：人民出版社，1960：50.
[86] (同治)《崇陽縣志》卷4。
[87] 丁穎.江漢平原新石器時代紅燒土中的稻穀殼考查[J].考古學報，1959(4)：31-34.
[88]《湖南省例成案》〈戶律〉，卷8。
[89]《湖南省例成案》〈戶律〉，卷8。
[90] 李彥章《江南催耕課稻篇》。
[91] 朱漢欽.醴陵雙季稻的發展及其土壤培肥[J].中國農史，1985(3)：30-37.
[92] (光緒)《湖南通志》卷末之15，〈雜誌〉15，〈摭談〉5。
[93] (同治)《蒲圻縣志》卷1，引舊志(即道光時志)。
[94]《古今圖書集成·職方典》卷1168。
[95] (嘉慶)《常德府志》卷18「物產考」。
[96]《古今圖書集成·職方典》卷1225。
[97]《授時通考》卷21至卷22。
[98] 冀朝鼎.中國歷史上的基本經濟區和水利事業的發展[M].北京：中國社會科學出版社，1981：24.
[99] (嘉慶)《巴陵縣志》卷14〈物產〉。
[100] (嘉慶)《常德府志》卷13〈風俗考〉。
[101]《湖南省例成案》〈戶律〉，卷7。
[102] (光緒)《善化縣志》卷16。
[103]《湖南省例成案》〈戶律〉，卷8。
[104] (光緒)《湖南通志》卷末之十五，〈雜誌〉十五，〈摭談〉五。
[105] (光緒)《湖南通志》卷末之十五，〈雜誌〉十五，〈摭談〉五。
[106]《湖南省例成案》〈戶律〉，卷8。
[107]《湖南省例成案》〈戶律〉，卷7。
[108]《湖南省例成案》〈戶律〉，卷8。
[109]《古今圖書集成·職方典》卷1220。
[110]《古今圖書集成·職方典》卷1159。
[111]《古今圖書集成·職方典》卷1137。
[112] 楊錫紱《四知堂文集》卷9，〈查勘濱湖堤垸情形續〉。

[113] 參 見 Water Centrel in the Dongling Lahe Region during the Ming and Qing Periods.No.4，August 1982，Journal of Asian Studies.

[114]《魏源集》第一版 [M]. 中華書局，1976：390.

[115]《魏源集》第一版 [M]. 中華書局，1976：390.

[116] 畢沅《靈岩山人詩集》卷末，《弇山畢公年譜》。但王昶著《使楚叢談》言〈發帑金五十萬修之〉，與此有異。

[117]《古今圖書集成·職方典》卷 1130。

[118] 張應昌《清詩鐸》卷六。

[119] 陳宏謀《培遠堂偶存稿》卷 38。

[120] 陳宏謀《培遠堂偶存稿》卷 38。

[121] 陳宏謀《培遠堂偶存稿》卷 38。

[122]《湖南省案成例》〈戶律〉，卷 8。

[123]《湖南省案成例》〈戶律〉，卷 8。

[124]（光緒）《湖南通志》卷末之十五，〈雜誌〉十五，〈摭談〉五。

[125]（光緒）《湖南通志》卷末之十五，〈雜誌〉十五，〈摭談〉五。

[126]《楚北水利隄防紀要》卷二。

[127] 馬克思恩格斯全集（卷一）[M]. 北京：人民出版社，1972：616.

[128]（嘉慶）《巴陵縣志》卷 7〈田賦上〉。

[129] 譚天星 . 簡論清前期兩湖地區的糧食商品化 [J]. 中國農史，1988(4)：67-68.

[130] 李文治 . 中國近代農業史資料（第 1 輯）[M]. 北京：生活·生活·新知三聯書店，1957：68.

[131] 同上書，69.

[132]「公平分配」不可能，至多只是最佳分配方案，見包明寶 . 農業生產經濟學 [M]. 江蘇：江蘇科學技術出版社，1988：365.

[133]《湖南省例成案》〈戶律〉，卷 5。

[134] 但湘良《湖南苗防屯政考》卷 6。

[135] 譚天星 . 清前期兩湖地區糧食產量問題探討 [J]. 中國農史，1987(3)：34.

[136] 乾隆二十年 (1755)，湖北黃岡周茂德佃耕張士鱉田 3 石 5 斗，每年完租 70 石。（檔案：乾隆二十年六月二十二日湖北巡撫張若展題。）以斗籽種田 1 畝計，每畝收租 2 石，以上等田畝產 4 石而言，不過收成的一半；以中下田計則是比較高的租量。

[137] 中國第一歷史檔案館，中國社會科學院歷史研究所 . 清代地租剝削形態 [M]. 北京：中華書局，1982：554.

[138] 同上書，431.

[139] 劉永成 . 清代前期的農業租佃關係 // 中國社會科學院歷史研究所清史研究室編 . 清史論叢（第 2 輯）[M]. 北京：中華書局，1980.

[140] 中國第一歷史檔案館，中國社會科學院歷史研究所 . 清代地租剝削形態 [M]. 北京：中華書局，1982：32.

[141] 同上書，75.

[142] 同上書，56.

[143] 同上書，177.

[144] 同上書，35.

[145] 同上書，102.

[146] 中國第一歷史檔案館，中國社會科學院歷史研究所 . 清代地租剝削形態 [M]. 北京：中華書局，1982：465.

[147] 同上書，417.

[148] 同上書，271.

[149] 馬克思 . 資本論（卷 3)[M]. 北京：人

民出版社，1975：898-899.
[150]《湖南省例成案》〈刑律〉，卷 9。
[151]《湖南省例成案》〈工律〉，卷 1。
[152]《湖南省例成案》〈戶律〉，卷 5。
[153]《湖南省例成案》〈戶律〉，卷 7。
[154] (同治)《瀏陽縣志》卷 8 引戊寅志(即嘉慶志)。
[155] 中國第一歷史檔案館，中國社會科學院歷史研究所. 清代地租剝削形態 [M]. 北京：中華書局，1982：426.
[156] 同上書，448.
[157] (嘉慶)《衡陽縣志》卷 11〈風俗〉。
[158] 中國第一歷史檔案館，中國社會科學院歷史研究所. 清代地租剝削形態 [M]. 北京：中華書局，1982：1388.
[159]《湖南省例成案》〈刑律〉，卷 9。
[160]《湖南省例成案》〈戶律〉，卷 7。
[161] (嘉慶)《巴陵縣志》卷 13。
[162] 民國政府有文云：「查押租原為一種惡習，本應禁止，但為免除糾紛起見，在未訂新租約之前，暫准存在。」(瞿明宙. 中國農田押租的進展 [M]//(中國農村)論文選(上冊). 北京：人民出版社，1983.)
[163] 李華. 清代湖北農村經濟作物的種植和地方商人的活躍 [J]. 中國社會經濟史研究，1987(2).
[164] 中國第一歷史檔案館，中國社會科學院歷史研究所. 清代地租剝削形態 [M]. 北京：中華書局，1982：351-352.
[165] 同上書，365.
[166] 同上書，357.
[167] 同上書，441.
[168] 同上書，404.
[169] 同上書，480.
[170] 檔案：乾隆十年九月十七日湖北巡撫晏斯盛題。
[171] 中國人民大學清史研究所等. 康乾時期城鄉人民反抗鬥爭資料 [M]. 北京：中華書局，1979：71.
[172]《古今圖書集成·職方典》卷 1249。
[173] 以上所引均見《湖南省例成案·工律》卷 1。
[174] (嘉慶)《巴陵縣志》卷 13。
[175] (嘉慶)《郴州總志》卷終〈附考〉。
[176]《湖南省例成案》〈工律〉，卷 1。
[177]《清世祖實錄》卷 113。
[178]《清聖祖實錄》卷 2。
[179]《清聖祖實錄》卷 12。
[180]《清聖祖實錄》卷 19。
[181]《清聖祖實錄》卷 23。
[182]《清世宗實錄》卷 135。
[183]《清世宗實錄》卷 149。
[184]《清高宗實錄》卷 379。
[185]《清高宗實錄》卷 424。
[186]《清高宗實錄》卷 219。
[187]《清經世文編》卷 36，尹會一〈敬陳農桑四務疏〉。
[188] 陸耀《切問齋文鈔》卷 15。
[189] 以洪武二十六年 (1393) 湖廣戶數 775851 乘 5 所得。
[190] (萬曆)《鄖陽府志·風俗》。
[191] (乾隆)《四川通志》卷 417〈楚民寓蜀疏〉。
[192] (同治)《鄖西縣志》卷 18〈藝文志〉。
[193] 高崧〈墟市論〉,《湖南文徵》卷 311。
[194]《皇朝經世文編》卷 40，晏斯盛：〈請設商社疏〉。
[195]《皇朝經世文編》卷 77，晏斯盛：〈上

制府論布商易米疏〉。
[196]《古今圖書集成·職方典》卷 1193。
[197] 譚天星．簡論清前期兩湖地區的糧食商品化 [J]. 中國農史，1988(4)：65-66.
[198] 譚天星．乾隆時期湖南關於推廣雙季稻的一場大論戰 [J]. 中國農史，1986(4)：33-38.
[199] 楊錫紱《四知堂文集》卷 11。
[200]《湖南文徵》卷 12，張增：〈上范中丞利弊條議〉。
[201] 嚴如煜《三省邊防備覽》卷 8。
[202]《湖南省例成案》〈刑律〉，卷 1。
[203]《湖南省例成案》〈刑律〉，卷 1。
[204]《古今圖書集成·職方典》卷 1178。
[205]《三省邊防備覽》卷 12。
[206] 嚴如煜．三省山內風土雜識 [M]. 北京：商務印書館，1936：14-15.
[207]（同治）《竹溪縣志》卷 15「物產」。
[208] 嚴如煜．三省山內風土雜識 [M]. 北京：商務印書館，1936：21.
[209]《三省邊防備覽》卷 17〈藝文〉下。
[210]（嘉慶）《湖南通志》卷首之三。
[211] 但湘良《湖南苗防屯政考》卷 3。
[212]《湖南省例成案》〈刑律〉，卷 5。
[213]《湖南省例成案》〈戶律〉，卷 8。
[214] 嚴如煜．三省山內風土雜識 [M]. 北京：商務印書館，1936：22-26.
[215]《三省邊防備覽》卷 10。
[216] 嚴如煜．三省山內風土雜識 [M]. 北京：商務印書館，1936：22-26.
[217] 嚴如煜．三省山內風土雜識 [M]. 北京：商務印書館，1936：22-26.
[218] 傅衣凌．清代中葉川陝湖三省邊區經濟形態的變化 [J]. 抖　，1980(5).
[219]（嘉慶）《巴陵縣志》卷 7〈田賦〉上。
[220]（嘉慶）《巴陵縣志》卷 7〈田賦〉上。
[221] 列寧全集（卷 1)[M]. 北京：人民出版社，1984：77.
[222] 王金策《湘帆紀程》卷 1。
[223] 高崧〈墟市論〉，《湖南文徵》卷 31.
[224]《湖南省例成案》〈刑律〉，卷 1。
[225]《古今圖書集成·職方典》卷 249。
[226]（嘉慶）《衡陽縣志》卷 11〈風俗〉。
[227]（嘉慶）《衡陽縣志》卷 11〈風俗〉。
[228] 于成龍《于清端政書》卷 2，〈請禁健訟條議〉。
[229]《四知堂文集》卷 8。
[230]《衡陽縣圖志》卷 11〈貨殖〉。
[231] 中共中央馬克思恩格斯列寧斯大林著作編譯局．馬克思恩格斯選集（卷 2) [M]. 北京：人民出版社，1972：83.
[232] [美] 安東尼·M. 奧勒姆．政治社會學導論 [M]. 董雲虎，李雲龍譯．杭州：浙江人民出版社，1989：231.
[233]《明夷待訪錄》〈財計〉三。
[234] 胡如雷．中國封建社會形態研究 [M]. 北京：生活·讀書·新知三聯書店，1979：38.
[235] 傅築夫．中國經濟史論叢 [M]. 南開大學等，1978：346.

第五篇
政治史與人物

中國古代相權之演變

自從有了人類，權力就被在運用。在階級與國家出現以後，權力就有了更豐富的政治內容。嚴格地說，權力屬於政治的範疇。

在封建時代，權力在飢餓的時候是為了溫飽；在溫飽的時候是為了富足；在富足的時候是為了更深層地剝奪他人與滿足自己強烈的占有欲。明末思想家黃宗羲說：「屠毒天下之肝腦，離散天下之子女，以博我一人之產業」、「以天下之利盡歸於己，以天下之害盡歸於人」，道出了古代典型的君主權力觀。君主專制確實把權力發揮到了無以復加的地步，而把權力作為一種極大的虛榮與快樂，進而玩弄權力者，只有那些充分占有權力、而又不知權力真正社會意義的人。因此，權力鬥爭與權力結構的發展史，成了中國古代政治史的主要內容。

然而，權力是什麼？政治又是什麼？在階級社會裡，政治是集中反映各自經濟利益的組織、集團或階級對國家事務所存在的觀念、施行的政策和採取的行動。至於權力，則是眾說紛紜，莫衷一是。權力有時是一種觀念，有時又是切切實實的因為法律（或最高權威）而賦予的影響他人的能力。階級關係也是一種權力關係。任何權力都是存在於一定的社會關係之中，但權力有時又表現為集團內部參與決策的事實，因而其所代表的個人利益又超越了階級利益對他的規範。不管怎樣，權力離不開這樣幾個要素，即一個人或一些人，一定的社會關係，一定的結構（或組織）形式，影響或制約他人，反映自己或集團或階級的利益等等。在一種政治機構中，權力又呈現為服從、命令、協商和衝突等多種形式，可以推斷：在這種機構或體制中存在的絕對權力，就需要絕對的服從。這也可以說是君主專制政體中權力的最根本特色。

在君主專制政體中，作為最高權力之下的次權力集團，又處於一種怎樣的地位？有著怎樣的一種作用呢？關於這點，我們可以從封建社會儒生官僚集團的權力代表，即宰相權力的演變來作一個說明。

宰相之職源於先秦，先秦時就有左右相（春秋時齊國）、令尹（楚國）、相國、相邦、丞相（秦）等職名。「相」即「襄」的意思，也就是率領百官聽命於天子的官，即通常處於「一人之下，萬人之上」的地位。秦始皇集國家政治、軍事、司法等各種大權於一身之後，「天下之事無小大皆決於上」[1]。左、右二丞相為最高的行政長官，即為百官之總，直接協助丞相辦事的有御史大夫、侍中；御史大夫之下有御史中丞、御中丞、御史、符節令等職，形成了一個聽命於丞相的職能系統。丞相之制就是人們習稱的宰相制，秦朝奠定的君主專制下的宰相制的基本權力格局，在迄至明代一千五百餘年的歷史長河中，儘管代有所變，但始終沿襲。相權的發展大致經歷了這樣幾個階段：

1. 漢晉南北朝時期

在這一時期，宰相的權力被初步分解；中朝官地位上升，進而替代了秦代丞相之職。而漢武帝年間（西元前一四〇到西元前八九年）又是一個關鍵性的階段，在此之前，丞相的權力地位與前代無異。「國每有大議，天子車駕親幸其殿。」丞相府下設有東、西、奏、集、議、侍、戶和兵等曹分管上情下達、百官任免、民政、軍政等各項邦國事務。西漢丞相府屬員曾有三百人之多；然而，漢武帝時的大司馬等中朝官，實際上已漸漸掌握了相權，參決政事，職「典樞機」，權過外朝丞相。中朝機構的完善與權力的增大，實際上意味著外朝丞相已日顯多餘，東漢光武帝「政不任下，雖置三公，事歸台閣（尚書台）」；迨至曹魏，尚書台從少府分出，成為獨立的最高政務組織，尚書令即為最高行政長官，下有五曹（晉時改為六曹）處理政務；至兩晉南北朝，中書省的權力又超過了尚書省，它執掌機要，成為決策機構，而尚書省成為執行機構，門下省成為參議機構，過去的宰相之權實際上已為中書令、尚書令與侍中等所分掌，三權相為制衡，最後總決於皇帝。由丞相制至尚書、中書制的這種轉變，有人也稱為「開府施政宰相輔政制」至「參議輔政機構制」的轉變。[2]

2. 隋唐宋時期

三省長官宰相制，使內外朝合而為一，宰相相權再次分割。隋代的尚書令、僕射，門下省的納言，內史省的監、令，唐代除了尚書左右僕射、侍中、中書令等六人之外，太宗時其他官員如加上「參預朝政」、「參議得失」、「參知政事」、「參知機務」等名，後來又有「同中書門下平章事」，以上這些都是宰相。如此，在一般情形下有相四五人，多時則達十七人，甚至有宰相一日一值守的制度。中書出令、門下封駁和尚書執行三省制的正式確立，集體宰相制負責實際上是對宰相專權的嚴密防範，換言之，這種制度已消除了宰相威脅皇權的可能，除非天子例外垂青。

宋代的同平章事、參知政事同為「宰執」；後來政事同為「宰執」；後又有左右僕射為宰相。雖然宋代的相職承襲唐制，但相權提高了。三省屬下各有吏、戶、禮、兵、刑、工、開拆、章奏和制敕庫等房，實際上宰相是職兼三省，取旨於帝后，「降出奉行而已」。宰相之職使皇帝在任免官員、詔令封駁、御旨須經宰相副署等方面受到限制，以致有人認為「皇帝往往實際上成為宰相的一種工具」。

3. 元朝時期

中書省相當於秦漢時的丞相府，是皇帝的最高輔政機關。它總領百官，「會決庶務」，一切軍國政務，「無不由之」。中書令多由皇太子兼攝，下有左右丞相，實際上具體總管中書省事；丞相之下有平章政事、左右丞、參政和參議中書省事等，在裁決庶務、參決大政方面均參加。其中，平章政事與左右丞為副宰相，相權較之宋代在行政事務上要大得多。但樞密院專典軍權，與丞相不相統轄，從而使軍權徹底脫離丞相。

可見，從宰相職權的總體變化來看，特點十分明顯，即相權的不斷分割與君權的步步加強。儘管宰相體制歷代並不全然一致，但作為次於皇帝一級的宰相權力（不管其被分割的程度如何）始終存在。相權之於君權在一定程度上是不可或缺的，「華夏安否繫於朝廷，朝廷輕重在於宰相。」無論是賢君，還是昏君，都離不開賢相的輔佐。「挾公道者，宰相之表；而主公道者，天子之事」、「中書造命，門下審核，尚書奉行。宮府一事，無一不統於宰相」、「蓋宰相之權尊，則公道始有所依而立也」、[3]「政事由中書則治，不由中書則亂」。也就是說，相權不僅對於皇權，而且對於維繫整個官僚體系及其正常功能發揮，進而達到邦國之治，必不可少。然而，由於已經賦予了皇帝至高無上的權力，相權必然又要聽命於皇權，宰相的權力由秦漢時的職權，轉而為皇帝對宰相機構權力的授予。

君權的絕對化發展的後果之一，是相權的內化，即把宰相相權變為皇帝權力的一種外化或延伸，但由於「百官之長」宰相對皇權的或多或少的抗拒，從而又使得皇權尋找自己的外延工具（或更好地執行皇帝旨意的機構）的興奮點集中到了內朝，從中朝官到三省長官同為宰相之制，取代丞相府的變化就說明了這點。「天朝私人」、「天子家臣」成為取相的特點，唐代翰林學士承旨又有「內相」之稱，又為明代翰林入閣輔政的淵源之一。

唐朝設翰林學士院，將過去的翰林供奉改為學士，專掌內命。學士為皇帝近臣，在內廷待詔，成為皇帝的祕書機構。又於學士內設承旨一人，「獨承密命」，而他往往成為宰相。翰林學士所掌內命往往不經中書門下而直接發下，這種機構實際上成為皇帝的私人機構。由於它直接口傳帝命，依附於最高權力，從而成為對宰相之權的一種分割與牽制。

到了宋代，這一情形有了改變。翰林院已遷出禁城而成為朝官，學士除了「掌王言、大制誥、詔令、敕文之類」外，與相權無與。相反，這時形成的觀文殿、資政殿大學士的位望比翰林學士要高。宋代殿閣名目較多，如龍圖閣、天章閣、寶文閣、顯謨閣等十餘處，均設有學士、直學士和待制等職，職位清閒，實際上等同於天子的學術顧問。如觀文殿大學士雖然「資望極峻」，但「無吏守、無職掌，惟出入侍從備顧問而已」[4]。同時規定，「須曾任宰相乃得除授」,。資政殿大學士朝班序在翰林學士承旨至上，入此殿者也多為前朝宰相。雖然有時皇帝也會要求「顧問」，但更多的時候它只是一種榮譽職位，無實際施政的可能。宋代的這種殿閣之制為明代殿閣之制的直接淵源，宋代學士承旨不如唐朝學士承旨權力之大的主要原因，是宋代宰執地位上升。

另外要注意的一點是：從秦漢至宋元的宰相的地位，並不絕然類同於通常人們認為的那樣，是處於一種一代不如一代的下降狀態。秦漢時，宰相權力包羅於政務、軍務的所有方面，在官僚集團只有一個人直接向皇帝負責，成為政府的實際首腦。「宰相者，上調陰陽，下安黎庶，致君堯舜，致時清平」，[5] 這被視為宰相的普遍準則；隋唐時，由宰相開府施政制完全轉變為施政機構宰相制，三省首長入政事堂議政成為宰相，綜核出令、封駁、執行之權，監察百官之權脫離宰相而獨立了。

宋代宰相的兵權和財權有分，但是宋元宰相地位的提高卻又是事實，尤其是在元朝，「諸大小機務，務必中書」。只有樞密院、御史台、宣徽院除外，「其餘不由中書輒上聞，既上聞不由中書徑下所司行之者，以違制論」[6]。而中書省權力之大又成為元朝的一個歷史遺留問題。朱元璋自以為置中書省等中央政制是「法體漢唐，略加增減，也參以宋朝之典」[7]，但事實上，元朝宰相制對朱元璋的影響無論如何也否認不了。如果從君權成長的必然來看，那另一方面就是相權的削弱，元朝相權膨脹顯然與此不合拍，因而它將成為朱元璋設計國家機構權力布局的重要問題之一。

元朝以前，宰相職權千餘年演變所形成的結構模式及其定則，為洪武皇帝力圖永保朱家江山之穩泰，提供了許多經驗教訓。尤其是君權與相權的矛盾、元朝相權偏重的後患，使他對明朝中央政治權力結構有了獨特的想法。那就是，廢除宰相制，散相權於六部，收相權於己身，使皇權與相權合二為一。唐宋之時的翰林學士、殿閣之制又為解決廢除宰相之後的政務矛盾提供了一種模式。在此基礎之上，便形成了內閣制，這成為明朝政治的一大特色。

明朝中央權力結構的一個顯著特點，是宰相制度的廢除和內閣制度的確立。內閣的結構及其政治活動也就構成了明代政治史的重要課題。內閣對於明代政治、軍事、經濟、文化等各方面都有深刻的影響。尤其是到了封建社會晚期，這種制度的出現對於中國歷史的發展趨勢也不無影響。然而，宰相制的廢除並不等於相權的消失，而內閣制的建立又不等於相權的回歸。那麼，相權又流向了哪裡呢？哪些人是宰相之廢的最大受益者呢？在這樣的態勢之中，內閣作為一種權力結構在整個君主專制政體中處於怎樣的地位呢？內閣又是怎樣發揮其權力的呢？等等。這些都是十分重要的問題。然而，至今尚未有人對其詳盡、綜合地闡述過。

內閣是明代始有的一種政治制度，一種新的制度的形成與發展，本身就是一個對學者來說很有刺激性的課題。研究內閣，不論是對於了解這種制度本身，還是對於了解與之密切相關的明代政治史的諸種複雜關係及其實質，甚至是對了解中國封建社會晚期中央政治發展的特點與趨勢，都十分必要。

筆者認為，明朝中央政治，實質上是君主專制下的內閣政治。換言之，它首先是君主政治，其次是內閣政治。把握這種政治的關鍵，就在於將各個政治集團置於君主專制政體的總體權力系統中研究，只將內閣看作為一種權力結構。內閣政治只有把它看作為一種權力政治，才能真正理解內閣的實質。

內閣的權力有著兩種意義：一是內閣結構的權力，二是閣臣所具有的實際權力。內閣結構的權力，是指內閣在其設置與定型的過程中由皇帝確立的權力，皇帝規定了內閣的結構目標便總體上限定了內閣的權力發展規模。皇帝的絕對專權導致了宰相制之廢；宰相制之廢又是內閣產生的必然前提。初創於永樂、形成於仁宣的內閣制，它的結構與權力演變之路，一方面始終受到結構目標的限制；另一方面，內閣的發展實際上是內閣的重新宰相化的變型發展。內閣結構的非宰相規定與內閣職權的宰相化發展，必然形成一對尖銳的矛盾，使得內閣的權力變化不定，內閣結構的宰相化過程終未完成。從內閣的職掌來看，票擬批答、草擬詔旨、獻替可否、內閣會議以及同知經筵事，說明內閣在一定程度上是宰相制的回歸，它是一種輔助皇帝決策的制度。但它同時又具有祕書型、顧問型和學術型等多種職能特色。軍國大政，悉由票擬，這是明代內閣政治的主要特點。

閣臣的實際權力因政治情形不同而不斷變化。由於皇權缺乏法定的權力制約，它的絕對化發展必然使皇權作為權力源，對內閣的權力施予忽大忽小。內閣權力必須首先仰承於皇權，但作為具有不同政治素養的閣臣，在不同的政治環境中，對於內閣權力的發揮絕不一樣，有的權同宰相，有的僅尸位素餐。從閣臣的人格、閣臣的政治生命，以及閣臣的整體利益與內部衝突可以看出，在內閣權力的發展過程中，閣臣主觀能動性影響很大。

內閣權力的發展，是內閣結構權力與閣臣實際權力的整體發展，結構是內閣權力水準的規定因素，而閣臣則是影響閣權水準的活因素，這反映出內閣權力的彈性特點；與此同時，內閣要行使職權、發揮權力影響，必然要與其他政治集團發生權力關係。內閣與皇帝、內閣與宦官、內閣與部院，這是內閣三種基本的權力關係，這種關係同樣具有制度性和非制度性兩方面。皇權是閣權的權力源，宦權是皇權的延伸，是皇帝用來牽制內閣的一種權力。部院之權直接聽命於皇帝，最初在權力結構上高於內閣，始終是制約閣權的一種力量，內閣正是在這樣的一種權力網中發揮作用。而內閣在明代政治權力金字塔中，處於次君主權力層。我們發現，內閣的宰相化發展，就是內閣作為次君主權力層的形成與強化的過程，而利用皇權、抑制宦權、侵奪部權是閣權膨脹的主要途徑。部院最終沒有成為內閣的正式從屬機構，標誌著內閣宰相化的夭折，內閣是一種近似於宰相制而又實質不同的獨特輔政體制。

內閣雖無相名，實有相職；雖有相職，實無相權；既無相權，卻有相責。內閣在君主專制的權力系統中，具有制約與反制約的雙重特點，即內閣一方面受到各種權力對它的約束，另一方面，又抗衡於制約他的各種權力。這種反作用既有制度化力量，也有閣臣個性的力量。由於內閣具有不同於宦官的政治素養，因而內閣的權力運用，有著不同於宦官專權的意義。這主要表現在內閣服務的皇帝有雙重性，即一是現實的皇權；二是理想的君主。內閣努力利用其制度的與人格的力量去服務（或制約）皇帝。內閣制約的意義就在於，它在一定程度上阻止了皇權的腐化，維繫著明代政治於一個相對穩定的狀態，內閣權力的膨脹是一件具有積極意義的事。可以這樣認為：明代內閣相權發展的不足，是了解明代政治特色的一把鑰匙。

與內閣在明代政治中的地位相比，關於它的研究則顯得不太相稱，從內閣制度研究本身而言，迄今的研究未能令人滿意。臺灣杜乃濟先生的《明代內閣制度》可以代表過去在這方面的研究水準；但僅局限於制度本身，而又在份量上略顯單薄的研究，其缺憾可見。日本學者山本隆義的《中國政治制度研究：內閣制度的形成與發展》和原西德蒂勒曼·格林的《明初到 1506 年的內閣》等，都在不同層面與程度上探討過內閣；王其榘先生的《明代內閣制度史》條目清晰、史料詳實，卻論述不多；李天佑、歐陽琛等也有過關於內閣的專門論述。不過多數作品仍停留在描述層面，而且把內閣作為純祕書機構，或作為與宦官並行、位勢低於宦官的一種輔政機構，這些觀點都值得商榷。

（選自譚天星：《明代內閣政治》的〈前言〉，中國社會科學出版社一九九六年版）

內閣權力與明代政治

內閣是明朝始有的一種政治制度，它在明代中央政治體制中的地位和作用，是研究明代政治必然涉及的一個問題。本文擬對此加以探討，以證正於諸家。

一、君主專制政體中的閣權位置

君主專制政體發展到十五世紀初，權力更加集中，隨著這種權力集中的趨勢，內閣制出現了，君權巔峰狀態下的內閣注定了有著一條曲折的發展之路。一方面，宰相制雖然被廢除了，但宰相制所包含著的權力結構的規律，始終在內閣制上反映出來；另一方面，歷史又提供了許多變革的機會，明代君主專制政體中君權的至高無上與絕對是毫無疑義的。比較令人迷惑的是：次於君主的權力究竟屬於哪一個階層？是內閣、宦官、或是部院（六部、都察院等九卿）？抑或是所謂的內閣與宦官雙重輔制？對此進行擇項分析，是理解閣權地位的一個關鍵問題。

從中央政治體制來看，內閣最初（至晚至正德時）未被視為正式的政府衙門，而由於它與翰林院的密切關係，以致有人竟將內閣看成是翰林院內的一個組成；當然，宦官也不是中央政治中的職能部門，而名正言順、堂而皇之的施政機構即是吏、戶、禮、兵、刑、工六部和都察院、大理寺以及通政司等，尤其是六部，一時成了次君權權力層。當宰相制（中書省）廢除之後，無異於拆除了部院與皇帝之間的一堵高牆，散宰相之權於六部，六部地位驟然上升。特別是作為六部之一的吏部，以自古總領百官的冢宰自詡，成為皇權溝通部政的首選。吏部尚書的權力意識和皇帝對他的器重，使吏部尚書試圖扮演一個宰相的角色。

萬曆時，閣臣葉向高說：「高皇帝罷中書省，分置六部，是明以六部為相也。閣臣無相權之實，而虛被相之名。」又云：「六部九卿，朝廷所與共理天下，一官不備，則一職不舉。……祖宗設立閣臣，原是文墨議論文官，毫無事權，一切政務皆出六卿，其與前代之相臣絕不相同。」[8] 但是，葉向高所云只是內閣設置之初的情形。朱元璋規定府部「分理天下庶務，彼此頡頏，不敢相壓，事皆朝廷總之，所以穩當」[9]，這成了部院行政的至上法寶。

然而，從明代歷史的具體實際來看，說部院就是次君權權力層顯然是不正確的，至少不確切。因為自從票擬權成為內閣的一項固定權力之後，內閣一代代積累，逐漸突破了原先的規範，而沿著宰相化的道路發展，與此同時，另一面即是內閣對部院之權的節節侵奪，尤其到了嘉靖以後，府院為內閣之府庫，事久日長，原先屬於部院的權力，後來成了內閣理所當然的權力。嚴嵩專權時，「在內諸臣，受其牢籠，知有嵩而不知有陛下。在外諸臣，受其箝制，也知有嵩不知有陛下」[10]，凌轢百司，百司莫可奈何；張居正為「相國」時，「六卿伺色探旨，若六曹吏稱次者，也惕息屏氣，而不敢有所異同」[11]。

六部與內閣爭權的歷史表明，內閣更常壓制六部，雖然內閣不對六部直接發號施令，但六部在後來實際上受制於內閣。首先，內閣可以在一定程度上把自己的意見轉化為諭旨的形式，令六部俯首聽命而又啞巴吃黃連——有苦說不出。即內閣具有權力地位能迫使六部就範的天然優勢；其次，內閣的宰相角色現實取代了吏部的宰相夢想。在中央權力結構上需要內閣一級的權力存在，六部服從這種結構的需要，即有利於政權的穩定和官僚機構的高效率，因此六部常常自願（主動地）秉順內閣意旨，凡有更張輒事先向內閣通報「請示」。明人何良俊指出：「各部之事，皆聽命於閣下，所不待言，雖選曹有員缺也送揭與閣，然後注選。」[12] 如此，內閣與部院已不處於同一的權力層次，即內閣屬於決策層，而六部屬於施政（執行）層，不可同日而語；但是部院自始至終沒有成為內閣法定的從屬機構，使內閣的宰相化留下了永久的遺憾。

從政權的職能來看，閣權是國家權力結構中必不可少的一部分。除了部院之外，這時還有一個同樣行使政府權力的層次，即宦官。黃宗羲說「有宰相之實者，今之宮奴也」[13]，《明史》也云：「內閣之擬票，不得不決於內監之批紅，而相權轉歸之寺人。」[14] 依此見解，次君權權力層應該是非宦官莫屬了；但從明代內閣與宦官的權力爭奪史來看，並非如此。

理論上，內閣不得不決於內監之批紅。但實際上，首先，批紅是屬於皇帝的權力；其次，內閣取決於批紅，只有在批紅能夠隨意改變票擬的情形下，才具有真正意義。因此從決策層而言，與其說明代政治是君主專制下的宦官政治，還不如說是君主專制下的內閣政治。由於無限君權和皇帝有限調節能力之間的矛盾不可能解決，宦官通常會成為皇權延伸的借用力量。明朝廢宰相之後，皇帝充當了國家首腦和政府首腦雙重身份，僅以生理方面的限制而言，就決定了皇帝不可能很好地執行這種雙重角色的權責。於是，皇帝便把作為政府首腦應擔行使的權力——批紅權，部分地轉歸宦官代使，司禮監的一套人馬都是為皇帝處理國政時服務。司禮監附屬於皇權，雖然它實際上具有皇帝輔政機構的功能，但它作為一個權力衙門並不為外廷所認允，在決策系統真正認識到宦官價值並加以利用的是內閣。我們看到，正德時皇帝每有大事需要內閣議擬者，即令司禮監官傳旨內閣，而閣臣往往與諸司禮首璫商議，共同制訂方案或處理意見；[15] 當然，在這種議擬過程中，內閣是處於主導的方面。因此說宦官是明代政治中的次君權權力層，是不合適的。

這樣，筆者認為，總體而言，內閣屬於次君主權力層。[16] 一方面，決策系統處於執行系統之上，內閣地位高於部院；另一方面，在決策系統中，內閣仰附於司禮監的時間較少，而在絕大多數情形下，都是內閣在皇權控制的決策中起主導作用。內閣透過票擬批答、草擬詔敕、點檢題奏、密揭言事等多種途徑參預決策，影響到皇帝的價值取向，制約著政令的頒布。

然而，內閣本身卻是一個五品衙門，在品級上不可與六部相抗，這使得內閣的發展蒙上了一層陰影。後來，由於隆以師保之職，就閣臣個人身份而言，已躋身於最高的政府官員行列，由此必然存在這一種職責與權位上的矛盾。明末清初，思想家王夫之認為：「王者慎名，名正則任重，任重則責隆，責隆則政理矣。今夫學士之秩，五品也，使立九卿之上，賤妨貴，小加大，背螯凌遲者，莫甚於此。」[17] 從內閣形成之初，就已預示著那些試圖超越或已經超越內閣結構權力的閣臣們的不幸結局，閣臣的權力活動有一種極限。不過，縱觀明代內閣的發展史，我們不得不承認這種發展實質上是宰相化的發展。這意味著，一方面，內閣若想突破舊權力限制，必須要付出很大的代價；另一方面，內閣宰相權力的回歸，不可能完全不顧祖制，不得限制諸司為內閣的正式從屬衙門，加之其他各種因素，使內閣宰相化、法定化的過程夭折。內閣最終還是內閣，而非宰相制的變種。

這樣，閣權的水準如何，便成了人們考察內閣制最為關心的一個問題；而其中的關鍵，又是內閣等於或不等於宰相的問題。對此，無論是在當時還是在後世，人們都有不同的認識。歸納而言，有這樣幾種看法：

① 內閣「雖無相名，實有相職」[18]。這是明世宗在嚴嵩垮台之後，根據嚴嵩專權現象而醒悟並總結的一點。所謂相職，即宰相之職。也就是說，內閣所從事的政務活動都是屬於宰相的職權，這種觀點頗具代表性。

② 閣臣「只備論思顧問之職，原非宰相」[19]。大學士葉向高即持這種觀點，意思是內閣本質上與宰相不一樣，內閣之職在於論思獻納，以備顧問。

③ 內閣即是宰相。楊廷和稱內閣輔臣為「輔相」，張璁說：「今之內閣，宰相職也，頃來部院諸臣，有志者難行，無志者聽令，是部院為內閣之府庫矣。」[20] 即內閣在權力上已宰相化，內閣「雖無丞相之名，而有丞相之權」[21]。高拱稱首輔為「首相」或「宰相」，認為此職「雖無宰相之名，有其實矣」[22]。張居正，人稱「張相公」，他認為自己「所理者，皇上之事也；所代者，皇上之言也」[23]。又云，學士之職，「久之一宰相也，有其實而不居其名，操其權而不任其責」。總之，這種觀點的實質是，內閣除了無宰相之名外，其他（如在職、權上）均與宰相無異。

以上三種說法，究竟哪一種更接近事實呢？其實，三種說法反映了內閣權力變化的三個階段，即論思備與顧問階段，參決政事、行宰相部分之職階段、行宰相之職權階段，每一階段的遞進即意味著內閣權力的成長，而若脫離這種變化的觀點而去輕易斷定內閣的權力實質，必然失之偏頗。

我們看到，自從內閣有了票擬之權，內閣即具有輔弼大臣平章軍國大事的特點。自此也開始了內閣的宰相化的道路。自宣德至正德年間，閣臣逐漸意識到內閣的宰相化角色的發展；至嘉萬年間，楊廷和、張璁以下閣臣則毫不隱諱地指出內閣的宰相職權地位。有明一代，內閣論思顧問之職始終未廢，但這不是閣權的實質。關於閣權的實質看來牽涉相名、相職、相權、相責這四個方面的問題。

在相名上，內閣始終沒有改為宰相，或許人們會問：既然內閣有丞相之實，為何又不改稱為宰相呢？這並不奇怪。即使是世宗這樣公開承認內閣實乃相職的皇帝，也不會去使內閣名副其實，其原因固然與祖制不可違有關，實際上卻正是皇帝的用心所在。

相權壞政，這是歷代皇帝在位時謹防的一點。內閣這個官階較低的衙門以最初規定的備顧問、獻思之職，成了那些權欲薰心的閣臣的一針清醒劑，正如一個人的生理缺陷一樣，使心靈有一種永久的創傷以及由此引發的自卑情結。堅強者可能會有超越自卑感的表現；軟弱者則會死守這種現實，苟且偷位而已。但實際上，對於內閣，許多人視之為相，閣臣乃至以相自處，有稱大學士為「相公」、「首相」、「丞相」者。當然，不管怎樣稱呼，卻得不到皇帝的法定承認，皇帝多稱閣臣為「輔臣」，首輔為「元輔」，間或也有徑呼之為「相」者[24]，不過這並不能反映內閣權力的實質。

在相職上，內閣之職與宰相相職有很大的相似之處，在有些時候可以說是相同的。劉基說：「夫宰相者，以義理為權衡而已，無預焉者也。」[25]將宰相視為次於皇帝的一種調節器而已，平章、鈞衡是其特點。李東陽認為「有宰相之道，有宰相之體，有宰相之才」[26]。以宰相之風度擔當這種調節器的職責，那麼，宰相就不一定非出於部事不可。正是在這一點上，內閣，尤其是首輔所處的恰恰就是這樣一種位置。清初孫承澤對此有一個恰當的表述，即「內閣之職同於古相，而所不同者，主票擬而不身出與事」[27]。「三楊」當政，後世目之為賢相，他們「官尊於六卿，口銜天憲，無丞相之名而有丞相之實矣。故中外皆稱之為宰相」[28]。這不是人們的一種錯誤認識，而是因為「三楊」所主持的正是宰相之政務；成化末年，閣臣尹直曾談到道，永樂時內閣「知制誥，日備顧對，參決政機，隱然相職」[29]，可見，明初的內閣已具有部分的相職；天順以降，閣臣對於自己職掌的認識，以及其他力量對內閣職權的看法，就更清楚地說明了內閣等於相職這一問題。

科道官最初指出「內閣之官，乃相職也」是成化初年的事，輔導皇帝裁決萬機是其特點。成化二十三年（西元一四七八年）十月，徐溥入閣，在他的乞辭客套中談道：「竊惟內閣乃朝廷宥密之地，內閣實國家輔弼之臣，固惟贊萬事之機，尤須極一時之選。」[30] 弘治時，內閣丘浚更清楚地表白：「內閣森嚴之地，視前朝之政事堂，有輔相之實，而無其名。」[31] 將內閣與政事堂相提並論，是內閣宰相化角色意識的典型反映。此後，大凡提及內閣之職者莫不稱之為「輔導之職」、「平章重任」。隆慶時，高拱全面闡述了內閣之職，即「國朝設置閣臣，初止備問代言而已，後乃隆以穹階，委以平章重務，是輔弼之臣也。輔弼之臣，上佐萬機，無專職，而其職無所不兼」。[32] 萬曆時，閣臣方從哲也云：「我朝閣臣雖無宰相之名，實有贊襄之責。自朝廷大禮規定以及人才進退，民生休戚，舉天下國家之務，無鉅無細，有一不問閣臣者乎？」[33] 內閣事無不統，在職責上與宰相併無二致，在這一點上是沒有什麼可懷疑的。

內閣無相名，而有相職，這本身是一種矛盾。內閣從事的這種無名有實的職事，一方面束縛了自己的手腳；另一方面容易招致眾多的謗議。相職是閣臣工作範圍的規定，與此相關的是，內閣是否擁有與之相應的相權？在相權上，職與權往往是相連的，有其職必有其權。內閣具有相職的性質，那必然會有相權。很顯然，賦予內閣平章軍事政事、參預國事決策等，各種政治活動本身就是一種權力的表現；然而，將閣權等同於相權，這又是錯誤的。

這是因為，首先是宰相制廢除之後，相權有了幾種流向，一是六部，二是皇帝（後來又有一部分轉歸宦官），三是內閣。因此，內閣的形成與發展，只要它沒有恢復到中書省與部院、與皇帝之間的那種權力關係就不能說內閣等於中書省，或是閣權等於相權；其次，內閣自始至終沒有法定的宰相權力，如果說它有，那也是因為內閣的相職特點，給人們造成的一種假象。有人認為，「名內閣，有皇帝祕書處之形態，又有宰相之實權」[34]，如果把「宰相之實權」理解為法定的宰相之權則失之偏頗。但是，內閣是否就沒有行使過宰相之權呢？回答是否定的。一方面，內閣相職的本身就隱含有一種相權的意義；另一方面，有些首輔確實擁有過宰相之權。

我們看到，嘉萬之時，尤其是嚴嵩與張居正輔政之時，六卿對內閣的俯首屏息，即表明嚴、張二人是與宰相無異。《明史》稱夏言、嚴嵩壓制六卿，「赫然為真宰相」。判斷首輔在權力上與真宰相的主要標準，在於內閣對六部的實際控制程度，有人把內閣在權力的宰相化解釋為：「天子不獨斷，必有所寄，不能不歸之內閣。而至嘉靖中遂操丞相之柄而出其上，萬曆初遂並人主之尊而兼其詳，勢重矣，是不可不變而通也。」[35] 嘉萬時，內閣權臣壓六卿，內閣對於軍國大事無所不掌，刑名錢穀無所不問，內閣無疑操有宰相之權，嚴嵩就被目為「無丞相名，而有丞相權」[36]，可以這樣說：內閣有相權之實之日，就是內閣權力發展的鼎盛時期。

在相責上，明代從皇帝至一般官僚都對內閣寄予厚望。責任是與職權相聯繫的，內閣雖然沒有法定的相權與相職，但實際上卻行丞相之職，必然會有丞相之責。據高拱所言，相職的最佳效果是：「必是使陰陽調和，紀綱整飭，百官奉職，萬姓樂生，禮教流行，風俗淳美，兵強財足，四夷咸賓，然後其職乃盡。」[37] 綜觀明代閣臣的活動效果，這些只是閣臣追求的一種政治理想罷了，由於內閣的職權宰相化的特點，人們也用較高的標準要求內閣，因此朝政有所缺失，內閣也就成了攻擊的目標。弘治時，首輔徐溥說：「凡政事缺失，軍民困苦，責望必歸，其（指內閣）罪尤重。」[38] 閣臣不得不承擔政治缺失、民情苦楚的行政責任，內閣也往往主動承攬責任，甚至引咎辭職。楊廷和說：「內閣乃深嚴之地，辦事則機務所關，雖建官無宰相之名，而責任有鈞衡之重。」[39]「欲知宰相賢否，視天下治亂。」

然而，如果從內閣結構上來說，卻沒有賦予內閣宰相職權，內閣也就可以不對時局負責任，邏輯上雖如此，實際上人們卻並不這樣看，這樣勢必導致朝廷上下對內閣的期望過高。閣臣常處於一種矛盾的狀態，丘濬以為：「內閣所辦之事，乃國家大制，作大政務，大典禮，雖專詞翰之職，實兼輔弼之任。」[40] 他將輔弼之任擺在詞翰之職之後，並且視為兼職。正德時，李東陽也云：「臣等所居之官，論思輔導之職也。」大學士楊廷和說：「臣等備員內閣，職專輔導。」[41] 而把預機密之謀、代王言、總國政等實際重任，或故意等閒視之，或擱罷一邊。在此，閣臣並非沒有意識到內閣的真正重責，而是將祖制對內閣職權的限定，作為自己退讓的一把保護傘。

一直到明朝後期，許多閣臣都試圖恢復永樂朝之舊，對於時政日壞的局勢採取一種與我無關的態度；更有甚者，「動以本朝不設宰相為言，及至恣睢行私則又莫敢誰何，是居事權之實而隱其名也」[42]，這是內閣名實不副的必然結果；萬曆時，閣臣葉向高曾對此有過一段精闢之語：「祖宗設立閣臣不過文學侍從，而其重也止於票擬。其委任之權力與前代之宰相絕不相同。夫以無權之官，而欲強作有權之事，則勢固必敗；以有權之事，而必責於無權之官，其望更難酬，此從來閣臣之所以無完名也。」[43]一句話，內閣是在以無權之官強作有權之事，並受其責，結果勢必無有完名。葉向高將內閣看作是無宰相之權，而有宰相之職責，主要是因為內閣沒有堂而皇之地行使相權的制度保障。部院對於內閣的態度取決於內閣，尤其是內閣首輔的權力，而不是職權上的必然服從，這也是內閣雖處相職，又不能充分行使相權，從而使內閣制未能徹底宰相化的主要原因。

內閣在相名、相職、相權、相責上凡此種種的特點，使內閣的次君主權力層的地位在主觀上有不可彌補的缺陷，即內閣宰相化的過程時斷時續、反反覆覆，以及內閣權力的不穩定，加之部院的權力抗衡、宦官的權力制約、皇帝的權力支配，使內閣權力更加軟弱，實際運作搖擺不定。我們看到，一旦皇帝對內閣表示不信任，內閣的權力隨之頓減。皇權與閣權無法正常溝通，皇權便傾向於宦權，作為皇權的延伸的宦權便成為皇權控制以內閣為代表的、整個儒生官僚集團的工具，因而，有時宦官甚至控制了閣權，成了真正的次君主權力層。內閣次君權權力層地位的保障，在某種意義上取決於它與宦官鬥爭的結果。

由於內閣宰相化發展的結構缺陷以及強大外在權力系統的壓力，內閣能否有所作為便與閣臣本身關係甚重。「治道得失，人才用舍，理亂興衰，宰臣是焉。」閣臣的賢否、能力的強弱（包括應變能力、機智、膽略、處政的練達等）往往與整個內閣的權力水準相聯繫。明代閣臣可分為「賢相」、「權相」、「奸相」、「庸相」、「閹相」和「中材之相」，他們的權力活動對整個君主專制政體都有著不一樣的影響：賢相使內閣與君權保持和諧平衡；權相使內閣與君權間蘊藏著激烈衝突；閹相則使內閣喪失獨立的地位；權相輔政時，內閣的地位最高；閹相或庸相輔政時，內閣的地位最低；中材之相輔政時，內閣地位平平。君主專制本質的人治特點，既給了內閣最大的局限，也給了內閣最大的發揮天地，「君道之盛衰由於相業之隆替」，「君擇臣，臣也擇君」。[44] 明代大思想家李贄認為：「中國家不設丞相，蓋實慮得臣之難耳。」[45] 其實，政治的清濁治亂，在於君臣之間和諧的選擇，閣臣要發揮自己的能量，必須要有皇帝提供一個可以施展的權力天地，否則再有才具的閣臣也是枉然。

「相職，隆燮調之寄。」[46] 由於閣臣的經歷多偏於詞林，與漢唐宰相必歷郡縣不同，以致他們在秉鈞衡、平章的重任之時，未能全然得心應手，「萬歲閣老」、「青詞宰相」、「『何況』輔臣」，比比皆是。崇禎時，閣臣鄭以偉的「臣富有萬卷，而窘於數行」成為閣臣出身局限的一種典型寫照；而皇帝對閣臣的奪權，又使閣臣更注重於與皇帝一致，而隱瞞著自己的鋒芒，直至磨平稜角，儒雅的深處是平庸。嘉靖十四年（西元一五三五年），世宗召大學士張璁、李時，問內閣缺人，誰可堪此任；張璁請皇帝自擇，並云「內閣之任與他司不同，謂之機務者，機乃發動之由，一有差失，為害不細，所以此官必須慎重」[47]。首輔不敢推薦相材，以免冒奪君權之嫌，如果是一種政治權術倒可理解，但通常是內閣被動地接受皇帝的選擇。

因此，從根本上來說，若對內閣擔當宰相重任、完成非內閣本身的角色寄予太大的希望，最後必然失望。結構的局限、外在權力系統的壓力、相材之選的困難等，都影響到這一點。

二、閣權變化對明代政治的影響

內閣權力在君主專制權力系統中的位置特點、內閣權力的不斷變化的過程，對明代政治產生了巨大的影響。張璁將內閣說成是位處「發動之由」，因而一舉一動都會有相應的政治效應，這是對內閣地位影響的一種恰當形容。

明代閣權從永樂到崇禎，共經歷了幾個大的變化階段，即永樂到宣德階段、正統至正德階段、嘉萬時期和天啟崇禎時期，權力線波動忽高忽低，但總體上處於上升勢態。嘉萬時期，內閣權力成長主要是內閣結構變化的產物，同時也與首輔權力的積勢相關。結構的影響、皇權的制約、閣臣主觀能動方面的特點，是閣權水準的基本制約性因素。「體元者，人君之職；調元者，宰相之事。」[48] 崇禎帝對內閣輔臣說：「職掌在部院，主持在朕，調和在卿等。」[49] 準確地說，皇帝是凌駕於官僚機器之上、維持官僚機構的統一性與流動性，是遏制官僚機構腐化的總調節器；內閣是輔助這一總調節器正常發揮功能的次調節器。皇帝的主持與決策、內閣的輔佐與調和、部院的執行，三者構成了中央政治系統的基本框架。從結構上來說，內閣不是政府機構中一個獨立的正式衙門，它不同於中書省可以直接控制部院，結構規定它只是皇帝的一個輔政機構，輔導、格君心與輔政、決事相結合，因而在根本上依附於皇權；但是，在內閣的發展過程中，它趨向於成為一個正式的次君主權力層，發揮它的調節功能。因此，內閣對政治的影響程度，首先取決於它對君主的影響與制約、對部院的權力侵奪與控制。

由於內閣缺乏官僚系統直接的行政上的支持，而是作為在制度上與官僚系統相脫離的皇帝的輔政機構，所以，內閣的權力更仰賴於皇帝的權力，內閣權力波動性大，而這則使得內閣無法對政治產生宰相般的影響；淺言之，內閣常常對政局有力不從心之感。中書省被廢后，皇帝又多了一重行政首腦的身份，相權與君權合而為一，而內閣的宰相化要求皇帝歸還原先屬於宰相的權力予內閣，皇帝充當「體元」的角色，但皇帝並沒有這樣做。皇帝只是把相職讓給了內閣，而將法定的相權還留在自己的手上，內閣職權的矛盾發展正是皇帝統治的手段。這樣，內閣的政治理想的實現取決於皇帝的賢明與對內閣的信任，可以這樣說：明代政治腐敗與否的關鍵是皇帝。崇禎帝說：「朕非亡國之君，諸臣盡亡國之臣。」進而推卸皇帝作為政府首腦對於政局敗壞應負的責任，而將閣臣這一併無法定相權的次君權權力群體作為了「替罪羊」。歸德於上，歸過於下，成為內閣無法擺脫的枷鎖。

我們看到，明代皇帝對宦官的寵任，激起了內閣一次次強烈的反對，但問題始終沒有解決。成化二十三年（西元一四八七年），監察御史陳孜疏云：「我朝祖宗既設司禮監掌行，又命內閣大學士共理，內外相維，可否相濟。近來政務之決，間在大學士不與聞者，今後政務，不分大小，俱下司禮監及內閣公同商榷，取自聖裁。其有極重大者，乞敕多官計議，奏請區處。」[50]這裡公然將內閣與司禮監看成是共理國政，既是一種歷史事實，又說明了內閣地位的可悲，有這樣一個直接代皇帝硃批的司禮監、代王言的內閣，極大限制了內閣對皇帝的影響力。內閣與宦官的矛盾反映了一定程度上內閣與皇帝矛盾，而皇帝在內閣與宦官之間往往更偏袒後者，明武宗說：「天下事豈內官專壞之乎？」崇禎帝多次對閣臣表示：「苟諸臣殫心為國，朕何事乎內臣！」皇帝重用宦官的另一面是對內閣的輕視，皇帝對於內閣採取了一種可怕的報復態度。皇權的絕對化，加之宦官的引誘與迫使，使皇權成了腐化的中心，在總體上，內閣要改變皇帝與宦官的腐化幾乎不可能。正德時，楊廷和等拒絕草敕，但阻止不了武宗的荒唐之舉；劉健、謝遷謀逐劉瑾，卻落得個自取喪職的命運；高拱條絀司禮之權以還內閣，也只得落職而去。武宗在臨終時諭司禮監說：「前事皆由朕誤，非汝曹所能預也。」[51]皇帝在撒手歸天之際代宦官承擔了所有的過失，至死也如此不負責任地表態。

當然，皇權與宦權如此肆無忌憚，是否內閣就無所作為呢？非也。「事事仰承獨斷，而諂諛之風日長。」[52]內閣理想中的皇帝卻正是乾綱獨攬，權不下移，事取御裁者，如此，內閣可以很好地充當輔弼大臣的角色。[53]然而，明朝的皇帝也不將權力下放給內閣，而寧願讓宦官染指，這種時候，內閣採取了兩種態度：

一是反對皇帝脫離君道正軌，以一種對立的姿態出現，而不管怎樣，內閣以一個集團的身份對皇帝的行為表示異議，仍能對皇帝的舉動有所影響，至少皇帝在恣行時能感覺到一股制約的力量，因此在皇帝的政治生活中，總是有一種物極必反的調節現象。弘治時，孝宗不見大臣，但在徐溥、劉健等閣臣的一再要求下，多次面召閣臣，裁決大政；明武宗從對太監劉瑾被處以的磔刑，「令衙門逐一查革改正」[54]，楊廷和多次拒絕草敕，阻攔武宗行動，但武宗還是沒有將他罷職，因為在武宗看來，處理政事還有賴於內閣。

二是對皇帝採取奉承的態度，以此為代價獲取權力，「青詞宰相」是其代表。青詞成了溝通皇帝與閣臣的橋梁，是二者關係密切的黏合劑。嚴嵩在為世宗日夜憂勤地撰寫齋醮詞時，一步步成了內閣乃至朝廷中的實權人物。美籍學者蘇均煒認為：「試問，自從世宗懶得視朝、懶得召見大臣，而僅僅召見首輔，若沒有像嚴嵩那樣忠勤侍候，不時把他急躁的脾氣安定下來，尤其在邊患厲害的時候，朝政很可能變得更壞。有了嚴嵩這個擋箭牌，也就緩和了好些君主和其他臣子間的對立形勢。」並言及嚴嵩在對「北虜」採取和平政策等方面的功勞。[55] 姑且不論嚴嵩的賢奸問題，他對當時的政治與社會確實不僅僅是一味的破壞，「青詞宰相」以一種特殊的方式影響著政治。

理想的政治是一種「明君賢相」的政治，而明代皇帝與內閣能達到這種境界的，恐怕只有「三楊」與仁、宣皇帝了。在這種境界中，皇帝不僅本身須謹守君道，而且得不斷勸誡內閣心腹大臣消除疑慮，悉心用事。正統初年，張太后推心任用「三楊」，凡事必先遣中官詣閣諮議，然後裁決。一般來說，皇帝大權不下移，委任內閣，政治基本上可以穩定地發展。由於「明君賢相」的時限太短，內閣更要靠自己爭取權力，而明世宗「委政內閣」，內閣宰相化的特色十分明顯。我們發現，在內閣權力增大之時，多能引導政局走向穩定。內閣的權力在張居正輔政時達到頂點，而這時也是國家從疲憊中重新振興之時，使正德以來積弊日深的政治出現了一線生機，這是眾所周知的事實。嘉靖十四年（西元一五三五年），世宗召見閣臣李時，問太倉積貯。李時曰：「聞頗充贏，由革冗員補多。」世宗說：「此是即位詔書所革，乃楊廷和之績不可泯者。」世宗《即位詔書》即是楊廷和內閣的作品，正嘉之際，楊廷和權力的膨脹對政治社會所起的積極作用，世宗也不得不承認。

由此可見，內閣權力的膨脹是一件具有積極意義的事，但宦權的增大與閣權的增大為什麼會有不同的效果呢？這主要在於，宦權的增大本質上是皇權腐化的結果；而閣權則恰恰相反，內閣擁有較大的權力之時，也是皇權能比較能規範化發揮作用之時。而內閣權力膨脹的真正積極意義，還在於內閣權力的制約，即以權力制約權力，以及內閣權力的正當運用。

內閣的權力制約對象，主要是皇權和宦權。皇權的至高無上，從而缺乏應有的制度化制約力量，其腐化勢所必然；更重要的是，皇權的腐化又引入了另一種腐化的力量，即宦權擴大。內閣的權力制約，恰恰強力制約了這兩種腐化，使政治結構保持穩定的態勢。明代有許多皇帝不理朝政、不親大臣，但政局從混亂中幾次重新秩序化，都是因為有內閣大臣的調燮之功。明神宗晚年完全是一個亡國之君的模樣，但國運未絕，多虧於閣臣的設法補救；而如果內閣自始至終保持著永樂的水準，缺乏擔當的勇氣，那很難想像明朝能綿祚兩百七十餘年。

永樂政治，皇權主動、積極而活躍，內閣是典型的備顧問角色。明中後期，一些閣臣（如徐階、葉尚高等）試圖復永樂之制而沒有實現，就在於皇權沒有具備使內閣為顧問機構就可國泰民安、政情通達的條件。按照黃宗羲的理論，「臣之與君名異而實同」、「天下不能一人而治，而設官治之，是官者，分身之君也」。[56] 換言之，閣臣也是皇帝，他們是共同治理國家，而非閣臣只是皇帝的奴僕，所以他認為張居正之過就在於「不能以師傅自待」，這無疑是非常可貴的見解。但是，批判歸批判，歷史的事實卻是在絕對君主專制政體下，大臣人格日益附屬君權，更不敢以分治天下而言政治。如此，閣臣之於皇帝，就不可能有共理天下那種權力布局的制約，即不是一種人格與權力平衡的制約，而是一種具有相對依附人格、以下對上的仰視式制約，這種制約的效果就可想而知。

宰相制是對皇權一種制度化力量的制約，而內閣雖然也具有制度化制約的因素（如票擬權；政事不由內閣，朝臣不由廷推，皇帝直接降旨，詔旨不合法度等都可以封駁詔旨等），但更多的是一種人為因素的制約，即制約程度與首輔的權力有很大的關係。「使宰相不罷，自行以古聖哲王之行摩切其主，其主也有所畏而不敢不從也。」（黃宗羲語）宰相制廢，對於君權就失去了一種有力的制約，這樣，我們更可以看到內閣權力膨脹的積極意義。內閣權力越高說明它與宰相制的距離越近，宰相之於皇權的那種制約在內閣身上就越明顯。權相張居正對幼君神宗的制約就相當典型，但是，這種明代閣臣對皇帝的最大的制約，也有最大的缺陷，即他的制約更多是人的制約，而非法權的制約。內閣制在嘉萬時有了很大的變化，尤其是對百官的干預權力，由於時間久遠已形成了內閣當然的權力，這是應該注意的事實。但張居正亡故之後，內閣之於皇權的狼狽局面，也表明權相存在的必要。[57] 萬曆後期，方從哲獨相，力請簡補閣臣，「帝以一人足辦，迄不增置」，[58] 以致「閣空無人」。在皇帝對內閣權力這種極端藐視面前，沒有一位閣臣敢於像張居正那樣以相自處，不較身後之毀譽，而是先設法調劑，不行則堅辭閣職。因此，閣臣雖於時局有所補救，但終究不大，不敢望張居正相業之項背。

我們認為，明代政治的社會效果不能一概抹殺，是因為有內閣宰相化後對皇權及宦權的權力制約；而明代政治始終一敗塗地，則在很大程度上是由於內閣宰相化不徹底，未構成對皇權、宦權的強大的法定權力制約。[59]

內閣權力的正當運用，這當然是相對而言的。「萬安貪狡，劉翊狂躁，劉吉陰刻」，嚴嵩、溫體仁、周延儒等坐行多不正，在當時就為士林所攻擊乃至不齒；但總體而言，內閣對於明代政治史起著一種維護、穩定、合理調節的作用。除了防止皇權與宦權的腐化，在國事決策上往往能審時度勢，趨於合理。如在處理與蒙古族關係上，嚴嵩、高拱、張居正都有一定的策略繼承性。張居正時的貢市政策，取得了邊境安謐、四民樂業的效果；果斷地抗擊倭寇，有賴於內閣的運籌帷幄；在安置流民、發展社會經濟方面，內閣也有建樹。

張居正的改革就是最典型之例。政治上，他以「尊主權，課吏職，信賞罰，一號令」為施政綱領，在加強皇權的旗幟下提高了內閣權力，吏治為之一肅，使官僚機構處於一種較高效率的運行狀態；經濟上，他全面推行「一條鞭法」，減輕賦民的負擔，也保證了國庫的收入。[60] 而且，他認為「欲物力不屈，則莫若省徵發，以厚農而資商；欲民用不困，則莫若輕關節，以厚商而利農」[61]，十分難得的悖於傳統的重農抑商，是當時比較激進而開放的思想；此外，他在處理與蒙古的關係、平定東南倭患上都有不朽的功績；同時，在對待皇權上，他認為「立君以為民」，勸君主戒遊宴、專精神、節賞賚、卻珍玩、親萬幾和勤講學，實際上包含著相當深刻的君權限制思想。張居正能夠進行這一番改革並收到較積極的社會效益，有幾方面條件的保證，即內閣權力的膨脹；「治國、平天下」的儒家思想支配；個人的膽略；特定的歷史環境（如幼君、顧命大臣的身份、太后的專政、太監馮保的配合等）等，內閣只有在處於宰相化地位、具有宰相化意識時才可完成這種改革。

部院卿貳與閣臣或許有著共同的文翰經歷和儒家文化的陶冶，但即使是吏部尚書也不可能會像內閣一樣，充當裁決萬機的宰相化角色，六部之間的牽制已使他無法在決策層有多大的伸展。宦官代皇帝批紅，具有分享皇權的性質，但他們在政治觀上更注重自私的利益，努力迎合皇權的自私本性，缺乏儒生官僚那種歷史責任感和時代使命感，因而他們在政治舞台上多起著一種消極的作用。可見，只有內閣才能比較好地充當改革家的角色，內閣的權力地位和政治理想是他們有別於其他諸如宦官、部院等諸種政治集團的關鍵所在。

另外，內閣權力的正當運用及其效果，還與閣臣的選拔制度（閣臣一般不外遷，可以久任）的特點有關。有人認為：「中國內閣制度，人治成分多，法治成分少，制度雖有許多缺憾，但由於大學士考選公平，訓練合理，故閣臣皆一時之人傑。更因能久於其任，明禮儀，知進退，輔國安民，率以正道，故明代內閣制度能延續三百餘年之久。」[62] 這種評價較為公允。

面對內閣權力的增大以及上述有目共睹的社會效果，在官僚系統中引起了兩種對立的反映。一是反對的觀點，持此意見者認為，內閣權力大則有違祖制不設宰相之深意；再則「權臣蠹國」成為許多人一種根深蒂固的偏見。尤其是在部院、科道中有一批人，更是堅決反對內閣的宰相化，如主張內閣分票，「臣下於權當分，而不當專」，希望皇帝「存內閣以遵太宗之制，減事權以遵太祖之訓，再仿祖宗之意，令六部諸大臣更番入直，以備訪問」[63]。祖制、祖訓成了壓制閣權成長的尚方寶劍，特別是那些以相自處的內閣首輔更成了眾矢之的，「專擅」、「蔑君」等罪名一個比一個令人恐懼。嘉靖三十二年（西元一五五三年），員外郎楊繼盛疏劾嚴嵩時云：「嵩無丞相之責。」[64] 這是一種頗具代表性、攻擊內閣權力膨脹的觀點。「閣臣銜列翰林，止備顧問，從容論思而已，（張）居正專擅政事，挾制朝臣，祖宗之法若是乎？」[65] 嘉萬之時，即使是世宗也不得不承認內閣「實有相職」，而大臣們仍食祖不化，絲毫沒有政治變通的觀點。他們沒有看到，當時沒有幾個皇帝可以和明成祖相侔，卻只是一味要求閣臣必須固守成祖之制。

這種旨在維護絕對君權的觀點，實質上是一種對歷史不負責任的論調，是消極而有害。朝野上下勢如狂潮般對內閣權力膨脹的指摘，形成了一個於內閣十分不利的政治環境，使閣臣的每一次權力的增大，都要冒著這種輿論譴責乃至最後喪職的危險，這是一種無形又強大、對閣權的制約。許多閣臣對內閣宰相化的畏懼，不能不歸結為這種消極制約的政治環境。弘治時，閣臣丘濬說，內閣所受「眷顧之隆，恩典之厚，比諸庶僚，懸絕之甚，是蓋當代仕宦之階第一選」[66]。內閣成了百官的最高官運理想。但是，這種「仕宦之階第一選」本來在制度上就沒有強大官僚系統的行政支持，而今又遭到他們對內閣權力地位不遺餘力的攻擊，內閣次君主權力層的地位時強時弱、時大時小也就更不難理解了。

二是贊成的觀點。即認為內閣應當擁有較大的權力。嘉靖時，御史曹嘉認為內閣權太重，但很快有給事中鄭一鵬、黃臣和御史陳講等分別上疏認為，當時的內閣權力並不大，「諸凡票擬，中多更定，此未可謂之重也」[67]。並主張「凡百命令，悉付內閣票擬，有未當意者，再令改擬精切，然後形諸批答」[68]。即維護票擬的法權地位。這是科道官擔憂旨從中出，在內閣權力與宦官權力兩者之間，他們當然選擇前者來輔政，裁決政務。至萬曆時，內閣對部院的干預在許多人心目中已合法化，被事實上接受。

以進退百官之權而言，萬曆後期，閣臣沈鯉認為，閣臣的賢否不在於自賢自能，而在於「舉天下之能以為能，而以人事君，然後為大」[69]。為了避免內閣奪吏部權之嫌，主張再讓九卿科道官各舉所知，與內閣舉知相印證，合則行內閣之言薦。沈鯉此言實是謹慎而又大膽，說他謹慎，是因為他不敢主張內閣專百官之進退；說他大膽，是因為他畢竟公然提出內閣應當干預人才之選拔，這反映了萬曆時內閣事權擴大的一種需要。

崇禎時，內閣中書陳正龍對內閣職權的闡述很有見地，他認為，明世宗命張璁、李時分別吏部、都察院等部院官才品，又予二人以議吏、兵二部尚書人選之權，是因為「輔臣又吏兵部院之綱領也，下至群僚賢否，草野逸才，皆輔臣所宜留心，而不得專以票擬章疏足盡帷幄論思之職業也」。又云：

「能定大將，然後可以為輔臣。」[70] 主張以內閣推薦人才之多少，而定輔臣之稱職否。這種認為內閣之職權不應止於票擬，而應擔當舉薦大僚的重任的觀點，也是時局對內閣的期望。崇禎初，劉宗周也說:「人君者，天之宗子；輔臣者，宗子之家相。」輔臣應該有所作為，而皇帝「宜分任咎」，確實如此。在明末政局日蹙的情形之下，固然皇帝也應更弦易轍，但內閣如果僅僅滿足於票擬權或是畏畏縮縮，那必然是無可奈何花落去；只有在內閣真正實現相職與相權的結合，以天下之人為己任的情形下，時局或許會稍有轉機。然而，我們看到，一方面，這一派觀點始終未占上風或只是在特殊條件下的呼籲而已；另一方面，內閣也沒有真正在制度上達到宰相權力水準，這是內閣權力發展及其影響的又一局限與遺憾。

總之，內閣權力發展的亦強亦弱、制度化與非制度化、穩定性與非穩定性的特點，使它對明代政治與社會的影響也是變化不定，但其基本作用是值得肯定的。

（原載《明史研究》第二輯）

崇禎皇帝的宗教信仰分析

人不能沒有信仰，而作為一國之主的信仰更有引導作用。明朝的皇帝無一例外都是有神論者，並且對道教情有獨鍾：明太祖朱元璋稱大明王；永樂皇帝自以為真武大帝的化身；正德皇帝自封為大慶法王；嘉靖皇帝自封為道教帝君。崇禎皇帝也信道教，但不止於此。他的宗教信仰多樣，而且不時變化，頗有實用主義色彩。

隨著當時國內外形勢日益惡化，崇禎皇帝越發空虛、孤獨。他十分自信以至於自負的程度，對文武大臣缺乏真正的了解，缺乏足夠的信任。看到大明江山一天天被後金（清）和農民軍侵蝕，他深感苦惱，憂心忡忡；他深感危機四伏、江河日下，卻找不到擺脫危機的良方；他希望得到母愛，得到女性的溫柔，但人間之愛總是離他那麼遙遠。有時明明是可以獲得的愛，卻在不得不裝出嚴肅正經的臉面之下，過著無愛而結合的生活。

作為一個皇帝，他可以濫施淫威，為所欲為；作為一個人，他的人格卻被分割，性格被扭曲，無法享受人生。他不甘於此，於是努力尋找著孤獨和苦悶的解脫。

於是，他找到了神。

一、痴迷道教

崇禎皇帝信奉道教，雖然其虔誠不如正德帝、嘉靖帝，因為他的信奉不是一種消遣或嗜好，而是一種政治需求和心靈解脫，為了排遣心中的孤獨煩悶，為了神靈的指引和佑護。朱元璋說：「禪與全真務以修身養性獨為自己而已，教與正一專以超脫，特為孝子慈親之設，益人倫，厚風俗，其功大哉。」歷朝皇帝廣設齋醮，篤信方術，任用道士。崇禎帝雖也如此，但實用得多，總是希望於時政有補。

崇禎帝即位之初，被魏忠賢勢力重重包圍，欲使其變為熹宗第二，不理朝政，故選絕色美女四人進獻於帝。崇禎帝為了不打草驚蛇，表面上高興地接受了這份特殊的禮物；當四美人入宮後，崇禎帝命親信太監搜查其身，發現四美人身上各帶有香丸，名為「迷魂香」，這種香藥只要人聞到，即魂魄蕩漾，色心頓起，崇禎帝便嚴旨勿進。

一晚，崇禎帝在便殿閱覽奏章，不覺間心中有異樣感覺。他即刻起來，命貼身太監秉燭繞行，遍察四周，但毫無所獲。他一言不發，似乎在屏氣靜攝，近侍也不敢發聲或奏稟。忽然間，他發現遠處殿角有螢火微微發亮，即命人毀壁入視，只見一小太監捧香端坐於內。經審問，小太監供認乃魏忠賢指使，焚香引誘皇帝欲念，並說此方是宮中舊方。崇禎帝怒令毀掉，並戒以後不許再進。

崇禎帝感嘆：「皇考、皇兄皆為此物所誤呵！」父親光宗因吃了鴻臚寺官李可灼的「紅丸」藥而一命嗚呼；兄長熹宗也昵近群小，荒於政事，而崇禎帝不願重蹈覆轍。一般來說，皇帝多不願控制自己慾望，尤其是守成之君難逃各種誘惑。崇禎帝處危機之時，要有所作為，必須多加自我克制，因為人欲縱之，必滅自身。後來，他在談到聞香心動之事時說：「吾方靜坐養氣，而心中忽有所動，方疑必有緣故。」確實，由房中術、迷魂香而致荒蕪政治者不乏其例，所謂「自古人主與賢士大夫接觸，目的在於聞正言，見正事，君德有成；若一入深宮，即與婦寺相狎。既耽聲色，朝臣日疏，內豎肆虐，往往由此」。

為了大明江山不朽，崇禎帝設醮求神，時刻注意與人慈聖的印象。天下多難，為了表示對百姓的關切，他多次下諭反省。他在自己齋居時也要求大臣務必反躬自省，希望以自己的表率感動百官，悉心用事，摒除私見，進而感動神靈，化凶為吉，風調雨順。

崇禎三年（西元一六三〇年），久旱不雨，崇禎帝齋居文華殿，並諭百官修省。他認為，上天如此不予眷顧，大概是由於君臣的過錯所致，他希望自己的虔誠能感動上蒼降雨。這場大旱幾乎持續了一年，崇禎帝焦慮不安，苦悶之極。他多次問自己，為何虔誠並不能感動上蒼。次年四月，他在宮中舉行祈雨儀式，但祈求了許久，滴雨未下。大臣們都齋宿在龍衙署內，平日清淡的詹事府，詹事、協理等官二十餘人聚集一堂，成為朝署的一個奇觀。五月，崇禎帝身著苧袍，頂著炎炎烈日，步行到南郊祈禱，向上天表明誠意和代百姓受苦之心。

祈雨沒有成功，崇禎帝受到打擊，但沒有放棄。相傳，有一次崇禎帝聽說張真人法術甚高，便召之，給張出了一道難題：六月降雪。張真人滿口答應，連續五天登壇祈禱，果然下了雪。道術的靈驗，讓崇禎帝心中浮起了希望。

崇禎十年（西元一六三七年），大旱，崇禎帝祈雨許久無果，於是下罪己詔。詔中云：「帝德好生，降罰必有所致。久祈不應，乃朕躬之悃誠未能上達，朝廷之德澤不能下沾。」接著羅列了官吏的種種過失，認為「似此種種，足干天和。積過良深，所以挽回不易。都著洗滌肺肝，共竭悃誠，仰祇天意」。在此，表面是責己，實則責臣，勸百官潔身自愛，以回天意。縱覽全詔，沒有多少筆墨是檢討自己的過失，多數落的是大臣不法謀私害民之事，崇禎帝對於祈雨不應的解釋是，上天沒有感覺到他的誠意，大臣積過太深。如此，雖然沒有取得求雨的直接效果，卻為自己樹立了一個正面、高大的形象。

崇禎十一年（西元一六三八年）四月，發生月食火星奇觀。依常理，此乃大災大難的先兆。崇禎帝平生第一次見到這種怪異的天象，惶恐不安，當即於宮中齋沐祈禱，素服減膳，並傳諭各衙門一律素服修省。兵部尚書楊嗣昌上書說，月食熒惑，未必有大災，並列引漢唐以來有關史實加以佐證，說明「皇上修德召和，必然會有災而不為禍害」。楊講得有道理，雖然並非出於無神論；然而給事中何楷上書駁斥楊嗣昌之說，指出古人為「月變修刑」，禮虧則有熒惑，應省刑修禮，楊所言乃投機取巧而已。崇禎帝理解楊的用意，硃批「樞臣不必深求」，認為災異星變，首先是皇帝要有反應，以示重視，如果皇帝遇此重大災異而反應不及時，則會被人視為昏君。崇禎帝強調，大臣應當以星變為戒，體諒君心，悔過圖新。之後，他以近一段時間災異迭見，自覺難辭其咎，便齋居永壽宮，諭廷臣修省。

一些大臣對於崇禎帝頻頻於宮內設醮，而不注意採取實際措施化解困難表示異議。禮科給事中姜埰上書說：「宗社之安危，必非佛氏之禍福。正德初年，遣太監劉允誠馳驅西域，可為鑑戒。」崇禎帝沒有聽進去。不久，戶科給事中左懋第也上書不要迷信齋醮，說：「去秋星變，朝停刑而夕即滅。今者不然，豈陛下有其文未修其實乎？臣敬以實進。練餉之加，原非得已。乃明旨減兵以省餉，天下共知之，而餉猶未省，何也？請自今因兵徵餉，預使天下知應加之數，官吏無所逞其奸，以信陛下之明詔。而刑獄則以睿慮之疑信，定諸囚之死生，諸疑於心與疑信半者，悉從輕典。豈停刑可止彗，解網不可以返風乎？且陛下屢沛大恩，四方死者猶枕藉，盜賊未見衰止，何也？由蠲停者止一二。存留之賦，有司迫考成，催徵未敢緩，是以莫救於凶荒。請於極荒州縣，下詔速停，有司息訟，專以救荒為務。」（《明史》卷二七五〈左懋第傳〉）左的觀點很鮮明，要消弭災禍就得有實際行動，不要在齋醮這一飄渺的儀式上費太多功夫，這刺到了崇禎帝的痛處。崇禎帝的每一次齋醮幾乎都是不得已，他不像嘉靖帝那樣視齋醮為生命的一部分。他對於左的言論沒有嗤之以鼻，相反，讚許左說得有理，隨之下詔將遭受災禍嚴重的七十五州縣新、舊餉和練餉（三餉）悉數停徵；將遭受中等災害的六十八州縣只徵練餉，遭受一般災害的二十八州縣待秋收後再督徵，說明崇禎帝沒有在齋醮的路上迷失方向，祈禱的同時，也在思考時局的出路。

崇禎十二年（西元一六三九年），皇帝苦於將官不用事，曾於宮中設壇親召天兵天將，可得到天帝的回答是：「天將皆已降生人間，無可應召者。」這多少有些諷刺，天帝處無兵將，現實中與農民軍作戰損兵折將。次年，軍事形勢急轉直下，他環視諸將，幾無可用之才，難以託付剿「寇」重任。曾幾何時，熊文燦以為用「撫」，可讓已成氣候的農民軍偃旗息鼓，不料成了農民軍反剿官軍的契機；楊嗣昌督師志在一搏，但在軍事藝術上不是張獻忠的對手，最後陷入張獻忠所施妙計，他「十面張網」的計劃曾讓崇禎帝高興了一陣，如今網破了，沒有誰再敢提圍剿農民軍。

不巧，當此之際，旱災、蝗災、時疫、地震、日食、月食等接踵而至，民心惶惶，崇禎帝深感淒涼和疲憊。也是從這個時間起，他的祭祀活動變多，花樣也變多了。崇禎十三年（西元一六四〇年）二月，於東郊祀日；三月祈雨；五月，於北郊祀地。次年正月，於南郊祈穀；二月，以災異迭見，時事多艱，下詔停刑減罪；三月祈雨；五月，於北郊祀地。崇禎十五年四月，於北郊祀地；六月，築壇親祭死事文武大臣。崇禎十六年六月，雷震奉先殿獸吻，敕令百官修省；十月，祭告太廟；十一月，於南郊祀天。當時，京城疾疫流行，朝病夕逝，有全家數十口人一夕並死者。崇禎帝沒辦法，又令張真人建醮祈安，沒有絲毫應驗。

二、多神信奉

崇禎帝是個實用主義多神信奉者，他並沒有把神佑寄託在單一的神明，尤其發現齋醮解決不了問題後，即轉向眾神，祈禱或許總有一根稻草救命。

他重視天象，遇有異常，常請中外天文、星象專家解釋，或是占上一卦，以卜吉凶。崇禎十六年（西元一六四三年），周延儒自請督師，崇禎帝神祕地對周說：「朕在宮中看過奇門，正在此刻，一出朝門，即向東行，慎勿西轉！」因周家在西，故有此言。次年，他送督師李建泰出城，返宮時遇大風沙，又占上一卦，云「不利行師」。鳳陽地震消息傳來，再以風霾、地震，焚香告天，卜尤為不吉。

所謂病急亂投醫，成事者在於天時、地利、人和。崇禎帝初政時比較強調人事，力圖從實際出發，調整官僚團隊，弭除動亂，重建太平。然而，次次挫折使他明白，要靠個人力量使一個行將就木的人起死回生，是不可能的。他廢寢忘食、勵精圖治，但整個官僚團隊慵懶渙散，只圖一己之利，貪腐之風盛行。在京城，許多官員只圖今朝舒坦，不計明日安危，甚至說「韃子、流賊到門，我即開城請進」。清兵入犯，京城戒嚴，崇禎帝發內帑數萬，命分授守城兵，每兵二十錢。士兵拿到錢，以指彈錢，嘲笑道：「皇帝要性命，令我輩守城，此錢只可買五六個燒餅而已。」皇帝光環漸漸褪去，百姓、士兵更關心肚子的溫飽，官僚算計的是自己的前程，或許可在新朝弄個好位子。

崇禎帝對士大夫絕望了，他恨大臣，認為個個可殺，對神的寄託實在是無奈。

崇禎帝拜過的神靈有土地神、天帝諸神（日、月、星、辰、風、雨、雷等）、祖先、關公等。在列祖列宗面前，崇禎帝常感愧對。崇禎八年，農民軍焚燒皇陵，崇禎帝驚恐萬狀，當即下令處死鳳陽巡撫楊一鵬，並素服避殿，親臨太廟，告罪祖宗，後避居武英殿，減膳撤樂，下罪己詔，重申：今年正月，流氛震驚皇陵，祖恫民怨，皆朕治國無方所致。表示不忍安居深宮，不忍獨享甘旨，不忍獨衣文繡，要與文武百官共甘苦，直至寇平之日。皇陵之變在崇禎帝心中留下抹不去的陰影。

其實，崇禎帝的內心十分虛弱。屢遇挫折，於是歸罪大臣，性情更加暴躁，性格更加偏隘。對大臣恣意所為，懲治絕不手軟；對鬼神，他小心翼翼，不敢怠慢。太多的不如意讓他心煩意亂，感覺到崩潰的來臨。他有一個奇怪的想法，天災不斷，祈禳無功，實在於宮中有妖作怪。於是，他召張真人進宮除妖。張真人從江西一路趕往京城，崇禎帝召見說：「近來天災屢見，宮禁多妖，皆由朕之不德所致。雖躬行修省，然必賴卿冥通上帝，為朕敷陳，庶或轉禍成祥，化災為福。」足見崇禎帝焦急如焚。

三、結緣上帝

明朝末年，西方傳教士不遠萬里來中國傳教。當時全國已建起了許多教堂，引起了中國人的好奇。教士很快與中國的上層社會，乃至宮廷建立聯繫，贏得了一大批支持者。中國區耶穌會會長、著名傳教士利瑪竇是其中的佼佼者，他與明萬曆帝有不一般的關係。崇禎帝也希望西方的神靈能幫忙，與天主教結下了緣分，以下史實可說明一二：

1. 賞識傳教士湯若望等，並經常召集進宮，講解天主教教義。湯若望是德國人，一五九一年生，一六二二年來中國，一六三三年特召進宮見皇帝。傳教士用兩種武器打開了中國上流社會之門，一是西方科學技術和物質文明；二是宣稱的上帝的仁慈。湯若望在天文、曆法、西方科技等方面頗具才華，進宮取得信任後即向皇帝及宮人傳授天主教義。十餘年中，宮中經他洗禮入教者有一百四十多人，其中有三位王妃，宮中還有聖堂兩所，一所為太監用，一所為宮女用，湯若望經常進宮主持彌撒之禮。

據魏特《湯若望傳》載：「湯若望和他的同人，實在懷有使皇帝入教的希望。因為這位皇帝確係有種種善良特質，他的才智和他德行的堅定，從一位中國帝王方面看，很有可觀。他不是已經多次令人把偶像由殿中撤出，甚至命人毀滅寺廟嗎？當時許多人都相信，皇帝曾經保祿博士，暗中密授以基督教教義」、「若望自然乘機會利用其他中間人，向皇帝施以宗教影響。在他向皇帝所上的意見上書與請願書中，也會隨時加入對教會有利的言辭，皇帝曾多次令人把殿中的偶像去掉，也是若望努力的結果。」

可以認為，崇禎帝對天主教教義產生興趣，甚至部分接受，對原先的信仰開始動搖。

2. 擢天主教徒徐光啟入閣為大學士，更增添了對洋教的好感。徐光啟著《農政全書》，見多識廣，學問很深。徐師從利瑪竇學習西洋科技，並與湯若望、畢方濟、羅雅谷等傳教士名流相交甚歡，後經洗禮入教，與李之藻、楊廷筠並稱中國天主教的「三大柱石」。崇禎五年，徐光啟以禮部尚書兼東閣大學士入閣，參與機務。徐光啟在內閣政務中，因受到周延儒、溫體仁的排擠，其才華未得以施展，但有了接近崇禎帝的機會，便向皇帝極力推薦天主之說，並勸崇禎帝撤佛像以示對天主教的誠意。

3. 撤像與毀像。許多文獻記載，崇禎帝有毀宮中佛像之諭；一說是將佛像撤出，玉皇殿、英華殿、隆德殿、乾清宮原有佛像成千累百，盡行移往宮外。

宮中毀像、撤像應是無疑的，今天看來也是非同尋常的舉動。對菩薩的不敬發生在宮內，說明崇禎帝決心之大，入天主教之深。有趣的是，崇禎十三年，為解決軍餉支持楊嗣昌攻打農民軍，崇禎帝命將宮中供奉的金銀佛像悉數搗毀，以充兵餉，遠近哄傳皇帝要一心信奉天主教了。同年，湯若望上書，闡發教義，力勸崇禎帝信教。《聖教史略》卷十二記載，崇禎帝「雖未毅然信從，而於聖教之真正，異端之無根，固已灼有所見」。

據說，最終崇禎帝沒信上帝，是因為皇幼子慈煥之死。史說，慈煥病危時，手指九蓮華娘娘現形空中，歷數崇禎帝撤佛與苛求外戚之過，言畢而亡，時年五歲。崇禎帝痛心不已，於宮中齋醮超度，追慈煥為孺孝悼靈王、通玄顯應真君。由於禮部堅持以道號相封不妥，才改寧顯慈應悼靈王。不久，崇禎帝令將先前撤出宮外的佛像又搬回，從此又回到佛法之道上。

崇禎帝祈求過天主，祈求過真君，祈求過佛祖，祈求過祖宗及諸般神靈，希望帶來平安。然而，最終所有的神靈都未能保佑他，煤山成為了他的歸宿。崇禎帝在信仰上是開放的，虔誠但不專一，求神多於求人，實用多於心靜。信仰本身無所謂過錯，他的失敗在於明亡的必然，無力挽狂瀾於既倒。所謂「朕非亡國之君，臣皆亡國之臣」，實掩飾而已，崇禎帝當亡國之運，但也難辭其責。

崇禎十七年（西元一六四四年）三月十八日，北京被李自成的農民軍攻破，崇禎帝選擇了「國君死社稷」，在煤山上吊自殺，並在衣襟上留下遺言：「朕涼德藐躬，上干天咎，致逆賊直逼京師，皆諸臣誤朕。朕死，無面目見祖宗，自去冠冕，以髮覆面。任賊分裂，無傷百姓一人。」明朝壽終正寢。

（選自與張德信合著：《崇禎皇帝大傳》，遼寧教育出版社一九九三年版）

湖廣分省時間小議

清朝以前湖北、湖南曾同為一個地方行政機構管轄。如在元代設有湖廣行省，明朝繼承前制，設有湖廣布政使司，直至清代才將湖廣布政使司分為湖北、湖南兩省。但是，湖廣分省到底始於何時，至今未有一致意見，主要有兩種觀點，即康熙六年（西元一六六七年）說與康熙三年（西元一六六四年）說。

康熙六年（西元一六六七年）說以乾隆時編修的《清通典》（也名《皇朝通典》）為代表，卷九十三有云：「康熙六年定湖北、湖南兩省」、「康熙六年分湖南、湖北為兩省」，該書談及各府州分屬時也都說是康熙六年，後來有人沿用此說，如纂於光緒時的《皇朝掌故彙編》便是。著名學者趙泉澄、梁方仲等也持這種看法，趙氏在《清代地理沿革表》（中華書局，一九九五）第九十一頁中云：「康熙六年，裁湖廣省，分設湖北省」；第九十五頁又云：「康熙六年，裁湖廣省，分設湖南省。」梁方仲在《中國歷代戶口、田地、田賦統計》（上海人民出版社，一九八〇）一書第三百八十一頁注腳中說：「康熙六年分設湖北、湖南兩省。」

但是，現在較為普遍的看法是康熙三年說，持這種觀點比較有影響的幾本書：

① 《清史稿》卷六十七，「清康熙三年，分置湖北布政司，始領府八」，卷六十八又稱「康熙三年，析置湖南布政使司為湖南省，移偏沅巡撫駐長沙。雍正二年，改偏沅巡撫為湖南巡撫，並歸湖廣總督兼轄」。

② 嘉慶《湖南通志》卷三載，「康熙三年分置湖南布政使司，治長沙府」。光緒、民國後相繼編寫的通志均同此說。

③ 乾隆《荊州府志》卷三載，「康熙三年屬湖北布政司」。同治《穀城縣志》卷一也載：「康熙三年分屬湖北布政司。」

④ 光緒時刊行的《皇朝通志》卷三十云：「康熙三年分設為湖北、湖南二省。」

⑤ 羅汝懷編《湖南文徵》卷首，李瀚章也言，「國朝康熙三年置湖南布政使司，而楚北遂分為兩省」。另外值得一提的是，《四庫全書總目提要》關於乾隆時陳宏謀監修的《湖南通志》的介紹中談及，「本朝康熙三年，始析置湖南布政司」。

那麼，為什麼會有上述兩種似乎都是言而有據的說法呢？我們只要看看也是修於乾隆時又一著名官書《清文獻通考》（也名《皇朝文獻通考》）的記載則略知一二。此書卷兩百八十載：「康熙三年，以偏沅巡撫駐長沙，又移湖廣右布政使司於長沙，分治湖南。改湖廣巡撫為湖北巡撫，與布政使司仍治武昌，領武昌、漢陽、黃州、德安、安陸、荊州、襄陽、鄖陽八府。六年定湖北、湖南為兩省，改左布政為湖北布政使司。」卷兩百八十一又載：「康熙三年分湖廣右布政使司駐長沙，又增置按察使司並移偏沅巡撫駐長沙府，分領長沙、岳州等七府及郴靖二州。六年，改右布政為湖南布政使司。」

據此可知，康熙三年，湖廣右布政使司開始「分治湖南」，左布政使司分治湖北，各司所領府州也已明確，並且左、右布政使司治所也確立了，這很明顯已經在分省而治。而康熙六年所謂「定湖北、湖南為兩省」只不過是最後的確定罷了，或者說，此時只不過是將湖廣左布政使司與右布政使司改稱為湖北、湖南兩省罷了。

我們再看看《清聖祖實錄》的記載：康熙三年四月癸巳朔，「命湖廣右布政使移駐長沙，轄長、寶、衡、永、辰、常、岳等七府，郴靖二州」。同年閏六月辛未又云：「命偏沅撫巡撫自沅州移駐長沙。」這無疑說明康熙三年湖廣已經分省而治了。但是，如康熙七年九月丁酉、康熙九年八月甲辰分別有這樣的說法：「免湖廣黃岡等十三縣本年分旱災額賦有差」，「免湖廣漢陽等六縣並沔陽衛本年分旱災額賦有差。」為什麼這裡不言湖北漢陽等六縣或湖北黃岡等十三縣，而冠之以湖廣呢？難道這時沒有分省？其實，這只是由於湖南、湖北長期共省而治所形成的一種習慣叫法，絕非說湖廣在康熙七年、康熙九年仍沒有分省。

因此，筆者認為，湖廣分省而治的時間應是康熙三年（西元一六六四年），最後定湖北、湖南為兩省是在康熙六年（西元一六六七年），至於有人認為湖廣省「到雍正時，才分為湖北、湖南兩省」，則顯係錯誤。

（原載《江漢論壇》）

參考文獻

[1] 《史記》卷 6，〈秦始皇本紀〉。
[2] 韋慶遠．中國政治制度史 [M]. 北京：中國人民大學出版社，1989：134.
[3] 文天祥《文山先生全集》卷 3。
[4] 《宋史》卷 162〈職官志〉。
[5] 《舊唐書》卷 165〈郭承嘏傳〉。
[6] 《元史》卷 102〈刑法志一。
[7] 《明太祖御制文集》卷 2。
[8] 《明神宗實錄》卷 523。
[9] 《明神宗實錄》卷 239。
[10] 《明史‧夏言傳》。
[11] 王世貞《嘉靖以來內閣首輔傳‧序》。
[12] 何良俊《四友齋叢説》卷 7。
[13] 黃宗羲《明夷待訪錄‧置相》。
[14] 《明史》卷 71〈職官一〉。
[15] 正德六年，刑部主事宿進忤旨，武宗欲親鞠之。司禮張永至內閣宣李東陽、楊廷和入。李曰：「暮夜恐非見君之時。」張曰：「若不見，須擬旨進，我輩好奏也。」楊曰：「我輩不知本中所言何事，豈可輕率擬旨，但望諸公從容緩解，庶於聖德無損。聖政無虧也。」張曰：「上意難解。」楊曰：「難解而能解之，方見諸公挾持大公。」這裡，司禮監成了內閣必須利用的一種力量。而司禮監要想竊權也不得不拉攏內閣。
[16] 有人認為：「明代的內閣，不過是皇帝御用的一個擬定朝廷政令文件的文書房。」將內閣看成是皇帝的祕書處是有失偏頗的，這種觀點的最主要的缺陷，在於忽視了內閣的輔助決策性質。
[17] 王夫之《黃書‧任官第五》。
[18] 《明世宗肅皇帝寶訓》卷 6。
[19] 《明神宗實錄》卷 501。
[20] 《明世宗實錄》卷 81。
[21] 《明世宗實錄》卷 116。
[22] 高拱《本語》卷 5。
[23] 《張文忠公文集‧奏牘四》。
[24] 英宗曾徑呼楊士奇、楊溥為「輔相元老」，但徑稱內閣為宰相者沒有。
[25] 王瓊《雙溪雜記》。
[26] 李東陽《新舊唐書雜論》。
[27] 孫承澤《春明夢餘錄》卷 23。至於清人劉獻廷所云：「明之內閣，中書省也。」(《廣陽雜記》卷 1) 這種説法是不確切的。
[28] 徐復祚《花當閣叢談》卷 1。
[29] 尹直《蹇齋瑣綴錄》。明人許浩云：「我朝職官，雖革中書省而特置內閣，也隱然宰相也。」(《兩湖塵談錄》) 內閣設立之初就在某種意義上具有這種性質。
[30] 徐溥《謙齋文錄》卷 1。
[31] 丘浚《重編瓊台稿》卷 8。政事堂是唐宋時宰相處理政務之所，北宋於中書省內設政事堂。
[32] 高拱《綸扉稿》卷 2。
[33] 《明神宗實錄》卷 559。
[34] 楊樹藩．明代中央政治制度 [M]. 臺北：臺灣商務印書館，1978：75.

[35] 蔡方炳《古今治平略》卷 15。
[36] 《明史·楊維盛傳》。
[37] 高拱《綸扉稿》卷 2。
[38] 徐溥《謙齋文錄》卷 1。
[39] 《楊文忠三錄》卷 5〈辭謝錄〉。崇禎時，戶科給事中馮元飇疏云：「夫中外之責，孰大於票擬。有漢唐宰相之名而更代天言，有國初顧問之榮而兼隆位號，地親勢峻，言聽志行，柄用專且重者莫如今日，猶可謝天下之責哉？」(《明史·馮元飇傳》) 他認為，內閣理當擔起宰相之責。
[40] 丘浚《重編瓊台稿》卷 7。
[41] 《楊文忠三錄》卷 1，卷 5。
[42] 楊士聰《玉堂薈語》卷上。
[43] 《明神宗實錄》卷 511。
[44] 曹溶《崇禎五十宰相傳》。
[45] 李贄《續藏書》卷 10。
[46] 夏言《南宮奏稿》卷 4。
[47] 徐學聚《國朝典匯》卷 26。
[48] 《明經世文編》卷 83，鄒智《欽崇天道疏》。
[49] 李垣《三垣筆記·附識中》。
[50] 《明孝宗實錄》卷 7。
[51] 《明史》卷 16〈武宗本紀〉。
[52] 《烈皇小識》卷 4。
[53] 弘治元年，吏部右侍郎楊守陳言：「若有大臣則召內閣及府部大臣與文華殿會議，必人人盡其謀，事事求其當。其餘章疏，止召內閣面議可否。」(《明孝宗敬皇帝寶訓》卷 2) 這代表著大多數官員對於決策權力分配的意見。
[54] 《明武宗實錄》卷 66。
[55] 蘇均煒．大學士嚴嵩新論 // 明清史國際學術討論會論文集 [M]. 天津：天津人民出版社，1982.
[56] 黃宗羲《明夷待訪錄》〈原臣篇〉、〈置相篇〉。
[57] 康熙帝云：「彼時主少國疑，使居正不朝綱獨握而道旁築室，誰秉其成也？未可以攬權罪居正矣。」這是相當精闢的見解。
[58] 《明史·方從哲傳》。
[59] 葉向高談到萬曆後期內閣時説：「今事權日經。而責望日急。救過不瞻，何暇他圖。」請皇帝聽信閣臣，「凡軍國大計，用舍大事，必與商量，而責之以匡維，毋使閣臣不與其事而獨任其事，則庶乎此官猶可立，而政本之地，不至於艱難窮困，日甚一日矣」(《明神宗實錄》卷 523)。內閣處境如此，又談何制約呢？
[60] 張居正改革後，財政經濟狀況好轉，太倉粟可支十年，太僕寺積金四百餘萬，「帑藏充盈，國最完善」。
[61] 《張文忠公全集》文集 8〈贈水部周漢甫榷竣還朝序〉。
[62] 杜乃濟．明代內閣制度 [M]. 臺北：臺灣商務印書館，1967：158.
[63] 《明世宗實錄》卷 116。
[64] 《明世宗實錄》卷 393。
[65] 陳鶴齡《明紀》卷 39；丘浚《重編瓊台稿》卷 7。
[66] 《明世宗實錄》卷 22。
[67] 《明世宗實錄》卷 29。
[68] 孫承澤《春明夢餘錄》卷 23。
[69] 孫承澤《春明夢餘錄》卷 24。
[70] 《明史·劉宗周傳》。

第六篇
學術評論及其他

中國華僑華人史研究的回顧

海外三千萬華僑華人的歷史與現狀問題，已吸引越來越多人關注，華人問題研究日漸成為一門國際性的學問，而中國作為多數華人的祖籍國，十分重視華僑的歷史與華人的命運，在開拓與發展華僑華人史的研究作出了重要的貢獻。尤其是一九八〇年代以來，有關華僑華人史的研究成果斐然，正大步邁向一個新的台階，本文著重一九八一年以來中國對這一研究的回顧。

中國華僑華人史的研究，如果從本世紀初梁啟超在《新民叢報》上發表〈中國殖民八大偉人傳〉（西元一九〇五年）算起，則有近九十餘年的歷史[1]，這較之英人普賽爾（Victor Purcell）寫作《東南亞的華僑》一書要早四十多年。此後，風風雨雨、坎坎坷坷，僑史研究走過一條艱難、曲折之路。總體來說，中國的僑史研究可以一九四九年為界，分為前後兩期。前期又可分為萌芽、形成和初步發展幾個階段，後期兩岸的僑史研究分道而行，[2]而中國大陸的僑史研究又經歷了發展、挫折、復甦和新的躍進等幾個階段。

一、前期（一九〇五到一九四九），中國僑史研究的形成與初步發展階段[3]

最初引起人們注目華僑史的因緣，主要在於十九世紀末、二十世紀初華僑能量的發現和政治需求。晚清政府一改先前的「棄僑」劣政，而採取「護僑」措施，並制定辦法吸引華僑投資中國實業，革命黨與保皇黨則為了各自的政治需求，在海外華僑社會大造輿論聲勢，爭取支持力量。辛亥革命推翻了中國歷史上延續一千多年的封建帝制，創立民國，孫中山在革命實踐中發出了「華僑是革命之母」的讚譽；而康有為、梁啟超等人也切身感受到了華僑蘊藏的巨大力量，這些都為了解僑情、研究僑史，增添了一種不容忽視的動力。

繼梁啟超之後，一九一〇年《民報》發表了署名「羲王正胤」的《南洋華僑史略》，保存了一些有價值的史料。一九二〇年，湖南人何海鳴等創辦了《僑務旬刊》，這是中國首份民間研討僑務的雜誌。一九二八年，中國第一所華僑高等學府——上海暨南大學設立了南洋文化事業部（後曾改為南洋美洲文化事業部），以華僑歷史作為該部重點課題，出版有《南洋研究》、《南洋情報》和《南洋叢書》，刊載了一系列華僑史方面的論（譯）著，標誌著中國僑史研究的真正啟動。在南洋文化事業部裡，雲集了當時中國這一方面研究的專家，如該部的第一任主任劉士木、《南洋研究》主編李長傅等，並成就了一批頗有份量的研究著作。

除了一批研究性的專著之外，一九二〇、一九三〇年代，中國僑史研究的發展還表現在：①僑史論述與僑情調查報告的增多。②華僑研究機構、團體、刊物的增多。③華僑史作為一個專門的領域得到人們的認可。

一九三七年抗日戰爭爆發，驚亂了僑史研究的好趨勢。一九四〇年代，中國有關僑史的書籍像散兵游勇，不過其中有些著述仍值得稱道。一九四〇年三月，為避戰亂，中國南洋問題、華僑史專家學者許雲樵、郁達夫、關楚璞、張禮千、姚楠、劉士木等齊集新加坡，創立了中國第一個涉及僑史研究的民間學術團體——中國南洋學會，編有《南洋學報》和《南洋學會叢書》。一九四一年十二月八日太平洋戰火燃起，南洋學會在新加坡的活動被迫停止了四五年，會員星散。一九四二年三月，經重慶國民政府僑務委員會和教育部的批准，重慶南洋研究所成立。一九四三年，該所創辦了《新南洋》（季刊），它與一九三九年復刊的《南洋研究》、中正大學華僑同學會編印的《南洋》、李清悚主辦的《僑民教育》、郭威白主編的《僑務十年》等都是注重華僑問題的刊物。

二戰結束，中國又歷內戰，除上海、廣東外，華僑史研究沒有出現本該有的復甦和繁榮景象，實則處於停滯狀態。

可見，一九四九年以前，作為華僑祖籍的中國，率先有計劃地開展華僑史的研究有其必然性，華僑對中國命運的關注以及中國政府的「護僑」政策，從兩方面有力地推動了這一研究的發展。而且，這時的研究（包括研究團體、機構、刊物和發表的學術著作），為以後華僑史的進一步開拓與發展奠定了學術傳統的基礎。這一階段的研究重點在於，中國海外移民史、華僑教育、華僑概貌、華僑與中國革命，以及華僑的政治法律地位等方面。在研究方法上，多趨於從文化與種族的海外移植的角度去分析，強調華僑的中國屬性；也有不少作品以實證主義的態度對華僑史蹟進行考辨，或運用社會調查方法掌握豐富的第一手資料，後加以條析與理論。因而，儘管總體來說，該研究並未擺脫時代的局限，以及最初發掘中的某種粗糙，但許多作品仍有相當高的價值。

二、後期（一九四九年迄今），華僑史研究又經歷了不平常的發展歷程 [4]

它可分為以下三個階段：

一是一九四九到一九六六年的一枝獨秀階段，即由廈門大學南洋研究所（一九五六年由中央華僑事務委員會創辦）獨領華僑史研究之風騷。據介紹，[5] 這一階段該所主要做了如下五個方面的工作：①組織力量翻譯了外國相關名著。②僑情與僑民調查。③專題調查。④對華僑經濟、歷史和現狀進行系統研究。⑤出版了《南洋問題資料譯叢》（季刊）、不定期的《南洋研究所論文集刊》、《南洋問題報刊資料索引》等。

暨南大學與中山大學的東南亞研究機構也對華僑史加以研究，如中大歷史系東南亞史研究室出版過《東南亞華僑問題專號》，《廈門大學學報》、《中山大學學報》等也常發表一些重要的華僑史文章。[6]

二是一九六六到一九七六年的「十年浩劫」，華僑史研究屬於禁區，處於癱瘓狀態。告別「文革」，尤其是一九七九年後，僑史研究吹入了強勁的東風。從此，僑史研究開始從復甦走向興盛。一九八一年六月，廣東首先成立華僑歷史學會；十二月，在北京成立了中國第一個全國性的華僑歷史學會（一九八六年更名「中國華僑歷史學會」），標誌著中國的華僑華人史研究進入了一個全新的發展時期。

三是一九八一到一九九一年這十年間，中國的僑史研究蓬勃發展，無論是在研究機構與團體、研究團隊方面，還是在研究成果、學術水準方面，都有長足的進步，這具體表現在：

（一）僑史研究機構、團體和團隊的壯大

目前除中國華僑歷史學會外，地方性的華僑史學會有二十八個（縣級以上），其中廣東、福建、廣西、海南、四川、雲南、上海、吉林、河北、遼寧等地區成立了省級華僑歷史學會。這些學會大多有相應的刊物，如《華僑華人歷史研究》（前身為《華僑歷史學會通訊》，一九八二年創刊，一九八六年更名為《華僑歷史》；一九八八年易為今名，由中國華僑歷史學會、中國華僑華人歷史研究所主辦）、《八桂橋史》（廣西，一九八六）、《僑史學報》（廣東，一九八一）、《福建華僑歷史學會通訊》（一九八四）、《雲南僑史通訊》（一九八五）、《燕趙僑史》（河北，一九八一）、《遼寧僑史》（一九八一）、《四川華僑歷史學會會刊》（一九八八）、《瓊僑春秋》（海南，一九八九）、《華僑與華人》（廣東華僑研究會主辦，一九八七），以及《廣州華僑研究》、《廣州華僑歷史學會會訊》（一九八三，後改為《廣州僑史》）、《五邑僑史》、《汕頭僑史》、《揭陽僑史》、《中山僑史》、《嘉應僑史》、《佛山僑史》，等等。

隸屬於高等院校和社會科學院等部門、從事華僑華人問題研究的專門學術機構有近二十個，如暨南大學華僑研究所（一九八一年成立）、福建社科院華僑研究所（一九八三年成立）、中國華僑華人歷史研究所（初名「華僑歷史研究所」，一九八四年成立，一九九一年易為今名）、華僑大學華僑研究所（一九八一年成立華僑研究室，一九八六年擴為所）、海南大學華僑研究所（一九九一）。福建師大、華南師大、吉林大學等校歷史系有華僑史研究室，華東師大、汕頭大學有華僑研究室。廈門大學南洋研究所、北京大學亞非研究所，以及中山大學、暨南大學、雲南和廣西的社會科學院的東南亞研究所等單位都有一支實力較強的華僑史研究團隊。成立於一九五八年的廈門華僑博物院近年來也留意華僑史的研究。諸如《南洋問題研究》、《南洋資料譯叢》、《東南亞研究》、《東南亞縱橫》、《東南亞》和《亞非研究》等雜誌常刊載這些所、室的華僑史學術論文。

華僑華人史的研究已在全中國形成一種聲勢，以北京、廣州、廈門、南寧、上海為中心，約有一支六百人的專業與業餘相結合的僑史研究團隊，其中既有資深的老專家，又有年富力強的中青年學者。

（二）研究成果不斷湧現和學術水準不斷提高

據計，一九四九到一九七九年間，中國出版的有關華僑問題的書籍有四十餘部，但多為時事政策讀物，只有《華僑人口參考資料》、《美國迫害華人史料》等幾部資料著作。而一九八一到一九九一年間，中國出版有關華僑歷史與現狀的著述、普及讀物、資料近一百六十部，數量是此前的三倍，內部出版的文集、資料彙編有六七十部之多，這些作品或資料主要包括以下幾類：

1. 專著

自以一九八五年溫廣益、蔡仁龍等編撰的、一九四九年以後中國大陸第一部國別華僑史《印度尼西亞華僑史》問世以來，有關華僑華人史的專著層出不窮。

華僑通史著作有陳碧笙的《世界華僑華人簡史》（廈門大學出版社，一九九一），係作者多年來研究華僑華人史的一部力作。

區域華僑史有朱傑勤的《東南亞華僑史》（高等教育出版社，一九九〇）；陳碧笙主編的《南洋華僑史》（江西人民出版社，一九八九）；李春輝、楊生茂主編的《美洲華僑華人史》（東方出版社，一九九〇）。

國別華僑史有李學民、黃昆章的《印尼華僑史》（廣東高等教育出版社，一九八一）；黃滋生、何思兵的《菲律賓華僑史》（廣東高等教育出版社，一九八九）；楊國標、劉漢標、楊安堯的《美國華僑史》（廣東高等教育出版社，一九八九）；李白茵的《越南華僑與華人》（廣西師範大學出版社，一九九〇）；林遠輝、張應龍的《新加坡馬來西亞華僑史》（廣東高等教育出版社，一九九一）；楊昭全的《朝鮮華僑史》（中國華僑出版社，一九九一）。

專題研究有林金枝的《近代華僑投資國內企業史研究》（福建人民出版社，一九八九）和《近代華僑投資國內企業概論》（廈門大學出版社，一九八八）；曾瑞炎的《華僑與抗日戰爭》（四川大學出版社，一九八八）；任貴祥的《華僑第二次愛國高潮》（中央黨史資料出版社，一九八九）；吳鳳斌的《契約華工史》（江西人民出版社，一九八八）；張泉林主編的《當代中國華僑教育》（廣東高等教育出版社，一九八九）；汪慕恆主編的《東南亞華人經濟》（福建人民出版社，一九八九）；莊國土的《中國封建政府的華僑政策》（廈門大學出版社，一九八九）；暨南大學東南亞研究所等編的《戰後東南亞國家的華僑華人政策》（暨南大學出版社，一九八九）；陳昌福的《日本華僑研究》（上海社會科學出版社，一九八九）；方積根、胡文英的《海外華文報刊的歷史與現狀》（新華出版社，一九八九）；秦欽峙、湯家麟的《南僑機工回國抗日史》（雲南人民出版社，一九八九）；沈殿忠等的《中日交流史中的華僑》（遼寧人民出版社，一九九一）；方雄普的《華僑航空史話》（中國華僑出版社，一九九一）；黃慰慈、許肖生的《華僑對中國抗戰的貢獻》（廣東人民出版社，一九九一）；賴伯疆的《海外華文文學概觀》（花城出版社，一九九一）；楊力的《海外華人報業研究》（燕山出版社，一九九一）。

人物有陳碧笙、楊國禎的《陳嘉庚傳》（福建人民出版社，一九八一）；王增炳等的《陳嘉庚興學記》（福建教育出版社，一九八一）；陳碧笙、陳毅明編的《陳嘉庚年譜》（福建人民出版社，一九八六）；方雄普的《美國華裔名人剪影》（東方出版社、鷺江出版社，一九八七）；蔡仁龍等的《東南亞著名華僑華人傳》（一）（海洋出版社，一九八九），溫廣益的《廣東籍華僑名人傳》（廣東人民出版社，一九八八），陳民的《民國華僑名人傳略》（中國華僑出版社，一九九一）；朱傑勤主編的《海外華人社會科學家傳略》（廣東人民出版社，一九九一）。

2. 論文集

有洪絲絲等的《辛亥革命與華僑》（人民出版社，一九八二）；吳澤主編的《華僑史研究論集》（一）（華東師大出版社，一九八四）；鄭民、梁初鴻編的《華僑華人史研究集》（一、二）（海洋出版社，一九八九）；郭梁主編的《戰後海外華人變化國際學術研討會論文集》(中國華僑出版社，一九九〇)；上海華僑歷史學會編的《上海僑史論叢》(一、二)(上海人民出版社，一九八九)；陳碧笙編的《華僑華人問題論文集》(江西人民出版社，一九八九)；暨南大學華僑研究所編的《華僑研究》(廣東高等教育出版社，一九八八)、《華僑華人研究》(第二輯)(暨南大學出版社，一九九一)和《華僑研究所科學論文選集》(暨南大學出版社，一九八六)。

內部的有暨南大學華僑研究所的《華僑史論文集》(第一到第四輯)；《華僑教育》(一、二)；廣東華僑歷史學會的《華僑論文集》(第一到第三輯)；福建華僑歷史學會的《華僑歷史論叢》(第一到第六輯)；華僑大學華僑研究所的《華僑史研究論文集》(第一到第三輯)；晉江華僑歷史學會籌備組的《華僑史》(第一到第三輯)；汕頭華僑歷史學會的《汕頭僑史論叢》(第一到第三輯)；中山大學東南亞歷史研究所的《華僑華人歷史國際研究會論文集》；廈門大學南洋研究所的《華僑史論集》等。

3. 資料整理

這有陳翰笙主編的《華工出國史料》(共八輯，中華書局出版社，一九八〇到一九八五)；中國社科院近代史所的《華僑與辛亥革命》(中國社會科學出版社，一九八一)；福建師大歷史系的《晚清海外筆記選》(海洋出版社，一九八三)；廣東省政協文史資料委員的《華僑滄桑錄》(廣東人民出版社，一九八四)；林金枝、莊為璣的《近代華僑投資國內企業資料選輯》(福建卷，福建人民出版社，一九八五；廣東卷，福建人民出版社，一九八九)；方積根選編的《非洲華僑史資料選集》(新華出版社，一九八六)；全國政協文史資料委員會華僑組的《崢嶸歲月》(中國文史出版社，一九八八)；泰國歸僑聯誼會的《泰國歸僑英魂錄》(第一、第二輯，中國華僑出版社，一九八九、一九九一)；福建省僑辦的《福建華僑華人》(一、二)(福建人民出版社，一九八八、一九八九)；福建省檔案館編的《福建華僑檔案史料》(中國檔案出版社，一九九〇)；廣東省檔案館等編的《華僑與僑務史料選編》(一、二)(廣東人民出版社，一九九一)；趙和曼編的《廣西籍華僑華人資料選編》(廣西人民出版社，一九九〇)；遼寧政協編的《遼寧歸僑回憶專輯》（遼寧人民出版社，一九八六）；《菲島華僑抗日風雲》（鷺江出版社，一九九一）。

此外，還有鄭民等編的《華僑華人史書刊目錄》（中國展望出版社，一九八四）；陳聲貴編的《福建省收藏華僑華人問題中外圖書聯合目錄》（廈門大學出版社，一九八八）兩部索引。

內部的有中山大學東南亞歷史研究所、中山大學圖書館編的《華僑史論文資料索引》（一八九五到一九八〇）；泉州市僑聯編的《泉州華僑史料》（一、二）；《閩清文史資料——黃乃裳專輯》、《瓊島星火：瓊崖華僑回鄉服務團專輯》、《旅俄華人史料選》、《廣東省基本僑情資料彙編》等；廈門大學南洋研究所的《華僑問題資料》；蔡仁龍、李國梁編的《華僑抗日救國史科選輯》；暨南大學華僑研究所的《暨南校史資料選輯》（一、二）；劉玉遵等的《「豬仔」華工訪問錄》。

4. 譯著

這有鄺治中（Peter Kwong）的《紐約唐人街：勞工與政治》；宋李瑞芳（Betty Lee Sang）的《美國華人的歷史與現狀》；林天佑的《三寶壟歷史》；李國卿的《華僑資本的形成與發展》；瓦特·斯圖爾特的《祕魯華工史 1849—1874》；陳依範（Jack Chen）的《美國華人》；廖建裕的《爪哇土生華人政治 1917—1942》；王賡武的《東南亞與華人》；麥美嶺（Diane Mei Lin Mark）和遲進之（Ginger Chih）的《金山路漫漫》；游仲勛的《東南亞華僑經濟簡論》；楊進發（C.F.Yong）的《新金山》；魏安國（Edgar Wickberg）等的《從中國到加拿大》；卡德（W.J.Cator）的《荷屬東印度華人的經濟地位》；《洪淵源自傳》；可兒弘明的《「豬花」——被販賣海外的婦女》；顏清湟的《出國華工與清朝官員，晚清中國對海外華人的保護 1851—1911》和《新馬華人社會史》；吳元黎、吳春煦的《華僑在東南亞經濟發展中的作用》等近二十部。

5. 工具書

工具書有周南京主編的《世界華僑華人詞典》（北京大學出版社，一九九二），收入七千餘條，計兩百餘萬字，為中國僑史學界的一大盛舉。

還有張興漢等主編的《華僑華人大觀》(暨南大學出版社，一九九〇)；李原、陳大璋的《海外華人及其居住地概況》(中國華僑出版社，一九九一)；中國華僑歷史學會等編的《僑史研究十年》(中國華僑出版社，一九九一)。

6. 華僑志

華僑志有梁基毅的《茂名華僑志》(中山大學出版社，一九八九)；佛山市僑辦編的《佛山市華僑志》(廣東科技出版社，一九九〇)；本志編委會編的《廈門華僑志》(鷺江出版社，一九九一)；郭瑞明、蔣才培的《同安華僑志》(鷺江出版社，一九九一) 等。內部的有《新興縣華僑志》、《澄海縣華僑志》、《福建省華僑志》、《惠安縣華僑志》、《廣東省華僑志》等。

以上這些作品，無論是以其學術性、資料性或工具性，都有著不可否認的價值。可看出，中國的僑史學界在進行基礎性研究與總結（如地區或國別華僑史）的同時，還開展了一些具有中國特色的專題研究。其中，關於華僑與中國革命、華僑在中國的投資、當代中國華僑教育、中國歷代華僑政策、中國海外移民、僑鄉社會、歸僑等問題均有一定水準的著作或是資料收集。以其範圍而言，涉及世界五大洲華僑華人，這點恐怕是中國的華僑史研究所特有的。值得指出的是，中國學者立足國內，進行了許多有益的社會調查，如近代華僑在中國投資的調查、「豬仔」華工訪問、新寧鐵路調查、僑鄉族譜調查、當代中國華僑教育調查、南僑機工回國抗日調查、鄉土僑史調查等；同時，還組織歸僑撰寫回憶錄，搶救資料，這些材料與成果越來越引起人們的重視。

(三) 海內外學術交流日趨頻繁，視野愈益開闊

據計，近十年內中國大陸的僑史學會、研究機構單獨或聯合舉行的學術討論會近五十次，地方性的、全國性的和國際性的學術討論會層序分明、不斷走向深入。

地方性的討論會富有濃厚的地方特色，如廣東華僑歷史學會一九八六年在汕頭召開的「開放港口與華僑」、一九八九年在廣州召開的「海外華僑華人與僑鄉建設」等學術討論會，多圍繞華僑與廣東僑鄉這一框架進行。還有

廣西僑史學會召開的「印支難民研討會」、吉林省僑史學會的以朝鮮華僑史為重點等。有的則以地方華僑人物為中心進行研討，如廈門大學的陳嘉庚學術討論會（一九八四年十月），泉州僑史學會的李清泉學術討論會（一九八八年八月），上海僑史學會的紀念姚楠教授從事東南亞研究六十週年紀念會暨華僑華人問題學術討論會（一九八八年十一月），福州僑史學會的「黃乃裳與詩巫」學術討論會（一九九一）。

全國性的討論多著重一些帶有方向性、範圍較廣的熱門問題。一九八一年，中國華僑歷史學會成立暨首次學術討論會，主要討論華僑史研究的意義、目標、任務等問題。一九八四年三月，第二次討論會側重於華僑史的學科地位、華僑與中國的關係、僑史研究如何為中國四化建設服務，以及推動中國華僑史研究的基礎建設（如協調、資料、學風、團隊等）問題。一九八六年七月，第三次討論會則鼓勵加強對二戰後華人社會變化的研究。此後，中國僑史學界研究戰後華人蔚然成風。一九九一年十二月，第四次討論會主題為「二戰後華人社會諸方面變化與發展」，這些會議對於開拓中國的僑史研究作用重大。

此外，還聯合主辦過一些國際性的學術會議。如一九八五年十二月，由中山大學、香港大學、美加州大學洛杉磯分校聯合舉行的有十個國家和地區的專家學者參加的「華僑華人歷史研討會」。一九八九年四月，中國華僑歷史學會與新加坡南洋學會、廈門大學南洋研究所等單位在廈門召開的「戰後海外華人變化國際學術討論會」，有來自十三個國家的一百五十餘名專家學者參加。

同時，中國學者還利用各種機會「請進來」、「走出去」，開展國際學術交流與合作研究，漸漸打破了中國華僑史研究的封閉狀態，密切了與國外的聯繫，使中國的華僑華人史研究開始融入國際學術的潮流之中。一切有識之士都會發現，一九八〇年代以來的中國僑史研究經歷了一個前所未有的飛躍，碩果纍纍，令人自豪。

（原載《八桂僑史》）

務實要典 傳世之作：《華僑華人百科全書》出版感言

共十二卷、一千八百萬字的綜合性大型工具書《華僑華人百科全書》（以下簡稱《全書》）終於即將面世，這是華僑華人學界的一項標誌性工程，也是中國僑界的一大喜事。值得慶賀，更要向所有為之作出努力的專家及各方面熱心支持人士表示敬意！

說它是一項標誌性工程，因為它不僅填補了此一領域類書的空白，而且內容全面、系統，較好地反映了迄今為止華僑華人研究的成果，成為有關世界華僑華人歷史和現狀的集大成之作和權威性之作。它不同於一般性的詞典，也不同於一般意義上的所謂全書。本《全書》十二卷，包括華僑華人人物、社團、經濟、教育科技、新聞出版、法律條例政策、著作學術、社區民俗、文學藝術、僑鄉以及歷史等，幾乎涵蓋了華僑華僑每一方面，如果通覽全書，必將對華僑華人有一個真正完整的認識。各卷獨立成篇，窮本溯源，蒐羅廣泛。全書〈總序〉保持了該百科全書的體例與基本觀點的統一，各卷的〈前言〉詳述該方面的歷史沿革與發展，兩者相得益彰，互為補充。而《華僑華人百科全書・總論卷》則幫助人們加深了對世界華僑華人的全面了解，為人們透過閱讀《全書》對世界華僑華人形成一個整體、清晰、準確的印象提供了必不可少的依據，並提出了一些新的理論觀點。《全書》邏輯嚴謹、風格一致，具有許多獨到之處。

說它是中國僑界的一大新聞、一大喜事，因為它的成功凝聚了中國華僑華人學術界和僑界的智慧和心力，也是海內外華僑華人學界通力合作的得意之作。《全書》編寫團隊幾乎網羅了中國華僑華人學界的主要精英，主編周南京教授不僅學術造詣深，對僑感情深厚，而且具有帥才，善於團結能人，發揮眾家作用，更有「拚命三郎」之懾人氣勢，是《全書》得以問世的最主要保證之一。副主編梁英明教授、何芳川教授和巫樂華先生，都是知名學者或僑界聞人，各分卷主編也為某方面的專才，主要撰稿人為中國一些名牌大學、科學研究院所及有關機構、團體的專家。因此，《全書》給人展示的是一種力量、一種氣魄、一種讓人耳目一新的知識與靈魂相聚的美感。《全書》的出版是一件令中國僑界深感自豪的事情。

《全書》的意義並不止於它在華僑華人歷史研究中的標誌性或里程碑意義，還在於它給人們提供了一部了解、認識華僑華人的階梯，具有實用價值。正如《全書》主編所倡導的，編寫要力求做到「五性」，即科學性、學術性、知識性、全面性、系統性，實事求是、客觀準確，事實上也基本做到了這些。筆者認為，無論是學習、研究華僑華人歷史，還是從事僑務實際工作，《全書》都是一部案頭必備的工具書，而且在實際的應用中會不斷發現它的新的意義，這是一般束之高閣或書櫃裝飾類「鴻篇鉅製」所無法比擬的。在《全書》中包含了豐富的足以引人深思的各種觀點和看法，《全書》認為，從華僑華人的歷史發展來看，「華僑華人融入當地主流社會的總趨勢終究阻擋不住」。《全書》有助於推動華僑華人問題研究的進一步深入，無疑《全書》的現實意義正是來自於它的歷史使命感。

當然，作為這樣一部巨作，由於多方面的原因，在資料上的缺失或遺漏，在個別表述上欠準確等都難免，如在資料收集上，各卷不盡一致，有的截止到一九九六年，有的截止到一九九九年等，這些有待於來日的補充完善。

總之，願以此為契機，中國華僑華人史學界迎來一個更加繁榮的春天。

（原載《華僑華人歷史研究》）

深化地方僑史研究

在中國，華僑歷史研究有一個明顯的特色，那就是地方僑史研究（在此指籍於某地的華僑華人歷史與現狀的研究）團隊人丁興旺，成果不斷。據稱，現有地方僑史學會二十七個。諸如廣東、福建、廣西等地的僑史研究都有專門的機構、刊物。一批學者及熱心人士奮力耕耘，推動著僑史研究向前發展。

在過去的幾年裡，地方華僑史的研究收穫主要表現在這些方面：

1. 構築陣地，形成團隊，樹立旗幟。一九九四年以來，相繼成立的華僑華人研究機構，即有廣東江門五邑大學的五邑文化與華僑研究室，浙江溫州華僑華人研究所，山東大學華僑華人研究所和浙江師大的華僑華人研究中心。一九九六年，泉州華僑歷史博物館的落成更是地方僑史事業的一大盛舉。廣東的廣州、江門、汕頭、潮州、中山、佛山、梅州、臺山，福建的泉州、廈門、福州、漳州和閩西等都有熱心僑史的志士在不斷地進取。《八桂僑史》、《僑史學報》、《五邑僑史》、《梅州僑史》等各具特色。

2. 出版資料與著述。福建、廣西、四川等省區以及福州、泉州等地的華僑史學會紛紛編選出版了種種「論叢」、「文集」。如《廣西籍華僑華人資料選編》（五十萬字，廣西人民出版社，一九九一）、《廣西僑務僑史文集》（第一、第二輯，四十九萬字，中國華僑出版社，一九九三），顯示出不俗的實力。海南馮子平先生的《海南僑鄉行》等六部洋洋一百三十餘萬言的作品，為沉寂的海南僑史添了一葉新綠。其他如福建、雲南、廣西、河北、新疆以及漳州、廈門、同安、晉江、安溪、佛山、廣州、臺山等地的「華僑志」或「僑務志」的付梓，構成了中國地方僑（務）史的獨特風景。

3. 問題探討有所起色。如地區華僑出國史、現代中國人口境外遷移、僑鄉變遷、華僑華人與地區經濟社會發展，以及人物等問題的研究均有新作。

特別是關於人口境外遷移的研究引人注意。周樹森主編的《華僑華人研究論叢》（中國華僑出版社，一九九五）中有關「偷渡」與反偷渡鬥爭的文章；向大有的關於少數民族華僑華人問題的論述；吳行賜、張國雄關於江門新移民的涉外婚姻的研究；曾祥委、曾漢祥主編的《南雄珠璣移民的歷史與文化》（暨大出版社，一九九五）等；都是有關研究的可喜的開端。

廣西社會科學院東南亞研究所趙和曼研究員所著的《廣西籍華僑華人研究》（二十二萬字，中國華僑出版社，一九九六）是近年來有關省別僑史研究中的代表之作，這在此值得特別一提。

廣西在海外有鄉親三百萬人，幾占海外華僑華人總數的十分之一，分布在五大洲近一百個國家和地區。一九八〇年代中葉以來，有關廣西籍鄉親的研究才引起重視。十年間，以趙和曼為代表的廣西僑史研究學者取得了令人驚喜的成績。趙和曼是一位專長於印支地區歷史與現狀研究的學者，在此基礎之上再做這一地區的華僑問題研究具有明顯的優勢。

《廣西籍華僑華人研究》一書共分七章，分別為〈出國原因研究〉、〈人口數字研究〉、〈職業構成研究〉、〈重大貢獻研究〉、〈海外社團研究〉、〈重點僑鄉研究〉和〈僑史研究現狀〉。作為中國第一部省別華僑華人研究專著，它具有如下幾個特點：

1. 較為系統、全面地揭示了廣西籍華僑華人的歷史與現狀，成為有關廣西籍華僑華人研究的權威之作。此前，雖有資料整理或相關論文發表，但顯得單薄，難以給人整體印象。本書徹底改變了人們對廣西僑史研究的這種看法。

2. 既有廣西僑情的介紹，更有廣西僑情的研究，在關於廣西籍華僑華人的許多問題上形成了自己的看法。關於廣西華僑出國的原因，作者認為被越擄掠、販賣人口、征戰未歸、民族遷徙等是重要方面，廣西由於它的地理位置、歷史條件、民族分布等因素的影響，在出國方面也有自己的特點，如王朝征戰首當其衝，進而留居當地；移居國首選越南；少數民族華僑華人數量大。

關於廣西華僑華人數量，作者認為有三百萬人。這一說法為多方採用。以前人們由於重視華僑人數、漢族華僑華人人數、南方華僑華人人數、城市華僑華人人數，而忽視華人人數、少數民族華僑華人人數、北方華僑華人人數以及農村人數，致使人口統計出入很大。作者透過反覆比較、全面推核，得出的數字是可信的。

關於廣西籍華僑華人社團，作者估計有五十三個（一九九五），以馬來西亞為最多（三十七個），並認為第一個廣西籍華僑社團是一八八三年成立的新加坡三和會館。

3. 探討廣西僑情與廣西社會經濟發展的關係，使本書具有較強的現實意義。作者從歷史的角度梳理了廣西籍華僑華人的形成與發展，華僑華人對當地和廣西的貢獻，以及廣西僑鄉社會的變遷。然而，他的研究的意義還在於讓人們進一步認識到了廣西僑鄉的優勢之所在。

最後，作者提出了這樣幾個問題：①要重視並善於進行僑情的調查研究。②要正確認識廣西僑鄉的地位和作用。③要充分發揮廣西的僑鄉優勢。④要強化廣西的僑史研究。其中不乏真知灼見，應當引起僑史學界、僑務部門以及政府其他相關部門的重視。

作者認為，從人數上來說，廣西是僅次於廣東、福建的第三大僑鄉，正確認識廣西僑鄉的地位對於充分發揮僑鄉優勢，積極引進資金、技術、人才、設備和先進的管理經驗，為振興廣西服務具有重要意義。

作者談道：「充分發揮僑鄉優勢不單是僑務部門的事，還需要政府的其他部門齊動手，需要社會的理解和支持。在社會主義市場經濟條件下，僑務工作日益社會化，越來越多的部門和單位積極開展同華僑華人合作交流的工作，這是一件大好事，可以彌補僑務部門人力、物力、財力、工作精力和工作經驗、人才素養的不足，加大對華僑華人工作的廣度和深度，從而更好地促進中國各項事業的發展。以上情況，既需要各級政府進一步重視僑務工作，又要求僑務部門學會在更深層次、更廣領域內開發工作的本領，從而做好組織及協調工作。」

《廣西籍華僑華人研究》一書為我們深化地方僑史的研究樹立了一個較好的榜樣。它使我們看到了僑史研究的深層意義，看到了學術的價值。我們相信，只要各地的僑史工作者從各自的實際出發，勇於探索，持之以恆，完全可以寫出具有一定份量的地方僑史專著，並將推動中國的僑史研究走向輝煌的明天。這也是中國華僑華人研究學者建立自己學術地位、實現學術研究價值的一條有效途徑。

（原文有副標題：《兼評趙和曼先生著〈廣西籍華僑華人研究〉》，原載《華僑華人歷史研究》）

華人對越南經濟發展的貢獻

一九七五年，南越、北越統一近二十年，其經濟仍然十分落後。原因之一即在於未能充分利用越南國內的私人資源，特別是越南華人的力量。眾所周知，一九七五年以前，南越華人的資本、企業和技術勞力在中國市場與國際貿易的發展中有非常重要的作用。但在一九七五年之後，由於南方的社會主義過渡和資本的撤出，使得華人參與越南經濟建設的積極性迅速降低。不過，那些仍然留在越南的華人的經濟潛力依然可觀。

事實表明，在越南經濟與政治改革的計劃中，華人對中國市場的開拓與小工業發展的資金積累再次發揮了積極的作用。因而，華人在過去起過作用、今天又開始發揮作用的問題，頗值得研究，也有可能性。與此相關的諸如種族關係、現代越南人與華人關係等問題，都有學術研究的必要。實際上，華人在越南經濟中的作用問題，已經引起越南內外許多學者的興趣。

早在一九二〇年代，越南的學者就開始從事華僑問題的寫作。當時比較突出的有 Dao Trinh Nhat 的《華僑的地位與移民南圻的問題》(河內出版社，一九二四)。該書保存了許多有價值的資料，並將二十世紀初華人企業的經濟角色與法國人、越南人商業進行了比較。他還分析了在越南資本主義發展進程中，華人傳統社會與經濟組織方面所形成的影響。不過，他的著作仍然停留在狹隘的民族主義立場，在關於越南人與華人之間的緊張關係與種族關係等問題的討論上，仍是有爭議的。

在一九六〇年代和一九七〇年代初，越南學者更多注意的是關於華人在越南經濟，特別是在西貢政府統治下的南方經濟中的作用的研究。這些研究包括 Tran Van Dinh 的《越南對華人的經濟政策》(Que Huong, So 21, 1961)；Tan Viet Dieu 的《越南華人的歷史》(西貢，Van hoa nguyet san, So 66.1961)；Khoung Huu Dieu 和 Quoc An 的《38 種商業與貿易行業中華人淵源之越南人成功的祕密》(Nguyet san quan tri xi nghiep, So 1-6, 1970);Hoang Truong Tan 的《華僑在越南經濟中的作用》(碩士論文,西貢國家管理研究所,一九七二);Nguyen Van Sang的《越南人的華人淵源與越南經濟》(碩士論文,西貢國家管理研究所,一九七四)。這些文章主要論述了越南政府的華僑政策、華人的商業活動及其成功的因素、華人在越南經濟中的作用等問題。如 Nguyen Van Samg 的論文對於一九六〇年代華人在越南經濟中的關鍵作用作了詳細的描述,不過,他錯誤地認為,土生華人資產是越南資產階級的組成部分,相應地華人的資源可以被認為是中國資源的重要部分之一。

在專門的華人研究之外,還有許多對越南經濟和與華人相關的社會問題的研究。這些研究主要包括 Ngu Yen Hug 的《越南經濟形勢》兩卷(一九七二);Le Van Hhue 的《北京關於東南亞華人的政策》(Nghien cuu lich su, So 3, 1979);Nguyen Xuen Luong 的《越南的華人問題》(Luat hoc, So 23, 1978);以及 Chau Hai 的《東南亞歷史環境中越南不同華人是集團的形成》(河內大學博士論文,一九九〇)和《華人商業》(Nghien cuu kinh te, So 1, 1990)等。他們研究的重點在於華人移民史以及華人是怎樣成為統一後的越南政府的一個問題的。但對於華人與越南人的種族關係,以及最近幾年裡華人社會經濟所發生的種種變化等問題則關注較少。近來有了一些關於胡志明市華人的資料和各類文章。其中,引人注目的作品有 Nghi Doan、Huynh Nghi 和 Phan An 於一九八九年出版的《社會主義過渡初期的胡志明市華人》;Phan An 等於一九九〇年出版的《胡志明市華人》;以及胡志明市動員華人委員會編寫的《關於為實現 1991—2000 年胡志明市社會經濟發展戰略動員華人力量書》(一九九二)。這些作品的價值就在於,對於一九七五年以後胡志明市華人的經濟活動提供了比較詳細的統計與資料。

但是,一般來說,近來越南學者的研究未能對於一九七五年以後在國家經濟中華人的作用予以足夠的重視。應當承認的是,由於一九七五年以後越南的社會科學研究與非社會主義國家學者的研究相脫離,以致越南學者的研究常常未能對越南華人所面臨的種種現實問題進行全面的觀察。而且,還有政策方面的因素,一些研究也未能充分地談到華人的種族適應與融合方面的問題。

東南亞華人已引起了西方學者以及那些最近四十年裡在西方接受訓練的亞裔學者的興趣。關於東南亞華人，已經有了可觀的研究，在此難以一一評述。不過，有些作品是不得不提的。如普賽爾（Victor pureell）的《東南亞的華人》（一九五一）；史金納（G.W.Skinnehr）的《關於東南亞華人的報告》（康乃爾大學東南亞項目，一九五〇）；李·威廉（L.E.Williams）的《東南亞華人的未來》（一九六六）；雅克·阿米歐（J.Amyot）的《東南亞華人與民族融合》（泰國朱拉隆功大學亞洲研究所，一九七二）；王庚武的《社會與民族：東南亞與華人論文集》（一九八一）和《中國與海外華人》（一九九一）等等。這些著作儘管並非專論越南華人，也非站在越南人研究的角度，但他們的作品是有趣的，原因之一就在於，他們以非社會主義國家的領域，研究越南華人作為區域華人的一部分。普賽爾的影響在於他除了作為第一位對東南亞華人作出過重要研究的西方學者外，還研究了越南華人。例如，《東南亞的華人》一書的第一篇、第四篇，就包含了豐富的，關於一九六〇年代以前越南華人經濟活動、華人社會形成過程中歷史上所受到的不同待遇等重要材料。在最新關於東南亞華人的著述中，從越南學者的觀點看，吳元黎、吳春熙的《東南亞華人的經濟發展》（一九八〇）一書也值得注意，這主要在於兩位作者的方法論與歷史觀的吸引力，即把華人放在整個社會關係的網路中去分析，對於一九七五年以前南越華人的經濟狀況也有許多有價值的統計資料。

在其他西方學者和在西方接受教育的越南學者關於東南亞華人的作品中，有些專門是關於越南華人的研究。如 Luong Nhi Ky 的論文《越南的華人：關於越華關係（1862—1961）的一項研究》（一九六三）；C.A.Barton 的《借貸與商業控制：南越華商的策略與方法》（一九七七），此文被收入 Peter A.Gosling ／ Linda Lim Y.C. 編的《東南亞華人》第一卷《種族與經濟活動》（一九八三）一書中；Lewis M.Stern 的《1920—1982 年越南共產黨的華僑政策》（一九八四）；Ramses Amer 的《越南華人與中越關係》（一九九一）；E.S.Ungar 的《1948—1949 年 Hai Phong-hancoi 的華人社會的變化》（「二戰以來東南亞華人認同變化研討會」論文，坎培拉出版社，一九八五）；以及《一九四六到一九八四年關於越南華人的爭論》（《太平洋評論》卷六十，第四期，一九八七到一九八八）等等。

在一九七五年以前，越南外學者對越南華人的研究中，最有用的是 Tsai Maw Kuey 的 Le Chinois au Sud-Vietnam（一九六八）。例如，在該書的第二部分，作者詳實地描述了一九六〇年代中葉以前南越華人的經濟活動。它的價值就在於對越南華人的職業結構和在國內經濟中的地位進行分析，並提供了一些統計資料。當然，作品並非完美無缺，它的分析框架看起來不怎麼理想，而且作者沒有把華人商業社會的發展方向，放在不斷加強的競爭體系和與更大範圍的越南社會中考察。不過，它仍是關於越南華人的第一部專著，是一部經過西方教育的學者的有價值之作。

蘇聯的社會科學家同樣對於越南華人的研究表現出極大的興趣，其中 N.A.Simoniya 的《東南亞國家的華族人口》（莫斯科出版社、國際關係研究所，一九五九）是第一部對包括越南在內的東南亞華人進行一般研究的蘇聯學者的著作。本書主要報告了一九四〇、一九五〇年代華僑的經濟活動。不過，它對於東南亞許多地區的華人未能進行實質上的分析。例如，它未能分析一九五〇年代後半期從吳廷琰政府以來，華人處於強大社會壓力之下的經濟地位，以及對南越經濟的意義。但是，該研究反映了當時在社會科學占據支配地位的蘇聯學者關於華人問題的看法，而這些觀點也為一九六〇到一九八〇年代其他蘇聯學者所繼承。另一部主要論述東南亞華人資本形成過程的著作是 M.A.Andreev 的《華僑資產階級——北京在東南亞的工具》（一九七三）。這部著作的價值就在於，它力圖構架一種關於華人資本、企業、技術勞工形成與變化過程的理論，這種理論是建立在中國與華僑資本家，以及華僑與中國和西方資本家互相利用的關係假設上，但它忽略了華僑資本家在國內市場和與東南亞地區經濟聯繫發展中的作用。最近，他編了《東南亞國家的華人集團》（一九八六）一書。本書對該地區華人的文化、社會經濟與政治作了一般性的描述。其中第四章特別有趣，因為它重點論述了華人企業家的經濟活動及其與東南亞大社會的種種聯繫。不過，該書只是關於「東盟」的華人。

在對關於華人在越南經濟中作用的文獻之考察可以看到，一九六四到一九七五年間，南越華人經濟的繁榮興旺。在此期間，華人社會在數量與水準上都發生了很大的變化。例如，在華人資本的興起與華人社會的職業結構中可以看出，華人商業迅速成長且日益複雜。一九七五年之後，隨著西貢的垮、南方政治的變化，引起了華人命運以及在統一的越南經濟中作用的變化。

一九七五年之後，越南華人的處境與經濟的興衰，至今仍未有多少研究。不過，由於一九七五年以來越南政治、經濟所發生的變化，華人社會也經歷了顯著的變化。圖書館找不到合適的越南文獻、參考書和研究論文，甚至在越南內外一些特殊的研究中心也沒有關於這一時期越南華人的任何詳細的資料。但是在一定程度上，由於政府關於官方訊息管道的某些鬆動，這種狀況有了一些改變。只是一九七五年以後的資料的可信程度要打折扣。儘管如此，對越南華人尤其是一九七五年以後華人的經濟地位進行研究則十分必要。

這個題目大而複雜，要對一九七五年以後越南華人的方方面面進行研究，不是單一的研究所能完成的。趙和曼的《華人與越南的經濟發展》（一九九三）一書力圖著重論述在越南經濟中華人活動類型的變化，以及關於越南華人商業系統在整個越南經濟變化中的影響。然而，要對一九七五年以後越南華人經濟加以研究，還需要對此前的華人狀況進行追述，這樣才能更好地理解其最近所經歷的變化。基於這一框架，該書主要集中討論了越南華人社會形成與演進中相關的因素，和社會進程及其對越南解放前後經濟發展的影響等問題，並對華人的經濟潛力與發展前景進行反思。希望對近年來越南所進行的經濟改革也能有所裨益。該書所用的資料基本上是第一手，如未發表的越南政府的材料，以及河內中央委員會、胡志明市委員會關於「動員越南華人書」、「南方資產階級再教育委員會」的材料，還有統計年刊、關於胡志明市私營貿易與小工業發展的報告等等。當然也有其他英文、俄文資料，有些是從其他語種中翻譯過來。

（為趙和曼先生《華人與越南的經濟發展》一書作的序，原載《八桂僑史》）

宮廷飲食淺見

宮廷飲食，顧名思義，是皇宮飲食，本質上是帝王飲食。帝王是宮廷飲膳百官服務的主要對象；帝王的飲膳規模和水準無疑代表著時代烹飪和釀造技術水準，而且是窮極奢華，竭一國之力以奉一人之食。當然，作為后妃、皇子皇孫，以及為之效力的太監、宮女、侍衛等人的膳食，都是宮廷飲食的重要內容。中國的宮廷飲食從先秦的「鐘鳴鼎食」到清朝的「滿漢全席」，其發展經歷了幾個歷史時期：

一、先秦時期，宮廷飲食的形成

夏商的國君不再是「糲粢之食，藜藿之羹」，甚至有所謂「肉山」、「脯林」與「酒池」之說，可烹飪技術仍是簡單粗糙。不過，其釀造技術較為發達，從河南安陽殷墟出土的文物來看，樽、爵、壺、斝等酒器在近兩百多件青銅禮器中就占百分之七十。周朝則以其食制的完善、規模的宏大，令人嘆服。從某種意義上說，它影響著往後朝代的宮廷飲食制度。

據《周禮》記載，周朝宮廷有二十二個機構、兩千三百三十餘名官員專門負責王室的飲食事務。他們分工細密，井然有序。同時，宮廷食材的選擇和製作也是無所不用其極。炙、燜、燴等數十種烹飪技法的運用，熊掌等百饈「八珍」的供辦，均表明周王室的飲食水準之高。隨著周初的大分封，春秋戰國時諸侯朝廷的紛起，宮廷飲食可謂全面開花，諸種宮廷食禮、食俗和食藝競相爭盛，從朝廷至民間探討飲食技法者蔚然成風。

二、秦漢時期，宮廷飲食的初步發展

秦漢的宮中飲膳正如君主的絕對權威一樣等級森嚴。皇帝至高無上，其飲膳稱為御膳。御膳的備辦、傳膳、進膳、用膳和賜食等都有一套嚴格的程序，不可紊亂，顯示帝王神聖的飲膳之制不可僭越。

這時在食物結構上已有了很大的變化，這表現在主食方面，除粟、麥、菽等外，稻穀已日趨重要，粲米和御米為宮中用米；在副食方面，則崇尚豬肉、狗肉，追求珍奇之食，諸如「猩猩之唇」、「雋燕之翠」、「旄象之約」等不勝枚舉。漢代的「五侯鯖」幾乎成了後代美味的代名詞。另外，宮廷水果琳瑯滿目。桃、棗、柑、橘、柿、枇杷、荔枝和葡萄等「羅乎後宮，列乎北園」。漢武帝曾專門在南越興建扶荔宮，以種植香蕉、龍眼、荔枝和橄欖等百餘種熱帶和亞熱帶水果，用郵驛每年貢呈上來。

西域的水果、蔬菜相繼傳入漢宮，引人注意。張騫出使西域後，「殊方異物，四面而至」，苜蓿、葡萄、無花果、石榴、胡桃、黃瓜、大蒜等數十個品種引入宮廷膳食中，西域一些食品製法也在內廷時興；有趣的是，漢靈帝愛吃胡餅，京城的貴戚則競相爭食胡餅。

西元一世紀，佛教東漸。不久，道教又興。前者禁殺生，倡導素食的教規與後者輕身、長生和成仙的法則形成了一套飲食條規，也開始影響宮中食俗。而民間重陽飲酒、祭灶，端午飲雄黃酒等習俗也漸漸傳入宮中，形成內廷飲食的一大特色。

三、魏晉南北朝時期，宮廷飲食爭奇鬥豔、豐富多彩

這時，動亂使王宮飲食水準不穩定，各個宮廷由於所處的地理環境、自然條件等方面的差異，在食物種類、烹飪技法和飲茶藝術上各具特色。南方朝廷在水產和飲茶上很講究。茶雖然適宜北方飲用，但最初喜好的是在南方。吳國末帝孫皓每次舉行宴會時，常常賜茶以代酒，「南朝好茗飲」成為當時的風尚。

戰爭年月，宮廷膳食自然缺乏昇平氣象。西晉愍帝曾煮酒麴的滓為粥而食；南齊太官進明帝蒸餅，明帝沒有吃完，留為晚膳之用。當時一些權臣的飲食有超過帝王之食。晉代太傅何曾的廚膳滋味「過於王者」，每次朝見皇帝時，不食太官所設，而且他每日食費萬錢，仍說「無下箸之處」，兒子也是「食必盡四方珍寶，一日之供，以錢二萬為限」，而從此時的一些食經、

食典看，宮廷食法通常最考究。

四、隋唐宋時期，宮廷飲食的完善、繁榮

一統、強盛的帝國給宮廷飲食創造了豐富的物質條件，除了飲食的選材益精、名饌迭出外，還有這樣幾方面的變化。

中唐以後，飲茶之風大盛，宋代御茶珍品目不暇接，內廷飲茶百般考究，皇帝也大論茶道，茶宴更是不斷，崇尚西域食法，引入的有葡萄酒釀法、胡餅製法、天竺熬糖之法，以及尼婆羅的波稜與渾提蔥等。宮中飲食由殿中省負責，光祿寺協同辦理，大臣、內官向皇帝等進食和獻食很盛行。唐中宗時，大臣拜官，照例向皇帝獻食，稱為「燒尾」。宋高宗時，張浚設宴接駕，其規模更屬獻食中罕見。另外，宋代有所謂北食和南食之分，北宋宮廷以麥麵製品為主食，葷菜以羊肉為主；南宋宮廷以稻米製品為主食，葷菜以豬肉和魚等為主，此時宮中膳食的烹飪技術更加精細。

五、元明清時期，宮廷飲食的鼎盛

少數民族的飲饌與漢族的食法大融合。草原特產（如馬乳、羊肉）構成了元宮飲食的主要特色，《飲膳正要》所記載的元朝宮廷九十五種奇珍異饌中，有七十六種使用了羊肉或羊五臟，其他如馬、牛、駝以及禽鳥之味也是宮中所喜愛；清宮食品則深受滿族傳統的影響，雖然羊肉是重要食物，但在肉類上更熱衷於豬肉，「福肉」、「阿瑪尊肉」、「糊白肉」都很有名，烤全豬也是清宮傑作，「麵食酒醪，皆和以酪」的食俗代代相沿。在烹調技法上，尤其喜歡燒、煮、扒、烤。

元、清宮廷飲食也是蒙古族、滿族食法與漢族宮廷食法的結合，璀璨奪目的漢族烹飪技術為宮中折服。漢菜、漢席成為宮廷筵宴中的「搶口」貨，魯菜和江南菜是清宮的兩大菜系。

宮中節令食俗較之民間制度化，更為華貴、講究。宮廷飲食並非是孤立於社會汪洋大海中的小島，一方面，這些王朝的開國者們都來自民間，是所屬民族一分子，必然會把本民族的食俗帶入宮中；另一方面，這些食俗本身

就是歷史的積澱、民族的文化，流傳已久。

這個時期，宮廷筵宴規模之大和烹調技藝之高前所未有，而清朝最為突出。五千餘人的「千叟宴」和近一百二十多道佳餚的「滿漢全席」即是明證，國庫供應、海內進呈、身懷絕活的廚師是宮廷飲食之盛的基本條件。康熙、乾隆帝南巡時，蒐羅了不少江南名廚，從而在宮中多了一朵烹飪奇葩：「蘇灶」風味。一些新品食物的問世，各種用料調配的成功，使筵席群芳爭豔，巧奪天工；到了近代，西洋一些食物與酒類進入宮中，也成為一時風尚。

然而，盛極必衰。近代國事多舛，列強相爭，儘管慈禧等揮霍無度，窮極人間珍味，也只是一種虛假的繁榮、末日的狂歡罷了。

縱觀幾千年宮廷飲食的發展，不論什麼朝代，它始終都代表時代烹飪的最高水準。當然，宮廷的窮奢極欲也是對國庫的侵蝕，對人民的敲榨。但是，宮廷飲食作為中國傳統飲食文化的一個重要組成部分，還是應當引起重視。民間飲食的精華是宮廷飲食的肥沃土壤，宮廷飲食的技藝風範反過來刺激民間飲食的發展。為此，我們要做的事是還宮廷飲食之本來面目，只有在此基礎上才能鑑別、批判和吸收。

（選自作者《御廚天香：宮廷飲食》〈前言〉，雲南人民出版社一九九二年版）

陳懷東先生及其華僑華人經濟研究

最近，收到臺灣陳懷東先生惠贈的新著《海外華商貿易現況與展望》[7]，拜讀之餘，受益匪淺，感觸良多。這是我拜讀的陳先生贈閱的第五部作品，前四部分別是《國際經濟概論》、《海外華人經濟概論》、《美國華人經濟現況與展望》以及《香港華人經濟現況與展望》，面對一位已過七旬的長者勤奮耕耘、新著迭出，我深表欽佩。

一、

說到陳懷東先生，許多同行都不陌生，使他聲名鵲起的或許不止於所寫的幾部厚厚的著作，還在於他主編臺灣「僑委會」的《華僑經濟年鑑》近四十年。

陳懷東，一九二一年生，福建仙遊人。曾任臺灣文化大學民族與華僑研究所、逢甲大學經濟研究所教授，畢生關注和熱心於華僑華人問題，特別是華僑華人經濟的研究，在這方面所取得的成績，無疑與他主編《華僑經濟年鑑》多年分不開。

《華僑經濟年鑑》每年一冊，係根據去年世界各地華僑華人經濟狀況的資料彙編而成，對於了解華僑經濟以及華僑社會的發展動態具有參考價值。作為該年鑑的主編，掌握了大量的有關華僑經濟系統而全面的材料，加之他細心、認真的梳理，深入、獨到的分析，自然對華僑經濟形成了一些擲地有聲的見解。持之以恆，寫成幾本書也就不難理解了。

陳先生雖年事已高，仍在馬尼拉、舊金山、新加坡以及汕頭、香港和北京等地的多次華僑華人國際學術會議上，留下了他活躍的身影，且每次演講他都有一些驚人之語。

一九九三年十一月，在汕頭召開的「世界華僑華人經濟國際學術研討會」

上，陳提交的論文《推動引導西藏水源開發新疆沙漠構想：向自然要回人類生存空間》，便是一個很好的例子。這篇文章與華僑經濟研究沒有多大的關係，是他的突發奇想，抑或他的深思熟慮？！

他在中國科學家關於引導西藏水源開發新疆塔克拉瑪干沙漠構想的基礎上，論述了開發、實施的方案，從開發的目標、推動實施的步驟、可行性及效益的評估以及資金的籌措等方面作了細緻、精要的分析。他認為「推動引導西藏水源，改善新疆自然生態已刻不容緩」[8]，這將是二十一世紀中國人征服自然的一項駭世驚俗的工程，雖困難重重，「但事在人為，幸盼有遠瞻的決策、縝密地實施勘察與規劃，國際機構與金融單位、海外華人及全中國人民的全力支持，當可順利完工，貢獻人類社會，樹立歷史新里程碑」[9]。在他的專業化的分析背後，我們頓生的一個疑問是：他為什麼對引導西藏水源開發新疆沙漠有此濃厚興趣。後來他給我的解釋是，「不居廟堂，心憂其民；天下興亡，匹夫有責」，他所講的海內外炎黃子孫共同努力征服自然的圖景，或許在不遠的將來會變為現實。

二、

海外華人經濟影響的日益增大，已引起了越來越多人的關注，關於華人經濟的各類研究性文字數不勝數，也湧現了一批有份量的作品，陳懷東先生應該說是關於華僑華人經濟研究中有特色的一位。

首先，作品資料豐富，參考性強。

正是由於主編《華僑經濟年鑑》近四十年的功力，使他有長期積累的豐富資料。加之資訊的便利，能及時掌握華商資本的發展動態，凡是讀過陳的作品的人都會發現，他的著作甚少空洞之談，處處顯示出材料詳實，言之有據，予人新穎之感。

以《海外華商貿易現況與展望》一書為例。該書所徵引的材料除了參考已出版的各類著述外，還有最近發行的相關報刊，如各地華文報紙，香港《資本家》等財經雜誌，特別是臺灣經濟部的「華僑及外國人投資統計月報」和「臺灣進出口貿易統計月報」。

其次，勤力鑽研，對華商經濟有較系統的認識。

再以上書為例，該書僅三章，分別為「海外華商的形成與發展」、「海外華商貿易現況」、「海外華商貿易展望」。讀者透過此書可對海外華商的歷史與現狀有一個系統的了解。

在他的著作中，始終貫穿著這樣一個觀點，即「整合海外華人資源，迎接新世紀」[10]。隨著海外華人人口劇增，資本實力加強，營運規模擴大，以及科技與專業人才的大量湧現，使海外華人的資源優勢十分引人注目。他認為，「海外華人擁有資源現為當前人類社會所迫切需求，且為推進經濟發展與繁榮的基本動力」[11]。整合海外華人資源應為當務之急。為此，他建議海外華人企業應充分、大膽發揮其潛能，擴大結合資本與人才，不斷拓展新領域；建立海外華人資訊網；培植並廣攬科技專業人才；重點整合環太平洋地區華人資源。

無疑，促進華人資源的結合與互補非常必要。然而，所謂「整合」，由誰來完成呢？他似乎寄希望於華人主導的國家或地方政府的推動，更寄希望於華人自身的覺醒，華商精英的聯合。他認為在這種整合中，形成「華人經濟圈」是一種值得大力推動的模式。

三、

毫無疑問，陳懷東是「華人經濟圈」的熱情支持者。

我們知道，海外華人在經濟上雖存在明顯的國際化傾向，即不同國家和地區的華人經濟上的聯繫與合作越加頻繁，但這不能作為形成所謂「華人經濟圈」的證據。重要的是，要看到華人經濟的在地化，而且這是華人經濟發展的主流；華人不可能脫離所在國的政治社會環境，而以純種族與文化的背景形成一個「經濟圈」，況且不同國家和地區的華人在文化上已有很大的不同。

陳懷東先生則認為，由於各地華人在文化與生活習慣上相同，或地緣、血緣關係相近，會形成一個有益於各國經濟成長的「大中華經濟圈」或「華人經濟圈」。「海內外華人所擁有的資源，為區域及國際經濟合作所強烈需求。」在他看來，華人資源的組合帶動著「中華經濟圈」的默默運作。這個「經濟圈」與歐盟或其他區域經濟合作組織不同，它超越國界，並無法律拘束，「以雙邊或多邊最高利益為依歸（包括各地華商企業和當地經濟），也就是人類目前所擁有資源的開發、科技的加工利用可行方法下，獲得最大效益。故與任何區域經濟合作具有高度相容性，而無排他性」[12]。

他認為，目前世界華人經濟的輻射已形成了五個中心，即：

（1）二戰後的香港與臺灣，以及一九七九後中國大陸不斷向海外移民，以三點向外輻射；

（2）近年來，臺灣、香港及東南亞從輸出勞力密集型產品到赴外投資、購置房地產等資本輸出類輻射；

（3）臺灣、香港和東南亞產業為提升層次而爭取美國華人科技人才及專業人才，使美華科技人才對亞洲及全球華人企業形成輻射；

（4）來自中國大陸新移民的增多，充實了海外華人經濟事業陣營和科技專才力量，加之大陸已擴大了對外投資，對全球華人經濟形成輻射；

（5）新加坡原為東南亞華人眾多地區的貿易、運輸及金融中心，近年來大力吸收美國華人科技人才，提升工業層次，擴大對東盟、香港、美國及中國大陸資金、商品及技術的交流，形成對世界華人經濟輻射的又一中心。

他說：「這些軸心的交叉運作，相輔相成，並無抵觸與排御作用，顯示各地華人透過血緣、地緣、語言與生活習慣等因素，更易於溝通建立共識，合作互助展開經濟事業，充分發揮資源的利用價值以造福人類社會，肯定『中華經濟圈』的積極功能。」[13]

其實，早在一九八六年，陳在《海外華人經濟概論》一書中就對華人經濟的國際化、「華人世紀」等闡述了自己的看法。當時，他認為香港、臺灣和新加坡「構成促進全球華人經濟事業成長的三個軸心」。他特別強調，要「結合全球華商力量，開創經濟事業新境界」[14]，指出海外華人應充分發揮擁有土地、資金和人才的功能，全力推進華人企業的現代化發展，加強全球華商的聯繫，形成華商國際貿易網，同時推進華商投資和技術合作。

細心的讀者會發現，陳懷東關於「華人經濟圈」的看法經歷了一個變化的過程。一九八〇年代，他所說的「華人經濟圈」除兩岸三地外，還包括了華人聚居較多的東南亞國家如新加坡，並將之視為「大中華經濟圈」的同義語。後來，他在《海外華商貿易現況與展望》（一九九七）一書中，又分為「華人經濟區」（指中國、香港和臺灣）和「華人經濟圈」（泛指海外華人經濟事業）。

他認為，今天海外華商的發展應該尤其注意這樣三點，即①全球物流產銷；②突破家族企業的局限；③經營管理的科學化，如以資本與技術輸出帶動貿易，全面參與資訊產業革命，掌握國際經濟發展動向等。

值得注意的是，陳懷東一方面力倡華商經濟的整合，「中華經濟圈」的建立；另一方面，也強調華人經濟對當地社會與經濟發展所肩負的責任，這與純「功利主義」的利用華商不同。他說：「海外華人經濟為當地的一環，東南亞華人眾多地區且為當地經濟之重要環節，向為領導當地經濟發展的主流。故華人經濟發展方向，宜順應世界潮流，審視當地所具備的條件，選擇正確的發展方向，期以收到事半功倍的效果，充分顯示華人經濟活動的積極貢獻，盼能重新予獲得評估，以消弭排華觀念於無形，奠立華商與當地人士精誠合作之基礎，共同發展經濟事業。這當為政府輔導華人發展經濟事業的最高目標，也為海外華人發展經濟事業的最高境界。」[15]

整合海外華人資源，促進華商間的聯繫與合作，帶動中國和世界經濟的發展，這是一個很好的構想。然而，由於海外華人政治認同的在地化，超越國界的這種資源整合，究竟在多大程度上可以實現呢？這仍是個未知數。

華商之間的聯繫與合作，說到底是一種利益的結合。事實上，這種經濟間的彼此合作參與並不是所謂「經濟圈」的表現。日本人到東南亞做生意喜歡與華人合作，許多外商到中國投資使用合資的方式，難道他們也結成了一個經濟圈嗎？顯然，以相互之間願意多合作而作為「圈」的表徵是不夠的。

現在，所謂二十一世紀是「華人的世紀」、「中國人的世紀」等說法，為許多人所津津樂道。「華人經濟圈」或「大中華經濟圈」之說正是上述說法的「有力」論據。筆者認為，談論這種「圈」實際上並沒有多大的意義，重要的是，如何推進華人之間的交流與合作，以及透過華人來促進各國與中國的經貿往來。

在此，要摒棄的是一種急功近利和極端自私的做法。我們要對海外華人之間經濟聯繫與合作有一個全面的認識，要正確看待海外華商與中國的經濟關係等等。

陳懷東認為，增進海外華商與中國經濟的關係，可使海外華商在貿易和投資等方面直接受益；可促進華商所在國與中國的雙邊關係；同時，更有助於中國經濟的發展。他建議，政府要協助海外華商對中國貿易；引導海外華商回中國投資；鼓勵中國廠商赴外投資和技術合作。

當然，陳一些觀點顯然不妥，如從血統主義出發認定海外華人包括華僑、華人及華裔；提倡「建立大中華經濟圈，迎接華人世紀」等。

不管怎樣，陳懷東先生的華人經濟研究的功底與成績是值得讚賞的，我們期待他有更多新的作品問世。

（原載《八桂僑史》）

這是一份紀念

慶平（其實稱「老崔」更親切）來信，邀為他的文集《往事不寂寞》寫序。我感到很惶恐，想推辭，怕才疏學淺，不懂外交，亂說話惹人煩。慶平很認真，講了文集的大概，多數文章已發表，又說我對他的情況很了解，期盼滿足心願，很快寄來了文稿。

認識老崔一晃十五年了，那是我一九九八年九月赴駐美使館工作後結下的緣分。他一九九七年至二〇〇一年在館裡工作，我們都在領事部是好同事、好朋友。一起工作，在大樓（使館）食宿，感情很好。他的人緣很好，這多在於他的樸實、厚道、踏實、熱心。領導對他也挺欣賞，經常表揚他，這多在於他辦事認真、幹練，有才氣，忠誠負責。我還很感激他，因為老崔和夫人老梁給我很多幫助與支持。

他的文稿分成〈學習篇〉、〈工作篇〉、〈交友篇〉、〈看美國篇〉，記載了他在使（領）館工作的經歷和心得。斷斷續續讀完，勾起了往事豐富的回憶，對老崔又多了一份了解。例如〈詩歌譜寫的情誼〉一文寫了他和時任駐美大使李肇星之間詩篇往來的故事，字裡行間充滿了對李大使的敬仰之情，稱李肇星以「大使的身份、友善的形象、學者的風度和詩人的魅力，在美國大地上播下了友誼的種子」。在《醫學翹楚藝術奇才》中記載了他所見美籍華人醫學家林熙與葉聖陶、劉海粟忘年交的祕聞。還有與華府名人陳香梅、莫天成、沈已堯、吳世華、韋振之等的交往，有去美國國務院辦交涉、去警察局督促破案，有參加華府僑界歡迎朱鎔基總理訪美、慶澳門回歸等。

老崔在華府的工作不愧為一名優秀的外交官，我更敬佩的還是他的那份實在和情誼。他卸任時僑學界送給他「錦上添花使，雪中送炭人」、「學子摯友，僑里至親」等匾額，這些是他華府往事的真實寫照和恰當評價。或許這些我都是見證人，顯得特別親切，心裡總是泛著暖意。

那幾年間，朱鎔基訪美、中美正常貿易關係、北約轟炸我駐南使館、南海撞機以及九一一事件，都是當時的一些大事，都變成了歷史，有的還在悄悄影響著中美關係史和世界史。一路來，儘管中美關係都在摩擦中尋找準確定位和解讀，但溝通、交流、友好、合作還是主流，而且是必然趨勢。這是因為世界和平與發展需要這兩個大國之間的合作，中美兩國相互依存也符合國際大勢和彼此根本利益。今非昔比，發展是真理，要軟實力，更要硬實力。,「少林功夫」容易贏得喝彩,「太極」更能體現有形無形，至柔至剛。

今天我們趕上了好時代，一切都在向前。唯有不能忘記的是那些為國家發展、強盛、尊嚴作出貢獻的人們，他們是普通人，是人民群眾，包括散居世界各地的可愛僑胞。

這是一份紀念。

（為崔慶平著《往事不寂寞：我的外交經歷和見聞》作的〈序〉）

學習就要有認真、虛心的態度

學習之於一個團隊的重要性不言而喻，認真、虛心的態度特別重要。

我們常常會看到那種學習模仿、過場、不深入、不認真的現象，更有甚者，根本不讀書、瞧不起人。有的人身邊沒有幾本書，總是迷信網路，認為網路上什麼都有，搜尋一下就是。一年到頭庸庸碌碌，也沒看過一本完整的書，講話報告還一套一套，滿腹經綸的樣子。究其原因，多在於對學習重視不夠，自以為了不起，不思進取，或是事務主義者，或是自我膨脹。

知識面前需要的是認認真真、老老實實、虛心努力的態度，這種態度是對知識的敬畏。

經典作家的作品要讀原著，放在具體的歷史環境中理解，既不能神化，也不可虛化。這種學習是增強本領和能力所必需的，且只有過程，沒有終點，因為任何理論都是隨著社會實踐的不斷前進而發展，改造社會的本領也應隨著條件的發展變化而不斷豐富、提升。

一、虛心向歷史學

歷史是一種知識，一種智慧，一種經驗。中華民族有著引以為傲的光輝歷史，五千年文明史寫就了中華民族在世界民族之林的崇高地位。讀史不只是簡單地了解過去的故事，重要的是從浩渺史籍中把握歷史發展的脈絡、規律以及推動歷史不斷前行的動力。歷史的教訓也是一種財富，挫折同樣是一種教材。學史以明志、知興替，有助於培養深邃的歷史眼光和洞察力，更好地把握現在，創造未來，簡單地否定過去是一種歷史的無知，那種歷史虛無主義、實用主義的做法要不得。

二、虛心向群眾學

讀「有字書」更應讀「無字書」，實踐就是一本「無字書」。在知識爆炸的時代，向群眾學、向實踐學，這是學習提高的一種基本方法。真理來源於實踐，真理往往掌握在人民群眾手中。在此，必須始終牢記宗旨，真正拜人民群眾為師，與群眾同甘苦，總結人民的智慧和經驗，並努力維護、實現、發展人民的根本利益；必須克服官僚主義、形式主義、享樂主義和奢靡之風，放下身段，深入基層，加強調查研究，找到解決人民最關切問題、破解制約社會經濟發展「瓶頸」，「沒有調查，就沒有發言權」。

這種調查研究就是認識、發現客觀事物發展規律的過程，是一種能解決問題的理論和知識的形成過程。

三、虛心向世界學

人類文明多姿多彩，相得益彰，如善行天下，有其共通的價值，沒有優劣之分。漢唐盛世，為古代中國之驕傲；近代之衰、列強肆虐也是事實。魏源在《海國圖志》中提出了「師夷之長技以制夷」，洋務運動喊出了「中學為體，西學為用」的口號。後來先是向蘇聯「老大哥」學；一九七九後，中國借鑑世界人類文明的一切先進成果，消化吸收、再創新國外先進技術，豐富自己，助推國家的現代化建設。

中國現在經濟總量全球第二，「神舟」十號和「天宮一號」在天空成功對接，經濟、科技的傲人成就確實了不起。但越是富強越要謙虛謹慎，越要注意向世界學習，不論是已開發國家還是第三世界國家。不能套上大國主義的枷鎖，要學習、團結世界上一切平等待人的民族。

（原題為「學習不能走過場」，原載《學習時報》）

不積跬步，無以至千里：僑情調查工作雜議

凡在某一方面有成就者，除個人特質與際遇之外，莫不與其具有良好的基本功有關。同樣，要把僑務工作做得有聲有色，也得先練好基本功，而其中重要的恐怕就是掌握僑情資料與僑務訊息的功夫。近些年來，各地僑務部門在進行僑情調查的方面無疑是有成效的。許多地方對當地海內外僑務對象的情況都作過統計，編有僑情手冊，建立了訊息員制度，召開過專門僑情與訊息工作會議。隨著為經濟建設服務工作的不斷深化，一些僑務部門已著手建立幾個「庫」的工作，即《招商項目訊息庫》、《投資意向訊息庫》、《海外華僑華人重點人物、重點社團庫》等。心裡有底，做起事來也就得心應手，堅實而有力。毋庸諱言，有的地方做得不怎麼樣，別說建立項目庫，就是屬於基本職責範圍，也常常是丈二金剛摸不著頭腦。要問他們當地有多少歸僑、僑眷，有多少海外華僑、華人，他們的特點如何，只有失望。又如，現在各地都在進行機構改革，特別是縣級僑務機構多數被合併其他部門，而且是模式多樣，各取所好。

由此以致出現了這樣一種怪現象，即有的上級僑務部門竟找不到對下聯繫的對象了；省內各地僑務機構改到哪裡去了，全然不知。如此，自己工作的對象、工作的系統都不知曉、不熟悉，更談何作為呢？之所以這樣尷尬，首要原因就是缺乏調查研究，不注意收集、整理資料。

陝西省省長在該省僑務工作會議上有一段精彩的講話：「我們必須把我省僑情弄清楚。省內歸僑、僑眷的數目、分布，他們在國外的親友情況，所在國的地位、經濟力量等，都要掌握，建立檔案。這樣，我們才能有的放矢地做好僑務工作。」並希望會後省僑辦第一件事就是要做這項工作。同時，「各地、各縣、各部門，哪怕你只有一個普查對象，也要把情況弄清楚，從

而為我們全省的僑務工作開展打下良好的基礎。」真可謂字字擲地有聲。

其實，何嘗陝西省的僑務工作需要如此，隨著中國中西部地區對外開放步伐的加快，這裡的僑務工作所能發揮的作用將越來越大。如果能抓住機遇，打好基礎，開拓進取，相信不久人們會對這些地區的僑務工作刮目相看。

抓好僑務調查，首先是長官重視，以戰略的眼光來看待這項工作，肯投入人力、物力。其次，指揮群眾，依靠基層，注意運用社會力量；再次，講究調查方法，注意調查的科學性；最後，及時歸納、總結，對調查所得材料客觀分析，並就如何根據僑情特點開展工作提出建議。在這一過程中，每一環節都不可或缺，進行調查與運用調查成果同樣重要。

在此，有兩點最應當引起特別注意，一是在僑情調查時，注意對留學學生、新移民情況的調查。新移民工作是僑務部門一項具有戰略意義的工作，應引起高度重視。這點對於重點僑鄉或非重點僑鄉都是如此。對於非重點僑鄉而言，做好新移民工作更是僑務部門爭創新優勢的一塊法寶。例如，四川省僑辦製作了《四川省高等學校各類出國人員情況一覽表》、《出國留學學生登記表》，對留學學生進行調查。上海等地僑務部門成立了留學學生及家屬聯誼會。廣東省僑辦還頒布了《關於做好我省出境定居人員工作的意見》，等等。這些都是好的開端。二是注意對僑情調查材料的開發利用以及資源共享。調查的目的最終是利用，尋找到做好本地僑務工作的突破口。有條件的地方還可對這些資料進行電腦處理，並力爭有朝一日中國僑務部門實現電腦網路化，這也將是僑務整體優勢的一個體現。廣東省僑辦在僑情資訊電腦管理方面走在全國前列。國務院僑辦正在為建立資訊電腦管理系統而努力。無疑，這方面的潛力與作用是可以預見的。

古人云：「不積跬步，無以至千里；不積小流，無以成江海。」千里之行，始於足下。只有腳踏實地，掌握好僑情與訊息基本功，才會使僑務工作大步向前。

（原載《僑務工作研究》）

民族地區構建和諧社會的思考

最近，我們赴貴州銅仁等內陸民族地區進行調查研究，了解當地和諧社會建設的有關情況，進一步加深了對少數民族地區和諧社會建設重要性和艱巨性的認識。結合此次調查研究情況，就民族地區和諧社會建設問題談幾點粗淺的看法。

一、民族地區構建「和諧社會」最重要的是要堅持以人為本，牢固樹立和落實科學發展觀

貴州是一個多民族山區省分，少數民族人口一千三百多萬，約占總人口的百分之三十八，其中，銅仁地區有松桃苗族、玉屏侗族、沿河土家族和印江土家族苗族四個自治縣，五十六個民族鄉，二十九個少數民族，少數民族人口兩百六十四萬，占全區總人口的百分之七十，民族自治縣、民族鄉占全區總面積的百分之七十七。二〇〇三年，全區人均GDP兩千兩百八十六元，在全省九個州（市）中列第八位；城鎮居民人均可支配收入五千八百二十四元，在全省列第八位；農民人均純收入一千四百三十五元，在全省列第九位。銅仁可以說是貴州經濟最落後的地區之一，要在這樣的民族地區建設「和諧社會」，其艱巨性是顯而易見的。

據統計，二〇〇三年，銅仁地區生產總值達到八十五億九千八百三十七萬元，較之一九八〇年成長百分之四點四七，年均成長百分之七點七，較之上年成長百分之十點二，人均生產總值兩千兩百三十六元。全區固定資產投資四十二億四千五百萬元，較上年成長百分之三十四點五；財政總收入八億兩千八百萬元，較上年成長百分之十三點八。三級產業的結構比例為51.8　26.0　22.2，其中第二級產業成長最快，比上年成長百分之二十一點七。其成長速度高於全省平均水準，但其經濟總量、財政收入在全省九個州（市）中分別列第八位和第九位。

成長速度雖然較快，經濟總量仍然十分有限，成長水準有待提高，這是類似銅仁這樣落後的民族地區必須面對的難題。在經濟發展的同時，各種矛盾也已開始顯露出來，這主要表現在，經濟成長與科、教、文、衛等方面投入不足的矛盾；經濟成長與過度依賴資源性開發、生態環境趨壞的矛盾；經濟成長與城鄉差距、居民收入差距擴大的矛盾；經濟成長與貧困人口較多存在、就業和社會保障壓力依然較大的矛盾等等，甚至存在著先發展後治理、片面追求經濟成長指標的思想。

一些沿海地區的高耗能、高汙染項目轉移過來，在刺激當地經濟成長、增加財政收入的同時，對環境的汙染、資源粗放式經營造成的浪費，以及能源供應緊張的情形，已成為當地政府面臨的一把「雙刃劍」。如果不切實轉變經濟成長方式，將來勢必付出更加沉痛的代價。

二、民族地區構建「和諧社會」的重點，是經濟與社會的協調發展，走有特色的民族和諧社會發展之路

「和諧社會」最重要的標誌之一是經濟和社會與人的和諧。為此，應當做到如下幾點：

1. 科學的經濟發展思路

民族地區經濟發展靠什麼來帶動？銅仁地區提出了「三個重點、三個帶動」、「六個突破」等發展戰略，著力於培育五大工業產業，即以火（水）力發電站為重點的能源工業，以錳系列產品為主的冶金工業，以工業碳酸鋇、硫酸、汞觸媒、釩觸媒為主的化工工業，以優質糧油、畜牧、茶葉、果蔬等為主的農產品加工業，以及以中草藥現代化為主的生物製藥業。

應當說，這是實事求是、立足於當地資源優勢的發展選擇。透過資源優勢和區位優勢，創造比較優勢，透過優化結構、提高品質和效益，促進速度、結構、品質和效益的統一，增強核心競爭能力，形成產業優勢、經濟優勢和後發優勢，這是民族地區經濟發展的一條有效途徑。

2. 處理好農、工、商三者關係

民族地區多為以農業為主的地區。民族地區和諧社會能否建成，關鍵要看「三農」問題解決得如何。要把「穩農」、「強農」、「富農」的工作真正作為一切工作的重中之重。農業的根本出路在於它的現代化。要實現農業現代化，就必須努力促進農產品深加工和商品化，使農工貿一體化，進而使農業產業化，並加速農村富餘勞動力的城鎮化轉移，致力於減輕農民負擔、增加農民收入。當地政府已注意到這點，但著力依然不夠。在加強農業基礎地位的同時，應把發展工業和商業擺到更加突出的位置上來。應樹立「無農不穩、無工不富、無商不活」的觀念。近些年來，銅仁地區狠抓「工業富區」，以工業化帶動城鎮化和農業現代化，收到顯著效果。工業成為當地經濟發展新的支撐點和引擎，也是地方財政收入的主要來源。值得注意的是，銅仁地接湘渝，交通便利，在「活商」、「活區」方面也大有作為。

3. 發展集約經濟和綠色經濟

所謂集約經濟，是指透過改變經濟成長方式、提高生產技術水準，進行集約化經營而形成的一種經濟模式。如在發展工業的過程中必須科技化、經濟效益好、資源消耗低、環境汙染少、人力資源優勢得到充分發揮的道路。集約經濟必然是循環發展，帶來綠色經濟成長。銅仁地區發展綠色經濟，還應發揮其特有的民族文化資源和自然生態資源優勢。青山綠水、風景秀美的銅仁應當成為人們民族風情和自然風光旅遊的上佳選擇。只有發展集約經濟、生態經濟，發展才是可持續的，才是對子孫後代負責的，才能最終實現經濟與社會、人與自然的和諧發展。

4. 以教育、科技、人才為發展之本

科教興國、人才強國是眾人皆知的道理。民族地區同樣需要以科教興市（縣）、人才強市（縣）為基本的發展戰略。銅仁地區各類學校一千八百五十四所，學生七十四萬八千餘人。然而，由於資金、人才成長環境等多方面原因，教師、醫生、農技等各類專業人才流失嚴重，適齡學生難以全部進入初中，因此必須努力扶持教育、留住人才，必須以人才、教育為支撐，促進經濟與社會的協調發展。

5. 切實解決群眾最關注的問題

在民族地區，群眾最關心的是脫離貧困、保障與發展等問題。擺脫貧困是邁入小康的第一步，解決貧困問題是一個系統工程。一要堅持以發展為第一要務，用發展徹底擺脫貧困；二要「輸血」救急，「造血」扶本；三要對特困人口採取特殊救助辦法；四要扶貧先扶志，幫助一些民族地區和困難群體克服依賴、求助的思想。子女入學難、看病難，是群眾反映最強烈的兩大問題。在農村普遍存在有病不就醫的現象，為此，必須進一步健全各類社會保障體系，尤其要關注農民的醫療和教育問題。

6. 努力繁榮民族文化

政治文明、物質文明和精神文明協調發展，民族地區民風淳樸、文化特色明顯。在經濟建設的過程中，如何弘揚民族文化、提高文明水準，是一個值得注意的問題。在這方面，銅仁地區採取了一些好的做法，如努力營造兩大環境（城鎮投資環境和育人環境），提供三個服務（為經濟發展服務、為改革服務和為社會穩定服務）；以創建「文明健康城鎮」、「治理投資軟環境」重點活動為載體，強化思想道德；並實施環境育人工程、執法服務文明工程、市民素養教育工程和群眾文化工程四大工程。

民族地區的發展問題、和諧社會建設問題，不只是民族地區自身的問題，而是一個需要系統扶持、全社會關心和支持的問題。我們相信，在各方面的共同努力下，民族地區一定能夠在和諧社會的建設道路上不斷取得新的更大的成就。

愛心澆注事業的輝煌

不久前我們到天津調查研究，接觸了一些官員和僑界人士，他們的情感、志向以及他們對於人類、對於事業的愛心，是他們從事經濟、科技以及社會工作的巨大推動力，他們對僑務事業的奉獻精神感人至深。我記下這些真實的故事，如果你從中也悟出些道理，則予願足矣。

我們抵達天津時，市僑辦的樊主任、梁副主任等已等候多時，一一握手，大家自是相見甚歡。我說，京津相距不過兩個小時的車程，可相互之間的走動並不多，這不能不說是件憾事。這些年來天津的僑務工作取得了較大的成績，功不可沒。當前，僑務部門的引進工作面臨著新的形勢和要求，比如，在「科教興國」的今天，就應該擺在更加重要和突出的地位。希望我們能一起努力，在這方面有些成績。樊主任對此十分贊同。他說，天津作為大都市，引進人才很重要。在此後的一天裡，梁副主任帶我們拜訪了袁家倜女士、參觀了世界人工晶體中國天津培訓中心等。梁副主任的豪爽、豁達，對事業的熱愛，對理想的執著，給我以非常深的印象。

梁副主任是一九五二年從印尼回國，「文革」期間，她沒有過過好日子，一九八〇年代，投身於僑務事業，為落實僑房政策，她奔走呼號，費盡心力，從不計個人得失。一九七九以來，她帶領僑辦千方百計地引進外國資金和技術。經過多途徑的穿針引線，現在，印度尼西亞林紹良、泰國鄭明如等一批大財東已經到天津投資了，市裡領導給僑辦的工作以充分肯定，談到這裡，她開朗地笑了。

我發現，她每到一處，很容易成為那裡的中心。原因不是別的，而是在於她熔鑄著愛的開朗的幽默。她說：「做好僑務工作沒有別的，需要的是愛心的投入。」後來，我得知就在幾天前，她已接到了退休的通知。不過我相信，她的熱情與愛心會與她的事業長久地輝映在一起。

與僑辦只有一街之隔的蘇易士，是一所遠近聞名的宅子，它的知名在於這裡做的西餐味道醇正，且世界各地的風味都有；二是得益於這所房子的新主人袁家倜，乃袁世凱的第三代傳人。僑辦的同志將歡迎我們的午餐安排在蘇易士，想得也真是周到。在這裡，我們見到袁家倜女士。袁女士今年七十六歲，從外表來看，雖然有些老態，但說話中氣十足，不時揮動著有力的手勢，透出一種人生的睿智、不屈的氣魄。她的侃侃而談，確實出乎我們的意料。她說：「聽說國務院僑辦的同志來了，一定要來見見。僑辦是我的家，蘇易士是華僑之家。蘇易士能有今天還多虧了僑辦幫忙。」看得出，袁女士對僑務事業的感情很深。她不無自豪地說，她現在還是天津市政協委員、天津和平區僑聯顧問。我問她，為什麼餐廳的名字要叫蘇易士？她說，蘇伊士運河廣納世界財源，她的餐廳也要接納世界客人，具有世界氣息。本來叫蘇伊士，但其胞兄袁家騮先生題字時把「伊」改為「易」。接著，她回憶起當年創業的情形。一九七九年，六十三歲高齡的她並不服老，毅然南下深圳闖天下。不久，與人合作創辦了「大家樂」餐廳，生意興隆。後來，在廣東東莞也辦了一家。六年後，她回到了天津，辦起了蘇易士餐廳，並自任經理至今。她說，一些人視她為「天津一怪」，對她不享清福頗為不解。其實，人生的意義就在於不斷地做些自己認為開心的事，在於創造物質的與精神的財富。

那天下午在金鼎飯店三樓會議室，我們約見美國志願者協會中國方案首席代表劉銘先生。我知道，美國志願者協會是一個非常有名的社區志願服務組織，有一百多年的歷史，在全美有三千餘會員。劉先生先介紹了美國志願者協會的情況，並重點談了談「中國方案」的由來。他說，美國志願者協會中國方案總有點被援助的感覺，心裡不是十分愉快。為什麼我們不能把他改造一下，自主意識更強一點呢？這完全可以。目前，他的中國方案正朝著三個方面努力，一是成立顧問委員會，以加強對中國方案的領導；二是以激發海外華裔的愛國情結、志願為中國服務為重點的工作目標；三是成立中國方案基金會。中國方案的真正實施是一九九三年以後的事。迄今在天津、北京、江蘇和上海已舉辦過多次金融、警務等培訓班。為了表彰對實施中國方案作出突出貢獻的人士，還特設馬可·波羅獎，如美國總統布希等獲此榮譽。

他還說，他願意與僑務部門合作，因為僑務工作不只是為引進而引進，更在於做人的工作，有種大局觀。這與他的工作目標是一致的。我表示，對於劉先生為促進中美之間的友好交往，為中國的經濟發展作出的一些實實在在的事情所付出的努力表示敬意。今後我們可以經常聯繫，適時謀劃一些項目共同完成。

次日上午，我們參觀世界人工晶體中國天津培訓中心。該中心是在新加坡國際眼科專家林少明教授的幫助下，引進國際人才、資金和技術，採用人工晶體植入術治療白內障的中國第一家機構。基地於一九八九年建立，據稱旨在培養全中國掌握該技術的眼科醫生；與縣級或其他基層醫院合作，幫助其掌握此技術，建成一個發展和研究中心。至一九九六年已完成五千例。手術後，視力可恢復正常或接近正常。中心名譽主任袁佳琴教授、主任孫慧敏向我們熱情地介紹了他們的事業。袁教授今年已經八十多歲，依然神采奕奕，和藹可親，一派智者風範。中心是她一手操辦起來。一九七八年至今，她獲國家級獎三項，獲國際級獎八項。曾任中國眼科學會副主席，有《工業眼科學》等五部專著，加之參與編寫的十部專著，可謂著作等身，造詣非凡。中央電視台「東方之子」專訪過她。她喜歡唐詩「春蠶到死絲方盡，蠟炬成灰淚始乾」，還把《鋼鐵是怎樣煉成的》的作者奧斯特洛夫斯基關於人生怎樣度過的名言當作座右銘。這位把畢生的心血都獻給了中國醫學事業的學者，虔誠地說出自己的人生理念，我感到了它的價值和力量，深受鼓舞。

中心不可分離的另一個名字是林少明教授，林先生乃新加坡國立大學眼科教授，中國國立眼科中心主任，亞太眼科學會祕書長，國際眼科顧問委員會成員。擁有眾多的顯赫頭銜，無疑是國際級眼科學權威。世界人工晶體天津培訓中心的建立則得益於林先生的倡議以及他與其家人的慷慨捐助及技術指導。林教授在袁佳琴女士的《播灑光明》一書的序言中寫道，這是一項把「光明播灑中國大地」的事情。為培訓中心捐款以及參加歷次培訓班的，有來自新加坡、日本、美國、澳大利亞、德國等地的不同膚色的專家及熱心人士。在這裡，我們看到的是科學搭起的友誼的橋梁，把中外的科學家和海內外的炎黃子孫連接在一起的動人故事。在這裡，我們沒有看到索取，看到的只是科學家為人類美好事業的奉獻精神。而這種精神不正是我們為人立世、做許多事情（當然包括做僑的工作）都需要提倡的嗎？

（原載《僑務工作研究》）

助人助己 積石山之夢

一九九八年七月，國務院定甘肅省積石山保安族東鄉族撒拉族自治縣為國務院僑辦扶貧縣。僑辦幫扶盡心盡力、實實在在，視之為「積石山」，積石山人民很感動，稱僑辦是「扶真貧，真扶貧」。

積石山自治縣於一九八一年成立，是甘肅省唯一的國家多民族貧困縣。僑辦領導把幫扶積石山當成重要的事，成立了辦扶貧開發小組，下設辦公室負責扶貧日常工作，還制定了工作規劃，措施具體，一項項落實。重點在發展種養殖業、發展特色經濟、改善生態環境和助學興教，使農民增加收入，過上溫飽日子。堅持以開發性扶貧為主導，充分發揮僑務優勢。

僑辦定下「不脫貧，不脫鉤」原則，與積石山同呼吸、共命運。其幫扶的主要特點是海外僑胞的參與，僑愛、僑心、僑力的融入。在積石山的每個鄉鎮，都有僑捐的項目，僑居工程，僑愛學校、醫院，技能培訓中心，花椒林，扶助貧困失學兒童等等。二〇〇二年，李海峰同志率曹德旺、李玉玲、邱維廉、屠海鳴、陳成秀、劉雅煌、蔡村、郭文雨、單偉豹等十九位知名僑商，專程赴積石山慰問考察，捐款捐物，興建項目，可謂費盡心思。這些企業家自此與僑辦、與積石山結下了深厚感情，成了貼心朋友。雖然僑辦給予他們「定點扶貧顧問」頭銜，其實榮譽很少，多的是責任和牽掛。

二〇〇八年，在定點幫扶積石山十週年之際，國僑辦組織了「愛心之旅——僑資企業家甘肅行」，邀請幫扶積石山的僑界功臣們前往考察，為積石山的發展獻計獻力。除了繼續發揮僑的優勢捐助公益項目外，也力圖在開發式扶貧方面下些功夫。之前，愛心僑商在積石山投資中藥材種植基地、優質農林樹種，引進澳洲的南德溫牛等項目，但還是沒有成功。包括羊養殖項目，先是給農戶錢買羊養，後是買羊送農戶養，也沒發展起來。這次，邱維廉、屠海鳴、劉雅煌、郭文雨和縣裡合作投資養牛項目，著手開始；郭文雨投資馬鈴薯深加工項目，一時大家熱血沸騰。

由於種種原因，項目進展不順利，此是後話。其實這重要，但也不重要，真正重要的或許不是項目本身。成功就得允許失敗，重要的是心連心，有愛就有一切，僑辦、僑胞、積石山因為幫扶的事業連得更緊密，心貼得更近了。當然，積石山百姓的淳樸厚道也感染了僑胞。二〇〇八年那次積石山之行，加拿大北京同鄉會會長去十年前捐助的小學參觀，師生冒雨等待兩個小時，列隊歡迎這位遠方的善心人，讓她熱淚奪眶而下。積石山這麼一個窮偏的地方，留下了世界幾十個國家的僑胞，許多大名鼎鼎僑商的足跡和心意。很欣慰，積石山老百姓都知道華僑，不知道國務院僑辦，但知道「國僑辦」。

在幫扶積石山的過程中，我們收穫的或許更多。一點責任和付出，得到的是積石山人民的真情感恩。當地人民編了一首《花兒》歌送給僑辦：「天當中出來的明星星，天河口出（哈）的亮星。國僑辦扶貧（者）獻真情，深情（哈）我們永記心中。」在積石山大禹廣場豎立了一座國務院僑辦幫扶「功德碑」。

這些年來，雖然經過各方面努力，積石山的條件有了一些改善，但離小康還有一段距離。大家很著急，都希望老百姓的口袋裡能鼓起來，收入多多。有時我們想，幫扶的效果如何，老百姓的收入多少是一個衡量標準，然而，難道錢就能解決貧窮和落後的所有問題嗎？

記得二〇〇九年年末，國僑辦組織積石山宗教界人士赴廣東參觀考察，在暨大舉行的座談會上，阿訇（古波斯語詞彙，意為「老師」或「學者」）爭相發言，暢談積石山的美好明天，說人生第一次坐飛機，看了廣東的發展成就，深感再窮也不能窮教育，要用教育和科技改變積石山的落後面貌；積石山各族人民、各宗教團體信眾，要能獨木成林，知識化、文明化、科技化。剎那間，我感到自己思維定格了，眼前這些沒有出過遠門的阿訇竟然都是思想家、演說家。是我們該教他們怎樣做？還是他們在告訴我們該怎樣做？

道理不複雜，複雜的是人本身。幫扶當然是為了幫助致富，更重要的是扶人在扶志、扶人在扶心。人的心志與生俱來，需要的是激發。人的發展不只是經濟上的富足，還在於與社會、自然、人之間的自在、自由、和諧與美。一個人的發展、一個地方的發展的根本，是在於激發其強大的發展動力。

助人助己，積石山也在幫我們。

參考文獻

[1] 最早記載華僑史的史籍當推吧城華僑所作《開吧歷代史紀》，主述萬曆三十八年(西元一六一〇年)至乾隆六十年(西元一七九八年)爪哇華僑的活動情況。

[2] 有關臺灣的華僑華人史研究擬另撰專文評述，本文從略。

[3] 關於一九四九年前中國的僑史研究的總結性文章，有姚楠．淺談中國對華僑史的研究 [J]. 華僑歷史學會通訊，1983(1)；羅晃潮．上半世紀中國對華僑問題的研究 [J]. 華僑歷史學會通訊，1983(1) 等。

[4] 一九四九年以來，有關中國的僑史研究的總結性文字有：余思偉．中國對華僑史的研究與探索 [J]. 南洋學報，第 43 卷第 1、2 期；王勤．七十年代末以來中國對戰後海外華人問題的研究 [J]. 南洋問題研究，1989 (2)：66-71；林錦基．近年來國內華僑史研究工作的回顧與展望 [J]. 南洋問題，1984(1)：69-80；趙和曼．中國柬埔寨華僑史的研究 [J]. 華僑歷史學會通訊，1985(1)；朱傑勤．試論華僑史研究 [J]. 華僑史論文集(四)；蔡仁龍．華僑史及華僑問題研究中的若干問題 [J]. 南洋問題，1984(4)：1-8.

[5] 吳鳳斌．福建華僑研究四十年回顧 [J]. 南洋問題研究，1989(4)：19-30.

[6] 郭威白．馬來亞中國人在發展當地經濟中的作用 [J]. 中大學報，1959(4)：43-91；田汝康．十八世紀末期至十九世紀末期西加里曼丹的華僑公司組織 [J]. 廈門大學學報，1958(1)：128-151；羅耀九．印尼華僑與辛亥革命 [J]. 廈門大學學報，1962(3)：55-60；朱傑勤．十九世紀中期印度尼西亞的契約華工 [J]. 歷史研究，1961(3)：79-96 等．

[7] 陳懷東，黃海龍．海外華商貿易現況與展望 // 海外華人經濟叢書第九種 [M]. 臺北：世華經濟出版社， 1997.

[8] 蕭效欽，李定國主編．世界華僑華人經濟研究 [M]. 汕頭大學，1996：424.

[9] 同上書，430.

[10] 陳懷東．美國華人經濟現況與展望 // 海外華人經濟叢書第六種 [M]. 臺北：世華經濟出版社，1991：5.

[11] 同上書，14.

[12] 陳懷東，黃海龍．海外華商貿易現況與展望 // 海外華人經濟叢書第九種 [M]. 臺北：世華經濟出版社， 1997：276.

[13] 陳懷東．美國華人經濟現況與展望 // 海外華人經濟叢書第六種 [M]. 臺北：世華經濟出版社，1991：533-534.

[14] 陳懷東．海外華人經濟概論 // 海外華人經濟叢書第一種 [M]. 臺北：黎明文化事業公司，1986：444.

[15] 陳懷東．海外華人經濟概論 // 海外華人經濟叢書第一種 [M]. 臺北：黎明文化事業公司，1986：449.

附錄

作者主要著作

[1] 《未能歸一的路：中西城市發展的比較》，譚天星、陳闕龍著，江西人民出版社一九九一年二月版。

[2] 《洪業》，魏斐德著，陳蘇鎮、薄小瑩、包緯民、陳曉燕、牛樸、譚天星等譯，江蘇人民出版社一九九二年版。

[3] 《御廚天香：宮廷飲食》，譚天星著，雲南人民出版社一九九二年五月版。

[4] 《崇禎皇帝大傳》，張德信、譚天星著，遼寧教育出版社一九九三年十二月版。該書後來改編有：《孤獨的崇禎》(《中國歷史知識小叢書·明清卷·人物》)，中國社會科學出版社二〇〇八年二月版；《帝國中興的悲歌：崇禎皇帝七講》，中國廣播電視大學二〇一〇年一月版。

[5] 《龍的傳人：華僑華人大世界》，譚天星主編，海南出版社一九九三年十二月版。

[6] 《華僑史概要》，巫樂華主編，譚天星副主編，中國華僑出版社一九九四年版。

[7] 《清代湖北農業經濟研究》，吳量愷主編，吳琦、譚天星副主編，華中理工大學出版社一九九五年版。

[8] 《明代內閣政治》，譚天星著，中國社會科學出版社一九九六年六月版。

[9] 《香港英傑風采》(全十冊)，譚天星、常正主編，長征出版社一九九八年八月版。

[10] 《海外華人文化志》，譚天星、沈立新著，上海人民出版社一九九八年十月版。

[11] 《華僑華人百科全書》(總論卷)，周南京主編，譚天星副主編，中國華僑出版社二〇〇二年版。

[12] 《海外人才與中國發展研究》，李其榮、譚天星主編，中國華僑出版社二〇〇八年一月版。

[13] 《華僑華人與湖北經濟發展》，李其榮、譚天星、邵延洲主編，湖北辭書出版社二〇一二年二月第一版。

[14] 《海外人才與中國現代化》，李其榮、譚天星、邵延洲等主編，長江文藝出版社二〇一三年七月版。

作者已發表的主要論文

[1] 乾隆時期湖南關於推廣雙季稻的一場大論戰 [J]. 中國農史，1986(4)

[2] 清前期兩湖地區糧食產量問題探討 [J]. 中國農史，1987(3)

[3] 湖廣分省時間小議 [J]. 江漢論壇，1987(5)

[4] 簡論清前期兩湖地區的糧食商品化 [J]. 中國農史，1988(4)

[5] 清前期兩湖地區農業生產技術水準初探 [J]. 農史研究(第 9 輯)，1990

[6] 清前期兩湖地區農業經濟發展的原因及其影響 [J]. 中國農史，1990(1)

[7] 華人同化問題：它的理論與實踐——周南京教授訪談錄 [J]. 華僑華人歷史研究，1991(1)
[8] 關於華人社會是否實際存在之我見 [J]. 八桂僑史，1991(2)
[9] 評《美洲華僑華人史》[J]. 華僑華人歷史研究，1991(3)
[10] 內閣權力與明代政治 [J]. 明史研究(第二輯)，1992
[11] 戰後東南亞華人文化的保持與族群關係的演進 [J]. 世界歷史，1992(3)
[12] 清前期兩湖農村的租佃關係與民風 [J]. 中國農史，1992(3)
[13] 史學危機」與僑史研究 [J]. 八桂僑史，1992(3)
[14] 1991 年海外華僑華人史研究管述 [J]. 華僑華人歷史研究，1992(4)
[15] 中國華僑華人史研究的回顧 [J]. 八桂僑史，1993(1)
[16] 海外華人研究的地位 [J]. 華僑華人歷史研究，1993(2)
[17] 中國華僑華人史研究內容綜述 [J]. 八桂僑史，1993(2)
[18] 現代海外華族形成的理論與實際 [J]. 八桂僑史，1993(3)
[19]《華人與越南的經濟發展》序言 [J]. 八桂僑史，1994(2)
[20] 論現代海外華族與華人社區 [J]. 世界歷史，1994(3)
[21] 華僑華人與中國社會經濟發展 [J]. 八桂僑史，1994(4)
[22] 東南亞華人文化發展大趨勢及其思考 [J]. 中國文化研究，1995(1)
[23] 現代中國少數民族人口境外遷移初探——以新疆、雲南為例 [J]. 華僑華人歷史研究， 1995(2)
[24] 不積跬步，無以至千里：僑情調查工作雜議 [J]. 僑務工作研究，1995(6)
[25] 變異與繼承——談從「華僑文化」到「華人文化」的發展 [J]. 華僑華人歷史研究，1996(1)
[26] 從一個古老的哲學命題説起 [J]. 僑務工作研究，1996(1)
[27] 華僑對辛亥革命貢獻的再認識 [J]. 中南民族學院學報，1996(2)
[28] 僑務大發展 訊息須先行 [J]. 僑務工作研究，1996(3)
[29] 試論孫中山的華僑觀 [J]. 華僑華人歷史研究，1996(4)
[30] 當代華商財富成長管窺 [J]. 僑務工作研究，1996(5)
[31] 近年來中國公民移居海外情況之管見 [J]. 八桂僑史，1997(1)
[32] 深化對世紀之交海外華人認識的一次盛會 [J]. 僑務工作研究，1997(1)
[33] 深化地方僑史研究——兼評趙和曼先生著《廣西籍華僑華人研究》[J]. 華僑華人歷史研究，1997(1)
[34] 找準目標 務實開拓 [J]. 僑務工作研究，1997(2)
[35] 陳懷東先生及其華僑華人經濟研究 [J]. 八桂僑史，1997(4)
[36] 愛心澆注事業的輝煌 [J]. 僑務工作研究，1997(6)
[37] 務實要典 傳世之作：《華僑華人百科全書》出版感言 [J]. 華僑華人歷史研究， 2002(3)
[38] 淺談海外華商與當代中國經濟發展的互動關係 [J]. 僑務工作研究，2005(1)
[39] 鄧小平僑務思想的精髓及其時代意義

[J]. 華僑華人歷史研究，2005(1)
[40] 民族地區構建和諧社會的思考 [J]. 中國黨政幹部論壇，2005(1)
[41] 淺談戰略思維與中國僑務工作 [J]. 八桂僑刊，2005(4)
[42] 關於僑務工作為中國發展大局服務的幾點認識 [J]. 八桂僑刊，2005(5)
[43] 從「全國百家明星僑資企業」看當代中國僑資企業的發展 [J]. 僑務工作研究，2005(1)
[44] 華僑華人在境內投資創業權益保護問題研究 [J]. 僑務工作研究，2007(3)
[45] 走精品路徑 推動僑務經濟科技工作向縱深發展 [J]. 僑務工作研究，2007(6)
[46] 學習總理講話 推動僑商事業新發展 [J]. 僑務工作研究，2008(1)
[47] 團結僑商 服務大局 努力開創僑商組織工作新局面 [J]. 僑務工作研究，2008(3)
[48] 重溫鄧小平對海外關係的論述 推動僑商事業發展 [J]. 僑務工作研究，2008(8)
[49] 發揮僑的優勢 促進區域發展：福建的經驗與思考 [J]. 中國僑商，2008(12)
[50] 新形勢下僑務工作戰略意義的再認識 [J]. 中國黨政幹部論壇，2009(1)
[51] 關於僑務資源戰略的若干思考 [J]. 僑務工作研究，2009(3)
[52] 整合僑外資源 服務於湖北跨越式發展 [J]. 僑務工作研究，2011(2)
[53] 中國大陸僑資與外資發展比較研究——基於 2005—2008 數據分析 [J]. 雲南師範大學學報(哲學社會科學版)，2011(4)
[54] 學習毛澤東的僑務思想 做好新形勢下的僑務工作 [J]. 僑務工作研究，2013(4)
[55] 用中國夢凝聚海內外中華兒女的智慧和力量 [J]. 僑務工作研究，2013(6)
[56] 學習不能走過場 [N]. 學習時報，2013-7-15
[57] 毛澤東外交戰略思想的歷史意蘊與當代價值 [J]. 中州學刊，2013(8)

國家圖書館出版品預行編目（CIP）資料

不在中國的中國人：中國對華僑歷史的思考 / 譚天星 著. -- 第一版. --
臺北市：崧博出版：崧燁文化發行, 2020.6
面；　公分
POD 版
ISBN 978-957-735-984-1(平裝)

1. 社會科學 2. 文集

507　　109007605

書　　名：不在中國的中國人：中國對華僑歷史的思考
作　　者：譚天星 著
發 行 人：黃振庭
出 版 者：崧博出版事業有限公司
發 行 者：崧燁文化事業有限公司
E-mail：sonbookservice@gmail.com
粉 絲 頁：　網 址：
地　　址：台北市中正區重慶南路一段六十一號八樓 815 室
8F.-815, No.61, Sec. 1, Chongqing S. Rd., Zhongzheng
Dist., Taipei City 100, Taiwan (R.O.C.)
電　　話：(02)2370-3310 傳　真：(02) 2370-3210
總 經 銷：紅螞蟻圖書有限公司
地　　址：台北市內湖區舊宗路二段 121 巷 19 號
電　　話：02-2795-3656 傳真 :02-2795-4100
印　　刷：京峯彩色印刷有限公司（京峰數位）

定　　價：650 元
發行日期：2020 年 6 月第一版
◎ 本書以 POD 印製發行